全世界无产者，联合起来！

列 宁 全 集

第二版增订版

第四卷

1898—1901年

中共中央 马克思 恩格斯 著作编译局编译
列 宁 斯大林

人民出版社

《列宁全集》第二版是根据
中国共产党中央委员会的决定，
由中共中央马克思恩格斯列宁
斯大林著作编译局编译的。

凡　例

1. 正文和附录中的文献分别按写作或发表时间编排。在个别情况下,为了保持一部著作或一组文献的完整性和有机联系,编排顺序则作变通处理。

2. 每篇文献标题下括号内的写作或发表日期是编者加的。文献本身在开头已注明日期的,标题下不另列日期。

3. 1918 年 2 月 14 日以前俄国通用俄历,这以后改用公历。两种历法所标日期,在 1900 年 2 月以前相差 12 天(如俄历为 1 日,公历为 13 日),从 1900 年 3 月起相差 13 天。编者加的日期,公历和俄历并用时,俄历在前,公历在后。

4. 目录中凡标有星花 * 的标题,都是编者加的。

5. 在引文中尖括号〈　〉内的文字和标点符号是列宁加的。

6. 未说明是编者加的脚注为列宁的原注。

7.《人名索引》、《文献索引》条目按汉语拼音字母顺序排列。在《人名索引》条头括号内用黑体字排的是真姓名;在《文献索引》中,带方括号[　]的作者名、篇名、日期、地点等等,是编者加的。

目　　录

1900 年

1901 年

插 图

前　　言

本卷收载列宁在1898年初至1901年4月的著作33篇。

19世纪末，俄国工人运动继续蓬勃发展，但普遍存在着分散性和自发倾向。1898年春，彼得堡、莫斯科、基辅和叶卡捷琳诺斯拉夫等地的社会民主主义组织举行第一次代表大会，宣告俄国社会民主工党的成立。这次大会选举了中央委员会，批准了《工人报》为党的正式机关报，发表了《俄国社会民主工党宣言》，但是，没有制定出党纲和党章。这时，列宁和其他许多马克思主义革命家正遭流放，党缺乏一个坚强的领导核心。沙皇政府的镇压使党的组织受到很大打击，党的中央委员会建立不久就被破坏，各地的社会民主党人大批被捕。地方党组织中小组习气浓厚，严重涣散。俄国集中统一的无产阶级政党实际上并没有建立起来。

正是在这种历史条件下，90年代中期出现的俄国经济派在党内一时占了优势。经济派推崇西欧的伯恩施坦主义，迷恋工人运动的自发性，满足于分散状态，醉心于经济斗争，忽视无产阶级运动的政治任务，否认党的领导作用。工人运动中的自发倾向助长了经济主义，经济主义思潮的发展又加剧了社会民主党人的思想混乱和组织涣散，使党进入一个混乱、瓦解、动摇的危机时期。经济派已经成为提高无产阶级的阶级觉悟、建立新型的马克思主义政党的严重障碍。列宁在流放地十分关注俄国革命运动的发展和俄国社会民主工党的命运。他继续同民粹主义者和合法马克思主义者进行论战，清除他们的影响。同时，特别着重揭露和批判党内的经济主义倾向。

本卷收入了一些同《俄国资本主义的发展》一书所阐述的经济理论问题有关的论战性文章。《论我国工厂统计问题（卡雷舍夫教授在统计学方面的新功绩）》一文有力地批驳了自由主义民粹派热衷散布的所谓俄国工厂和工人正在减少的谬论。民粹主义者卡雷舍夫把一些不可比的工厂统计资料加以比较，得出俄国工厂减少的结论。列宁批评了他采取的错误方法，并利用同样的统计资料科学地证明：俄国的工业正在合乎规律地发展着，俄国工人阶级的人数也在随之增加。

分别在《科学评论》和《生活》两杂志上发表的《市场理论问题述评（评杜冈-巴拉诺夫斯基先生和布尔加柯夫先生的论战）》、《再论实现论问题》和《答普·涅日丹诺夫先生》等文章，是为驳斥合法马克思主义者对马克思的经济理论的歪曲和"批评"而写的。杜冈-巴拉诺夫斯基"批评"马克思的实现论与马克思的基本经济学说相矛盾。司徒卢威把马克思的实现论同资产阶级经济学家的市场理论混为一谈，把抽象的实现论同资本主义产品实现的具体历史条件混为一谈，毫无根据地把马克思的实现论说成产品按比例分配的理论，怀疑它的现实意义。列宁在这几篇文章中捍卫了马克思的政治经济学原理。他指出，马克思的实现论的科学价值在于它阐明了资本主义社会中社会总资本的再生产过程和流通过程。马克思根本没有从这一分析中得出资本主义生产和消费协调的结论，相反，他明确指出了资本主义所固有的矛盾，即生产的无限扩大和人民群众的有限消费的矛盾是不可避免的。马克思的实现论承认资本主义的历史进步性,这不仅没有抹杀,反而阐明了资本主义的历史短暂性。

题为《农业中的资本主义(论考茨基的著作和布尔加柯夫先生的文章)》的两篇文章,是列宁批判合法马克思主义者在土地问题上的修正主义观点的第一部著作。合法马克思主义者布尔加柯夫借批评考茨基《土地问题》一书来修正马克思主义关于土地问题的基本原理。他否认农业大生产对小生产的优越性,企图证明马克思主义经济理论不适用于农业。列宁在文中维护马克思关于资本主义在农业中的历史进步作用的思想,驳斥了布尔加柯夫关于小农经济富有生命力的错误观点,指出资本主义制度下农业小生产日益破产,群众贫困化和农业危机不可避免。

1899年秋,列宁在流放地先后收到了系统而明确地阐述经济派新观点的《信条》、伯恩施坦的《社会主义的前提和社会民主党的任务》一书和露骨宣扬经济主义的俄国社会民主工党基辅委员会《宣言书》。这些修正主义文献激起了列宁的极大愤慨。他旗帜鲜明地同经济主义这一伯恩施坦修正主义变种展开了无情的斗争。

《俄国社会民主党人抗议书》是列宁撰写的以流放地17名马克思主义者的名义声讨经济主义的檄文。《抗议书》批驳经济派的《信条》对西欧和俄国工人运动的错误分析以及由此提出的经济主义纲领,号召俄国社会民主党人同《信条》所表述的经济主义思想体系作坚决的斗争。列宁阐述了马克思主义关于统一的阶级斗争必须把政治斗争和经济斗争结合起来的原理,强调"当无产阶级没有政治自由或者政治权利受到限制的时候,始终必须把政治斗争提到首位"(见本卷第 152 页)。列宁指出,经济派把工人阶级的经济斗争同政治斗争割裂开来,企图使俄国工人阶级局限于经济斗争,而让自由主义反对派去进行政治斗争,这就是背弃马克思主义。俄国社会民主党实行这样的纲领就等于政治上自杀。列宁阐释了《俄国社会民主工党宣言》中的基本原则,强调指出只有马克思主义理论才能成为工人运动的旗帜,只有独立的工人政党才能成为反对专制制度斗争的坚固堡垒,俄国工人阶级最主要的任务是争取政治自由、推翻专制制度。《抗议书》在俄国国内和国外的社会民主党人中广为流传,得到各地真正革命者的热烈拥护和支持。它不仅打击了俄国的经济派,也打击了西欧的伯恩施坦主义,为争取俄国社会民主党人在马克思主义原则下团结起来同经济主义进行有组织的斗争奠定了基础。

《俄国社会民主党中的倒退倾向》是一篇批判经济派错误观点的重要文献。俄国社会民主工党的建立已经是在社会主义同工人运动结合的道路上迈出了一大步。以《工人思想报》编辑部为代表的经济派无视这一事实,反而要求工人运动倒退到工联主义道路上去。他们否认无产阶级推翻专制制度是首要的斗争任务,力图使工人陷于不开展和分散的状态,把工人变成自由派的尾巴。列宁指出,这就是公然号召俄国工人运动和俄国社会民主党后退一步。在揭露经济派把社会主义的概念庸俗化时,列宁指出,经济派排除了革命的方法,只是把用和平的方法能够得到的算做工人社会主义,这又是背弃社会民主党人的正确观点而倒退了一大步。列宁分析了产生这种倒退倾向的社会根源,并阐明了无产阶级中先进部分和落后部分的关系问题,指出了社会民主党在这两部分

人中进行工作的方针。《论〈宣言书〉》一文剖析了基辅经济派的机
会主义倾向,驳斥了他们所谓大多数俄国工人还没有成熟到能够
进行政治斗争的错误论断。列宁强调社会民主党的领导作用,指
出党的任务是提高工人的政治觉悟、组织并号召无产阶级进行政
治斗争。

　　列宁认为,俄国社会民主党人面临的最迫切任务就是团结起
来,全力以赴建立一个统一的和巩固的党。在本卷所收的许多著
作中,列宁着重论述了建立新型的无产阶级政党的问题,其中包括
党的指导思想、党的纲领、建党计划和步骤等重要方面。

　　《我们的纲领》一文表述了俄国马克思主义者对当时面临的主
要问题的基本观点。列宁在文中对马克思主义这门科学作了精辟
的论述,阐明如何正确对待马克思主义这个十分重要的原则问题。
他坚决反对所谓马克思主义不完备和过时了的论调,明确宣布:
"我们完全以马克思的理论为依据";"没有革命理论,就不会有坚
强的社会党"。(见本卷第 160 和 161 页)同时,驳斥了伯恩施坦主
义的拥护者把坚持马克思主义说成是教条主义的无理攻击,强调
必须创造性地对待马克思主义。列宁指出,马克思的理论所提供
的只是一般的指导原理,而这些原理在各个国家的具体应用是各
不相同的。他写道:"我们决不把马克思的理论看做某种一成不变
的和神圣不可侵犯的东西;恰恰相反,我们深信:它只是给一种科
学奠定了基础,社会党人如果不愿落后于实际生活,就**应当**在各方
面把这门科学推向前进。"(见本卷第 161 页)

　　在《我们党的纲领草案》一文中,列宁对他在 90 年代中期就已
开始探讨的党纲问题继续进行深入研究。他详细地考察了劳动解
放社的纲领和德国社会民主党的爱尔福特纲领,认为前者可以作

为俄国社会民主工党纲领的基础,后者也可资借鉴。他同时指出,仿效和借鉴绝不应该是简单的抄袭,而应当使俄国历史发展的特点在纲领中得到充分的反映。列宁具体阐述了应该写进党纲原则部分的一些基本原理以及实践部分必须包括的内容。文中特别阐明了俄国社会民主党对待农民运动的态度,指出俄国的农民问题同西欧有重大差别。列宁在本文中关于农民问题的论述进一步发展了工农联盟和无产阶级革命领导权的思想。

在《我们的当前任务》和《迫切的问题》两篇文章中,列宁提出了克服地方工作的狭隘性和"手工业"性、把党建成集中统一的组织的任务和计划。俄国社会民主党人对于把党统一起来的途径持有各种不同见解。崩得的代表认为只须召开会议,增补俄国社会民主工党第一次代表大会选举出来的中央委员会成员并重新出版《工人报》。国外的"俄国社会民主党人联合会"和"南方工人社"的拥护者则主张立即召开第二次代表大会,选举中央委员会并重新宣布成立俄国社会民主工党。这两种观点都是站不住脚的。列宁认为,只有在同经济主义坚决划清界限的基础上,以党的机关报为中心进行活动,才能实现党的统一。因此迫切的任务是创办一个能正常出版而且同各地方小组有密切联系的全俄政治报。列宁在这两篇文章中根据俄国的独特情况对创办党的机关报的必要性和正确性作了详细的论证,他指出:"在这个基础上建立起来的组织严密的革命政党,将成为现代俄国的一支最强大的政治力量!"(见本卷第174页)

1900年1月列宁流放期满回到普斯科夫,立即为创办党的机关报、实现他的建党计划积极进行活动。这期间,他撰写了《〈火星报〉和〈曙光〉杂志编辑部声明草案》。为了出版秘密的全俄政治报纸，列宁于这年 7 月前往瑞士，同国外的俄国社会民主党人商谈。
《"火星"怎么会差一点熄灭了？》这篇文章反映了列宁同普列汉诺
夫就出版《火星报》和《曙光》杂志的问题进行谈判时发生的激烈冲
突。只是由于列宁的坚定性和原则性，出版《火星报》的计划才得
以实现。

《我们运动的迫切任务》一文是列宁为《火星报》创刊号撰写的
社论。文中再次阐明了党的任务。列宁总结了俄国社会民主运动
的历史教训，指出俄国社会民主工党必须把社会主义思想和政治
自觉灌输到无产阶级群众中去，组织一个同自发工人运动有紧密
联系的革命政党。《火星报》第 3 号刊载的《工人政党和农民》一文
专门论述俄国社会民主党的土地纲领。列宁预言，如果城市工人
和革命农民的斗争汇合成一股洪流，将会极大地加速革命的发展。

编入本卷的还有一些抨击沙皇政府的政论性文章，诸如：《打
吧，但不要打死》、《何必要加速时代的变迁？》和《客观的统计》三篇
《时评》，《183 个大学生被送去当兵》，《论工业法庭》，《〈哈尔科夫
的五月〉小册子序言》，《对华战争》，等等。列宁在这些文章中揭露
了沙皇警察官僚专制统治的既残暴又虚弱的反动本质，指出沙皇
政府是人民的死敌，它的法律是为保护富人的利益而制定的。列
宁号召工人阶级为争取人民的权利而斗争，担负起把全体人民从
专制制度下解放出来的伟大任务。这些揭露性的政论在唤起广大
人民群众的觉悟方面具有重要的作用。

发表在《火星报》创刊号上的《对华战争》是列宁论述有关中国
问题的最早一篇文章。1900 年八国联军对中国大举进犯，残酷镇
压义和团运动，滥杀中国的无辜老百姓。列宁满怀对中国人民的
深切同情，痛斥沙皇政府的掠夺政策和血腥暴行，指出这场战争的

实质是欧洲资本家贪婪的魔掌伸向中国,开始瓜分中国。列宁号召一切有觉悟的俄国工人起来反对沙皇政府对中国的掠夺政策,打碎战争强加在劳动人民身上的新的枷锁,结束沙皇政府的专制统治。

弗·伊·列宁

（1900 年）

书　评

亚·波格丹诺夫《经济学简明教程》

1897年莫斯科穆里诺娃书店版

全书290页　定价2卢布

（1898年2月上半月）

　　波格丹诺夫先生的这本书是我国经济学著作中出色的作品。它不仅"不是一本多余的"入门书（像作者在序言里所"希望"的那样），而且确实是这类书中最出色的一本。因此，我们想在本文中使读者能够注意到这本书的突出的优点，同时也指出几个小问题，希望再版时最好能修改一下。读者对经济问题很感兴趣，所以我们想这本有益的书不久就会再版。

　　波格丹诺夫先生的《教程》的主要优点，在于这本书论述的问题多而且广，但是从第一页到最后一页，思想是一脉相承的。作者一开始就给政治经济学下了一个明确的定义：政治经济学是"从发展中研究社会生产关系和分配关系的科学"（第3页）。他在这本书中一直没有离开这个观点。但是博学的政治经济学教授们，对这个观点却往往了解得很差，他们往往离开"社会生产关系"而去谈论一般的生产，把一大堆内容空洞、与社会科学毫无关系的陈词滥调和例证塞满了自己厚厚的教程。编教科书的人往往陷于烦琐，在下"定义"和分析每个定义的各个特点时精雕细刻，《教程》的作者却没有这个通病,这不但没有影响该书论述的清晰,反而使它显得非常得体,例如,读者从该书中可以明确地了解**资本**这一范畴的社会意义和历史意义。把政治经济学看做是研究按历史发展着的社会生产结构的科学,这个观点就是波格丹诺夫先生的《教程》在阐述这一科学时所采取的程序的基础。作者在开头简略地阐述了这门科学的"一般概念"(第 1—19 页),在结尾简略地阐述了"经济思想史"(第 235—290 页),在《(三)经济发展的过程》这一篇中,叙述了这门科学的内容。叙述不是教条式的(如大多数教科书那样),而是按经济发展的各个时期依次叙述,也就是依次叙述原始氏族共产主义时期、奴隶制时期、封建主义和行会时期、最后是资本主义时期。政治经济学正应该这样来叙述。也许有人会反对说:这样一来,作者势必把同一理论问题(譬如货币)分在各个不同时期来叙述,因而难免重复。但是按历史时期叙述的主要优点,完全能弥补这个纯粹形式上的缺点。再说这能算一个缺点吗? 重复的地方并不多,而且对初学者是有益的,因为这样会使初学者更牢固地掌握特别重要的原理。例如,把货币的各种不同职能放在经济发展的各个不同时期来叙述,就向学习的人清楚地说明,对这些职能的理论分析,不是根据抽象的思辨,而是根据对人类历史发展的真实情况的精确研究。这样,对历史上特定的各个社会经济结构所得的概念,就比较完整。要知道,政治经济学入门书的全部任务,是要使研究这门科学的人对各种不同的社会经济制度和每一种制度的根本特点有一个基本的概念,是要使领会这本初级入门书的人得到可靠的线索,以便进一步研究这门学科,是要使他懂得现代社会生活中最重要的问题都同经济学问题有最直接的关系,从而对这种研究发生兴趣。百分之九十九的政治经济学入门

书,正好没有做到这一点。它们的缺点,主要不在于通常只谈一种
社会经济制度(即资本主义),而在于它们不会把读者的注意力集
中到这个制度的根本特点上去;不会清楚地确定这个制度的历史
意义,指出这个制度的产生过程(和条件)以及今后的发展趋势;不
会把现代经济生活中的各个方面和各种现象看成是一定社会经济
制度的组成部分,看成是这个制度的根本特点的表现;不会给读者
可靠的指导,因为它们的思想通常不能贯穿始终;最后,它们不会
启发学习的人的兴趣,因为它们非常狭隘和缺乏联系地去理解各
个经济问题的意义,把经济、政治、道德等等"因素""诗意般地混
杂"在一起。只有**唯物主义历史观**才能澄清这种混乱,才能广泛
地、有条理地、精明地观察社会经济的特定结构,把它看做人类整
个社会生活特定结构的基础。

　　波格丹诺夫先生的《教程》的突出优点,正在于作者始终坚持
了历史唯物主义。他在说明某一个经济发展时期的时候,通常总
是**结合**该经济制度的根本特点,来"叙述"政治制度、家庭关系和社
会思想的主要派别。作者在阐明了某一经济制度怎样产生一定的
社会阶级划分之后,就说明**这些阶级**在那个历史时期的政治、家
庭、精神生活各方面的表现,说明这些阶级的利益怎样反映在一定
的经济学派中,例如主张自由竞争的学派就反映了资本主义上升
发展时期资产阶级的利益,而庸俗经济学派(第 284 页),即辩护学
派,则反映了晚期资产阶级的利益。作者十分公正地指出历史学
派[1](第 284 页)和讲坛改良主义学派(即"现实主义学派"或"历史
伦理学派")同一定的阶级地位之间的联系,而讲坛改良主义学派
应该认为是"折中学派"(第 287 页),它空洞地和虚伪地认为法律
政治制度等等的来源和作用是"超阶级的"(第 288 页)。作者也把

西斯蒙第和蒲鲁东的学说同资本主义的发展联系起来，论据充足地把他们列为小资产阶级的经济学家，指出他们的思想根源是资本主义社会中占有"中间过渡地位"（第279页）的特定阶级的利益，毫不隐讳地认定这类思想有反动作用（第280—281页）。由于作者的观点一贯，并且善于把经济生活的各个方面同相应的经济制度的基本特点联系起来观察，因此，他正确地评价了工人分沾企业利润和生产合作社这类现象的意义，说明工人分沾企业利润是一种"对企业主很少会有利的工资形式"（第132—133页），而"在资本主义关系中组织起来的"生产合作社，"实质上只能扩大小资产阶级"（第187页）。

　　我们知道，正是波格丹诺夫先生《教程》中的这些特点，会引起不少的非难。不言而喻，俄国"伦理社会学"学派[2]的代表人物和拥护者是一定会不满的。那些认为"经济史观问题纯粹是学院式的问题"[①]的人，以及许多别的人也一定要不满的……　但是，除了这种可以说是由于党派原因造成的不满以外，大概还有人会指出说，提出的问题过于广泛，使《简明教程》过于简略，在290页的篇幅中，竟叙述了从氏族公社和原始人起到资本主义卡特尔和托拉斯止的所有经济发展时期，叙述了古代和中世纪的政治生活和家庭生活，以及经济思想史。的确，亚·波格丹诺夫先生的阐述是极为扼要的，他自己在序言中也指出了这一点，并且干脆把自己的书称为《大纲》。毫无疑问，作者某些提纲式的评论（大部分涉及历史事实，有的涉及比较具体的理论经济问题），对希望了解政治经济学的初学者来说，是难于理解的。但是，我们认为，这不能责怪

[①]　《俄国思想》杂志[3]（1897年11月，书刊评介栏，第517页）的评论家就是这样想的。天下就有这样的小丑！

作者。我们不怕别人指责我们发表谬论,我们要说,书中有这类评论不是缺点,而是这本书的优点。的确,要是作者果真对每一个评论都加以详细叙述、阐明和论证,书的篇幅就会扩大到无边无际,这是和简明入门书的宗旨完全不相符的。而且,无论哪一种教程,甚至最厚的教程,要把现代科学关于所有经济发展时期的全部材料和从亚里士多德起到瓦格纳止的经济思想史的全部材料叙述出来,也是不可能的。如果作者舍去所有这些评论,那就缩小了政治经济学的范围和意义,他这本书也就绝对算不上一本好书了。我们认为,现有的这些提纲式的评论,会使教这本大纲和学这本大纲的人都得到很大的益处。教的人得到的益处自不必说。学的人则可以从这些评论的总和中看到,研究政治经济学不能随随便便①,不能没有任何基础知识,不能不了解很多极重要的历史问题、统计学问题及其他问题。学的人可以看到,有些教科书和教程往往"叙述得"非常"浅显",但是内容非常空洞,废话连篇,读了一本,甚至几本这样的书,也不能了解社会经济的发展和它对社会生活的影响。学的人还可以看到,历史上和现实中的各种最紧要的问题,都是同经济问题密切联系着的,这些问题的根源就在社会的生产关系中。所有入门书的主要任务,就在于提供所述学科的基本概念,指出深入研究该学科的方向,说明这种研究为什么是重要的。

现在谈谈我们的第二部分意见,指出波格丹诺夫先生的书中某些我们认为需要修改或补充的地方。我们希望可敬的作者不会因为这些意见琐碎甚至近乎挑剔而抱怨我们,因为大纲中的个别句子甚至个别字眼,比详细阐述中的重要得多。

---

① 　正如考茨基在他有名的《马克思的经济学说》一书的序言中所明确指出的。

　　一般说来,波格丹诺夫先生使用的是他所属的那个经济学派的术语。但是,谈到价值形式时,他却用了"交换公式"(第39页及以下各页)这个说法。我们觉得这个说法不妥当。在简明入门书中使用"价值形式"这一术语的确不太恰当,似乎用交换形式或交换的发展阶段较好;否则,连"第二种交换公式的优势"(第43页)(?)这种说法也出现了。谈到资本时,作者毫无理由地忽略了资本总公式,而这个公式是能帮助学的人领会商业资本和产业资本的共同性的。在说明资本主义时,作者略去了工商业人口比农业人口相对增加的问题和人口集中到大城市中的问题。使这个缺点更加显得突出的是,作者在谈到中世纪时,详细地叙述了城乡关系(第63—66页),而谈到现代城市问题时,对城市支配乡村的问题(第174页)却一笔带过。谈到工业史时,作者非常武断地把"家庭手工制资本主义生产"①放在"手工业和工场手工业之间"(第156页第6条)。我们觉得,这样简单化地处理这个问题是不完全妥当的。《资本论》的作者把资本主义的家庭劳动放在机器工业这一章中去叙述,直接把资本主义的家庭劳动归结为机器工业对旧劳动形式实行改造的结果。事实上,这种家庭劳动形式,例如盛行于欧洲和俄国农业中的家庭劳动形式,无论如何也不能放在"手工业和工场手工业之间"。在资本主义的历史发展中,家庭劳动形式的出现是**在工场手工业以后**,关于这一点,我们认为是应该谈一谈的。资本主义机器生产时期②这一章中的一个很明显的缺点,就

――――――――
① 第93、95、147、156页。我们认为作者恰当地用这一术语代替了由科尔萨克引用到我国书刊中来的"家庭手工制大生产"一语。
② 把资本主义严格地划分为工场手工业时期和机器生产时期,是波格丹诺夫先生的《教程》的一大优点。

是没有专门一节来叙述后备军和资本主义人口过剩的问题,来说
明人口过剩如何因机器工业的出现而产生,在工业的周期性运动
中起什么作用和有什么主要表现形式。作者在第 205 页和第 270
页上对这些现象一笔带过,这无疑是很不够的。作者肯定地说:
"近半个世纪以来","利润的增长比地租快得多"(第 179 页),这样
说是太大胆了。不仅李嘉图(波格丹诺夫先生的这个见解正是反
对李嘉图的),而且马克思也确认,总的趋势是,在任何条件下地租
的增长都是特别迅速的(甚至在粮价下跌的时候,地租也可能增
长)。最近期间,在美洲、澳洲等地处女地的竞争下引起的粮价急
剧下跌现象(在一定条件下也有地租下跌现象),只是从 70 年代才
开始的,而恩格斯在地租这一篇中对现代农业危机作的注释(《资
本论》第 3 卷第 2 部分第 259—260 页①),说得慎重得多。恩格斯
确认各文明国家中有地租增长"规律",这说明"大土地所有者阶级
的顽强生命力",接着他又指出,这种生命力"会逐渐枯竭"(allmä-
hlich sich erschöpft)。关于农业的那几节,也显得过于简略。在
关于(资本主义的)地租一节中,只用寥寥数语指出资本主义农业
是地租存在的条件("在资本主义时期,土地仍然是私有财产,起着
资本的作用"(第 127 页),——只有这么一句!)。为了避免任何误
解起见,在这个问题上应该比较详细地谈一谈农村资产阶级的产
生、农业工人的状况以及这种状况与工厂工人状况的区别(需求和
生活水平较低;还有农民受土地或各种规定地主和农奴相互关系
的条例约束的残余等等)。作者没有涉及资本主义地租产生的问
题,也很遗憾。他谈完了隶农⁴、依附农民和我国农民的租地以

① 参看《马克思恩格斯文集》第 7 卷第 819—820 页。——编者注

后,应该简略地讲一讲地租的总的发展进程,从工役地租(Arbeitsrente)到实物地租(Produktenrente),再到货币地租(Geldrente),最后到资本主义地租(参看《资本论》第3卷第2部分第47章①)。在谈到资本主义排挤农民的副业而使农民经济丧失了稳固性的时候,作者说:"农民经济总的来说变得愈益贫困,它所生产的价值总额日渐减少。"(第148页)这是很不确切的。资本主义使农民破产的过程,是农民本身产生的农村资产阶级排挤农民的过程。比如说,波格丹诺夫先生如果不涉及拥有整块(不分散的)土地的农民,恐怕未必能论述德国农民经济的衰落。上面作者谈的是全体农民,接着举了俄国生活中的例子,但是谈论"全体"俄国农民是很冒险的。作者就在这一页上写道:"农民或者只经营农业,或者到手工工场去做工",就是说,(让我们补充一句)或者是变成农村资产者,或者是变成无产者(拥有一小块土地)。这个过程的两个方面都应该谈到。最后,我们必须指出,该书总的缺点是缺乏俄国生活中的例子。在许许多多问题上(例如中世纪的生产组织、机器生产和铁路的发展、城市人口的增长、危机和辛迪加、手工工场和工厂的区别等等问题),从我国经济学著作中举出这样的例子,是十分重要的,否则,对初学的人来说,由于缺少他们所熟悉的例子,就很难领会这门学科。我们认为,弥补上述缺陷,仅仅会使该书的篇幅略有增加,而不会影响该书的广泛传播。从各方面说来,我们都十分希望该书能够得到广泛的传播。

载于1898年4月《世间》杂志　　　　　　译自《列宁全集》俄文第5版
第4期　　　　　　　　　　　　　　　　第4卷第35—43页

---

① 参看《马克思恩格斯文集》第7卷第884—919页。——编者注

论我国工厂统计问题

（卡雷舍夫教授在统计学方面的新功绩）[5]

（1898 年 8 月下旬）

俄国广大读者对我国工厂统计及从中得出的最主要结论都感到极大的兴趣。这是完全可以理解的，因为这个问题是同"俄国资本主义的命运"这样一个更为广泛的问题联系着的。可是，很遗憾，我国工厂统计的编制工作根本不能适应大家对这种资料的普遍需要。我国这一经济统计部门的现状，实在令人痛心；恐怕更令人痛心的是，编写经济统计的人对自己所整理的数字性质如何，这些数字对于作出某些结论是否可靠和是否有用，往往无知得惊人。对于卡雷舍夫先生的近作正好应该作这样的评论。卡雷舍夫先生这一著作先在《莫斯科农学院通报》（第 4 年卷第 1 册）上发表，后来又出版了单行本，用了一个堂而皇之的书名：《俄国国民经济资料。（一）90 年代中期的我国工厂工业》（1898 年莫斯科版）。卡雷舍夫先生试图在他的著作中根据工商业司的最新出版物[①]作出关于我国工厂工业的结论。我们打算详细分析一下卡雷舍夫先生的结论，特别是他所采用的方法。我们认为，这种分析的作用不仅在于确定某某教授先生是怎样整理材料的（谈这个问题，只要写几行

---

① 《**工厂索引**。俄国工厂工业。财政部工商业司编》1897 年圣彼得堡版。导言63 页＋序言 VI 页＋正文 1047 页。

评语就够了），而且在于确定我国工厂统计资料的可靠程度，这些资料对于哪些结论有用，对于哪些结论没有用，我国工厂统计最主要的需要是什么，以及研究工厂统计的人的任务是什么。

从这个书名可以看出，卡雷舍夫先生利用的资料来源有1894—1895年度的帝国工厂索引。出版所有工厂（即**比较**大的工业企业，至于哪些企业算大的，有各种不同的理解）的完整的表册，在我国著作界已经不是什么新鲜事了。奥尔洛夫先生和布达戈夫先生从1881年起就在编制《工厂一览表》，该书最近一版（第3版）于1894年出版。更早以前，远在1869年《财政部年鉴》第1编工业统计公报的附注中就已经刊印了工厂一览表。所有这些书的材料来源，是各厂主依法每年应向财政部呈报的报表。工商业司的新书与这类旧书不同的地方，就在于它的资料较多，但是也有旧书所没有的重大缺点，所以把它作为工厂统计材料来加以利用就极感困难。《索引》的序言恰巧指出了过去这种统计不能令人满意的状况，从而明确指出这一本书的目的，不仅能当参考书用，而且能当统计材料用。但是作为一本统计书来讲，《索引》的缺陷却在于根本没有任何归纳的总计数字。但愿这本没有总计数字的统计书是第一本，也是最后一本。至于对一本参考书来说，由数字堆砌成的大量原始材料则是一堆赘物。《索引》的序言尖锐地批评了以前厂主向财政部呈报的报表，指出这些报表"年年重复那些混乱的材料，使人甚至不能明确地得出产品的数量。然而，有关生产的尽可能完整而可靠的资料却是迫切需要的"（第1页）。当然，我们决不会替已经完全过时的、在结构上和性质上纯属改革以前的我国工厂的旧统计制度辩护。但是，很遗憾，工厂统计状况至今**几乎仍无任何改进**。根据刚刚出版的这一大本《索引》，我们还不能说，这个一致公认的毫不中用的旧制度有了什么重大改变。报表"使人甚至不能明确地得出产品的数量……" 的确,最新的《索引》也完全没有提供关于商品数量的任何材料,但是,奥尔洛夫先生的《一览表》却提供了许多工厂的这种材料,对于某些生产部门甚至提供了几乎全部工厂的这种材料,因此,在总计统计表中也就有了产品数量的材料(制革业、酿酒业、制砖业、碾米业、面粉业、制蜡业、油脂业、制麻业、啤酒业)。而《一览表》的材料恰巧是根据这些旧的报表编制的。《索引》中没有任何关于使用机器的统计材料,而《一览表》却提供了某些生产部门的这类材料。《序言》这样描述了我国工厂统计中所发生的变化:从前厂主"按照简单而不够明确的纲要"通过警察局呈报材料,而又不经任何人的审核。"材料是有了,但根据这些材料作不出任何比较确切的结论。"(第1页)现在,制定了详尽得多的新纲要,而工厂统计材料的收集和审核已由工厂视察员来负责了。初看起来现在我们一定会有真正像样的资料了,因为纲要正确,审核资料有保证,这两个搞好统计的最重要的条件已经具备。但是实际上这两个方面直到现在仍然像以前一样混乱不堪。尽管从统计方法学来说要求把收集资料所遵循的纲要加以公布,然而在《索引》的《序言》中我们却看不到附有说明的详细纲要。从下面对于《索引》的材料所作的分析中我们可以看出,工厂统计的一些**基本的**纲要问题仍旧模糊不清。至于材料审核的问题,请看赫尔松省实际做审核工作的工厂视察长米库林先生的评论(他出过一本书,该书整理了按照新的制度收集的赫尔松省的材料)。

"要把工业企业主所呈报的报表中的全部数字材料核实是不可能的,因此只有和其他同类企业的材料,或者和视察企业时所得到的资料进行比较,发现答案显然不一致的时候,才会将这些报表退回订正。**总之,每一企业登记在表册上的数字材料是否准确都由呈报人负责**。"(《赫尔松省工厂工业和手工工业》1897年敖德萨版,序言。黑体是我们用的)由此可见,材料的准确性仍旧由厂主本人负责。工厂的视察人员不仅不可能审核全部材料,甚至保证不了材料的一致性和可比性(我们在下面将会看到)。

《索引》及其材料的全部缺点,我们将在下面详细列举出来。正像我们已经指出的,它的主要缺点就在于完全没有总计数字(而私人编制的《一览表》却有总计数字,并且每出一版都有增补)。卡雷舍夫先生在另外两人的帮助下产生了一个良好的心愿,希望哪怕是部分地弥补一下这个缺陷,根据《索引》计算出我国工厂工业的总计数字。这是一件很有益处的事情,假使……假使卡雷舍夫先生首先把他所算出的哪怕是某些总计数字全部列举出来,其次,假使他能毫不客气地以批判态度来对待资料,那大家就会感激他办到了这件好事。但是,卡雷舍夫先生对资料漫不经心,也没有在统计上加以比较"仔细的"整理①,就匆忙地作了"结论",从而很自然地犯了一系列极其可笑的错误。

我们先从工业统计的第一个问题,即基本问题谈起:究竟哪些企业应该算做"工厂"?卡雷舍夫先生甚至没有提出这个问题;他想必以为"工厂"是一种早就明确的东西。他在谈到《索引》时,用一种勇敢得不得了的口吻断定,这本书与以前的书不同,它不只是登记**大**工厂,而是把**所有的**工厂都登记了。这种被作者重复了两

---

① 与《俄罗斯新闻》[6](1898年第144号)评论家的意见相反。看来,这位评论家没有能力批评卡雷舍夫先生的结论,就像卡雷舍夫先生没有能力批评《索引》的数字一样。

次(第 23 页和第 34 页)的论断**根本与事实不符**。实际上恰恰相反,《索引》和过去工厂统计方面的书比起来,只是登记了一些**比较大的**企业。现在让我们来说明一下卡雷舍夫先生怎么会"没有注意到"这个"细节"。不过不妨先举出一个史实。在 80 年代前半期,我国工厂统计根本没有**任何**定义和条例把工厂的概念限定为比较大的工业企业。"工厂"统计包括各种各样的工业企业(和手工业企业),这自然在统计资料中造成极大的混乱,因为靠当时的人力和方法(就是说没有正确的工业调查)把所有这些企业全部登记下来是根本不可想象的,有一些省份和生产部门把成百成千最小的企业计算在内,而另一些省份和生产部门则只是把比较大的"工厂"计算在内。因此,很自然,60 年代首批试图科学地整理我国工厂统计资料的人员就把全部注意力集中在这个问题上,并且竭尽全力把多少具有可靠统计资料的生产部门同根本没有可靠统计资料的生产部门分开,把一些能够得到令人满意的统计资料的大企业同一些不能得到令人满意的统计资料的小企业分开。布申①、博克②和季米里亚捷夫③曾经就所有这些问题作了非常宝贵的示范,如果编制我国工厂统计资料的人员严格遵循这些示范,并且加以发展,我们现在也许会有很像样的统计资料。然而,实际上人们对于这些示范置若罔闻,工厂统计依然混乱如昔。从 1889 年起工商业司开始出版《俄国工厂工业材料汇编》(1885 年和以后各年)。这本书前进了一小步,它没有把生产总额不足 1 000 卢布的

---

① 《财政部年鉴》1869 年圣彼得堡版第 1 编。
② 《俄罗斯帝国统计年鉴》1872 年圣彼得堡版第 2 辑第 6 编。欧俄工厂工业统计材料,由伊·博克主编。
③ 《欧俄工厂工业主要部门统计图表(附厂名清册)》1869、1870、1873 年圣彼得堡版。共 3 编。

小企业计算在内。显然，这个标准还是太低，太不精确，因为要想通过警察局收集材料，把生产总额超过 1 000 卢布的**全部**工业企业**完全**登记下来是可笑的。仍旧像从前一样，有一些省份和生产部门把生产总额在 2 000—5 000 卢布的大量小企业统计在内，而另一些省份和生产部门却把它们略去不计。我们在下面将举出这样的例子。最后，我国新的工厂统计制度采用了完全是另一种标志来确定"工厂"的概念。"拥有工人不少于 15 人或工人虽不足15 人，但有蒸汽锅炉、蒸汽机**或其他动力机械和机器，或者有工厂设施的**""**所有工业企业**"①（**受工厂视察机关"管理"的企业**）都应该登记。我们应该详细谈一谈这个定义（我们已经用黑体标出了这个定义中特别模糊的地方），但是我们首先要指出，这里确定的"工厂"概念，在我国工厂统计中完全是一种新的提法，因为在这以前还从来没有人试图以一定数量的工人或者有蒸汽发动机等等设备的企业来确定"工厂"的概念。一般地讲，严格限定"工厂"这一概念是绝对必要的，但遗憾的是现在引用的这个定义非常不确切，非常模糊。这个定义指出了"工厂"统计应该予以登记的企业的下列标志：(1)企业受工厂视察机关的管辖。看来国家所属的企业和其他企业以及采矿厂等是不在此例的。但是《索引》把很多国家的和政府的工厂也都统计在内（见字母顺序表册第 1—2 页），我们不知道，是否所有省份的这些工厂都登记了，是否有关这些工厂的资料都经过工厂视察机关的审核等等。总之，必须指出，在我国工

---

①　科别利亚茨基 1895 年 6 月 7 日的通告（《工厂视察机关官员……手册》1897
　　年圣彼得堡第 4 版第 35 页，黑体是我们用的）。在《索引》的《序言》中并没有
　　转载这个通告，卡雷舍夫先生在整理《索引》中的材料时并不想弄清楚《索引》
　　对"工厂"这一名词的理解！！

厂统计还没有摆脱管辖各种不同工业企业的各种不同"主管机关"的束缚以前,工厂统计是**不可能**令人满意的,因为各主管机关的管辖范围不清,时常变动,即使各主管机关采取同一纲要,其做法也始终会各不相同。要把这件工作安排得合理,所有工业企业的全部资料必须由一个严格遵守用同一方法收集和整理材料的纯粹统计机关集中掌握。在还没有这样做以前,就必须非常慎重地对待包括或者不包括(在不同的时期和不同的省份)"其他主管机关"所属企业在内的工厂统计材料。例如,我国工厂统计早就不把采矿厂包括在内了,而奥尔洛夫却在新出版的《一览表》中把不少采矿厂(几乎全部钢轨生产,维亚特卡省伊热夫斯克工厂和沃特金斯克工厂等)计算在内,《索引》没有计算这些采矿厂,但是它把其他一些省份的"工厂"统计从前不计算在内的采矿厂(例如伊丽莎白波尔省的西门子炼铜厂,第330页)登记下来了。《索引》的《序言》在第8部分指出了制铁、熔铁、铸铁和铸铜等生产部门(第III页),但是根本没有指出怎样把采矿厂和工商业司"所辖的"工厂区分开来。(2)应该登记的只是**工业**企业。这个标志其实并不是一看就那么明显,因为要把手工业企业和农业企业分开,就要编制适合于每一生产部门的详尽的条例。我们在下面将会看到很多由于缺乏这种条例而引起混乱的例子。(3)企业中的工人应不少于15人。是只计算企业内的工人,还是连企业外的工人也计算在内,这一点不清楚;怎样区分这两种工人(这也不是一个容易的问题),是否应计算辅助工人等等问题也没有讲清楚。米库林先生在上面提到的书中举出了由于没搞清楚这些问题而产生混乱的例子。《索引》举出了不少**只有厂外工人**的企业。显然,靠现行收集材料的制度,企图把**所有**这类企业(即所有分配活计的商店和所谓的手工业中的

订货人等等)都包罗在内,只能使人发笑,而有关某些省份和某些
生产部门的零星材料是没有意义的,而且只会造成混乱。(4)凡是
有蒸汽锅炉或蒸汽机的企业都算做"工厂"。这个标志最确切,选
得也最恰当,因为蒸汽的运用的确是大机器工业发展的标志。(5)
凡是有"其他的"(非蒸汽的)"动力机械"设备的企业都算做"工
厂"。这个标志非常不确切,也太广泛,根据这个标志,凡是有水
力、马力、风力、甚至脚踏动力设备的企业都可以算做工厂。既然
根本办不到把所有这类企业全部登记下来,混乱也就势在难免,下
面就有这方面的例子。(6)凡是有"工厂设施"的都算做"工厂"。
最后这个绝对不确切而且模糊不清的标志,使前面那些标志失去
意义,并使统计材料必然混乱和无法比较。在不同的省份对于这
个定义必然会有不同的理解,而且这能称之为定义吗? 凡是有工
厂设施的企业都称为工厂……　这就是我国新的工厂统计制度的
最新发现。这种统计非常不能令人满意,是不足为奇的。现在我
们从《索引》的**各个**部分中举出一些例子,来说明个别省份和个别
生产部门是怎样把那些会给工厂统计造成混乱的最小企业登记下
来的,因为把所有这一类企业一一列举出来是根本不可能的。我
们来看看第 1 部分:"棉花加工"。在第 10—11 页上我们看到弗
拉基米尔省农村里有 5 个"工厂"靠替别人染棉纱和麻布挣钱(原
文如此!)。这里没有生产总额,而只是指出了染费收入由 10
(?)—600 卢布,工人人数是 0(不知道这是指没有工人人数的资
料呢,还是指没有**雇佣**工人)—3 人。没有任何发动机。这是农民
染坊,是最简陋的手工业企业,一个省偶然把这类企业登记了,其他
省份显然把它们略去了。在第 2 部分(羊毛加工),我们在同一个弗
拉基米尔省发现一些手工"工厂",专门替别人弹羊毛,每年收入

12—48卢布,有工人0—1名。在第3部分(第2517号)有一个农村手工丝织厂,有工人3名,生产额660卢布。在第4部分(亚麻加工)第141页上,又是那个弗拉基米尔省有一些农村手工染坊,有工人0—3名,麻布加工收入是150—550卢布。第5部分,在彼尔姆省有1个手工编席"工厂",工人6名,生产额921卢布(第3936号)。在其他省份(例如科斯特罗马省),这类企业当然也不少,但是没有算做工厂。第6部分有1个印刷厂,工人1名,生产额300卢布(第4167号);其他一些省份只统计了大印刷厂,还有一些省份则根本没有统计印刷厂。第7部分有1个锯木"工厂",工人3名,木板加工收入100卢布(第6274号)。在第8部分有1个手工五金加工工厂,工人3名,生产额575卢布(第8962号)。在第9部分(矿产品加工)有很多极小的企业,特别是制砖厂,例如有的只有工人1名,生产额48—50卢布等等。在第10部分(畜产品加工)有一些小型制蜡、羊皮和制革等手工业企业,工人0—1—2名,生产额数百卢布(第489、507页及其他各页)。但是在第11部分(食品加工),在榨油业中,特别是面粉业中,纯手工业式的小企业最多。在面粉业中把"工厂"同小企业严格区别开来是特别重要的,但是直到现在还没有这样做,我国所有的工厂统计方面的出版物都混乱不堪。各省统计委员会秘书第一次代表大会(1870年5月)[①]曾试图整顿面粉业工厂的统计,但是枉然,在这以后编制我国工厂统计的人似乎根本就没有想到他们所发表的统计材料毫不中用。例如《索引》把只有1名工人、收入0—52卢布(第587、589

---

① 根据代表大会拟定的关于收集工业资料的条例草案,所有不足10盘磨,不出产上等面粉的磨坊都不算在工厂之内。《俄罗斯帝国统计年鉴》第2辑第6编序言第 XIII 页。

页及其他许多页)的风力磨坊和只有 1 架水车、1 名工人、收入 34—80 卢布(第 589 页及其他许多页)的水力磨坊等等列为"工厂"。这种"统计"自然极其可笑,因为列举这一类磨坊还可以再加上 1 册,甚至再加上好几册,即使这样,也算不得一个无所不包的索引。甚至在化学工业这一部分(第 12 部分)也把小企业统计进去了,例如把有工人 1—3 名,生产额 15—300 卢布(第 995 页及其他各页)的农村树脂作坊也统计在内。使用这种方法,甚至会像有名的《军事统计汇编》在 1860 年发表的"统计"那样,统计出在欧俄有 3 086 个树脂和焦油"工厂",其中 1 450 个在阿尔汉格尔斯克省(工人 4 202 名,生产额 156 274 卢布,即平均每个"工厂"的工人不到 3 人,生产额 100 卢布略多一点)。《索引》这一部分中偏偏好像故意漏掉了阿尔汉格尔斯克省的统计数字,大概是该省农民现在不炼制树脂和焦油了吧! 必须指出,上面我们所举出的所有例子中,都登记了一些不符合 1895 年 6 月 7 日通告规定的企业。因此这些企业登记下来**纯粹是偶然的**:有一些省份(可能甚至有一些县份)把这些企业统计在内,而大多数省份把它们略去了。过去的统计(自 1885 年开始)都因为这类企业生产额不足 1 000 卢布而没有统计在内。

卡雷舍夫先生根本没有弄清楚工厂统计中的这个基本问题,却不客气地根据自己计算的数字作出"结论"。第一个结论是俄国的工厂在减少。(第 4 页及其他各页)卡雷舍夫先生得出这个结论的办法很简单:从工商业司 1885 年统计资料的欧俄工厂数中(17 014)减去《索引》的欧俄工厂数(14 578)。工厂减少了 14.3%,教授先生甚至连百分数也算出来了,却没有因为 1885 年的统计材料中没有包括缴纳消费税的工厂而感到不安;他仅仅指出,如果把缴纳消费税的企业加进去,工厂数目就会"减少"得更多。于是作者就着手探讨俄国哪一部分地区"企业减少的过程"(第5页)进行得"较快"。实际上,**根本不存在什么减少的过程,俄国的工厂不是在减少,而是在增加**,卡雷舍夫先生杜撰的这个结论,是由于博学的教授把根本不能相比的材料作了比较。① 这些材料不能比较并不是因为1885年没有关于缴纳消费税的工厂的统计材料。卡雷舍夫先生可以从我们已经引用过的《一览表》(这是奥尔洛夫根据工商业司的公报编制的)中得到那些包括缴纳消费税的工厂的数字材料,从而确定欧俄的"工厂"在1879年有**27 986**个,在1884年有**27 235**个,在1890年有**21 124**个,到1894—1895年度"减少"得最厉害(14 578个)。糟糕的是所有这些数字都不适于比较,因为第一,过去和现在的工厂统计方面的书中"工厂"这个概念是不一样的;第二,在某些省份和某些年份,偶然地和杂乱地把一些极小的企业也凑合到"工厂"中去了。要想靠我国统计的现有手段把这些企业完全登记下来是可笑的。卡雷舍夫先生如果下一番功夫来研究《索引》对"工厂"所下的定义,他就会发现,如果要拿这一本书中的工厂数同其他书中的工厂数比较,**那就只能选择15个工人和超过15个工人的企业**,因为在《索引》中完整地、不受任何限制地按各个省份和各个生产部门登记下来的**只有这一类**企业。既然这一类企业是比较大的企业,所以在过去的书中登记得也最令人满意。这样保证了相互比较的统计材料

---

① 1889年卡雷舍夫先生从省长大人们的奏折中选择了1885年的材料(《法学通报》杂志7第9期),其中包括成千上万个极小的磨坊、油坊、制砖厂、陶器厂、制革厂、羊皮厂和其他手工业企业,并确定了欧俄的"工厂"有**62 801**个! 奇怪的是他为什么没有用这个数字算出现在工厂"减少"的百分比。

标准一致以后,我们再按《一览表》计算一下 1879 年工人在 16 人[①]和超过 16 人的欧俄工厂数,按《索引》计算一下 1894—1895 年度工人在 16 人和超过 16 人的欧俄工厂数,就会得到下面这个值得注意的数字材料:

出　处	年　份	总　数	欧 俄 工 厂 数	
			工人在 16 人和超过 16 人的工厂数	工人不足16 人的工厂数
《一览表》第 1 版……	1879 年	27 986[②]	4 551	23 435
《一览表》第 3 版……	1890 年	21 124	6 013	15 111
《索引》……………	1894—1895 年度	14 578	6 659	7 919
			不包括印刷厂 6 372	

　　由此可见,这些被认为是标准大体一致、可以对照和比较完整的数字进行比较的结果表明,**俄国工厂的数量在增加**,而且增加得相当快:在 15—16 年(1879 年—1894/95 年度)内从 4 500 个工厂增加到 6 400 个工厂,即增加了 40%(1879 年和 1890 年印刷厂都没有计算在工厂以内)。至于拿上述各个年份工人不足 16 人的企业数来比较,那是**很荒谬的,**因为所有这些书中"工厂"的定义各不相同,略去小企业的方法也不相同。1879 年**任何**小企业都没有略去;**因此**在同农业和农民手工业有关的一些生产部门(面粉、榨油、制砖、制革、陶器等)中计入了后来一些书中所没有统计在内的大

---

　　① 我们以 16 个工人而不是以 15 个工人为标准,一方面是因为 1890 年《一览表》(第 3 版第 X 页)就是按 16 个工人和超过 16 个工人计算的,另一方面是因为财政部的有关说明有时也采用这个标准。(见上引科别利亚茨基的书第 14 页)
　　② 某些不足的材料大致已经补充了:见《一览表》第 695 页。

量小企业。1890 年已经把某些小企业(生产总额不足 1 000 卢布的)略去,因此小"工厂"就减少了。最后,1894—1895 年度把不足 15 个工人的大量小企业略去了,结果小"工厂"的数目几乎一下子减少到 1890 年的一半。1879 年和 1890 年的工厂数还可以用另一种方法来比较,即把生产额不少于 2 000 卢布的企业挑出来。问题在于我们前面引用的《一览表》的总计数字是关于全部已登记的企业的,而《一览表》列入工厂**厂名清册**中的只是生产额不少于 2 000 卢布的企业。这类企业的数字可以说大致上是适于比较的(尽管根据我国统计的现状,这一类企业永远不可能有完整的清单),然而面粉业是一个例外。这一行业在《一览表》和工商业司的《汇编》中,在不同省份、不同年份的登记都带有偶然性。有些省份只是把蒸汽磨坊算做"工厂",另一些省份把最大的水力磨坊也归并到"工厂"中去,还有一些省份把数百个风力磨坊统计在内,最后还有一些省份甚至把马力或脚踏磨坊等也计算在内。用生产总额来划线,丝毫也消除不了面粉厂统计中的紊乱,因为在这里面粉的产量代替了生产总额,而一些很小的磨坊的面粉年产量也往往超过 2 000 普特。因此列入工厂统计的磨坊数字由于登记的方法不一致,逐年发生巨大的变化。例如,据《汇编》的统计,1889 年、1890 年和 1891 年欧俄分别有 5 073、5 605 和 5 201 个磨坊。沃罗涅日省在 1889 年有 87 个磨坊,由于偶然把风力磨坊计算在内,到了 1890 年一下子就增加到 285 个,1892 年增加到 483 个。顿河州磨坊数从 1887 年的 59 个增加到 1888 年的 545 个,1890 年又增加到 976 个,到 1892 年又减少到 685 个(因为风力磨坊有时计算有时不计算)等等。显然,这些统计材料是不能利用的。因此,我们只能拿蒸汽磨坊来计算,并把其他行业中生产总额在 2 000

卢布以上的企业归并到这里面,结果得出欧俄的工厂数目 1879 年约有 11 500 个,1890 年约有 15 500 个。[①] 结果,我们又看到**工厂数目在增加**,而不是卡雷舍夫先生所杜撰的那样在减少。卡雷舍夫先生所谓的俄国工厂工业"企业减少的过程"的理论纯粹是无稽之谈,这是由于他对他所整理的资料一无所知。卡雷舍夫先生还在 1889 年(《法学通报》杂志第 9 期)就谈到俄国工厂数目的问题,他拿发表在《1884—1885 年俄国资料汇集》(1887 年圣彼得堡版第 39 个统计表)上的省长奏折中的毫无用处的数字来同《军事统计汇编》(1871 年圣彼得堡版第 4 卷)中的荒谬数字相比较,后者把几千个最小的手工业企业、几千个烟草种植园(原文如此! 见《军事统计汇编》第 345 页和第 414 页关于比萨拉比亚省烟"厂"的统计)、几千个农村磨坊和油坊等等都算做了"工厂"。这样,按《军事统计汇编》计算,1866 年欧俄共有 7 万多个"工厂",这并不惊人。惊人的倒是有人对于刊载的一切数字漫不经心,不加批判就拿来作为计算的根据。[②]

　　这里有必要说几句题外的话。卡雷舍夫先生根据他的工厂减少的理论,推论出现在工业正在集中。不言而喻,我们反驳他的理论,但是决不否认这个结论,因为他只是错误地论证了这个结论罢了。为了证明存在着这种集中的过程,必须把最大的企业划分出

---

①　从《索引》的统计材料中得到有关的数字是不可能的,第一,因为《索引》把生产额在 2 000 卢布和超过 2 000 卢布但工人少于 15 人的大量小企业撇开没有统计;第二,因为《索引》计算了不纳消费税的生产总额(与过去的统计不同);第三,因为《索引》有时计算的不是生产总额,而是原料加工费。

②　杜冈-巴拉诺夫斯基先生在工厂工人人数的问题上已经指出《军事统计汇编》的材料是完全没有用处的(见他的《俄国工厂今昔》1898 年圣彼得堡版第 336 页及以下各页和 1898 年《世间》杂志**8**第 4 期),尼·—逊先生和卡雷舍夫先生对他的直接挑战报之以沉默。实际上他们也只能沉默。

来。就拿工人100人和超过100人的企业为例吧。我们拿这类企业的数量、工人人数和生产总额来同全部企业的统计材料比较一下，就会得出下面这个统计表：

见　脚　注①	1879 年			1890 年			1894—1895 年度		
	工厂数	工人人数	生产总额（单位千卢布）	工厂数	工人人数	生产总额（单位千卢布）	工厂数	工人人数	生产总额（单位千卢布）
全部"工厂"	27 986	763 152	1 148 134	21 124	875 764	1 500 871	14 578	885 555	1 345 346
工人在100人和超过100人的企业	1 238	509 643	629 926	1 431	623 146	858 588	1 468	655 670	955 233
在总数中占的百分数	—	66.8%	54.8%	—	71.1%	57.2%	—	74%	70.8%

从上表可以看出，最大企业的数量增加了，它们的工人人数和生产总额也增加了，在正式登记的"工厂"的全体工人和全部生产总额中占了愈来愈大的比重。也许有人会向我们提出，既然工业集中了，那就是说大企业排挤小企业，小企业数量在减少，因此企业总数也随之减少。但是，第一，这后一个结论指的已经不是"工厂"，**而是所有工业企业**，在这一方面我们没有发言权，因为我们根本没有稍微可靠和完整的工业企业统计资料。第二，从纯理论的角度来讲，本来就不能说正在发展的资本主义社会中工业企业的数量总是减少和必然减少，因为在工业集中的同时，农民也在逐渐脱离农业，由于农民半自然经济的解体等等，一个国家落后地区的

---

① 同一出处。前面已经指出 1879 年的某些统计材料大致已经补充了。《一览表》和《索引》的一般统计材料是不能比较的，但是我们在这里**只是**把在工人总数中所占的**百分数**和在生产总额中所占的**百分数**拿来比较，这些统计材料中的总数比工厂总数的材料可靠得多（下面将会谈到）。大企业的计算是从《俄国资本主义》(指《俄国资本主义的发展》。——编者注)这一著作中引来的，笔者正准备把这一著作付印。

小工业企业也就会逐渐增多。①

现在我们再回头来谈谈卡雷舍夫先生。他对一些最不可靠的
资料(即关于"工厂"数量的资料)却几乎给予了最大的注意。他按
照"工厂"的数量把省份加以分类,编制了分类统计图,编制了按各
生产部门划分的拥有数量最多的"工厂"的省份的专门统计表(第
16—17页);算出了各省工厂数在工厂总数中所占的大量百分数
(第12—15页)。可是卡雷舍夫先生忘记了一个细节,即忘记了
提出一个问题:**不同省份的工厂数字可以相比吗?** 这个问题的答
案应该是否定的,因而卡雷舍夫先生的大部分计算、对比和论述只
能算是一种幼稚的统计练习。如果教授先生研究了1895年6月
7日通告中"工厂"的定义,那他就会很容易地想到,这样不明确的
定义在不同的省份是**不可能**同样地运用的,而如果他能更加仔细
地研究一下《索引》本身,他也会得出同样的结论。让我们举几个
例子。卡雷舍夫先生在第11部分(食品加工;这一类工厂最多)中
根据企业数量把沃罗涅日省、维亚特卡省和弗拉基米尔省划分出
来(第12页)。但是这3个省所以有大量"工厂",首先是因为这3
个省**纯属偶然地**把其他省份没有计算的一些小企业都登记下来
了。例如沃罗涅日省"工厂"多,只是因为在这里计算了小磨坊
(124个磨坊中只有27个蒸汽磨坊;只有1—2—3个水车的水力
磨坊也很多,这种磨坊其他省份是不计算的而且也不可能把这些
磨坊都算全)和其他省份没有计算的小油坊(大部分用马力发动
机)。维亚特卡省116个磨坊中只有3个是蒸汽磨坊,弗拉基米尔

---

① 例如1894—1895年度彼尔姆省的"手工业调查"表明,农村中在改革以后的
时期每10年建立的小工业企业愈来愈多。见《彼尔姆边疆区巡礼。彼尔姆省
手工工业状况概述》1896年彼尔姆版。**9**

省 10 个风力磨坊和 168 个油坊,大部分使用风力或马力发动机,或者是使用手工。如果说其他省份企业较少,当然不等于说这些省份没有风力磨坊和小型水力磨坊等,只不过是没有计算罢了。有很多省份(比萨拉比亚、叶卡捷琳诺斯拉夫、塔夫利达、赫尔松等省)几乎只计算了蒸汽磨坊,而按第 11 部分的统计,欧俄面粉业 6 233 个企业中,有 2 308 个是"工厂"。没有弄清统计材料的**标准不同**,而去谈各省所占的工厂数量,这是荒谬的。我们拿第 9 部分矿产品加工来看一看。例如,弗拉基米尔省有 96 个制砖厂,而顿河州只有 31 个,即相当于前者的 $\frac{1}{3}$ 弱。据《一览表》(1890 年)的统计则恰巧相反:弗拉基米尔省有 16 个,而顿河州有 61 个。据《索引》的统计,弗拉基米尔省 96 个制砖厂中,只有 5 个厂的工人人数是 16 人和超过 16 人,而顿河州 31 个制砖厂中 26 个厂的工人人数是 16 人和超过 16 人。很明显,这不过是由于顿河州不像弗拉基米尔省那样随便把小制砖厂都算做"工厂"而已(弗拉基米尔省的小制砖厂都是一些手工工厂)。卡雷舍夫先生根本没有看到这一点(第 14 页)。关于第 10 部分(畜产品加工),卡雷舍夫先生说,几乎所有省份这一类企业的数目都不多,但是"下诺夫哥罗德省有 252 个工厂,这是一个突出的例外"(第 14 页)。所以会有这种现象,首先是因为这个省把其他一些省没有计算的大量小手工业企业都计算在内了(有时把用马力和风力发动机的企业也计算在内)。例如,据《索引》的统计,在这一部分,莫吉廖夫省只有两个工厂;每一个工厂的工人都超过 15 人。莫吉廖夫省的畜产品加工小厂算起来也可以有几十个,正像 1890 年《一览表》统计的那样,该省有 99 个畜产品加工厂。试问,既然对工厂有这样不同的理解,卡雷舍夫先生关于各地"工厂"分布的百分比的计算还有什么意义?

　　为了更清楚地表明各省对于"工厂"这个术语的不同理解,我们举出弗拉基米尔和科斯特罗马这两个毗邻的省份来看一看。根据《索引》的统计,前者有 993 个"工厂",后者有 165 个"工厂"。在前一个省份中,所有生产部门中都有最小的企业,而且在数量上超过了大企业(只有 324 个企业的工人人数是 16 人和超过 16 人)。在后一个省份中,小企业就很少(在 165 个工厂中有 112 个工厂的工人人数是 16 人和超过 16 人),当然谁都知道,这一省也尽可以把不少风力磨坊、油坊、小淀粉坊、制砖厂、树脂厂等等统计在内①

　　卡雷舍夫先生不关心他所采用的这些数字的可靠性已经达到了顶点,他竟拿 1894—1895 年度各省的"工厂"数(根据《索引》)同 1885 年各省的工厂数(根据《汇编》)来比较。他煞有介事地议论说,维亚特卡省工厂增加了,彼尔姆省工厂"大大减少了",弗拉基米尔省工厂有显著的增加等等(第 6—7 页)。我们这位作者一本正经地作出结论说:"从这里也可以看出,上述工厂数目减少的过程涉及工业比较发达、发展较早的地区较少,而涉及一些新工业地区的较多。"(第 7 页)这个结论听起来很"有学问",可惜完全是无稽之谈。卡雷舍夫先生所使用的完全是一些偶然性的数字。例如根据《汇编》的统计,1885—1890 年彼尔姆省的"工厂"数目如下:1 001、895、951、846、917 和 1 002,到了 1891 年突然下降到585。这种剧变的原因之一,就是那些算做"工厂"的磨坊一会儿是

---

　　① 这里再举一个我国"最新的"工厂统计制度随便确定"工厂"数的例子。根据《索引》的统计,1894—1895 年度在赫尔松省有 471 个工厂(上引卡雷舍夫先生的著作第 5 页),而在 1896 年米库林先生却突然算出了 1 249 个"工厂企业"(上引著作第 XIII 页),其中 773 个工厂有动力机械,109 个工厂没有动力机械,但是工人超过 15 人。如果"工厂"的概念不明确,这一类剧变永远避免不了。

469 个(1890 年),一会儿是 229 个(1891 年)。既然根据《索引》的统计,这个省只有 362 个工厂,就应该注意到在"工厂"数目中已包括全部 66 个磨坊。既然弗拉基米尔省的"工厂"数增加了,就应该考虑到《索引》把这个省的小企业也计算进去了。根据《汇编》的统计,维亚特卡省 1887—1892 年磨坊的数目是 1—2—2—30—28—25,而《索引》的计算是 116 个。总之,卡雷舍夫先生所作的比较只能又一次证明,他完全不善于分析各种不同出处的数字。

　　卡雷舍夫先生举出各个不同部分(各类生产部门)中的工厂数目,并且算出了在工厂总数中各占的百分数,但是仍然没有注意到,在各个不同部分中都计入了不同数量的小企业(例如纺织工业和冶金工业中的小企业最少,约占欧俄工厂数的$\frac{1}{3}$,而畜产品和食品加工工业中小企业占总数的$\frac{2}{3}$)。显然,他对比的是不同标准的数字,因而算出的这种百分数(第 8 页)就没有任何意义。总之,在"工厂"数目及其地区分布这个问题上,卡雷舍夫先生表现出完全不了解他所使用的这些材料的性质和可靠程度。

　　我们在从工厂数量转而谈到工人人数的时候,首先应该指出,我国工厂统计中工人的数字要比工厂的数字可靠得多。当然,混乱、遗漏和缩小实际数字这样一些现象在这里也不少。但是在这里,没有统计标准不同的材料,小企业时而计算在工厂内,时而不计算在内的变化无常的现象对工人的总数影响也很小,原因很简单,因为最小的企业的百分数尽管很大,但是这些企业的工人在工人总数中所占的百分数并不大。我们在上面看到,1894—1895 年度在 1 468 个工厂(占总数的 10%)中集中了 74% 的工人。在 14 578 个工厂中,工人人数不足 16 人的小工厂有 7 919 个,占一半以上,而工人大约只占 7%(就算每个工厂平均 8 人)。由此产生了这样一种现象：1890 年（根据《一览表》）和 1894—1895 年度相比，工厂的差数很大，而工人的差数并不大，1890 年欧俄 50 个省份中共有 875 764 名工人，而 1894—1895 年度有 885 555 名工人（我们只计算了企业内的工人）。我们从前者减去《索引》所没有统计在内的 24 445 名制轨工人和 3 704 名制盐工人，从后者减去《一览表》所没有统计在内的 16 521 名印刷工人，结果得出 1890 年有 847 615 名工人，1894—1895 年度有 869 034 名工人，即多了 2.5％。显然这个百分数并不能反映出工人人数实际增长的情况，因为 1894—1895 年度有很多小企业没有计算，但是这两个相差无几的数字表明，关于工人总数的一般统计材料是比较适用的，是比较可靠的。卡雷舍夫先生（我们所说的工人总数，是从他那里取来的）没有确切分析，同过去的统计书籍比较，1894—1895 年度究竟计算了哪些生产部门，没有指出《索引》略去了过去算做工厂的许多企业。他一直选用《军事统计汇编》中的荒谬统计材料同过去的材料相比，并且一再重复早已遭到杜冈-巴拉诺夫斯基先生驳斥的似乎工人人数与人口相比正在减少的谬论。（见上面）工人人数的统计材料是比较可靠的，因此这些材料比工厂数目的统计材料理应得到更加仔细的研究。但是卡雷舍夫先生恰巧相反，他甚至没有按工人人数来把工厂加以分类，其实这是非常必要的，因为《索引》把工人人数当做工厂的重要标志了。从我们在上面举出的统计材料可以看出，工人集中程度是很高的。

　　卡雷舍夫先生没有按工人人数来进行工厂的分类，而是进行了一些比较简单的计算，即确定了每个工厂的平均工人人数。我们知道，工厂数目的统计材料是非常不可靠，非常偶然的，标准又不相同，所以所有这些计算也就错误百出。卡雷舍夫先生比较了

1886 年和 1894—1895 年度每一个工厂的工人平均数,于是推论说"工厂的平均规模在扩大"(第 23 页和第 32—33 页),可是他忘了 1894—1895 年度所计算的只是一些比较大的企业,因此这样比较是不正确的。拿不同省份的每一个工厂的工人平均数来比较是非常可笑的(第 26 页);例如,卡雷舍夫先生得出了这样一个结论:科斯特罗马省"企业的平均规模比其他省更大",每个工厂平均有 242 名工人,而别的省,譬如弗拉基米尔省,每个工厂平均只有 125 名工人。前面已经说过,这纯粹是由于登记方法不同所造成的,而博学的教授连想也没有想到这一点。卡雷舍夫先生忽略了各个不同省份大小企业数量的差异,而想出了一个非常简单的方法来**回避**这个难题。也就是说,他拿**整个欧俄的每个工厂**(以及波兰和高加索的每个工厂)的平均工人人数乘每一省的工厂数,把求得的数目分类列入专门图表(第 3 表)。这原来是多么简单的事啊! 既然我们能够用这种简单的方法**人为地使**各个不同省份工厂的"平均"规模有一个共同的标准,我们又何必按工人人数来进行工厂分类呢? 又何必研究各个不同省份大小企业的比较数字呢? 既然我们能够"简单地"拿**整个**欧俄工厂工人的平均数去乘**每一**省的工厂数,那又何必去研究列入弗拉基米尔省或者科斯特罗马省的工厂数目中的小企业和极小企业是多了还是少了呢? 如果用这种方法把偶然被登记的千百个风力磨坊和油坊同大工厂等量齐观,那又有什么了不起呢? 读者要是没有注意到这一点,说不定就相信了教授先生所杜撰的"统计"!

《索引》中除了有企业工人一栏,还有"企业外的"工人统计栏。在这一栏里不仅有接受工厂订货在家做工的工人(卡雷舍夫的书第 20 页),而且还有辅助工人等。决不能把《索引》中这一类工人的数字（全帝国有 66 460 人）看做是"我国所谓工厂厂外部分迅速发展的标志"（卡雷舍夫的书第 20 页），因为在我国目前工厂统计制度下，根本谈不到能够多少完整地把这一类工人登记下来。卡雷舍夫先生轻率地说："全俄国 66 500 人和千百万家庭手工业者比起来数字并不算大。"（同上）这样写首先就要忘记一个事实：这"千百万家庭手工业者"，正像所有的资料所说的那样，即使不是一大半，也有很大一部分是替包买主做工的所谓"厂外工人"。只要看一看《索引》中关于那些著名的"家庭"手工业区域的几页资料就可以确信，"厂外工人"的统计完全是偶然的和零星的。例如据《索引》的统计，在第 2 部分（羊毛加工）中，下诺夫哥罗德省阿尔扎马斯城和城郊的维耶兹德纳亚镇的厂外工人只有 28 人（第 89 页），而我们从《俄国手工工业调查委员会的报告》（第 5 编和第 6 编）中看出，这些地方有好几百名，甚至有上千名替业主干活的"家庭手工业者"。《索引》根本没有提到谢苗诺夫县的厂外工人人数，而地方自治局的统计中却指出，当地制毡和制鞋垫的手工业中替业主干活的"家庭手工业者"有 3 000 多人。根据《索引》统计，图拉省手风琴手工业中，只有 1 个"工厂"有 17 名厂外工人（第 395 页），而《俄国手工工业调查委员会的报告》却统计出，早在 1882 年就有 2 000—3 000 名替手风琴厂主干活的家庭手工业者（第 9 编）。因此很明显，认为厂外工人有 66 500 名的数字尚属可靠，并据以探讨这些人按省和生产部门的分布情况，就像卡雷舍夫先生所做的那样（他甚至还作了统计表），这简直是可笑的。这些数字的真正意义，根本不在于确定资本主义家庭劳动的规模（要确定就非得有完整的工业调查不可，即调查所有把活计分配给家庭劳动者的商店和其他企业或者个人），而在于把企业工人，即严格意义上的工厂工人,同厂外工人区分开来。到目前为止,在统计材料中这两类工人时常混在一起,甚至在 1890 年的《一览表》中也不止一次地看到这种例子。现在《索引》第一次试图消除这种现象。

卡雷舍夫先生对《索引》中关于工厂年生产量的数字的研究,是最令人满意的,这主要是因为作者终于在这里根据工厂的生产量进行工厂分类,而不是根据一般的"平均数"。诚然,作者还是不能彻底摆脱"平均数"(平均每一个工厂的生产量),甚至拿 1894—1895 年度的平均数同 1885 年的平均数来比较,我们已经不止一次地说过,这种方法是完全错误的。我们要在这里指出,由于前述小企业的作用小这个原因,工厂年生产量的一般统计数字要比工厂数目的一般统计数字可靠得多。例如据《索引》的统计,欧俄生产额超过 100 万卢布的工厂一共有 245 个,占 1.9%,但是这些工厂的产量占欧俄全部工厂年总产量的 45.6%(卡雷舍夫的书第 38 页),而生产额不到 5 000 卢布的工厂占全部工厂的 30.8%,但是它们的产量只占总产量的 0.6%,这个百分数是微不足道的。然而必须附带指出,卡雷舍夫先生在计算这些数字的时候,忽略了生产总额(=产品价值)同原料加工费之间的区别。在我国工厂统计方面《索引》首次作出了这种相当重要的区分。[①] 显然这两种不同的量是不能比较的,应该把它们区别开。卡雷舍夫先生并没有这样做,可以认为,小企业年生产量的百分数这样低,部分是由于把那些未指明产品价值,只指明产品加工费的企业包括在内了。我

---

① 遗憾的是,我们没有任何保证足以肯定《索引》是严格而彻底地进行了这种区分的,即只有真正出售自己产品的工厂才呈报产品价值,而只有给别人的材料加工的工厂才呈报原料加工费。也可能有这种情况,例如在面粉业中(这一行业更经常会碰到上面所提到的不同情况),厂主有时呈报这种,有时呈报那种,完全是偶然的。这个问题需要专门研究。

们在下面举出卡雷舍夫先生由于忽视了这种情况而犯的一个错误。由于《索引》区分了加工费同产品价值,由于它没有把消费税总额包括在生产价格内,就使得《索引》的数字不能同过去的统计书籍中的数字相比。根据《索引》的统计,欧俄全部工厂的生产额为 134 500 万卢布,而根据《一览表》的统计,1890 年的生产额为 150 100 万卢布,如果从后一个数字中减去消费税总额(仅酿酒业就有将近 25 000 万卢布),前一个数字就显得大得多了。

《一览表》(第 2 版和第 3 版)是根据工厂的年产量进行工厂分类的(没有指出每一类在总产量中占的比重),但是由于前述登记的方法和确定年产量的方法不同,工厂的这种划分是不能同《索引》的资料相比的。

我们还必须研究卡雷舍夫先生的另一个错误论断。卡雷舍夫先生引证了各省工厂年生产总额的统计材料,情不自禁地马上拿它们同 1885—1891 年统计材料,即同《汇编》的统计材料比较。在后一类材料中没有关于缴纳消费税的行业的材料,因此卡雷舍夫先生就一心去找 1894—1895 年度产品总额少于以往各年的省份。这样的省份有 8 个(第 39—40 页),根据这一点,卡雷舍夫先生就断定"工业最落后的"省份中有"工业倒退现象",断定这种情况"表明小企业在与大企业竞争时处境困难"等等。如果……如果卡雷舍夫先生的这些论断不是完全不可信的,那也许是非常深奥的。卡雷舍夫先生在这里没有注意到他所比较的是根本不能相比的和标准不同的统计材料。我们现在就指出,卡雷舍夫先生提到的每一个省份的统计材料都是不能相比的。[①] 1890 年彼尔姆省的

---

①　我们在这里所引的不是《汇编》,而是《一览表》中 1890 年的统计材料,从中减去了缴纳消费税的行业。除去了这些行业,《一览表》的统计材料几乎同《汇

产品总额是 2 030 万卢布(《一览表》),1894—1895 年度的产品总额是 1 310 万卢布;其中面粉业在 1890 年是 1 270 万卢布(469 个磨坊!),1894—1895 年度是 490 万卢布(66 个磨坊)。由此可见,表面上的"减少"纯粹是因为磨坊的数目偶然登记得不同而造成的。例如蒸汽磨坊在 1890 年和 1891 年有 4 个,而 1894—1895 年度增加到 6 个。这同样也说明了辛比尔斯克省产品"减少"的原因(1890 年有 230 个磨坊,产品总额是 480 万卢布;1894—1895 年度有 27 个磨坊,产品总额是 170 万卢布;蒸汽磨坊数各为 10 个和 13 个)。维亚特卡省产品总额在 1890 年是 840 万卢布,在 1894—1895 年度是 670 万卢布,即减少了 170 万卢布。然而 1890 年在这里计算了沃特金斯克采矿厂和伊热夫斯克采矿厂,这两个厂的生产额加在一起恰巧是 170 万卢布;1894—1895 年度这两个厂因"直属"矿业司而没有统计在内。1890 年阿斯特拉罕省的生产额为 250 万卢布,1894—1895 年度为 210 万卢布。但是 1890 年的统计中包括盐业生产(346 000 卢布),而在 1894—1895 年度这一类工厂因归入"采矿厂"而没有统计。普斯科夫省 1890 年的生产总额是 270 万卢布,1894—1895 年度是 230 万卢布;然而 1890 年算上了 45 个亚麻打麻企业,生产总额 120 万卢布,而 1894—1895 年度只统计了 4 个**亚麻纺织**企业,生产总额 248 000 卢布。显然普斯科夫省的亚麻生产企业仍旧存在,只不过是没有列入表册而已(可能是因为其中大多数都是工人人数少于 15 人的手工业企业)。虽然比萨拉比亚省 1890 年和 1894—1895 年度面粉磨坊的

编》的统计材料没有差别,因为它们都是根据工商业司的公报。要揭露卡雷舍夫先生的错误,我们不仅需要每个行业的详细统计材料,而且还需要每个工厂的详细统计材料。

数量相同,都是 97 个,但登记的方法却不同;据 1890 年的统计磨出面粉 430 万普特(＝430 万卢布),而 1894—1895 年度大多数磨坊所报的都**只是磨费**,因而产品总额(180 万卢布)是不能同 1890年的统计数字相比的。下面两个例子正好说明了这种不同。列文宗的两个磨坊,1890 年报的生产额是 335 000 卢布(《一览表》第424 页),而 1894—1895 年度**磨费**只是 69 000 卢布(《索引》第14231—14232 号)。相反,什瓦尔茨别尔格的一个磨坊,1890 年报的产品价值是 125 000 卢布(《一览表》第 425 页),而 1894—1895 年度是 175 000 卢布(《索引》第 14214 号);1894—1895 年度面粉工业的生产总额中 140 万卢布是产品价值,40 万卢布是磨费。维捷布斯克省也是一样:1890 年有 241 个磨坊,生产总额是360 万卢布;1894—1895 年度有 82 个磨坊,生产总额是 12 万卢布,而且大多数磨坊报的只是磨费(蒸汽磨坊在 1890 年是 37 个,1891 年 51 个,1894—1895 年度 64 个),因此 12 万卢布中有**一大半**不是产品价值,而是磨费。最后,在阿尔汉格尔斯克省,卡雷舍夫先生发现的"工业倒退现象"纯粹是他计算中奇怪的错误造成的:实际上据《索引》的统计,阿尔汉格尔斯克省工厂生产总额不是像卡雷舍夫先生两次所指出的 130 万卢布(第 40 页和第 39 页;而1885—1891 年是 320 万卢布),而是**690 万卢布**,其中 650 万卢布是 18 个锯木工厂的。(《索引》第 247 页)

　　综上所述,我们可以得出这样一个结论:卡雷舍夫先生对他研究的材料是漫不经心的,而且缺乏批判,因此他就犯了一系列严重错误。至于卡雷舍夫先生和他的助手共同计算的《索引》的统计数字,应该说,由于卡雷舍夫先生没有把总计数字,即按各省和各生产部门分类的工厂、工人和生产总额的数字加以公布而大大失去了它的统计价值(虽然他想必是作了这些统计,但是如果把这些数字完全公布出来,那么一方面可供审核,另一方面则会给使用《索引》的人很大的方便)。由此可见,对资料的单纯计算非常片面,不完全,不系统,而卡雷舍夫先生匆匆忙忙作出的结论,在多数情况下可以作为运用数字不当的例子。

现在再转到上面提出的我国工厂统计的现状问题,我们应该首先说明,既然"迫切需要""关于各个生产部门的完整而可靠的统计材料"(《索引》的《序言》中是这样写的,这一点不能不同意),那么,要获得这样的统计材料就必须要有正常的工业调查,把所有一切工业作坊、企业和工种都登记下来,并且要定期进行。假如1897年1月28日关于居民职业的第一次全民调查材料[10]是令人满意的,并且是经过仔细研究的,那么这些材料将大大有利于进行工业调查。只要这样的调查还没有进行,也就只能是登记一些大的工业企业。目前收集和研究这一类大企业(现在大家都把它叫做"工厂")的统计材料的制度应该说是非常不能令人满意的。第一个缺点是各个"主管机关"把工厂统计分散了,没有一个专门的、纯粹做统计工作的机关来集中收集、审核和研究关于一切工厂的所有资料。要研究俄国目前的工厂统计材料,你会感到好像是处在各个"主管机关"(它们各有一套特殊的登记方法和手段)的交叉管辖范围以内。有时甚至会发生在一个工厂内部划分管辖范围的情况,以致工厂的某一部门(例如铸铁部门)属于矿业司管辖,而另一部门(例如铁制品生产部门)则属于工商业司管辖。显然,这种情况会给利用这些材料的人带来很大困难,会使那些不太注意这个复杂问题的研究人员犯错误(而且已经犯错误了)。特别是关于审核材料的问题,应该说,工厂视察机关当然永远不可能审核出所有厂主呈报的全部材料是否属实。在现行制度下（材料的收集，不是通过专门的机关来调查，而是通过向厂主发调查表），主要应该注意这样一点：中央统计机关应同所有的厂主保持**直接**联系，经常监督材料的**一致性**，注意材料的完整性和向**所有**多少有些作用的工业中心发调查表，以防止偶然地把标准不一致的材料列入统计，防止对纲要作不同的运用和解释。现行制度的第二个基本缺点在于根本没有制定收集材料的纲要。如果这个纲要是坐在办公室里搞出来的，没有经过专家评定，没有在报刊上展开全面的讨论（这一点特别重要），材料永远也**不会**那么完整和一致。譬如我们已经看到，现在甚至像什么是"工厂"这样一个基本的纲要问题也解决得不能令人满意。在缺少工业调查的情况下，在从企业主本人手中收集资料的制度下（通过警察局和工厂视察机关等），"工厂"的概念必须要有绝对明确的规定，并且只应以大企业为限，以期**各地一律**无遗漏地予以登记。目前"工厂企业"这一概念的基本因素看来定得相当适宜：(1)**企业中的**工人不少于 15 人（还应该研究区别辅助工人同真正的工厂工人的问题和确定全年平均工人人数的问题等等），(2)有蒸汽发动机（哪怕工人人数较少也可）。遗憾的是除了这些以外，又加上了其他一些十分模糊的标志，然而要扩大这个定义是必须特别谨慎的。譬如，如果不要把有水力发动机的较大企业漏掉，那就应该十分明确地指出，这一类企业哪些应该登记（以发动机不少于多少马力，或者工人不少于多少人为标准）。如果认为某些生产部门的较小企业必须加以统计，那就应该十分明确地把这些生产部门一一列举出来，并指出"工厂企业"这一概念的其他一些明显标志。应该特别注意"工厂"企业同"手工业"企业或"农业"企业（制毡、制砖、制革、面粉、榨油及其他等等）混合在一

起的那些生产部门。我们认为刚才指出的"工厂"概念中的这两个
标志在任何情况下都不应该加以扩大,因为在现行收集材料的制
度下,甚至连这种比较大的企业也未必能够毫无遗漏地登记下来。
这个制度的改革可以是局部的和非本质的改变,也可以是实施全
面的工业调查。至于谈到材料的范围问题,即向企业主提出问题
的数量的时候,还必须划清工业调查同现行统计的根本区别。只
有进行工业调查才有可能也有必要争取材料的完整(关于企业的
历史问题,企业同附近其他企业以及同附近居民的关系问题,商业
方面的问题,原材料和辅助材料的问题,产品的数量和品种问题,
工资、工作日、换班、夜班和加班等等问题)。而作现行统计则必须
非常慎重,因为比较可靠的、完整的和一致的材料即使少一些,也
比大量片断的、可疑的和无法比较的材料要好一些。当然还必须
增加使用机器的问题和产品数量的问题。

　　我们说我国工厂统计非常不能令人满意,但这并不是说这些
材料不值得注意和不值得研究。完全相反,我们详细研究了现行
统计制度中的缺点,为的是着重指出对这些统计材料必须特别仔
细地研究。研究的主要和基本的目的应该是分清莠草和小麦,分
清哪些是比较有用的材料,哪些是无用的材料。我们已经看到,卡
雷舍夫先生和其他许多人的主要错误,正是没有分清良莠。"工厂"
的统计数字是最不可靠的,不事先加以仔细整理(把比较大的企业
分出来等等),无论如何是不能用的。工人人数和生产总额的总计
数字要可靠得多(然而必须严格区别,是哪些生产部门,是怎样统计
的,是怎样确定生产总额的等等)。如果需要更加详尽的总计数字,
那么就可能发现一些材料是无法比较的,使用它们就会导致错误。
民粹派所热心散布的俄国工厂减少和工厂工人减少(与人口相比)

的谬论之所以产生，也只能以忽视了所有这些情况来作解释。

　　谈到材料的研究，那就绝对必须以每一工厂的材料，即卡片材料作研究的基础。这些卡片首先应该按地区单位来加以分类。以省为单位太大。工业分布的问题是一个重要问题，它要求按照城市、郊区、乡镇或形成工业中心或工业区的乡镇来分类。其次必须按生产部门分类。在这一方面，我们认为，我国最新的工厂统计制度带来了不适宜的变化，它断然抛弃了自 60 年代以来（和更早以前）就实施的旧的生产部门分类法。《索引》按照新制度把生产部门分为 12 部分；如果只是按照各部分收集材料，每一部分的范围就会过广而把一些性质不同的生产部门混在一起（如把呢绒和制毡，锯木和家具，造纸和印刷，铸铁和首饰，制砖和瓷器，制革和制蜡，榨油和炼糖，啤酒和烟草等等混在一起）。如果把所有这些部分详细地划分为各个生产部门，那么分类就会过细，数量将在 **300 种以上**（见上引米库林的著作）！按旧制度分为 10 个部分，约 100 个生产部门（按 1890 年《一览表》统计有 91 个），在我们看来，这种分类比较成功。其次，工厂必须**按工人人数**、**发动机种类**和**生产量**来分类。从纯理论的角度来看，为了研究工业的现状和发展，为了分清现有资料中比较有用的和无用的材料，这样分类也是特别需要的。目前我国工厂统计的出版物中最根本的缺点就在于没有这样分类（这在按地区分类和生产部门分类中是必要的），这些书只是确定了一些常常引起严重错误的完全虚构的"平均数"。最后，按照所有这些标志分类，不应该只是确定每一类（和每一小类）的企业数，而同时应该算出每一类中各企业的工人人数和生产总额，既包括使用蒸汽机的企业，也包括手工业企业等等。换句话说，除了**分类统计表**，还必须有**综合统计表**。

　　如果以为这种研究要付出难以想象的巨大劳动,那就错了。地方自治机关的统计局经费和人员都很少,却完成了每一个县的复杂得多的工作;它们整理了2万、3万或4万单张的卡片(全俄国比较大的"工厂"企业大概也不过15 000—16 000个);而且每一张卡片的内容也极为广泛:在地方自治机关统计汇编中直栏就有好几百行,而在《索引》中还不到20行。尽管这样,出色的地方自治机关统计汇编不仅提供了按不同标志划分的分类统计表,而且提供了具有不同标志的综合统计表。

　　这样研究统计材料,首先会给经济科学提供必要的资料。其次会彻底解决区分比较有用的材料和无用的材料的问题。用这种方法研究统计材料,一下子就会揭示出某些生产部门、省份以及纲要的某些方面的统计材料的偶然性。这样就可能得到比较完整、可靠和标准一致的材料。这样就可能得到今后怎样保证统计材料的质量的宝贵示范。

载于1898年圣彼得堡出版的　　　　译自《列宁全集》俄文第5版
弗拉基米尔·伊林《经济评论集》　　　第4卷第1—34页

市场理论问题述评

(评杜冈–巴拉诺夫斯基先生
和布尔加柯夫先生的论战)**11**

(1898 年底)

　　大家都知道,资本主义社会的市场问题,在以瓦·沃·先生和尼·—逊先生为首的民粹派经济学家的学说中,占有极重要的地位。因此,对民粹派的理论持否定态度的经济学家认为必须注意这个问题,必须首先弄清"市场理论"的一些基本的、抽象的理论要点,就是十分自然的了。1894 年杜冈–巴拉诺夫斯基先生在他的《现代英国的工业危机》一书第 2 部分第 1 章《市场理论》中,曾经试图作出这样的探索,去年,布尔加柯夫先生在他的《论资本主义生产条件下的市场》(1897 年莫斯科版)一书中,探讨的也是这个问题。两位作者的基本观点是一致的;他们的重点都是叙述马克思在《资本论》第 2 卷第 3 篇中对"社会总资本的流通和再生产"的卓越分析。两位作者一致认为,瓦·沃·先生和尼·—逊先生关于资本主义社会的市场(特别是国内市场)理论是绝对错误的,原因在于不是忽略了马克思的分析,就是不懂得马克思的分析。两位作者都认为,发展着的资本主义生产自己给自己创造市场,主要是依靠**生产资料,而不是依靠消费品**;产品的实现,特别是额外价值**12**的实现,即使不把国外市场考虑进去,也是完全可以解释的;

资本主义国家需要国外市场,决不是实现的条件(像瓦·沃·先生和尼·—逊先生所认为的那样)造成的,而是历史条件和其他条件造成的。布尔加柯夫先生和杜冈-巴拉诺夫斯基先生是完全一致的,看来他们不会有什么争论了,可以同心协力地对民粹派的经济学进行更细致、更深入的批判了。可是事实并不如此,这两位作者却展开了论战(布尔加柯夫的上述著作第 246 — 257 页及其他各页;杜冈-巴拉诺夫斯基评谢·布尔加柯夫这本书的文章《资本主义与市场》,载于 1898 年《世间》杂志第 6 期)。我们认为,在这次论战中,布尔加柯夫先生和杜冈-巴拉诺夫斯基先生做得都有些过分,他们的意见都带有浓厚的个人意气。现在让我们分析一下他们之间是否有真正的分歧,如果有,那么谁的意见比较正确。

首先,杜冈-巴拉诺夫斯基先生责备布尔加柯夫先生,说他"缺少创见",喜奉师言为金科玉律(《世间》杂志第 123 页)。杜冈-巴拉诺夫斯基先生宣称:"我就国外市场对资本主义国家的作用这一问题所作的解答,布尔加柯夫先生完全接受了,但是这一解答决不是因袭马克思的。"我们觉得这话说得不对,因为杜冈-巴拉诺夫斯基先生对这个问题的解答**正是从马克思那里**因袭来的,而布尔加柯夫先生无疑也是这样做的,因此,应该争论的问题并不是有无"创见",而是怎样理解马克思的这一或那一原理,需要怎样阐述马克思的学说。杜冈-巴拉诺夫斯基先生说,马克思"在第 2 卷里根本没有提到国外市场的问题"(上引期)。这是不正确的。就在第 2 卷分析产品的实现那一篇(第 3 篇)里,马克思非常明确地阐明了对外贸易同这个问题的关系,从而也就阐明了国外市场同这个问题的关系。请看他在这个问题上是怎样说的:

　　"资本主义生产离开对外贸易是根本不行的。但是，假定正常的年再生产规模已定，那也就是假定，对外贸易**仅仅是以使用形式或实物形式不同的物品来替换本国的物品**〈Artikel——商品〉，而不影响价值关系，也就是不影响生产资料和消费资料这两个部类互相交换的价值关系，同样也不影响每一部类的产品价值所能分解成的不变资本、可变资本和剩余价值的关系。因而，在分析年再生产的产品价值时，把对外贸易引进来，只能把问题搅乱，而对问题本身和问题的解决不会提供任何新的因素。因此，我们把它完全撇开……"(《资本论》第 1 版第 2 卷第 469 页。黑体是我们用的)①杜冈-巴拉诺夫斯基先生"对问题的解答"是："……每一个从国外输入商品的国家，都可能有剩余资本；对于这样的国家来说，国外市场是绝对必需的"(《工业危机》第 429 页。《世间》杂志，上引期第 121 页引用过)，——这不过是马克思的原理的另一种说法而已。马克思说，在分析实现这个问题时，不能把对外贸易也考虑进去，因为对外贸易只是用一种商品代替另一种商品。杜冈-巴拉诺夫斯基先生在分析同一个实现问题(《工业危机》第 2 部分第 1 章)时说：输入商品的国家也必须输出商品，也就是说，必须有国外市场。试问，在这种情况下还能说杜冈-巴拉诺夫斯基先生"对问题的解答""决不是从马克思那里因袭来的"吗？杜冈-巴拉诺夫斯基先生继续说道："《资本论》第 2 卷和第 3 卷还只是远远没有完成的草稿"，"因此，我们在第 3 卷里找不到从第 2 卷的卓越分析中应得出的结论"。(上引文章第 123 页)这个说法也不确切。"在第 3 卷里"，除了对社会再生产作了单独的分析(《资本论》第 3 卷第 1

---

　①　见《马克思恩格斯文集》第 6 卷第 527—528 页。——编者注

部分第 289 页)①,说明不变资本在什么意义上和什么程度上"不依赖于"个人消费而实现以外,"我们还看到"专门有一章(第 49 章《关于生产过程的分析》)论述了从第 2 卷的卓越分析中得出的结论,在这一章中,用分析的结果解决了资本主义社会社会收入的种类这一极为重要的问题。最后,杜冈-巴拉诺夫斯基先生认为,"马克思在《资本论》第 3 卷里对于这个问题的见解完全不同",说什么我们在第 3 卷里"甚至看到一些与这一分析大有径庭的论断"(上引文章第 123 页),这种说法同样是错误的。杜冈-巴拉诺夫斯基先生在自己的文章的第 122 页上,援引了马克思似乎同自己的基本学说相矛盾的两段论述。让我们仔细地看看这两段话吧。马克思在第 3 卷里写道:"进行直接剥削的条件和实现这种剥削的条件,不是一回事。二者不仅在时间和地点上是分开的,而且在概念上也是分开的。前者只受社会生产力的限制,后者受不同生产部门的比例关系和社会消费力的限制。…… 生产力〈社会的〉越发展,它就越和消费关系的狭隘基础发生冲突。"(《资本论》第 3 卷第 1 部分第 226 页。俄译本第 189 页)②杜冈-巴拉诺夫斯基先生是这样解释这几句话的:"单是国民生产分配的比例,还不能保证产品销售的可能性。即使生产的分配合乎比例,产品也可能找不到市场,——我所引用的马克思的话的意思显然就是这样。"不,这几句话的意思不是这样。认为这几句话是对第 2 卷中的实现论的某种**修改**,是没有任何根据的。马克思在这里只是证实他在《资本论》其他几处也曾经指出过的资本主义的矛盾,即**无限**扩大生产的

---

① 参看《马克思恩格斯文集》第 7 卷第 340 页。——编者注
② 同上书,第 272、273 页。——编者注

意图和必然的**有限**消费(由于人民群众的无产阶级状况)之间的矛盾。自然,杜冈-巴拉诺夫斯基先生并不会否认这个矛盾是资本主义所**固有**的;既然马克思这段话指的就是这个矛盾,那么我们就没有任何权利再在他的话里寻找什么别的意思。"社会消费力"和"不同生产部门的比例关系",——这决不是什么个别的、独立的、彼此没有联系的条件。相反,一定的消费状况是比例的要素之一。实际上,对实现的分析表明,资本主义国内市场的形成,与其说是靠消费品,不如说是靠生产资料。因此,社会产品的第 I 部类(生产资料的生产)能够而且应当比第 II 部类(消费品的生产)发展得快。但是决不能由此得出结论说,生产资料的生产可以**完全不依赖**消费品的生产而发展,也不能说**二者毫无联系**。关于这一点,马克思写道:"正如我们以前已经说过的(第二册第三篇),不变资本和不变资本之间会发生不断的流通。这种流通就它从来不会加入个人的消费来说,首先不以个人消费为转移,但是它最终要(defin-itiv)受个人消费的限制,因为不变资本的生产,从来不是为了不变资本本身而进行的,而只是因为那些生产个人消费品的生产部门需要更多的不变资本。"(第 3 卷第 1 部分第 289 页。俄译本第242 页)①由此可见,生产消费(生产资料的消费)归根到底总是同个人消费联系着,总是以个人消费为转移的。但是,资本主义的本性一方面要求无限地扩大生产消费,无限地扩大积累和生产,而另一方面则使人民群众无产阶级化,把个人消费的扩大限制在极其狭窄的范围内。很明显,我们在这里看到的是资本主义生产中的矛盾,而在前面所引的那一段话中,马克思所证实的也正是这

---

① 见《马克思恩格斯文集》第 7 卷第 340 页。——编者注

个矛盾。① 同杜冈-巴拉诺夫斯基先生的看法相反,第 2 卷对实现的分析根本没有排斥这个矛盾,相反,这个分析指出了生产消费和个人消费的联系。不言而喻,如果根据资本主义的这个矛盾(或者根据它的其他矛盾),就得出结论说资本主义是不可能存在的,或者说它同以前的经济制度比较起来没有进步性(这是我国的民粹派所喜欢做的),那就大错特错了。资本主义的发展不可能不在一系列的矛盾中进行,而指出这些矛盾,就使我们清楚地看到资本主义的历史短暂性,看到它要求过渡到更高级形式的条件和原因。

综上所述,我们可以得出这样的结论:杜冈-巴拉诺夫斯基先生对国外市场作用问题的解答,正是从马克思那里因袭来的;《资本论》第 2 卷和第 3 卷在关于实现(和市场理论)的问题上没有任何矛盾。

我们再往下看。布尔加柯夫先生责备杜冈-巴拉诺夫斯基先生,说他不正确地评价了马克思以前的经济学家的市场学说。而

---

① 杜冈-巴拉诺夫斯基先生引证的另一段话(第 3 卷第 1 部分第 231 页,参看第232 页到该节末尾(参看《马克思恩格斯文集》第 7 卷第 278—279 页。——编者注))和下面关于危机的一段话,意思同这点也完全一样。关于危机的这段话是:"一切现实的危机的最终原因,总是群众的贫穷和他们的消费受到限制,而与此相对比的是,资本主义生产竭力发展生产力,好像只有社会的绝对的消费能力才是生产力发展的界限。"(《资本论》第 3 卷第 2 部分第 21 页。俄译本第 395 页(同上书,第 548 页。——编者注))马克思在下面脚注里所谈的也是这样的意思:"资本主义社会的矛盾:工人作为商品的买者,对于市场来说是重要的。但是作为他们的商品——劳动力——的卖者,资本主义社会却竭力把它的价格限制在最低限度。"(《资本论》第 2 卷第 303 页(见《马克思恩格斯文集》第 6 卷第 350 页。——编者注))尼·—逊先生对这段话的错误解释,我们在 1897 年 5 月的《新言论》杂志13 上已经谈过了。(参看本版全集第2 卷第 137—138 页。——编者注)这几段话同第 2 卷第 3 篇对于实现的分析没有任何矛盾。

杜冈-巴拉诺夫斯基先生则责备布尔加柯夫先生,说他把马克思的观点同产生这些观点的科学基础割裂开来,并把"马克思的观点"说成似乎"同他的先驱者的观点毫无联系"。后面这种指责是完全没有根据的,因为布尔加柯夫先生不仅没有发表过这种荒谬的意见,相反,他还引用了马克思以前各种学派代表人物的观点。在我们看来,无论是布尔加柯夫先生或杜冈-巴拉诺夫斯基先生,在叙述这个问题的历史的时候都毫无道理地忽视了亚当·斯密的理论,而在专门叙述"市场理论"时,对于他的理论是必须作最详细的研究的。我们之所以说"必须",是因为亚当·斯密是把社会产品分为可变资本和额外价值(用亚当·斯密的术语来说,就是工资、利润和地租)这种错误学说的鼻祖。在马克思以前,这个学说是根深蒂固的,以致关于实现的问题不仅得不到解决,甚至不能正确地提出。布尔加柯夫先生很公正地说道:"在出发点错误而对问题本身的提法又不正确的情况下,这些争论〈在经济学著作中关于市场理论的争论〉只能变成空洞的、经院式的争论"。(上述著作第 21 页脚注)但是作者只用了一页的篇幅来叙述亚当·斯密,省略了马克思在《资本论》第 2 卷第 19 章(第 2 节第 353—383 页)[①]对亚当·斯密的理论所作的详尽而卓越的分析,而对于约·斯·穆勒和冯·基尔希曼这些毫无创见的二流理论家的学说倒讲得不少。至于杜冈-巴拉诺夫斯基先生,他则完全没有提到亚·斯密,因而在叙述以后的经济学家的观点时就放过了他们的主要错误(重复斯密的上述错误)。不言而喻,在这种情况下的叙述是不可能令人满意的。我们只举两个例子。杜冈-巴拉诺夫斯基先生在叙述了

---

① 　参看《马克思恩格斯文集》第 6 卷第 398—434 页。——编者注

他用来说明简单再生产的第一号公式之后写道:"但是要知道,我们所假设的是简单再生产的情况,不会引起任何怀疑;按照我们的假设,资本家消费掉自己的全部利润,因此显而易见,商品的供给不会超过需求。"(《工业危机》第 409 页)这是不正确的。对于以前的经济学家来说,这决不是"显而易见"的,因为他们连社会资本的简单再生产还不会解释,也解释不了,他们不了解社会产品就价值来说分为**不变资本**+可变资本+额外价值,而就实物形态来说则分为生产资料和消费品这两大部类。因此,就是这种情况引起了亚·斯密的"怀疑",正如马克思指出的,这种怀疑竟使亚·斯密迷惑不解。如果以后的经济学家重复了斯密的**错误**,而没有同斯密一样感到**怀疑**,那只能表明,他们在这个问题的理论方面倒退了一步。杜冈-巴拉诺夫斯基先生说:"萨伊和李嘉图的学说在理论上是完全正确的;假如它的论敌不嫌麻烦,用数字计算一下在资本主义经济中商品是如何分配的,那么他们就会很容易地理解到,否认这种学说在逻辑上是矛盾的。"(上引书第 427 页)这种说法同样是不正确的。萨伊和李嘉图的学说在理论上是完全错误的:李嘉图重复了斯密的错误(见《李嘉图全集》,季别尔译,1882 年圣彼得堡版第 221 页),而萨伊则把这个错误发展到了顶点,他断言社会总产品和纯产品之间的区别完全是主观的。无论萨伊和李嘉图以及他们的论敌"用数字来计算"多少次,他们永远算不出什么结果来,因为问题决不在于数字,关于这一点,布尔加柯夫在评杜冈-巴拉诺夫斯基先生那本书的另一个地方时,也完全公正地指出来了(上引布尔加柯夫的书第 21 页脚注)。

现在我们来谈布尔加柯夫先生和杜冈-巴拉诺夫斯基先生所争论的另一个问题,即关于数字公式及其意义的问题。布尔加柯夫先生说,杜冈-巴拉诺夫斯基先生的公式"由于离开了范本"(即离开了马克思的公式),"大大失去了说服力,而且也没有把社会再生产的过程解释清楚"(上引书第 248 页),而杜冈-巴拉诺夫斯基先生则说,"布尔加柯夫先生对这类公式的作用本身就认识不清"(1898 年《世间》杂志第 6 期第 125 页)。我们认为,在这个问题上,真理完全在布尔加柯夫先生一边。"对公式的作用认识不清"的,倒不如说是杜冈-巴拉诺夫斯基先生自己,因为他认为公式是"证明结论"(同上)的。公式本身什么也不能证明;它只能在**过程的各个要素从理论上得到说明**以后把过程加以**表述**。杜冈-巴拉诺夫斯基先生提出了自己的不同于马克思的公式(远不如马克思的公式清楚),而对于应当用公式来表述的过程的要素,却没有在理论上加以说明。马克思理论的基本原理表明,社会产品不是只分为可变资本+额外价值(就像亚·斯密、李嘉图、蒲鲁东和洛贝尔图斯等人所想的那样),而是分为不变资本+上述两部分。杜冈-巴拉诺夫斯基先生虽然在自己的公式中采用了这个原理,但是他完全没有加以说明。杜冈-巴拉诺夫斯基先生那本书的读者是**无法理解**这种新理论的基本原理的。杜冈-巴拉诺夫斯基先生根本没有说明为什么必须把社会生产分为两个部类(I.生产资料和II.消费品),布尔加柯夫先生却正确地指出,"单是这种划分就比过去关于市场理论的一切争论具有更大的理论意义"(上引书第27 页)。正因为如此,布尔加柯夫先生对马克思的理论的叙述,比杜冈-巴拉诺夫斯基先生要清楚得多,正确得多。

最后,在对布尔加柯夫先生那本书作更详细的分析时,我们应当指出下面这一点:他的书大约有三分之一的篇幅论述"不同的资本周转"和"工资基金"的问题。我们认为,用这两个题目作标题的两节写得最不成功。在前一节中,作者企图补充马克思的分析(见第63页脚注),并且钻到一些非常复杂的计算和公式中去,以说明在不同的资本周转的情况下实现过程是怎样进行的。我们认为,布尔加柯夫先生最后的结论(为了说明在不同的资本周转中的实现,必须假定两个部类的资本家都有储备,参看第85页)是从资本的生产和流通的一般规律中得出来的,因此,根本没有必要在第 II 部类和第 I 部类资本周转的关系中假设各种不同的情况,拟制一系列的图表。后一节也一样。布尔加柯夫先生完全公正地指出,赫尔岑施坦先生认为在这个问题上发现了马克思学说中的矛盾,这是错误的。作者完全公正地指出:"如果一切资本的周转都以一年为期,那么在一年之初,资本家就不仅是去年一年的全部产品的所有者,同时也是相当于这个价值的全部货币的所有者。"(第142—143页)但是,布尔加柯夫先生毫无理由地接受了(第92页及以下各页)以前的经济学家对于这个问题的纯经院式的提法(工资是来源于目前的生产,还是来源于过去的劳动期间的生产?),并且自找麻烦地去"排斥"马克思的说法,说马克思"认为似乎""工资不是来源于资本,而是来源于目前的生产","这同他自己的基本观点似乎是矛盾的"。(第135页)马克思根本没有这样提出过问题。布尔加柯夫先生所以要"排斥"马克思的说法,是因为他企图把一种同马克思完全背道而驰的对问题的提法运用到马克思的理论中来。既然已经说明整个社会生产过程是如何依靠社会各阶级对产品的消费而进行的,已经说明资本家如何投入产品流通所必需的货币,那么工资是来源于目前的生产还是来源于过去的生产这一问题就没有什么重要的意义了。所以,《资本论》后两卷的编者恩格斯在第 2 卷序言中也说道,例如洛贝尔图斯关于"工资来源于资本还是来源于收入"的议论,"属于经院哲学的范围,并且已经在这个《资本论》第二册的第三篇中完全澄清了"。(《资本论》第 2 卷序言第 XXI 页)①

载于 1899 年 1 月《科学评论》杂志　　　　　译自《列宁全集》俄文第 5 版
第 1 期　　　　　　　　　　　　　　　　　第 4 卷第 44—54 页

---

① 　见《马克思恩格斯文集》第 6 卷第 23 页。——编者注

书　评[14]

罗·格沃兹杰夫

《富农经济的高利贷及其社会经济意义》

1899年圣彼得堡加林出版社版

（1899年1月底—2月初）

　　格沃兹杰夫先生这本书，归纳了我国经济学著作中关于富农经济的高利贷这个令人感兴趣的问题的资料。作者列举了许多事实，说明改革以前时期的商品流通和商品生产的发展产生了商业资本和高利贷资本。接着概述了谷物生产中有关高利贷的资料，又联系居民迁徙、手工业、零工以及捐税和贷款等方面概述了有关富农经济的资料。格沃兹杰夫先生十分公正地指出，民粹派经济学代表人物对富农经济的看法是不正确的，他们把富农经济看做"国民生产"机体上的一种"赘疣"，而不是看做同整个俄国社会经济制度密切联系而不可分割的一种资本主义的形式。民粹派没有看到富农经济同农民分化之间的联系，没有看到农村高利贷者"寄生虫"等等同"善于经营的农夫"——俄国农村小资产阶级人物的亲缘关系。中世纪制度的残余（农民村社的等级局限性，农民对份地的依附，连环保，各等级不平等的捐税）沉重地压抑着我国农村，大大地阻碍了小资本投入生产，用于工农业生产。其必然后果就是**资本的最低和最坏的形式**——商业资本和高利贷资本的极端盛行。人数不多的富裕农民,在人数众多的依靠自己小块份地过着半饥半饱生活的"贫弱"农民当中,必然变成最坏的剥削者,用放债、冬季雇工等等办法来奴役贫苦农民。旧制度无论在农业或工业中都阻碍了资本主义的发展,从而缩小了对劳动力的需求,这样就丝毫不能保证农民免受肆无忌惮的剥削,而使农民死于饥饿。格沃兹杰夫先生在书中约略计算出来的贫苦农民付给富农和高利贷者的钱数清楚地表明,通常把俄国占有份地的农民同西欧无产阶级对比是毫无根据的。事实上,这许多农民的境况比西欧农村无产阶级要坏得多;事实上,我国的贫苦农民相当于赤贫,几乎年年都要采取特别措施来救济几百万饥饿农民。如果税收机关不是人为地把富裕农民和贫苦农民列在一起,那么后者就必然会被正式划为赤贫,这样划分本来会更确切更真实地确定这些居民阶层在现代社会中的地位。格沃兹杰夫先生这本书的价值在于它汇集了"非无产阶级贫困化"①过程的资料,并且公正地指出这个过程是农民分化的最低和最坏的形式。看来格沃兹杰夫先生很熟悉俄国的经济学著作,但是他如果能少引用一些杂志上的文章,而更多地把精力放在对资料进行独立的研究上,那他这本书就会写得更成功。民粹派研究现有材料的时候,通常不去探讨这个问题在理论上极其重要的一些方面。其次,格沃兹杰夫先生自己的见解常常极其笼统和一般。在涉及手工业的一章中,这种情况尤其明显。这本书的文辞有些地方过于矫揉造作和含混不清。

载于 1899 年 3 月《开端》杂志　　　　　译自《列宁全集》俄文第 5 版
第 3 期　　　　　　　　　　　　　　　　　第 4 卷第 55—59 页

---

① 帕尔乌斯《世界市场和农业危机》1898 年圣彼得堡版第 8 页脚注。

НАЧАЛО

ЖУРНАЛЪ ЛИТЕРАТУРЫ, НАУКИ И ПОЛИТИКИ.

1899 г.

МАРТЪ.

С-ПЕТЕРБУРГЪ.
Типографія И. Н. Скороходова (Надеждинская, 43).
1899.

1899 年载有列宁书评的《开端》杂志的封面
（按原版缩小）

书　评

帕尔乌斯《世界市场和农业危机》

经济论文集　尔·亚·译自德文
1898 年圣彼得堡波波娃出版社版
《教育丛书》第 2 辑第 2 号）
全书共 142 页　定价 40 戈比

（1899 年 2 月上旬）

　　以帕尔乌斯为笔名的德国天才政论家的这本书，是一本论文集，它论述了现代世界经济的某些现象，其中特别着重德国问题。帕尔乌斯以世界市场的发展为重点，首先描述了近来这一发展随着英国工业霸权的衰落所经历的各个阶段。作者提到老的工业国家作为新的资本主义国家的市场所起的作用，这是很耐人寻味的。例如，英国购买的德国工业产品愈来愈多，目前竟占德国输出总额的 $\frac{1}{5}$ 到 $\frac{1}{4}$。帕尔乌斯根据工商业统计资料，描述了各个资本主义国家之间的奇特分工：一些国家的生产主要是为了向殖民地销售，另一些国家则是为了向欧洲销售。在《城市和铁路》一章里，作者作了极有趣的尝试，来说明那些主要的"资本主义城市形式"和它们在整个资本主义经济制度中的意义。该书余下的更多篇幅（第33—142 页），谈的是现代资本主义农业中的矛盾和农业危机的问题。帕尔乌斯首先阐述了工业发展对粮价和地租等等的影响。接着，他叙述了马克思在《资本论》第 3 卷中所发挥的地租理论，并且根据这个理论说明了资本主义农业危机的根本原因。帕尔乌斯又用许多有关德国的材料充实了对这一问题的纯理论性的分析,并且得出结论说:"农业危机的最终的和根本的原因,就在于资本主义发展提高了地租,而地价也随着上涨。"帕尔乌斯说:"只要摆脱地价的上涨,欧洲的农业就依然能够同俄国和美国的农业竞争。""它〈私有制〉克服农业危机的唯一手段,如果抛开世界市场偶然的有利因素不谈,那就是:拍卖全部资本主义土地所有权。"(第141页)这样一来,帕尔乌斯所得出的结论,就同恩格斯的看法完全吻合了。恩格斯在《资本论》第3卷中指出:现代的农业危机,使欧洲土地所有者以前所征收的那种地租行不通了。① 我们极力向一切关心这些问题的读者推荐帕尔乌斯的这本书。这本书是对民粹派关于现代农业危机问题的流行论点的一个绝妙反证。这些论点在民粹派刊物上是屡见不鲜的,其根本性的缺点就是脱离世界资本主义的总的发展来考察危机这一事实,不从一定的社会阶级的观点出发来考察它,而仅仅是为了取得关于小农经济具有生命力的庸俗说教。

帕尔乌斯这本书的译文,虽然还有个别用词不当和晦涩难懂的地方,但是总的说来是令人满意的。

载于1899年3月《开端》杂志　　　　译自《列宁全集》俄文第5版
第3期　　　　　　　　　　　　　第4卷第60—62页

---

① 参看《马克思恩格斯文集》第7卷第819—821页。——编者注

书　评

《俄国工商业》

工商界参考书　工商业司统计处处长安·安·布劳主编
1899 年圣彼得堡版　定价 10 卢布

（1899 年 2 月下半月）

出版者出版这本篇幅浩繁的书,目的是要"填补我国经济学著作中的一项空白"(第 I 页),也就是说,既要提供全俄工商企业的名称索引,又要提供"这个或那个工业部门的情况"。如果索引资料和科学统计资料都能搜集得相当完全,那么把这两种资料编在一起原是无可厚非的。但遗憾的是,在这本书里,企业名称资料远远超过了统计资料,后者既不完备,也没有经过很好的整理。首先,这本书同以前出版的同类书籍比起来,有一个缺点:它没有提供表格中**每家**企业的统计资料。由于这一缺陷,多达 2 703 栏的印得密密麻麻的企业一览表,就失去了任何科学价值。而在我国工商统计杂乱无章的情况下,关于每家企业的资料却正是特别重要的,因为我们的官方统计机关从来没有对这些资料作过任何像样的整理,它们只会把比较可靠的和根本靠不住的资料混在一起,公布一些总计数字。现在我们要指出,这个评语对于我们评述的这本书也是适用的,不过我们还是先来谈一谈编者采取的下面这个独出心裁的方法。编者在编印各生产部门企业名称索引时,只列举了全俄企业的总数和总周转额,计算出各生产部门每一企业的平均周转额,特别标出周转额高于或低于平均周转额的企业。假如真的不可能分别印出各企业的资料,那么如果能定出几个适用于所有工商业部门的企业类别(按周转额、工人人数和发动机类型等等分类),再按这些类别来区分各个企业,那就合理得多了。这样,至少还可以判断各省和各生产部门的资料是否完全和是否能够进行比较。譬如谈到工厂统计,那么只要读一读该书第 1 页(脚注)所下的关于工厂这一概念的极其含混不清的定义,翻一翻某些生产部门的厂主名册,就足以断定该书所采用的统计资料的标准是不同的。正因为如此,我们必须极其慎重地对待《俄国工商业》第 1 篇第 1 章(《俄国工商业的历史统计要览》)所列举的工厂统计总计数字资料。在这一章里,我们看到,在 1896 年(包括 1895 年的一部分),整个俄罗斯帝国共有工厂 38 401 家,生产总额 274 500 万卢布,工人 1 742 181 人,其中既包括不缴纳消费税的行业,也包括缴纳消费税的行业以及采矿业。我们认为,工厂的这个数字如果不仔细核对,就不可能同以前各年的工厂统计数字相比较。1896 年,登记了许多以前(在 1894—1895 年度以前)不算"工厂"的行业,如面包坊、渔场、屠宰场、印刷厂和石印厂等等。帝国全部采矿厂和冶金厂的生产总额,竟用独特的方法算成 61 400 万卢布。关于这种计算方法,我们就知道,生铁的价值显然在铁和钢的价值中算了两遍。与此相反,整个采矿业和冶金业的工人人数,却显然被缩小了:1895—1896 年度只算了 505 000 人。这不是算错了,就是把许多采矿企业漏掉了。从散见全书的数字可以看出,这个部门里仅仅某几个行业的工人人数就达到了 474 000 人,其中还不包括采煤工人(约 53 000 人),采盐工人(约 2 万人),

采石工人(约1万人)和某些其他采矿工人(约2万人)。在1890年,帝国的采矿业和冶金业的工人超过了505 000人,而且以后发展得最快的正好也是这些部门。例如,该书提供了历史统计资料的5种这类生产部门(铸铁业、金属丝制造业、机器制造业、金器制造业和铜器制造业),在1890年共有工厂908家,生产总额7 700万卢布,工人69 000人。而到1896年,工厂已增到1 444家,生产总额22 150万卢布,工人147 000人。如果把散见全书的全部历史统计资料(可惜没有包括全部生产部门而只是包括某些生产部门,例如棉花加工业、化肥生产以及45种以上的其他生产部门)综合在一起,就可以得出有关全帝国的如下统计数字:在1890年,共有工厂19 639家,生产总额92 900万卢布,工人721 000人,而到1896年,工厂却只有19 162家,生产总额170 800万卢布,工人985 000人;如果再加上两种缴纳消费税的生产部门即甜菜制糖业和酿酒业(1890—1891年度,两者共有工人116 000人;1895—1896年度,共有工人123 000人),那么工人人数分别为837 000人和1 108 000人,也就是说,**6年来几乎增加了⅓**。应当指出,工厂数目的减少,是由于磨坊的登记不同:1890年,在工厂总数中计入磨坊7 003家(生产总额15 600万卢布,工人29 638人),而1896年,却只计入4 379家(生产总额27 200万卢布,工人37 954人)。

这些就是从这本书中所能获得的资料,这些资料可以使我们了解90年代俄国工业增长的一些情况。要详细研究这个问题,则尚待1896年的完整的统计资料的公布。

载于1899年3月《开端》杂志第3期

译自《列宁全集》俄文第5版第4卷第63—66页

再论实现论问题

（1899年3月上半月）

《科学评论》杂志今年（1899年）1月号上，刊载了我的《市场理论问题述评（评杜冈-巴拉诺夫斯基先生和布尔加柯夫先生的论战）》，在我这篇文章后面是彼·伯·司徒卢威的文章《论资本主义生产条件下的市场问题（评布尔加柯夫的书和伊林的文章）》。司徒卢威"在很大程度上是驳斥杜冈-巴拉诺夫斯基、布尔加柯夫和伊林的理论"的（他的文章第63页），并且说明了他本人对马克思的实现论的看法。

在我看来，司徒卢威同上述作者进行论战，与其说是由于实质性的意见分歧，不如说是由于司徒卢威错误地理解了他们所捍卫的理论的内容。第一，司徒卢威把资产阶级经济学家的市场理论同马克思的实现论混为一谈。资产阶级经济学家说，产品是用产品来交换的，因此生产和消费应当适应；而马克思则通过分析说明，在资本主义社会中社会总资本的再生产和流通是**怎样**进行的，也就是说，产品是**怎样**实现的①。无论是马克思或者是司徒卢威与之进行论战的阐述马克思理论的作者，不仅没有从这一分析中得出生产和消费协调的结论，相反，他们都着重指出了资本主义所

---

① 见我的《评论集》第17页及其他各页（见本版全集第2卷第122—123页及其他各页。——编者注）。

固有的矛盾,这些矛盾不能不在资本主义的实现中表现出来。①
第二,司徒卢威把抽象实现论(他的论敌正是评述了这一理论)同
某个国家某个时期资本主义产品实现的具体历史条件混为一谈。
这和有的人把抽象的地租论同某个国家农业资本主义发展的具体
条件混为一谈是一样的。从司徒卢威的这两个基本的谬误产生了
一系列的误解,为了弄清这些误解,必须对他的文章的某些论点加
以分析。

　　1.我认为在叙述实现论时,必须特别谈到亚当·斯密,司徒
卢威不同意这种意见。他写道,如果追溯到亚当,那么应当谈的
就不是斯密,而是重农学派**15**。不,这是不对的。亚当·斯密并
不是只限于承认产品是用产品来交换的真理(重农学派也知道这
个真理),他还提出了社会**资本**和社会产品的各个不同组成部分如
何按价值②得到补偿(得到实现)的问题。正因为这样,虽然马克
思完全承认在重农学派的学说(如魁奈的《经济表》)中,有些原理
"在当时说来是天才的"③,承认亚当·斯密对再生产过程的分析
甚至在某些方面比重农学派倒退了一步(《资本论》第2版第1
卷第612页脚注32)④,但是,他在概述实现问题的历史时,对于

---

① 见我的《评论集》第20、27、24页及其他各页(见本版全集第2卷第125—126、
　　133—134、129—131页及其他各页。——编者注)。
② 顺便提一下,在《科学评论》杂志上我那篇文章中,"价值"("стоимость")这一
　　术语都被改为"价值"("ценность")了。这不是我改的,而是编辑部改的。我
　　觉得用这个术语或那个术语的问题并没有特别重要的意义,但是必须指出,
　　无论是过去和现在,我一直都是用"价值"("стоимость")这个术语。
③ **弗·恩格斯**《欧根·杜林先生在科学中实行的变革》(《反杜林论》)第3版。马
　　克思所写的一章第270页(见《马克思恩格斯文集》第9卷第241页。——编
　　者注)。
④ 参看《马克思恩格斯文集》第5卷第682页脚注(32)。——编者注

重农学派只用了那么一页半的篇幅(《资本论》第1版第2卷第350—351页)①,而对于亚当·斯密却用了30多页的篇幅(同上,第351—383页)②,详细分析了后来整个政治经济学所承袭的亚当·斯密的基本错误。可见,之所以必须谈到亚当·斯密,正是为了要说明一切重复斯密错误的资产阶级经济学家的实现论。

2.布尔加柯夫先生在他的书中完全公正地说到,资产阶级经济学家把简单商品流通和资本主义商品流通混为一谈,而马克思则确定了二者之间的区别。司徒卢威认为布尔加柯夫先生作出这样的论断是出于误解。我看恰恰相反,误解的并不是布尔加柯夫先生,而是司徒卢威。事实上,司徒卢威是怎样反驳布尔加柯夫先生的呢?驳得非常奇怪,他用重复布尔加柯夫的论点来反驳布尔加柯夫。司徒卢威说:不能认为马克思是关于产品可能在本社会内部实现的实现论的拥护者,因为马克思"严格区分了简单商品流通和资本主义流通"(!!第48页)。但是要知道,这正是布尔加柯夫先生说的啊!正因为如此,所以不能把马克思的理论说成是重复了产品是用产品来交换的这一真理。因此,布尔加柯夫先生完全正确,认为资产阶级经济学家和小资产阶级经济学家关于生产过剩的可能性的争论是"空洞的、经院式的辩论",因为争论的双方都把商品流通和资本主义流通混为一谈,双方都重复了亚当·斯密的错误。

3.司徒卢威毫无根据地把实现论叫做按比例分配的理论。这是不确切的,而且必然会引起误解。实现论是说明社会总资本的再生产和流通如何进行的抽象③理论。这个抽象理论的必要前提

---

① 参看《马克思恩格斯文集》第6卷第398—399页。——编者注
② 同上书,第399—434页。——编者注
③ 见《科学评论》杂志上我的那篇文章第37页(见本卷第40—41页。——编者注)。

是:第一,要把对外贸易即国外市场抽象出去。但是,实现论把对外贸易抽象出去,决不是说没有对外贸易的资本主义社会曾经存在过或者能够存在①。第二,抽象的实现论假设而且应当假设,在资本主义的各生产部门之间,产品是按比例分配的。但是,实现论这样假设决不是断言在资本主义社会中产品总是按比例分配或者能够按比例分配②。布尔加柯夫先生把实现论和价值论相比是完全正确的。价值论假设而且应当假设供求是平衡的,但是,价值论决没有断言在资本主义社会中总会出现或者可能出现这种平衡。和其他一切资本主义规律一样,实现规律"只能通过不起作用而起作用"(司徒卢威的文章第 56 页引用的布尔加柯夫的话)。平均利润率的理论,实质上也是假设在各生产部门之间,生产是按比例分配的。但是司徒卢威并没有根据这一点就把这个理论叫做按比例分配的理论!

4. 我认为马克思指责李嘉图重复亚当·斯密的错误是公正的,司徒卢威不同意我的意见。司徒卢威写道:"马克思错了。"但是马克思从李嘉图的著作中直接引证过一段话。(《资本论》第 1

---

① 见《科学评论》杂志上我的那篇文章第 38 页(见本卷第 41—42 页。——编者注)。参看《评论集》第 25 页(参看本版全集第 2 卷第 132 页。——编者注):"我们是不是否认国外市场对资本主义是必要的呢? 当然不是。然而,国外市场问题和实现问题绝对没有任何共同之点。"

② "不但补偿额外价值的产品,而且补偿可变资本……而且……不变资本的产品……都只是在'困难'中,在随着资本主义的发展而日益加剧的经常波动中……实现的。"(《评论集》第 27 页(见本版全集第 2 卷第 133 页。——编者注))也许,司徒卢威会说,这段话这样说,另外几段话,例如第 31 页(见本版全集第 2 卷第 138 页。——编者注)又说:"……资本家**能够**实现额外价值",这不是矛盾吗? …… 这种矛盾只是表面的。因为我们谈的是抽象的实现论(而民粹派搬出来的正是关于额外价值不可能实现的抽象理论),所以必然得出实现是可能的这种结论。但是在叙述抽象理论时,必须指出实际的实现过程所固有的矛盾。我在文章中指出的就是这点。

版第 2 卷第 383 页)①司徒卢威无视这段话。马克思在下一页上
引证了拉姆赛(Ramsay)的意见,拉姆赛正好也发现了李嘉图的这
个错误。我也指出了李嘉图著作中的另一段话,他在那里直截了
当地说道:"每个国家的土地和劳动的全部产品都分为三部分:计
件工资、利润和地租。"(这里错误地漏掉了不变资本。见《李嘉图
全集》,季别尔译,第 221 页)司徒卢威对这段话也避而不谈。他只
引证了李嘉图的一个脚注,这个脚注指出萨伊关于划分总收入和
纯收入的说法是荒谬的。马克思在《资本论》第 3 卷第 49 章阐明
从实现论得出的结论时,所引证的正是李嘉图的这个脚注,并且就
这个脚注写道:"此外,我们在以后"(显然是指尚未出版的《资本
论》第 4 卷¹⁶)"将会看到,李嘉图也从来没有反驳过亚当·斯密对
商品价格的错误分析,斯密把商品价格分解为各种收入(Reve-
nuen)的价值总和。李嘉图对这种分析的错误并不介意,并且在
他自己进行分析时,认为只要把商品价值的不变部分'抽象掉',这
种分析就是正确的。有时他也采取了同样的思想方法"(即斯密的
思想方法。《资本论》第 3 卷第 2 部分第 377 页。俄译本第 696
页)②。请读者来评一评,究竟马克思对还是司徒卢威对:马克思
说李嘉图重复了斯密的错误③,司徒卢威说李嘉图"透彻地〈?〉了

---

① 参看《马克思恩格斯文集》第 6 卷第 432 页。——编者注
② 见《马克思恩格斯文集》第 7 卷第 963 页。——编者注
③ 李嘉图同意斯密关于单个资本的积累的错误见解,从这件事也可以特别清楚
　　地看出马克思这种评价的正确性。李嘉图认为额外价值的积累部分完全用
　　于工资,其实它是用于(1)不变资本和(2)工资。见《资本论》第 2 版第 1 卷第
　　611—613 页,第 22 章第 2 节(见《马克思恩格斯文集》第 5 卷第 679 —682
　　页。——编者注)。参看《评论集》第 29 页脚注(参看本版全集第 2 卷第 136
　　页。——编者注)。

解社会总产品不限于工资、利润和地租"，李嘉图"无意地〈!〉把构成生产费用的社会产品的各个部分抽象掉"。**透彻地**了解但同时又**无意地**抽象掉，这是可能的吗？

5.司徒卢威不但没有驳倒马克思提出的李嘉图承袭了斯密的错误的这一论断，而且他本人在自己的文章中也重复了这个错误。司徒卢威写道："真奇怪……竟认为把社会产品这样或那样地划分为不同的范畴，就能够对实现的一般了解有重要的意义，尤其是在实现过程中，被实现的产品的各部分的确都采取收入（总收入）的形式，而古典学派也把它们看做了收入。"(第48页)问题正在于**不是**被实现的产品的各部分都采取收入（总收入）的形式；马克思所阐述的也正是斯密的这个错误，马克思指出，有一部分被实现的产品，从来不采取而且也不能采取收入的形式。这就是补偿不变资本的那一部分社会产品，这种不变资本是用来制造生产资料的（用马克思的术语来说，就是第Ⅰ部类的不变资本）。例如，农业上需要的种子从来不采取收入的形式；采煤用的煤也从来不采取收入的形式，以及其他等等。如果不从总产品中把只能作为资本、永远不能采取收入形式的那一部分划分出来，就不可能了解社会总资本的再生产和流通的过程。① 在发展着的资本主义社会里，这部分社会产品必然比其他各部分社会产品增长得快些。只有用这条规律才能够说明资本主义的一个最深刻的矛盾：国民财富增长得异常迅速，而人民消费却增长（如果增长的话）得极其缓慢。

6.司徒卢威"完全不理解"马克思划分不变资本和可变资本为

---

① 参看《资本论》第3卷第2部分第375—376页（俄译本第696页）（参看《马克思恩格斯文集》第7卷第951—952页。——编者注），论总产品和总收入的区别。

什么"对实现论是必要的",以及我为什么"特别坚持"这种划分。

　　司徒卢威之所以不理解,一方面是由于单纯的误解。第一,司徒卢威自己也承认这种划分的一个优点,就是它所包括的是全部产品,而不仅是各种收入。另一个优点是,它把对实现过程的分析和对单个资本生产过程的分析合乎逻辑地联系起来了。实现论的任务是什么呢? 就是说明社会总资本的再生产和流通是**如何**进行的。既然如此,可变资本的作用应当与不变资本的作用根本不同,这不是一目了然的吗? 补偿可变资本的产品最后应当转换成工人的**消费品**,满足工人的日常消费。补偿不变资本的产品最后应当转换成**生产资料**,应当作为再进行生产的资本加以使用。因此,把不变资本和可变资本区分开,对实现论是绝对必要的。第二,司徒卢威之所以产生误解,是因为他在这里也是完全任意地和错误地把实现论理解为产品按比例分配的理论了(着重参看第 50—51 页)。我们在前面已经讲过,现在再说一遍,这样去理解实现论的内容是不正确的。

　　司徒卢威之所以不理解,另一方面是因为他认为必须把马克思理论中的"社会学的"范畴和"经济学的"范畴区分开来,并且对这个理论作了一些一般性的批评。关于这一点,我应当说:第一,所有这一切与实现论问题毫不相干;第二,我认为司徒卢威的区分是不清楚的,也看不出这种区分有什么实际用处;第三,司徒卢威说:"毫无疑问,马克思自己也搞不清楚"他的理论的"社会学原理"同对市场现象的分析有什么"关系","《资本论》第 1 卷和第 3 卷所阐述的价值学说①无疑是有矛盾的"。② 我认为他这种说法不仅是

---

① 价值学说原文为:учение о ценности。——编者注
② 我准备把卡·考茨基对价值论的最新的阐述同司徒卢威上面的话作一个对照,考茨基说明并指出,平均利润率规律"没有消灭价值规律,而只是使它变了

值得商榷的,甚至简直是错误的。司徒卢威的这些话完全是无稽之谈。这不是论证,而是命令。这是新康德主义者蓄意对马克思的理论进行批评①的先期成果。这种批评将起什么作用,过些时候就会见分晓的,但是目前我们认为这种批评对实现论问题没有起什么作用。

7.关于《资本论》第2卷第3篇马克思的公式的意义问题,司

形"(《土地问题》第67—68页)。我们不妨提一下考茨基在他的这部名著的序言中所作的很有意思的声明:"如果说我在这本书里面发挥了新的、有益的思想,那么我首先应当感谢我的两位伟大的导师;我之所以极想着重指出这一点,是因为近来甚至在我们自己人中间,也有人说马克思和恩格斯的观点过时了…… 我认为,这种怀疑论的形成,与其说是由于引起争议的学说的本质,不如说是由于怀疑论者本身的特点。我得出这种结论,不仅是根据对怀疑论者的反对意见进行分析的结果,而且也根据我个人的经验。在我的……活动的初期,我完全不同情马克思主义。我对马克思主义也是抱着批判的和不相信的态度,就像现在那些高傲的、瞧不起我那种教条主义狂热的人一样。只是在经过一番斗争之后,我才成了马克思主义者。但是,无论是当时或者后来,每当我对某一原则性问题发生怀疑时,最后我总是确信:错的是我,而不是我的导师。由于对问题作了更深入的研究,使我不得不承认他们的观点是正确的。因此,每一次对问题作新的研究,每一次对自己的观点重新思考,都增强了我对这个学说的信念,巩固了我对这个学说的认识,而把传播和运用这个学说当做我毕生的任务。"

① 顺便谈一谈司徒卢威所如此迷恋的这个(未来的)"批评"。当然,任何思维健全的人一般地都不会反对批评。但是很明显,司徒卢威却重复着自己的心爱的思想,即用"批判哲学"丰富马克思主义。自然,我既没有愿望,也没有可能在这里谈论马克思主义的哲学内容的问题,因此只能发表下述的意见。马克思的那些号召"回到康德那里去"的学生,至今没有提供任何东西来证明这种转变的必要性,也没有提供任何东西来清楚地表明:用新康德主义17丰富马克思的理论,可以使马克思的理论得到好处。他们甚至没有完成首先落在他们肩上的任务,即详细地分析和驳斥恩格斯给予新康德主义的否定评价。相反,那些不是回到康德那里去,而是回到了马克思以前的哲学唯物主义和辩证唯心主义那里去的学生,却对辩证唯物主义作了极其完美的有价值的阐述,指出了辩证唯物主义是哲学和社会科学的整个最新发展的合理的必然的产物。我只须举出俄文书刊中别尔托夫先生的著名著作和德文书刊中的《唯物主义史论丛》(1896年斯图加特版)就够了。18

徒卢威说,通过各种最不相同的方法来划分社会产品,都可以很好地阐述抽象的实现论。这种令人吃惊的论断,完全是出于司徒卢威的基本误解,以为实现论可以用产品是用产品来交换的老生常谈来"透彻地阐述"(??!)。只是由于这种误解,司徒卢威才能写出这样的话来:"这些〈被实现的〉商品在生产、分配以及其他方面的作用如何,它们是不是资本〈原文如此!!〉,是什么资本,是不变资本还是可变资本,对于这个理论的实质来说完全是无关紧要的。"(第51页)商品是不是资本,对于马克思以分析社会总**资本**的再生产和流通为内容的实现论来说竟无关紧要!! 这正如说,农村居民是不是分为土地占有者、资本家和工人,对于地租论的实质来说无关紧要,因为这个理论归结起来只是指出不同地块的不同肥沃程度。

只是由于同样的误解,司徒卢威才能断言:"可以使社会消费要素之间的实物的相互关系(**物的社会交换**)得到最清楚的说明"的,不是马克思对产品的划分,而是以下的划分:生产资料＋消费品＋剩余价值①(价值应为:стоимость,第50页)。——物的社会交换表现在哪里呢? 首先表现在以生产资料交换消费品上。既然把剩余价值从生产资料和从消费品中单独抽出来,怎么能够表现这种交换呢? 要知道剩余价值不是体现在生产资料中,就是体现在消费品中! 这种不合逻辑的划分(因为它把按照产品实物形式的划分同按照价值要素的划分混淆起来了),**使物的社会交换过程模糊起来**,这难道不明显吗?②

① 剩余价值原文为:прибавочная ценность。——编者注
② 请读者注意:马克思把社会总产品按产品的实物形式分为两个部类:(Ⅰ)生产资料;(Ⅱ)消费品。然后又把这两个部类的产品各按价值要素分为三部分:(1)不变资本;(2)可变资本;(3)额外价值。

8.司徒卢威说,我把萨伊和李嘉图为资产阶级辩护的理论(第52页),——生产和消费协调的理论(第51页),即同马克思关于资本主义从发展到最后灭亡的学说绝对矛盾的理论(第51—52页),强加到了马克思的头上;因此,我对马克思在第2卷和第3卷所强调指出的资本主义固有的矛盾,即生产的无限扩大和人民群众的有限消费的矛盾所作的"十分公正的论断","就完全抛弃了"我"在其他场合所捍卫的那个……实现论"。

司徒卢威的这个论断,同样是不对的,同样是由于上述误解造成的。

司徒卢威认为,我不是把实现论理解为对社会总资本的再生产和流通过程的分析,而是把它理解为仅仅说明产品是用产品来交换的理论、生产和消费相协调的理论,这是从何说起呢? 司徒卢威根据对我的文章的分析,本不该说我是在后一种意义上理解实现论的,因为我直截了当地说过,我正是在前一种意义上理解实现论的。在《评经济浪漫主义》这篇文章中,在说明斯密和西斯蒙第的错误那一节里有这样一段话:"问题正在于**如何实现**,**即**社会产品的各个部分是如何补偿的。因此,把社会产品分为……生产资料和消费品,应该是谈论社会资本和社会收入(也就是谈论资本主义社会的产品实现)的出发点。"(《评论集》第17页)①"实现问题也就是分析社会产品的各部分如何按价值和物质形态**补偿**的问题。"(同上,第26页)②司徒卢威说(好像是针对我的),那个使我们感到兴趣的理论"表明了实现的内部结构……因为这种实现正在进行着"(《科学评论》杂志第62页),这岂不是在重复同样的东

① 见本版全集第2卷第123页。——编者注
② 同上书,第132页。——编者注

西吗？我曾经说，实现"只是在困难中，在随着资本主义的发展而日益加剧的经常波动中，在激烈的竞争中"（《评论集》第 27 页）①进行的。我曾经说，民粹派的理论"不仅表明它对这种实现毫不了解，而且也说明它对这种实现所特有的矛盾的理解极其肤浅"（第 26—27 页）②。我曾经说，产品的实现与其说是靠消费品，不如说是靠生产资料，这种实现"当然是一种矛盾，但这正是现实中存在的矛盾，它是从资本主义的本质中产生的"（第 24 页）③，它"是完全符合资本主义的历史使命及其特殊的社会结构的：前者"（即使命）"正是在于发展社会的生产力（为生产而生产）；后者"（即资本主义的社会结构）"则使居民群众不能利用生产力"（第 20 页）④，——我所说的这些话，难道同我所捍卫的**那个**实现论有矛盾吗？

9.关于资本主义社会的生产和消费的相互关系问题，看来我们同司徒卢威是没有分歧的。但是，既然司徒卢威说，马克思的原理（消费不是资本主义生产的目的）"本身带有整个马克思体系的明显的论战性烙印。这个原理是有偏向的……"（第 53 页），那么我就要对这种说法的不恰当和欠公允说几句话。消费不是资本主义生产的目的，这是事实。这个事实同资本主义社会的生产归根到底也是与消费相联系并且以消费为转移这个事实之间的矛盾，并不是学说上的矛盾，而是现实生活中的矛盾。马克思的实现论之所以具有极大的科学价值，正是因为它说明了这种矛盾是怎样表现出来的，并且把这种矛盾摆到首要地位。"马克思体系"所以

---

① 见本版全集第 2 卷第 133 页。——编者注
② 同上。——编者注
③ 同上书，第 130 页。——编者注
④ 同上书，第 126 页。——编者注

带有"论战性",并不是因为它"有偏向"①,而是因为它的理论正确地反映了生活中的一切矛盾。因此,如果不领会"马克思体系"的"论战性",那么现在和将来都不能领会"马克思体系",因为这个体系的"论战性"正是资本主义本身的"论战性"的确切反映。

10. 司徒卢威问道:"实现论的实际意义何在呢?"他还引证了布尔加柯夫先生的意见:尽管危机重重,但是资本主义生产扩大的可能性实际上是存在的。布尔加柯夫先生指出:"资本主义生产在全世界范围内增长着。"司徒卢威反驳说:"这种论证完全没有根据。问题在于实际的'资本主义生产的扩大'根本不是在布尔加柯夫所设想的那种理想的或孤立的而且能够自给自足的资本主义国家中进行的,而是在极其不同的经济发展阶段和不同的经济生活方式互相冲突的世界经济舞台上进行的。"(第57页)

因此,司徒卢威的反对意见可以归结为:实际上实现不是在孤立的、自给自足的资本主义国家中进行的,而是"在世界经济舞台上",即通过向别的国家销售产品来进行的。不难看出,这种反对意见的根据是错误的。如果我们不是限于国内市场("自给自足的"资本主义),而是根据国外市场,如果我们设想的不是一个国家而是几个国家,那么,实现问题是否会发生什么变化呢? 如果我们认为资本家不会把自己的商品抛入大海或者白送给外国人,如果我们撇开个别的、特殊的情况或时期,那么很明显,我们应当承认输出和输入是相当平衡的。如果某一个国家输出了某种产品,"在世界经济舞台上"得到实现,那么它同时也要输入其他的产品。根据

---

① 亚·斯克沃尔佐夫之流的先生们认为马克思关于平均利润率的理论有偏向这一典型例子,本应使人警惕,不该滥用这种词句。

实现论的观点,必须承认:"对外贸易仅仅是以使用形式或实物形式不同的物品来替换本国的物品〈Artikel——商品〉"(《资本论》第 2 卷第 469 页。① 我在《科学评论》杂志第 38 页上引用过②)。我们就一个国家或一些国家的情况来看,实现过程的实质都不会有所改变。所以,司徒卢威在反驳布尔加柯夫先生时,是重复了民粹派原先的错误,就是把实现问题同国外市场问题联系起来了。③

实际上,这两个问题毫无共同之点。实现问题是与资本主义的理论有关的抽象问题。我们无论就一个国家或就全世界的情况来看,马克思所揭示的实现的基本规律仍然不变。

对外贸易问题或国外市场问题是一个历史问题,是资本主义在某一个国家某一个时期发展的具体条件的问题。④

11. 我们再谈谈"早就吸引了"司徒卢威的一个问题:实现论有什么实际的科学价值?

实现论和马克思的抽象理论的其他原理具有同样的价值。如果司徒卢威感到困惑的是:"彻底的实现是资本主义生产的理想,而决不是资本主义生产的现实",那我们就要提醒他:马克思所发现的资本主义的其他规律同样也只是表明资本主义的理想,而决不是表明资本主义的现实。马克思写道:"我们只需要把资本主义生产方式的内部组织,在它的可说是理想的平均形式中叙述出来。"("in ihrem idealen Durchschnitt"。《资本论》第 3 卷第 2 部分第 367 页;俄

---

① 见《马克思恩格斯文集》第 6 卷第 527 页。——编者注
② 见本卷第 42 页。——编者注
③ 我在《评论集》第 25—29 页(参看本版全集第 2 卷第 131—135 页。——编者注)已经对民粹派的这个错误作了分析。
④ 同上。参看《科学评论》杂志第 1 期第 37 页(参看本卷第 40—41 页。——编者注)。

译本第 688 页)①资本的理论假定工人获得他的劳动力的全部价值。这是资本主义的理想,但决不是资本主义的现实。地租论假定全部农业人口完全分化为土地占有者、资本家和雇佣工人。这是资本主义的理想,但决不是资本主义的现实。实现论假定生产是按比例分配的。这是资本主义的理想,但决不是资本主义的现实。

马克思的理论的科学价值,在于它阐明了社会总资本的再生产过程和流通过程。其次,马克思的理论指出了资本主义所固有的矛盾,即人民的消费没有随着生产的巨大增长而相应地增长这一矛盾是怎样发生的。因此,马克思的理论不仅没有复活为资产阶级辩护的理论(像司徒卢威幻想的那样),相反,它却**提供了最有力的武器去反对这种辩护论**。根据马克思的理论,可以得出以下的结论:**甚至**在社会总资本的再生产和流通是理想般地协调和按比例的情况下,生产的增长和消费的有限范围之间的矛盾也是不可避免的。**何况**实际上实现过程并不是在理想般的协调和比例中进行的,而只能是在"困难"、"波动"、"危机"等等中进行。

其次,马克思的实现论所提供的最有力的武器,不仅反对辩护论,而且也反对对资本主义进行庸俗的反动批评。我国的民粹派用自己错误的实现论所竭力支持的正是这种对资本主义的批评。像马克思那样来理解实现就必然会承认资本主义的历史进步性(生产资料的发展,从而,社会生产力的发展),这不仅没有抹杀,反而阐明了资本主义的历史短暂性。

12."关于理想的或孤立的自给自足的资本主义社会",司徒卢威断言,在这种社会里,扩大再生产是不可能的,"因为无从得到绝

---

① 见《马克思恩格斯文集》第 7 卷第 941 页。——编者注

对必需的追加工人"。

我无论如何不能同意司徒卢威的这种论断。司徒卢威没有证明而且也不可能证明，为什么不能从后备军中得到追加工人。司徒卢威反对可以从人口的自然增长中得到追加工人，他毫无根据地说："以自然增长为基础的扩大再生产，从数学上看可能同简单再生产不相等，但从实际的资本主义来看，即从经济上看，二者却完全一样。"司徒卢威感到不能从理论上证明找不到追加工人，于是就以历史条件和实际条件作借口，回避了这个问题。"我不认为马克思根据这种完全抽象的构思能够解决历史〈?!〉问题……""自给自足的资本主义在历史上〈!〉是一道不可思议的界限……""可以强加于工人的强化劳动，不仅在实际上，而且在逻辑上也是受到很大限制的……""不断地提高劳动生产率不能不使强制劳动本身受到削弱……"

显而易见，这些说法都是不合逻辑的！司徒卢威的论敌在任何地方任何时候都没有说过这样荒唐的话：历史问题可以借助于抽象的构思来解决。但是现在司徒卢威自己所提出的根本不是历史问题，而是完全抽象的、纯理论性的"关于理想的资本主义社会"（第 57 页）的问题。他不过是回避了问题，这还不明显吗？当然，我根本不想否认存在着无数历史的和实际的条件（更不必说资本主义的内在矛盾了），这些条件正在并且必定会把资本主义引向灭亡，而不会把现代资本主义变成理想的资本主义。但是"关于理想的资本主义社会"这个纯理论性的问题，我仍然保留我原来的意见，即没有任何理论根据足以否认理想的资本主义社会扩大再生产的可能性。

13."瓦·沃·先生和尼·—逊先生指出了俄国资本主义发展的矛盾和障碍，而有人向他们指出马克思的公式并且说：资本是永远交换成资本的……"（上引司徒卢威的文章第 62 页）

这段话说得很尖刻,只可惜完全说错了。凡是读过瓦·沃·先生的《**理论**经济学概论》和尼·—逊先生的《概况》第 2 部分第 15 节的人都会看出,这两位作者所提出的正是关于实现的抽象理论问题,即关于一般资本主义社会的产品实现问题。这是事实。一些反对他们的作者,却"认为必须**首先**阐明市场理论的一些基本的、**抽象理论的要点**"(像我在《科学评论》杂志发表的文章开头所说的),这也是事实。杜冈-巴拉诺夫斯基在论危机一书中有一章写到实现论,这一章的标题是《市场理论》。布尔加柯夫给自己的书定的标题是《理论述评》。试问,是谁把抽象的理论问题同具体的历史问题混为一谈呢?是司徒卢威的论敌还是司徒卢威自己?

司徒卢威在他的文章的同一页上引证了我的意见,即国外市场之所以必需,不是由于实现的条件,而是由于历史条件。司徒卢威反驳说:"但是〈这个"但是"是很说明问题的!〉,杜冈-巴拉诺夫斯基、布尔加柯夫和伊林只阐明了实现的一些抽象条件,而没有阐明历史条件。"(第 62 页)上述作者之所以没有谈到历史条件,是因为他们谈的是抽象理论问题,而不是具体的历史问题。在我那本现在(1899 年 3 月)已经印好的《论俄国资本主义发展的问题》(《关于大工业的国内市场及其在俄国的形成过程》)①里面,我提出的并不是关于市场理论的问题,而是关于俄国资本主义的国内市场问题。因此,理论的抽象真理在那里只是起着指导性原理的作用,只是起着分析具体材料的工具的作用。

14. 司徒卢威"完全坚持"他在《评述》中提出的对于"第三者"理论的"观点"。我也完全坚持我在《评述》出版时就这个问题所发

_____

① 见本版全集第 3 卷。——编者注

表的意见。**19**

　　司徒卢威在《评述》第251页上说，瓦·沃·先生的论断"所根据的，是一套独特的关于已经成型的资本主义社会的市场理论"。司徒卢威指出："这种理论是正确的，因为它肯定了下面的事实：剩余价值①〈价值应为：стоимость〉无论在资本家或工人的消费中都不能实现，它的实现是假定有第三者的消费。"司徒卢威所说的第三者"在俄国指的是俄国农民"（《科学评论》杂志上的文章第61页）。

　　这样，瓦·沃·先生提出了一套独特的关于已经成型的资本主义社会的市场理论，而有人却向他谈起了俄国农民！这难道不是把关于实现的抽象理论问题同关于俄国资本主义的具体历史问题混为一谈吗？其次，既然司徒卢威只承认瓦·沃·先生的理论是部分正确的，那么这就表明他放过了瓦·沃·先生在实现问题上基本的理论错误，放过了这样的错误观点：似乎资本主义实现的"困难"只限于剩余价值或者只与产品的这一部分价值有关；放过了把国外市场问题同实现问题联系在一起的错误观点。

　　司徒卢威指出，俄国农民通过本身的分化而为我国资本主义创造市场，这是完全正确的（在前面提到的那本书中，我通过对地方自治局的统计材料的分析详细论证了这个观点）。但是这个观点的理论根据与资本主义社会产品的实现论完全无关，而与资本主义社会的形成的理论有关。同时不能不指出，把农民称为"第三者"很不妥当，还可能引起误解。如果农民是资本主义工业的"第三者"，那么大小企业主、厂主和工人就是资本主义农业的"第三者"了。另一方面，农民（"第三者"）所以为资本主义创造市场，只

————————————
　　①　剩余价值原文为：прибавочная ценность。——编者注

是因为他们正在分化为资本主义社会的阶级(农村资产阶级和农村无产阶级),也就是说,只是因为他们不再是"**第三**"者,而是资本主义体系的**登场**人物。

15. 司徒卢威说:"布尔加柯夫提出了一个精辟的意见,即对资本主义生产来说,要在国内市场和国外市场之间确定任何原则性的区别都是不可能的。"我完全同意这个意见,因为实际上关税界限或政治界限对于划分"国内"市场和"国外"市场往往是毫无用处的。但是,根据上述理由,我不能同意司徒卢威所谓"由此推出了……必须有第三者的理论"。从这里只能直接提出以下的要求,即在分析关于资本主义的问题时,不要停留在国内市场和国外市场的传统划分上。这种划分在理论上严格地讲是不能成立的,而对于像俄国这样的国家则更不适用。可以用别种划分来代替它,譬如,把资本主义的发展过程分为以下两方面:(1)资本主义关系在人烟稠密和已经占用的地区的形成和发展;(2)资本主义向其他地区(有些地区完全没有旧国家的移民移居和被他们占用,有些地区被世界市场和世界资本主义以外的部落所占用)的扩张。过程的第一方面可以称为资本主义的纵的发展,第二方面可以称为资本主义的横的发展。① 这种划分必然包括资本主义历史发展的全部过程:一方面,是资本主义在旧国家的发展,这些国家经过若干世纪,创立了资本主义关系的各种形式,直到大机器工业;另一方面,是发达的资本主义力图向其他地区扩张,移民开垦世界上新的地区,建立殖民地,把未开化的部落拉入世界资本主义的漩涡。在

---

① 不言而喻,过程的两个方面实际上是紧密地结合着的,这只是一种抽象的划分,是研究复杂的过程的一种方法。我在上面提到的那本书中所谈的仅仅是过程的第一方面;参看该书第 8 章第 5 节。

俄国,资本主义的这种意图在边疆地区一直表现得特别突出。这些地区的殖民地化,在俄国历史上改革后的资本主义时期得到了巨大的发展。欧俄南部和东南部、高加索、中亚细亚、西伯利亚都好像是俄国资本主义的殖民地,保证了俄国资本主义不仅在纵的方面,而且在横的方面都得到巨大的发展。

　　最后,上述这种划分之所以恰当,是因为它明确地规定了实现论所包括的问题的范围。很清楚,这个理论只与过程的第一方面即资本主义的纵的发展有关。实现论(即阐明社会总资本的再生产和流通过程的理论)必须建立在资本主义社会是一个闭关自守的社会的基础上,也就是说,必须把资本主义向其他国家扩张的过程、国与国之间的商品交换过程抽象掉,因为这个过程对于解决实现问题毫无作用,它只能把问题从一个国家转移到几个国家。同样很清楚,抽象的实现论应当以发展得很完善的资本主义社会为前提。

　　司徒卢威在谈到马克思主义的书籍时,提出了下面的一般性意见:"正统的老调仍占优势,但是它阻挡不住新的批评的涓流,因为科学问题上的真正力量永远在批评方面,而不在信仰方面。"根据以上所述,我们不得不认为,"新的批评的涓流"保证不了不犯老错误。算了吧,还是让我们留"在正统思想的标志下面"吧!我们决不相信:正统思想容许把任何东西奉为信仰,正统思想排斥批判的改造和进一步的发展,正统思想容许用抽象公式掩盖历史问题。如果有正统派的学生犯了这种确实严重的错误,那么责任完全是在这些学生身上,而绝不能归罪于性质正好与此相反的正统思想。

载于1899年8月《科学评论》杂志　　　译自《列宁全集》俄文第5版
第8期　　　　　　　　　　　　　　　第4卷第67—87页

书　评

卡尔·考茨基《土地问题。

现代农业趋势和社会民主党的土地政策概述》

1899年斯图加特狄茨出版社版

(1899年3月下半月)

　　考茨基的这本书是《资本论》第3卷出版以后当前最出色的一本经济学著作。在此以前马克思主义还缺少一部系统地考察农业中的资本主义的著作。现在考茨基用他的巨著(共450页)中的第一部分即《资本主义社会中农业的发展》(第1—300页)填补了这个空白。考茨基在序言中完全正确地指出,关于农业资本主义这个问题,已经积累了"大量"统计资料和描述性的经济资料;迫切的要求在于揭示这个国民经济领域中经济演进的"基本趋向",把农业资本主义的各种现象作为"一个总〈完整〉过程的(eines Gesamtprozesses)局部表现"来考察。事实上,在现代社会中,农业的形式和农村居民之间的关系都非常复杂,因此一个作者从任何研究著作中信手拈来一些根据和事实以"印证"自己的观点,是最容易不过的事情。我国民粹派报刊上的大量议论正是建立在这样的基础上的,它们企图证明小农经济的生命力,甚至证明它比农业中的大生产还要优越。所有这些议论都有一个特点,就是抓住个别现象,援引个别事例,根本不想把它们同资本主义国家整个土地制度的全貌以及同资本主义农业最近整个演进的基本趋向联系起来。考茨基没有陷入这个常见的错误。他研究农业中的资本主义问题已经有 20 多年，拥有非常丰富的材料；而且，考茨基的研究还以英国、美国、法国（1892 年）和德国（1895 年）最近的农业调查材料为根据。但是他从来没有在错综复杂的事实面前茫然失措，从来没有忽略最细小的现象同整个资本主义农业制度以及同资本主义的整个演进的联系。

考茨基考虑的不是某一个局部的问题，例如，关于农业中大生产和小生产的关系，而是具有普遍意义的问题，就是说，资本是不是掌握了农业，资本是不是改变了农业的生产形式和所有制的形式，以及这个过程是怎样进行的。考茨基确认资本主义前的和非资本主义的农业形式在现代社会中有巨大作用，确认必须阐明这些形式同纯资本主义形式的关系，所以他的研究一开头就对宗法式的农民经济和封建时代的农业作了极其精确的说明。他在确定了农业中资本主义发展的起点以后，就转而来探讨"现代农业"。他首先从技术方面（轮作制、分工、机器、肥料、细菌学）来论述现代的农业，使读者清楚地看到资本主义在近几十年里使农业发生了多么巨大的变革，把农业从因循守旧的手工劳动变成**科学**。进而他研究了"现代农业的资本主义性质"——对马克思关于利润和地租的学说作了简明通俗、然而非常确切、非常天才的叙述。考茨基表明，租佃制和抵押制只是马克思指出的农业企业主和土地占有者分离这一个过程的两种不同形式。接着他又考察了大生产和小生产的关系，发现了前者对后者在技术上的优越性是毫无疑义的。考茨基详尽地阐述了这一论点，并且详细地说明了这样一个情况：农业中小生产稳固，绝对不是由于它在技术上合理，而是由于小农拼命干比雇佣工人更多的活,而同时却把自己的需要水平降低到后者的需要水平和生活水平以下。考茨基用来证明这一点的材料是使人心悦诚服的。考茨基分析了农业协作社问题,得出结论说,这无疑是一种进步,但并不是向村社生产前进,而是向资本主义前进;协作社不是减弱而是加强了农业中大生产对小生产的优越性。期待农民在现代社会里转向村社生产,那是荒谬的。常常有人引用一些并不证明小农业遭受大农业排挤的统计资料;其实,这些资料只是说明,资本主义在农业中的发展,其过程要比工业中复杂得多。就是在工业中,发展的基本趋向也往往同资本主义的加工活扩大到家庭等等现象交错在一起。而在农业中排挤小生产者首先遇到的障碍是土地面积有限;购买小块土地来联成大块土地是非常非常不容易的;在农业集约化的条件下,农户土地面积的缩小和所得产品的增加有时是相辅而行的(所以纯粹以农户土地面积作为依据的统计并不能证明什么)。生产集中是通过一个所有者购买许多地产而达成的;这样形成起来的大地产是资本主义大农业的一种高级形式的基础。最后,完全排挤小生产,对于大地产也是不利的,因为前者能向它提供劳动力! 所以,土地占有者和资本家往往用法律来人为地扶持小农。小农业在不再是大农业的竞争者,而成为大农业劳动力的供应者的时候,是可以得到巩固的。大土地占有者和小土地占有者的关系愈来愈近似资本家和无产者的关系。考茨基专门写了一章来说明"农民无产阶级化"的过程,这一章的材料很丰富,其中关于农民的"副业"即雇佣劳动的各种形式的问题,材料尤其丰富。

考茨基在阐明资本主义在农业中发展的基本特征以后,便开始论证这种社会经济制度的历史短暂性。资本主义愈向前发展，经营商业性（商品性）农业的困难也就愈大。土地所有权的垄断（地租）、继承权、长子继承制[20]妨碍着农业的合理化。城市愈来愈重地剥削农村，从农村的业主那里夺走了最好的劳动力，愈来愈多地榨取农村居民生产出来的财富，使他们不能恢复地力。考茨基特别详细地分析了农村人力不足的问题，确认中农受劳动力缺乏的影响最小，但是他马上补充说："善良的公民们"（我们也可以加一句：以及俄国的民粹派）由于这个事实而高兴，那是枉然的；他们以为这就是农民复兴的开始，足以证明马克思的理论对农业毫不适用，那也是枉然。比起其他从事农业的阶级来，农民虽然较少苦于雇佣工人不足，却深深苦于高利贷和苛捐杂税，苦于自己经营不合理、地力衰竭、劳动过度和消费不足。不仅农村工人，还有农民的子弟……也涌入城市！这个事实明显地驳斥了那些乐观主义的小资产阶级经济学家的观点。但是，欧洲的农业情况发生特别大的变化，是由于从美国、阿根廷、印度、俄国以及其他国家运入的廉价粮食引起了竞争而促成的。考茨基周详地考察了为自己寻找市场的工业发展所造成的这一事实的意义。他描述了欧洲谷物生产在这种竞争的影响下缩减的情况，地租下降的情况，他特别详细地分析了"农业的工业化"，指出这一方面表现于小农从事工业雇佣劳动，另一方面表现于农产品加工生产部门（酿酒业、制糖业等等）日益发展，甚至有某些农业部门被加工工业所排挤。考茨基说，乐观主义的经济学家认为欧洲农业的这些变化能够使它免于危机，那是估计错了，因为危机在日益扩大，只能以整个资本主义总危机而告终。当然，绝对不能以此为根据，说什么农业会毁灭，但是农业的保守性已经永远消失；它处在不断改造的状态中，处在以资本主义生产方式为特点的状态中。"资本主义性质愈来愈发展的大农业生产占有大面积土地;租佃与抵押增加,农业的工业化,这就是为农业生产社会化准备基础的几个因素……"考茨基最后说,如果认为社会的一部分向一个方向发展,另一部分向相反的方向发展,那是一种荒诞的想法。实际上"社会发展方向在农业中和在工业中是一样的"。

考茨基运用自己理论分析的成果来探讨土地政策问题,他当然要反对任何扶持和"拯救"农民经济的企图。考茨基说,村社过渡到大村社农业是根本谈不上的(第 338 页《农村共产主义》这一节;参看第 339 页)。"保护农民(Der Bauernschutz)并不是意味着保护农民**个人**(这种保护当然谁也不会反对),而是保护农民**所有制**。而农民所有制则正是农民贫困和受压抑的主要原因。农业雇佣工人的处境现在往往比小农更好一些。保护农民并不是保护农民免受贫困,而是保护那些把农民锁在他的贫困上的枷锁。"(第 320 页)从根本上对整个农业实行资本主义改造的过程还刚刚开始,但是这个过程在迅速发展,把农民变成雇佣工人并且使农村人口大量外流。阻止这个过程的企图是反动的和有害的,在现代社会中无论这个过程的后果多么严重,然而阻止这个过程的后果就更严重,会使劳动人民陷入更加无望的绝境。在现代社会中,进步活动只能力求减弱资本主义进步给人民带来的有害作用,提高人民的觉悟和增强人民进行集体自卫的能力。所以考茨基竭力主张保证迁移等等自由,废除农业中的一切封建残余(例如规定地主和农奴相互关系的条例,它使农村工人处于人身依附的、半农奴的地位),禁止使用不满 14 岁的童工,规定八小时工作制,设立严格监督工人住宅的卫生警察等等,等等。

　　我们希望,考茨基这本书也将有俄译本问世。

载于1899年4月《开端》杂志
第4期

译自《列宁全集》俄文第5版
第4卷第88—94页

农业中的资本主义

(论考茨基的著作和布尔加柯夫先生的文章)[21]

(1899年4月4日〔16日〕和5月9日〔21日〕之间)

第一篇文章

《开端》杂志第1—2期合刊(第2部分第1—21页)载有谢·布尔加柯夫先生批评考茨基的关于土地问题著作的文章,标题是《论农业资本主义演进的问题》。布尔加柯夫先生非常公正地指出,"考茨基这本书体现了一个完整的世界观",具有巨大的理论意义和实践意义。这大概是关于土地问题的第一部有系统的科学研究著作。这个问题在所有国家甚至在观点一致和自称为马克思主义者的著作家中间,也引起过激烈的争论,并且今后还会继续争论。布尔加柯夫先生"只是作些否定的批评",只对"考茨基这本书的个别论点"加以批评(他"简略地"向《开端》杂志的读者介绍了这本书,下面我们将看到,他的介绍太简略了,而且极不确切)。布尔加柯夫先生准备"日后""对农业资本主义演进的问题作一番系统的论述",从而"也提出一个完整的世界观"来同考茨基抗衡。

我们毫不怀疑,考茨基这本书在俄国的马克思主义者中间也会引起不少争论,在俄国也会有一些马克思主义者反对考茨基,另一些马克思主义者赞成考茨基。但是起码笔者坚决不同意布尔加柯夫先生的意见,坚决不同意他对考茨基这本书的评价。这个评价尖酸刻薄,在思想相近的著作家的论战中使用这种不寻常的口吻,实在令人惊异,尽管布尔加柯夫先生承认《土地问题》是"一本出色的著作"。下面就是布尔加柯夫先生这类用语的几个例子:"极端肤浅"……"既无真正的农艺学,也无真正的经济学"……"考茨基用**空话**来回避严肃的科学问题"(黑体是布尔加柯夫先生用的!!)等等,等等。那就让我们好好研讨一下这位严厉的批评家的这些评语,同时并借此向读者介绍一下考茨基的这本书。

一

布尔加柯夫先生在批考茨基之前,先捎了一下马克思。自然,布尔加柯夫先生着重指出了这位伟大的经济学家的丰功伟绩。但是他说,马克思的著作中"有一部分"甚至是"被历史完全推翻了的……错误观念"。"例如,其中有这样一个观念:在农业中正像在加工工业中那样,可变资本同不变资本相比是在减少,因此农业资本的有机构成在不断提高。"这里是谁错了,是马克思,还是布尔加柯夫先生? 布尔加柯夫先生指的是,农业技术的进步和经营集约化程度的提高,往往使耕种同一块土地所需的劳动量**增多**。这是毫无问题的,可是,据此还远远不能否定**在可变资本和不变资本的比例上可变资本相对**减少的理论。马克思的理论只是确定,$\frac{v}{c}$($v=$可变资本,$c=$不变资本)这个比值一般地说有下降的趋势,即使 v 在单位面积上是在不断增加,但是如果在同一时期 c 增加得更快——这难道可以推翻马克思的理论吗? 各资本主义国家的

1900年载有列宁《农业中的资本主义》
一文的《生活》杂志的封面
（按原版缩小）

农业中,总的说来 v 在减少,c 在增加。德国、法国和英国的农村人口和农村工人都日渐减少,可是农业中使用的机器却在增加。例如,在德国,从 1882 年到 1895 年,农村人口从 1 920 万减少到 1 850 万(农村雇佣工人从 590 万减少到 560 万),而农业中使用的机器却从 458 369 台增加到 913 391 台①;农业中使用的蒸汽机从 2 731 台(1879 年)增加到 12 856 台(1897 年);蒸汽马力增加得更多。牛羊从 1 580 万头增加到 1 750 万头,猪从 920 万头增加到 1 220 万头(1883 年和 1892 年)。在法国,农村人口从 1882 年的 690 万("独立农民")减少到 1892 年的 660 万,而农业机器的数量增长情况是:1862 年——132 784;1882 年——278 896;1892 年——355 795。牛羊:1 200 万——1 300 万——1 370 万;马:291 万——284 万——279 万(从 1882 年到 1892 年马匹的减少比农村人口的减少要少得多)。可见,就现代各个资本主义国家的情况来看,总的来说历史**证明了**马克思的规律是适用于农业的,并没有被推翻。布尔加柯夫先生的错误在于没有深入研究农业中个别事实的意义,就急于把这些事实归结为**总的**经济规律。我们强调"总的"一词,是因为无论马克思还是他的学生,始终认为这个规律是资本主义总趋势的规律,而决不是一切个别情况的规律。就是在工业方面,马克思本人也曾指出:技术改革时期(这时 $\frac{v}{c}$ 的比值下降)总是转化为在这种技术基础上进步的时期(这时 $\frac{v}{c}$ 的比值不变,在个别情况下还可能增大)。我们知道,在资本主义国家的工业史上,有时候这一规律对于许多工业部门都不适用。例如,当大的资本主义作坊(有人不恰当地叫它工厂)瓦解而让位给资本主义

———

① 各种机器都计算在内。凡是没有标明出处的数字都是从考茨基这本书中引来的。

家庭劳动的时候，情况就是如此。至于谈到农业，毫无疑问，它的资本主义的发展过程要复杂得多，并且形式也会多样化。

　　我们现在来谈考茨基。考茨基这本书的开头对封建时期农业的概述，据说是"写得很肤浅，而且是多余的"。这个判断的动机是什么很难理解。我们相信，如果布尔加柯夫先生能够实现自己的计划，系统地论述农业资本主义演进的问题，那么他必须描述一下**资本主义前**农业经济的基本特征。否则就不可能了解**资本主义**经济的性质以及把资本主义经济和封建经济联系起来的那些过渡形式的性质。布尔加柯夫先生本人也承认，"农业的资本主义发展**初期**〈黑体是布尔加柯夫先生用的〉的那种形式"具有巨大的意义。而考茨基正是从欧洲农业的"资本主义发展初期"开始的。我们认为考茨基对封建农业的概述写得很精彩：写得清晰、明确，善于抓住主流和本质，而不为枝节问题所干扰；这正是作者所固有的特色。考茨基首先在绪论中极其确切和正确地提出了问题。他非常肯定地说："毫无疑问，——我们认为这是本来就证实了的——农业不是按照工业的模式发展的，它有自己的特殊规律。"（第5—6页）我们的任务是"研究资本是否掌握了农业，是怎样掌握的，怎样改造它，怎样使旧的生产形式和所有制形式不再适用，而使新的形式成为必然"（第6页）。这样而且只有这样提出问题，才能对"资本主义社会农业的发展"（考茨基这本书的第一部分即理论部分的标题）作出令人满意的阐述。

　　在"资本主义发展"的初期，农业掌握在通常是受封建的社会经济制度制约的**农民**手中。于是考茨基首先说明农民经济的**结构**，农业与家庭工业的结合，接着就谈到使小资产阶级和保守派著作家（如西斯蒙第）的天堂瓦解的因素，高利贷的作用，谈到"阶级对抗"逐渐"渗入农村,渗入农户内部,破坏了原来的协调一致和共同的利益"(第13页)。这个过程早在中世纪就已开始,但到现在还没有最后完成。我们着重指出这一段话,因为这段话一下子就表明了,布尔加柯夫先生硬说考茨基甚至没有提出谁是**农业技术进步的体现者**这个问题,是完全不对的。考茨基十分肯定地提出了这个问题,并且作了阐明,凡是仔细读过他这本书的人都会理解这个往往为民粹派、农学家以及其他许多人所忘记的真理,即现代农业技术进步的体现者是大小**农村资产阶级**,大的农村资产阶级(正如考茨基所指出)在这方面比小的农村资产阶级起着更重要的作用。

二

第3章叙述了封建农业的基本特征:最保守的耕作制度三圃制占统治地位;拥有大量领地的贵族压迫和剥夺农民;贵族建立封建-资本主义农场;17世纪和18世纪时农民成了挨饿的穷人(Hungerleider);资产阶级农民(Grossbauern,他们非雇用雇农和日工不可)兴起,农村关系和土地所有制的旧形式对他们已不适用;在工业中和城市中发展起来的资产阶级的力量破除了这些形式,为"资本主义的集约化农业"(第26页)扫清了道路,——考茨基在说明了这一切以后,就进而分析"现代(moderne)农业"(第4章)的特征。

这一章对于资本主义在农业中进行的大革命作了非常确切、扼要、清楚的概括。资本主义把贫穷困苦、愚昧无知的农民的因循守旧的手工劳动,变成科学地运用农艺学,打破了长期以来农业的停滞状态,推动了(并且继续推动着)社会劳动生产力的迅速发展。三圃制被轮作制代替了,牲畜的饲养与土地的耕种改进了,收成增加了,农业的专业化和农场间的分工大大发展了。资本主义前的单一形式因各农业部门技术进步而被日益发展的多样形式所代替。在农业中使用机器和蒸汽已经开始,并且迅速地发展起来;电力也开始使用了,正如专家们指出的,在这个生产部门电力会比蒸汽起更大的作用。修建专用道路,改良土壤,按照植物生理学的资料使用人造肥料等等,都有了发展;细菌学已经开始应用于农业。布尔加柯夫先生认为考茨基"没有同时对这些材料[①]作**经济**分析",这个意见是完全没有根据的。考茨基确切地指出了这种变革与**市场**发展(特别是与城市发展)的联系,与农业服从于**竞争**的联系,这种竞争**迫使**农业实行改革和专业化。"这种由城市资本引起的变革,日益加强农户对于市场的依赖性,此外还不断地改变对于农户最为重要的市场条件。一个生产部门,当附近市场与世界市场仅仅靠公路联系的时候,是赚钱的,但是这个地方一旦通了铁路,就变得无利可图了,并且必然会被其他生产部门所代替。例如,要是铁路运来了较便宜的谷物,那么谷物的生产就无利可图,但是同时却为牛奶的销售创造了条件。商品流通的增长,使新的作物良种有可能引进国内"等等(第37—38页)。考茨基说:"在

---

① 布尔加柯夫先生认为,"所有这些材料都可以从任何一本〈原文如此!〉农业经济学入门书中得到。"我们不能同意布尔加柯夫先生对"入门书"的这种天真看法。我们拿"任何"一本入门书来看看吧,譬如,就拿斯克沃尔佐夫先生《蒸汽机运输》和尼·卡布鲁柯夫先生《讲义》,有一半转载在一本"新"书《论俄国农民经济发展的条件》里面)的俄文书来看看吧。无论在哪一本书中,读者都不会看到**资本主义**在农业中引起变革的情况,因为这两位作者写作的目的都不是要介绍从封建经济过渡到资本主义经济的整个情况。

封建时代,除了小农业以外,再没有其他农业了,因为地主也是用和农民一样的农具来耕种自己的土地。资本主义首先使农业有可能实行在技术上比小生产更为合理的大生产。"在谈到农业机器时,考茨基(附带说一下,他确切地指出了农业在这方面的特点)阐明了使用农业机器的**资本主义**性质,机器对工人的影响,作为进步因素的机器的意义,以及限制使用农业机器的种种方案的"反动的空想性"。"农业机器将继续发挥它的改造作用:把农村工人赶入城市,这样,它就成了一种强大的工具,一方面使农村的工资提高,另一方面使机器在农业上的应用得到进一步的发展。"(第 41 页)这里再补充一句,考茨基还专门用几章详细地说明了现代农业的资本主义性质,大生产同小生产的关系,农民的无产阶级化。布尔加柯夫先生说,考茨基"没有提到为什么这些奇迹般的变化是必然的"。我们认为,这样说完全是错误的。

在第 5 章(《现代农业的资本主义性质》)里,考茨基说明了马克思关于价值、利润和地租的理论。考茨基说:"没有货币,现代农业生产就不能进行,这也就是说,**没有资本**,现代农业生产就不能进行。事实上,在现代生产方式下,任何数量不用于个人消费的货币都可以转化为资本,即转化为产生剩余价值的价值,而且通常也确实是转化为资本。因此现代农业生产就是资本主义的生产。"(第 56 页)顺便说一下,这一段话还使我们有可能评价布尔加柯夫先生下面的话:"我用这个术语(资本主义农业)是就一般的意义而言(考茨基也是在这种意义上使用这个术语的),即指农业中的大经济。事实上〈原文如此!〉**在整个**国民经济按资本主义方式组织的情况下,就不会有非资本主义农业,**整个**农业都取决于组织生产的一般条件,并且只能在生产范围方面来划分大的、企业性的农业和小农业。因此,为了清楚起见,这里需要用一个新的术语。"这样一来,岂不是布尔加柯夫先生**纠正了**考茨基…… "事实上",正如读者所看到的,考茨基**根本没有**像布尔加柯夫先生那样,在"一般的"、不确切的意义上**使用**"资本主义农业"这个术语。考茨基很清楚地知道,并且非常明确地说:在资本主义生产方式下,一切农业生产"通常"都是资本主义的生产。这个意见的根据是一个简单的事实,即现代农业需要货币,而在现代社会中,不用于个人消费的货币都会成为资本。在我们看来,这比布尔加柯夫先生的"纠正"要稍微清楚些,而且考茨基还充分证明不用"新的术语"也行。

考茨基在第 5 章里明确地说:在英国已经得到充分发展的租佃制,以及在欧洲大陆正在飞速发展的抵押制,实质上都体现了同一个过程,即**农户与土地分离的过程**①。在资本主义的租佃制下,这种分离是非常明显的。在抵押制下,这种分离"不那样明显,也不那样简单,但本质上是一回事"(第 86 页)。实际上,土地的抵押显然是地租的抵押或出卖。因此,在抵押制下也同在租佃制下一样,地租的获得者(＝土地占有者)是同企业利润的获得者(＝农户、农村企业主)分离的。布尔加柯夫先生"根本没有弄清考茨基这个论断的意义"。"恐怕还不能认为,抵押制表明土地与农户分离这一点已经得到证明。""第一,不能证明抵押借款收回了**全部**地租,这只能是一种例外……" 我们的回答如下:根本用不着证明抵押借款的利息是不是收回了**全部**地租,正如用不着证明**实际租**

---

① 马克思在《资本论》第 3 卷中指出了这个过程(没有分析它在不同国家的各种不同的**形式**),并且说:"作为劳动条件的土地同土地所有权和土地所有者的分离",是"资本主义生产方式的重要结果之一"。(第 3 卷第 2 部分第 156—157 页。俄译本第 509 — 510 页(参看《马克思恩格斯文集》第 7 卷第 697 页。——编者注))

金同地租是不是相符合一样。只要证明抵押借款正以巨大的速度在增长，土地占有者竭力抵押自己的全部土地，出卖全部地租，这就够了。这种趋向(经济理论分析一般只涉及各种趋向)的存在是用不着怀疑的。因此，土地与农户的分离过程也是用不着怀疑的。地租的获得者同时又是企业利润的获得者，这种一身二任的现象"从历史观点来看是一个例外"(ist historisch eine Ausnahme,第91页)……　"第二，必须分析每个具体场合下抵押借款的原因和来源，才能了解借款的意义。"这大概不是刊印错误就是笔误。布尔加柯夫先生不能要求经济学家(并且是在探讨**一般的**"资本主义社会农业的发展"时)必须研究，或者至少能研究"**每个具体场合下**"借款的原因。如果布尔加柯夫先生是想说必须分析各个国家在不同时期的借款的原因，那我们不能同意。考茨基说得完全正确，关于土地问题的专著已经积累得太多了，现代理论的迫切任务决不是再增添新的专著，而是"研究整个农业资本主义演进的基本趋向"(序言第 VI 页)。以抵押借款增长的形式表现出来的土地与农户的分离，无疑也是这些基本趋向的一种。考茨基确切而清楚地说明了抵押的真正意义，它在历史上的进步性(土地与农户的分离是农业社会化的一个条件。第 88 页)，以及它在农业资本主义演进中的必不可少的作用①。考茨基关于这个问题的一切阐述，在理论上都有极大的价值，并且提供了一个强有力的武器来反对那种非常流行的(特别是在"各种农业经济学入门书"中)关于借

---

① 抵押借款的增长，并不总是表示农业受到压榨……　农业的进步与繁荣(正如它的衰落一样)同样"应该在抵押借款的增长中反映出来，因为，第一，农业的发展需要越来越多的资本；第二，地租的增长使农业贷款有可能扩大"(第87页)。

款的"灾难"和"补救方法"……等资产阶级空谈。布尔加柯夫先生
最后说:"第三,出租的土地也可以抵押,在这个意义上它就处于非
出租土地的地位。"真是怪论! 但愿布尔加柯夫先生能举出一种同
其他经济现象不交叉在一起的经济现象,举出一种同其他经济范
畴不交叉在一起的经济范畴。土地与农户分离的过程有租佃制与
抵押借款这两种表现形式,租佃和抵押相结合的情况推翻不了,甚
至削弱不了这个理论观点。

　　布尔加柯夫先生还把考茨基关于"租佃制发达的国家也就是
大土地所有权占优势的国家"(第 88 页)的论点说成是"更加出人
意料"和"完全错误"的。考茨基在这里谈到土地所有权的集中(在
租佃制下)和抵押的集中(在土地占有者自己经营的制度下)是消
灭土地私有制的有利条件。考茨基继续说,在土地所有权集中的
问题上,没有"能向我们提供几个地产合并于一人之手的"统计材
料,但是"大体上可以认为",租佃数量和租地面积的增长同土地所
有权的集中是同时进行的。"租佃制发达的国家也就是大土地所
有权占优势的国家。"显然,考茨基这段话只是就租佃制发达的国
家而说的,而布尔加柯夫先生却提到东普鲁士,他"希望指出"那里
租佃土地的增多是同大土地所有权的分散同时进行的,并且想拿
这种个别的例子来驳倒考茨基! 可惜布尔加柯夫先生忘记告诉读
者,考茨基本人已经指出易北河以东地区大地产的分散和农民租
佃土地的增多,同时,我们在下面会看到,他还阐明了这些过程的
真正意义。

　　考茨基用抵押借款的国家中抵押机构的集中来证明土地所有
权的集中。布尔加柯夫先生认为这一点不足以说明问题。在他看
来:"资本的分散(通过股票)也很可能和信贷机构的集中同时发

生。"行了，在这个问题上我们就不准备同布尔加柯夫先生争论了。

三

考茨基在分析了封建农业和资本主义农业的基本特征以后，就进而探讨农业中"大生产和小生产"（第 6 章）的问题。这是考茨基这本书最出色的几章中的一章。在这一章中他首先探讨了"大生产在技术上的优越性"。考茨基在肯定大生产的优越性时，他所提出的决不是那种忽视极其多样化的农业关系的抽象公式（布尔加柯夫先生毫无根据地认为考茨基提出的是这种抽象的公式），相反，他明确地指出，在实践中运用理论规律必须注意这种多样性。**"当然"**，只有**"当其他条件相同时"**（第 100 页。黑体是我用的），农业中的大生产才必然比小生产优越。这是第一。就是在工业中，大生产具有优越性的规律，也决不像人们有时所想象的那样绝对，那样简单；在工业中，也只有当**"其他条件"**相同时（这在现实生活中决不是常有的），才能保证这个规律完全适用。在关系更为复杂和多样的农业中，要使大生产具有优越性的规律完全适用，就要受到更加严格的条件的限制。例如，考茨基非常中肯地指出，在农民地产与小地主地产交接之处发生着"量转化为质的"过程：大的农民经济"即使不在技术上，至少也在经济上胜过"小地主经济。受过科学教育的管理人员（这是大生产的主要优点之一）的薪金是小地产负担不起的，而地主本人的管理往往只是"容克式的"，而决不是科学的。第二，农业大生产只能在一定的限度内具有优越性。考茨基在下面的论述中详细地探讨了这些限度。这些限度在各种农业部门中以及在各种社会经济条件下都各不相同，这也是不言而喻的。第三,考茨基决没有忽视,"**直到现在**"还有一些农业部门,如蔬菜业、葡萄种植业、商业性作物种植业等等,其中的小生产,专家们认为具有竞争能力(第115页)。但是同谷物生产和畜牧业等主要(entscheidenden)农业部门比起来,这些作物就只有次要的意义。此外,"就是在蔬菜业和葡萄种植业中,也已有成效相当显著的大生产了"(第115页)。因此"如果总的(im allgemeinen)来谈农业,那就无须考虑小生产比大生产优越的那些部门,并且完全可以说,大生产对小生产具有绝对的优越性"(第116页)。

考茨基论证了农业大生产在技术上的优越性(我们将在下面分析布尔加柯夫先生的反对意见时再更加详细地介绍一下考茨基的论据)以后,提出了一个问题:"小生产能够用什么来同大生产的优越性抗衡呢?"他回答说:"那就是劳动者(与雇佣劳动者不同,他为自己而工作)的更加辛勤、更加操劳以及小独立农民的极低的消费水平(甚至低于农村工人的消费水平)"(第106页)。考茨基根据一系列关于法国、英国和德国农民生活状况的生动材料,指出了"小生产中的劳动过度和消费不足"这一无可置疑的事实。最后,考茨基指出,农户组织**协作社**的愿望也反映了大生产的优越性,因为"协作社的生产是大生产"。大家知道,小市民阶层的思想家,特别是俄国的民粹派(我们只要再举出前面引用过的卡布鲁柯夫先生的那本书就行了)是怎样对待小农协作社的。因此,考茨基对协作社的作用的卓越分析就更有意义了。自然,小农协作社是经济进步的一个环节,但它是**向资本主义前进**(Fortschritt zum Kapitalismus),**而决不是**像人们经常想象和断言的那样是**向集体主义前进。**(第118页)协作社不是削弱而是加强了农业中大生产对小生产的优越性(Vorsprung),因为大农户有更大的可能建立协作社,利用这种可能的机会也比较多。不言而喻,考茨基十分坚定地认为,村社的、集体的大生产比资本主义的大生产优越。他谈到欧文的信徒在英国进行的集体经营农业的试验①,以及北美合众国的类似的村社。考茨基说:这一切试验都**雄辩地证明**,劳动者集体经营大规模的现代化农业是完全可能的,但是要使这个可能变成现实,就必须"具备一系列经济、政治和文化知识的条件"。小生产者(无论是手工业者或农民)难于转向集体生产,是由于他们的团结性和纪律性都很差,由于他们的分散性,由于"私有者的狂热"。这种狂热不仅在西欧农民中可以看到,并且(让我们补充一句)在俄国的"村社"农民中也可以看到(请回想一下亚·尼·恩格尔哈特和格·乌斯宾斯基的作品)。考茨基断然指出:"期望**现代社会**的农民转入村社生产是极其荒谬的。"(第129页)

这就是考茨基这本书第6章的极其丰富的内容。布尔加柯夫先生特别不满意这一章。据说,考茨基的"主要过错"就在于他混淆了不同的概念,"把技术上的优越性和经济上的优越性混为一谈"。考茨基"所根据的是一个错误的假设,仿佛一种**在技术上较完善**的生产方式也就是**在经济上较完善**,即较有生命力的生产方式"。布尔加柯夫先生的这种武断是完全没有根据的,我们认为,读者根据我们对考茨基的前后论述的介绍,定会对这一点深信不疑。考茨基根本没有把技术和经济混为一谈②,他做得完全正

---

① 考茨基在第124—126页描述了勒拉欣(Ralahine)的农业公社,季奥涅奥先生在今年《俄国财富》杂志**22**第2期上也向俄国读者介绍了这个公社。

② 布尔加柯夫先生的唯一依据,是考茨基在第6章第1节所用的**标题**是:《(一)大生产**在技术上的优越性**》,而在这一节里既谈到大生产在技术上的优越性,又谈到了它在经济上的优越性。难道这就证明考茨基把技术和经济**混为一谈**了吗? 老实讲,考茨基这个标题确切不确切,还很难说。问题在于考茨基的

确,他研究了资本主义经济环境中**在其他条件相同的情况下**农业大生产与小生产的相互关系问题。**考茨基在第 6 章第 1 节的第一句话中,就明确地指出了资本主义的发展高度同大农业具有优越性这个规律的普遍适用程度之间的这种联系:**"农业愈资本主义化,它使小生产和大生产在技术上的质的差别就愈大。"(第 92 页)在资本主义前的农业中,这种质的差别是不存在的。叫我们说什么呢,布尔加柯夫先生居然严厉地教训起考茨基来了,他说:"事实上,问题应该这样提出:**在现有社会经济条件下**,大生产形式和小生产形式的这些或那些特点在这两种生产的竞争中能有什么意义呢?"这同我们前面讲过的那种"纠正"完全属于同一性质。

　　现在我们来看一看,布尔加柯夫先生是怎样驳斥考茨基关于农业大生产在技术上具有优越性的论据的。考茨基说:"农业与工业的最重要的差别之一,就在于农业中原来意义上的生产(Wirtschaftsbetrieb,经济企业)通常是和家庭经济(Haushalt)联系着的,而在工业中则不是这样。"在节省劳动和材料方面,较大的家庭经济比小的家庭经济优越,这大约是无须证明的……　前者购买(请注意!　——**弗·伊·**)"煤油、菊苣、人造黄油是批发的,后者则是零买,等等"(第 93 页)。布尔加柯夫先生"纠正"说:"考茨基想说的不是在技术上更有利,而是说**花费**更少!……"　在这里(同

　　目的是拿第 6 章的第 1 节的内容同第 2 节的内容加以对比。在第 1 节(一)里,谈到资本主义农业大生产在技术上的优越性,这里除了机器等问题以外还谈到了信贷这类问题。布尔加柯夫先生讽刺说:"这是很别致的技术上的优越性。"但是谁笑在最后,谁笑得最好!只要看一看考茨基的书,你就会知道,他主要是指**只有**大农户才能取得的那种信贷**技术**(其次是商业技术)的进步。相反,第 2 节(二)谈到大生产和小生产中劳动者的劳动量和消费水平的比较,因此这一节是探讨小生产和大生产的**纯经济**差别。信贷**经济**和商业经济,对大生产和小生产都是一样的,但是信贷**技术**和商业**技术**对二者却不相同。

在其他地方一样），布尔加柯夫先生"纠正"考茨基的尝试之不成体统，不是显而易见的吗？这位严厉的批评家继续说："这个论据本身也是很值得怀疑的，因为在一定的条件下一些零散小屋的价值可以完全不包括在产品价值内，而一间合用的房屋的价值是包括进去的，并且还要算上利息。这也是以社会经济条件为转移的，对这些条件（不是那种臆造的大生产对小生产在技术上的优越性）应该加以研究……"第一，布尔加柯夫先生忘记了一个细节：考茨基首先把**在其他条件相同的情况下**的大生产和小生产的意义加以比较，然后又详细地分析了这些条件。由此可见，布尔加柯夫先生是想把各种不同的问题搅在一起。第二，在什么情况下农民房屋的价值才能不包括在产品价值内呢？只有当农民"不计算"他自己耗费在建造和修葺房屋上面的木料或劳动的价值时，才可能是这样的。由于农民还是从事自然经济，他当然可以"不计算"自己的劳动。**考茨基在他的书的第 165—167 页**（第 8 章《农民无产阶级化》）**十分清楚和确切地指出了这一点**，布尔加柯夫先生忘记把这告诉读者是没有道理的。但是现在讲的是资本主义的"社会经济条件"，而不是自然经济或简单商品经济的"社会经济条件"。在资本主义社会中，"不计算"自己的劳动就是把自己的劳动白白地送人（给商人或其他资本家），就是在劳动力得不到充分报酬的条件下干活，就是把消费水平降低到标准以下。我们已经看到，考茨基完全承认并且正确地估计了小生产的**这种**特点。布尔加柯夫先生在反驳考茨基时重复了资产阶级和小资产阶级经济学家所惯用的手法和常犯的错误。这些经济学家总是喋喋不休地赞美小农的"生命力"，说什么他们可以不计算自己的劳动，不追求利润和地租等等。不过这些善良的人忘记了，这种论调是把自然经济、简单商品生产和资本主义三者的"社会经济条件"混淆起来了。考茨基把社会经济关系的各种制度**严格地区别开来**,出色地说明了这一切错误。他说:"如果小农的农业生产没有被卷入商品生产领域,如果它只构成家庭经济的一部分,那么它就仍然停留在现代生产方式集中趋势的范围以外。不管小块土地经营怎样不合理,怎样浪费劳力,农民总是紧紧地抓住它,正如他的妻子抓住她那简陋的家庭经济一样,这种家庭经济同样是在付出大量的劳动以后仅仅提供少得可怜的劳动成果的,但这种家庭经济是她唯一不受他人意志支配和不受剥削的领域。"(第 165 页)一旦自然经济被商品经济所代替,情况就改变了。农民必须出售产品,购买工具,**购买土地**。当农民还是**简单商品生产者**的时候,他们能够满足于雇佣工人的生活水平;他们不需要利润和地租,他们能够比资本家企业主出更高的价钱购买土地。(第 166 页)但是简单商品生产受到**资本主义生产**的排挤。举个例说,如果农民把自己的土地抵押出去,他也就必须获得出卖给债权人的地租。发展到这个阶段,农民只能在形式上算是简单商品生产者。实际上他经常同**资本家**——债权人、商人、工业企业主打交道,他不得不向资本家寻找"副业",也就是把自己的劳动力出卖给他们。在这个阶段(我们再说一遍,考茨基是把资本主义社会的大农业和小农业加以比较),"不计算自己的劳动"的可能性,对于农民来讲,就是拼命劳动和无限缩减自己的消费。

　　布尔加柯夫先生的另外一些反对意见也是没有根据的。考茨基说:小生产使用机器的范围比较小;小农户获得贷款比较困难,付出的利息比较高。布尔加柯夫先生认为这些论据是错误的,并且举出……农民协作社来说明!他对我们前面所引证的考茨基评价协作社及其意义的论据,完全避而不谈。在机器问题上,布尔加柯夫先生又责备考茨基,说他没有提出"比较一般的经济问题,即总的来说,机器在农业中的经济作用是什么〈布尔加柯夫先生已经把考茨基的书的第4章忘记了!〉,以及机器在农业中是否像在加工工业中一样是不可缺少的工具"。考茨基清楚地指出了现代农业使用机器的资本主义性质(第39、40页及以下各页),指出了给农业使用机器造成"技术困难和经济困难"的农业特点(第38页及以下各页),并且引证了关于机器的使用日益增多的材料(第40页),关于机器的技术意义的材料(第42页及以下各页),关于蒸汽和电力的作用的材料。考茨基指出,根据农艺学的材料,多大规模的农场才能充分利用各种机器(第94页),并且又指出,德国1895年的调查材料表明,使用机器的农场的百分比是由小农场到大农场有规律地迅速地增长的(2公顷以下的农场2%;2—5公顷的农场13.8%;5—20公顷的农场45.8%;20—100公顷的农场78.8%;100公顷和超过100公顷的农场94.2%)。布尔加柯夫先生是不愿意看这些材料的,他宁愿看到的是关于机器"不可战胜"或者可以战胜的"一般"议论!……

布尔加柯夫先生说:"指出小生产中每公顷土地必须使用更多的耕畜……是没有说服力的……因为对农场的耕畜集约化程度……还没有研究。"我们翻开考茨基的书,指出这一点的那一页上是这样写的:"……小农场之所以有很多乳牛〈以1 000公顷土地为调查单位〉,在很大程度上是因为一般农民比大农户更多经营畜牧业,更少经营谷物生产;但是不能以此来说明饲养马匹方面的差别。"(第96页,在这一页上引用了1860年萨克森的资料,1883年全德国的资料和1880年英国的资料)这里要提醒一句,俄国地方自治局的统计也表明了大农业比小农业优越的规律:大农场按单位面积需要的耕畜和农具比较少。①

考茨基关于资本主义农业中大生产优于小生产的论据，布尔加柯夫先生远没有完整地加以叙述。大农业的优越性不仅在于耕地的浪费比较少，节省耕畜和农具，农具的利用比较充分，机器的利用比较广泛，贷款比较容易，而且还在于大农场具有商业上的优越性，能够雇用受过科学教育的管理人员。（考茨基的书第104页）大农业可以在比较大的范围内利用工人的合作和分工。考茨基认为受过农业科学教育的农场管理人员具有特别重要的意义。"只有规模相当大的生产才能雇用受过充分科学教育的农场管理人员，这种规模的生产足以使一个人的劳动力全部用在管理和监督工作上。"（第98页："这种农场的规模随着生产种类而改变"，可以从3公顷的葡萄种植园到500公顷的粗放农场。）考茨基同时又指出一个有趣的和很典型的事实：初级和中级农业学校的普及，并没有给农民带来好处，而是给大农户带来好处，为他们提供职员（在俄国也有同样的情形）。"完全合理化的生产所必需的高等教育，同农民目前的生活条件很难适应。自然，这并不是说高等教育不好，而是说农民的生活条件太坏。这只是说明农民生产之所以尚能与大生产并存，不是因为生产率更高，而是因为消费更低。"（第99页）大生产不仅要雇用农村劳动力，而且还要雇用消费水平高得多的城市劳动力。

考茨基用来证明"小生产中的劳动过度和消费不足"的极其有意义和极其重要的资料，布尔加柯夫先生却把它说成是"一点儿〈！〉偶然性的〈??〉材料"。布尔加柯夫先生"准备"拿出同样多的

---

① 见**弗·叶·波斯特尼柯夫**《南俄农民经济》。参看**弗·伊林**《俄国资本主义的发展》第2章第1节（参看本版全集第3卷。——编者注）。

"性质相反的材料"来。他只是忘记说,他是否准备提出用"性质相反的材料"证明了的**相反的论断**。这就是全部问题的关键！布尔加柯夫先生是不是准备断言,在资本主义社会中大生产不同于农民生产的地方就是劳动者的劳动过度和消费下降？布尔加柯夫先生是很谨慎的,他没有提出这种滑稽的论断。他认为只要指出"某些地方农民生活富裕,另一些地方农民生活贫困",就可以回避农民劳动过度和消费下降的事实了！！一个经济学家,不去综合关于小生产和大生产的情况的资料,却去研究不同"地方"居民"富裕程度"的差异,对于他你能说些什么呢？一个经济学家,不去谈手工业者比工厂工人劳动更重、消费水平更低的事实,而只指出"某些地方手工业者生活富裕,另一些地方手工业者生活贫困",对于他你能说些什么呢？现在顺便谈一谈手工业者。布尔加柯夫先生写道:"显然,在考茨基的心目中是拿过度劳动没有技术上的限制的手工业〈像在农业中一样〉来进行对照,但是这种对照在这里是不适当的。"对此我们回答说:显然,布尔加柯夫先生对他所评论的书看得太不仔细了,因为考茨基不是"在心目中拿"手工业来对照,而是在专门论述过度劳动问题的**那一节的第1页上直截了当地指出**(第6章第2节第106页):"正像在手工业(Hausindustrie)中一样,小农经济中儿童在家里干活比给别人干活还要有害。"不管布尔加柯夫先生是怎样坚决地宣称这种对照在这里不适当,他的意见仍然是完全错误的。布尔加柯夫先生议论说:在工业中过度劳动没有技术上的限制,然而对农民来说却"受到农业技术条件的限制"。试问,事实上究竟是谁把技术和经济混为一谈了呢？是考茨基还是布尔加柯夫先生？事实已经表明,不论在农业或工业中,小生产者都要驱使儿童从很小的时候起就去劳动,小生产者每天劳动的时间很长，过得"很节俭"，并且把自己的消费水平削减到在文明国家里看来就同真正的"野蛮人"（马克思语）一样，——这种情况和农业或手工业中的技术又有什么关系呢？难道根据农业的许多特点（考茨基丝毫没有忘记这些特点）就能否认农业和工业中这类现象在经济上的共同性吗？布尔加柯夫先生说："小农所付出的劳动，即使他愿意，也不会超出土地对他所要求的。"但是，小农能够而且实际上也是每天劳动 14 小时，而不是 12 小时，他们能够而且实际上也是非常紧张地劳动，这种紧张状态使他们的神经和肌肉比正常劳动时更快地陷于疲劳。其次，把农民的各种劳动归结为一种田间劳动，这是一种多么错误和夸张的抽象办法！在考茨基的著作里绝对看不到这类情况。考茨基非常清楚地知道，农民在家庭经济中也耗费劳动，如修建房屋、畜圈、制造和修理工具等等，他们是"**不计算**"这些额外劳动的，而大农场的雇佣工人对这种额外劳动则要求照常付给工资。农民（小农）过度劳动的**范围比小手工业者（如果他只是手工业者）大得多**，这在任何不带偏见的人看来，不是很明显吗？所有的资产阶级著作家都一致承认农民"勤劳"和"节俭"，指责工人"懒惰"和"浪费"，这就清楚地证明小农劳动过度是一个具有普遍性的事实。

一个调查过威斯特伐利亚农村居民生活状况的人（考茨基引用了他的材料）说，小农使自己的子女从事过分繁重的劳动，使他们的发育受到妨碍；雇佣劳动是没有这种坏的方面的。林肯郡的一个小农向研究英国农村生活状况（1897 年）的国会委员会说："我抚养了全家，但是繁重的劳动使他们累得半死。"另一个小农说："我和孩子们有时一天劳动 18 小时，平均是 10—12 小时。"第三个说："我们干的活比日工干的活重，我们像奴隶一样地劳动。"

里德(Read)先生把以农业(就这个词的狭义讲)为主的地区里小农的生活状况向这个委员会作了如下的描述:"他们维持生活的唯一办法,是干两个日工的活,吃一个日工的饭。他们的子女比日工的子女干的活还要重,养育得还要差。"(《皇家农业委员会总结报告》第34、358页。考茨基的书第109页引用过)布尔加柯夫先生是否准备断言,日工同样也常常干两个农民的活呢? 特别值得注意的是考茨基下面所举的一个事实:将巴登两个农户的收入加以比较,大农户亏欠了933马克,而另一个小一半的农户却盈余了191马克,——这个事实表明"农民的挨饿本领(Hungerkunst)可以造成小生产在经济上的优越性"。这个大农户完全由雇佣工人干活,因此必须好好地供他们吃饭,每天在每个人身上几乎要花费1个马克(约合45戈比),可是在小农户干活的全是家庭成员(妻子和6个成年子女),他们的生活费要少一半还多,每天每人只花费48个分尼。如果这个小农家庭吃得像大农户的雇佣工人那样好,他就会亏欠1 250马克! "他们有盈余不是由于谷满仓,而是由于肚子空。"如果在比较大小农户"收入"的同时,能考虑到农民和雇佣工人的消费水平和劳动量,那就不知道会发现多少这类的例子。① 此外,这里还有一个材料,表明一个小农户(4.6公顷)的收入比一个大农户(26.5公顷)的收入多,这是一家专业性杂志计算出来的。考茨基问道,比较多的收入是怎样得到的呢? 原来小农有子女的帮助,子女从开始学走路的时候起就帮助他,而大农在子女身上需要花钱(上小学和中学)。在小农户中,70开外的老人"还可以顶全劳力"。"普通的日工,特别是大生产中的日工,他们

---

①　参看弗·伊林《俄国资本主义的发展》第112、175、201页(参看本版全集第3卷第142—143、215、241—242页。——编者注)。

总是一面干活一面想：什么时候才收工呢；而小农，至少在最忙的时候，总是想：唉，要是一天能再多两小时就好了。"农业杂志这篇文章的作者又教导我们说：小生产者在最忙的时候能更好地利用时间，"他们起得更早，睡得更晚，活干得更快，而大农户的工人则不愿意比平时起得早睡得晚，不愿意比平时更紧张地劳动"。农民能够靠自己生活"简朴"而提高纯收入：他们住的主要是靠家庭劳动修建的土房子；妻子过门17年只穿坏一双皮鞋，平日她总是赤脚或穿木屐，她给全家缝补衣服。吃的是马铃薯、牛奶，偶尔有一点青鱼。丈夫只是在星期天才吸一袋烟。"这些人并没有意识到他们生活得特别简朴，没有对自己的状况表示不满……　他们生活得这样简朴，所以差不多每年都能从自己的经营中得到一点点盈余。"

四

考茨基分析了资本主义农业中大生产和小生产的相互关系以后，接着就专门阐述"资本主义农业的界限"（第7章）。考茨基说，反对关于大农业优越的理论的，主要是资产阶级、纯粹自由贸易派和大地主这些人中间的"人类之友"（我们差一点没说成人民之友……）。最近一个时期，有很多经济学家说小农业好。他们常常引证一些统计资料表明小农场并没有被大农场排挤。考茨基却引用了以下的统计材料：在德国，从1882年到1895年，中等农场的土地面积增加得最多；在法国，从1882年到1892年，最小的农场和最大的农场的土地面积增加得最多，中等农场的土地面积减少了。在英国，从1885年到1895年，最小的农场和最大的农场的土地面积减少了,占地 40—120 公顷(100—300 英亩)的农场的土地面积增加得最多,这类农场不能算做小农场。在美国,农场的平均面积在减少:1850 年平均面积为 203 英亩,1860 年——199 英亩,1870 年——153 英亩,1880 年——134 英亩,1890 年——137 英亩。考茨基对美国的统计材料作了进一步的考察,他的分析,同布尔加柯夫先生的意见相反,具有重要的**原则**意义。农场平均土地面积减少的主要原因,是黑人解放后南方大种植园的分散;南方各州农场的平均面积减少了一半以上。"凡是明白事理的人,都不会从这些数字中看出小生产对**现代的**〈＝资本主义的〉大生产的胜利。"总的说来,对美国**各个地区**的统计材料的分析,表明了很多种不同的关系。在中北部,即在一些主要的"产麦州",农场的平均面积从 122 英亩**增加到** 133 英亩。"只有在农业衰落的地方,或者在资本主义前的大生产同农民生产竞争的地方,小生产才占优势。"(第 135 页)考茨基这个结论非常重要,因为它指出,在使用统计材料的时候必须把资本主义大生产和资本主义前的大生产区别开,否则就是**滥用**统计材料。对于在农业形式上和农业的历史发展条件上具有重要特点的不同地区,必须**仔细**研究。有人说"数字能证明一切"! 但是必须分析,数字所证明的究竟是什么。数字只是证明**它直接表明的东西**。数字所直接表明的不是生产的规模,而是农场的**面积**。同时,有可能,而且实际上也常常是,"集约经营的小地产可以比粗放经营的大地产生产规模更大"。"统计材料只是告诉我们农场土地面积的大小,根本没有表明农场面积的减少是由于经营规模的真正缩小,还是由于经营的集约化。"(第 146 页)资本主义大农场最初的形态——林场和牧场可以有面积很大的地产。耕作业则要求较小的农场面积。各种不同的耕作制度在这方面也各不相同:掠夺性的粗放经营(直到现在在美国还占优势)可以有巨大的农场(达 1 万公顷,如达尔林普尔和格伦等富源农场[23]。在我国草原地带农民种的地,特别是商业性的地,也有达到这样规模的)。采用施肥等项措施以后,必然引起农场面积的缩小,例如,欧洲的农场就比美国的农场小些。从耕作制过渡到畜牧制,农场的面积也需要缩小:1880 年英国畜牧农场的平均面积是 52.3 英亩,而耕种谷物的农场的平均面积则有 74.2 英亩。因此,英国正在进行的从农业向畜牧业的过渡**必然**产生一种缩小农场面积的趋势。"但是,如果由此得出生产衰落的结论,那就是非常肤浅的看法。"(第 149 页)易北河以东地区(布尔加柯夫先生希望通过对这个地区的研究,在将来驳倒考茨基)正是在向集约化经营过渡。考茨基引证捷林的话说,大农正在提高他们的土地的生产率,把地产离得远的部分出卖或出租给农民,因为这部分土地在集约化经营下很难利用。"因此,易北河以东地区的大地产缩小了,小农场则随之产生,但这并不是因为小生产优于大生产,而是因为以前地产的规模只适应粗放经营的需要。"(第 150 页)在所有这些情况下,农场面积的缩小往往会使产品数量增加(按单位面积计算),使雇佣工人人数增加,也就是实际上**扩大了**生产规模。

由此可见,关于农场**面积**的笼统的农业统计材料所能证明的东西是多么少,在利用这些材料时应当多么小心。在工业统计中我们碰到的是生产规模的**直接**指标(商品数量、生产总额、工人人数),而且很容易区分不同的生产部门,这些必要的论证条件是农业统计很少能够提供的。

其次,土地所有权的垄断,限制着农业资本主义:在工业中,资本的增长是靠**积累**,靠额外价值转化为资本;**集中**,即几个小的资本合并为大资本,起的作用比较小。在农业中就不同了。全部土地都已占用(在各文明国家),只有把几块土地集中起来,并且把它们联成一整块地,才能扩大农场的土地面积。显然,靠购买周围的土地来扩大地产是很困难的,特别是因为小块土地一部分属于农业工人(大农户所必须雇用的),一部分属于有办法把消费降到令人难以置信的极低限度维持生活的小农。这些简单的、极其明显的事实,表明了农业资本主义的界限,不知道为什么在布尔加柯夫先生看来却是"空话"(??!!),并且以此为借口,毫无根据地欢呼:"这样一来〈!〉,大生产的优越性一遇障碍就粉碎〈!〉了。"布尔加柯夫先生起初是错误地理解了大生产具有优越性的规律,把它过分地抽象化了(考茨基决没有这样做),现在又以自己的不理解作为反对考茨基的根据!布尔加柯夫先生的意见是非常奇怪的,他以为举出爱尔兰(那里有大地产,但是没有大生产)就能驳倒考茨基。决不能因为大地产是大生产的一个条件,就认为有这个条件就足够了。考茨基在概括地论述农业资本主义的著作中,当然不能探讨爱尔兰或其他国家的特点的历史根源和其他根源。谁也不会想到要求马克思在分析工业资本主义的一般规律时,必须阐明为什么法国小工业维持得那样久,为什么意大利工业发展缓慢等等。布尔加柯夫先生指出集中"本来可以"逐渐进行,这种说法同样是毫无根据的,因为购买邻近的土地来扩大地产,远不像给工厂修建新厂房来安置增购的机床等那样简单。

　　布尔加柯夫先生所说的通过逐渐集中或租佃来建立大农场的可能性,纯粹是虚构的,他很少注意到考茨基所指出的农业在集中过程中的真正特点。这是指大地产,几块地产集中在一人之手。统计通常只计算单个的地产,根本不说明各种地产集中于大土地

占有者手中的过程。考茨基列举了德国和奥地利极其突出的土地
集中的例子,这种集中正在向资本主义大农业特有的高级形式发
展,就是几个大地产融合为一个经济整体,由一个中心机构来管
理。这种巨大的农业企业能够把各种不同的农业部门联合起来,
并能最大规模地利用大生产的有利条件。

　　读者看到,考茨基对于他信守不渝的"马克思的理论"决没有
作抽象的和死板的理解。为了防止这种死板的理解,他在这一章
里甚至专门用一节来谈工业中小生产的衰亡。考茨基十分正确地
指出,即使在工业中,大生产的胜利也不像那些高谈马克思理论不
适用于农业的人通常所想象的那样简单,那样划一。只要指出资
本主义的家庭手工业,只要回忆一下马克思早已指出的那种掩盖
着工厂制度胜利的千变万化的过渡形式和混合形式,这就够了。
在农业中情况不知道要复杂多少倍! 由于财富愈来愈多,生活愈
来愈奢侈,就产生一种后果,例如,百万富翁购置大地产,把它改变
成森林供自己游憩之用。从1869年起,奥地利萨尔茨堡的牛羊一
直在减少。原因是阿尔卑斯山卖给了富有的狩猎爱好者。考茨基
十分中肯地指出,如果笼统地、不加批判地使用农业统计资料,那
就会很容易发现资本主义生产方式有把现代民族变成狩猎部落的
趋势!

　　最后,在限制资本主义农业的一些条件中,考茨基又指出这样
一种情况:农村居民离开农村造成缺乏工人的现象,这就迫使大农
户竭力把土地分给工人,制造小农,好给地主提供劳动力。一无所
有的农村工人是绝无仅有的,因为在农业中严格意义上的农业经
济是同家庭经济联系在一起的。各种农业雇佣工人都置有土地或
者使用土地。在小生产受到排挤最厉害的时候,**大农户**就会用出

卖或出租土地的办法来**竭力巩固或恢复小生产**。考茨基引用捷林的话说:"近来在欧洲各国可以看到一种运动……把土地分给农村工人使他们定居下来。"可见,在资本主义生产方式的范围内,农业中的小生产就不可能完全被排挤,因为农民的破产过于严重时,资本家和大地主自己就要设法去恢复小生产。马克思早在 1850 年就在《新莱茵报》上指出了资本主义社会中这种土地集中和分散的循环。**24**

布尔加柯夫先生认为,考茨基这些论断"有部分真理,但更多的则是谬误"。正像布尔加柯夫先生其他的论断一样,他的这个论断也是极其缺乏根据,极其含混不清的。布尔加柯夫先生认为,考茨基"确定了无产阶级小生产的理论",这个理论在一个很有限的地区内是正确的。我们的意见则不同。小农(也就是保有份地的雇农和日工)的农业雇佣劳动,是**一切资本主义国家在不同程度上所特有的现象**。任何一个想要叙述农业资本主义的著作家,只要不违背真理,就不能掩盖这个现象。① 特别是在德国,无产阶级小生产是一个普遍的事实,关于这一点考茨基在他这本书的第 8 章《农民无产阶级化》中已经详细地论证了。布尔加柯夫先生说其他著作家(其中也包括卡布鲁柯夫先生)也谈到了"缺乏工人",这种说法**掩盖了最主要的东西**,即掩盖了卡布鲁柯夫先生的理论同考茨基的理论的巨大原则差别。由于自己特有的小资产阶级观点,卡布鲁柯夫先生根据缺乏工人这一点就"断定"大生产站不住脚和小生产富有生命力。考茨基则确切地说明了事实,并且指出这

① 参看《俄国资本主义的发展》第 2 章第 12 节第 120 页(参看本版全集第 3 卷第 151—152 页。——编者注)。据估计,在法国大约有 75% 的农村工人自己有土地。在那里还有其他的例子。

些事实在现代阶级社会中的真正意义，是土地占有者的阶级利益迫使他们把土地分给工人。有份地的农业雇佣工人的阶级地位介乎小资产阶级和无产阶级之间，但是更接近于后者。换句话说，卡布鲁柯夫先生是把复杂过程的一个方面上升为大生产站不住脚的理论，而考茨基却分析了在大生产发展的一定阶段和在一定的历史情况下，大生产的利益所造成的社会经济关系的种种特殊形态。

五

我们现在来谈一谈考茨基这本书的下一章，这一章的标题我们刚才已经提到了。在这一章里考茨基探讨的是，第一，"土地分散的倾向"，第二，"农民副业的形式"。可见，在这一章里表述了绝大多数资本主义国家农业资本主义所特有的最重要的倾向。考茨基说：土地的分散使小农更加需要小块土地，他们购买土地付出的价格比大农户高。有些著作家引用这个事实来证实小农业优于大农业。考茨基拿土地价格同房屋价格相比较，从而对这一点作了非常中肯的答复：大家都知道，按单位容积（立方俄丈等）计算，廉价的小房屋**比**昂贵的大房屋的**价格高**。小块土地价格高，并不是由于小农业优越，而是由于农民所处的备受压迫的地位。资本主义所产生的极小农户数量之多，从下面的数字就可以看出来：在德国（1895 年），550 万个农业企业中有 425 万个（超过¾）的土地面积不到 5 公顷（58％不到 2 公顷）。在比利时，78％的农业企业（909 000 个中有 709 500 个）土地面积不到 2 公顷。在英国（1895年），52 万个农业企业中有 118 000 个不到 2 公顷。在法国（1892

年),570万个农业企业中有220万个不到1公顷,400万个不到5公顷。布尔加柯夫先生指出,土地"往往"(??)是靠一把铲子"极其紧张地"耕种的,何况……"劳动力的使用又极不合理",他以为这就能够驳倒考茨基关于这类小农户极不合理(缺乏耕畜、农具、现金、劳动力——劳动力被外水所吸引)的论断。显然,这种反驳是完全站不住脚的,小农种地种得很好的个别例子,并不能驳倒考茨基对这类农户的一般分析,正像上面所引的小农户收入比较多的例子不能驳倒大生产优越的论点一样。考茨基把这类农户**从整体上**①归入无产阶级是完全正确的,根据1895年德国的调查材料披露的事实,即许多小农户没有外水就不能生活,这一点就可以看得很清楚。在靠农业独立维持生活的470万人中,有270万人即**57%**有外水。在每户占地不到2公顷的320万个农户中,只有40万个即**13%**没有外水! 在全德国的550万个农户中,有**150万**是农业和工业的雇佣工人(+704 000手工业者)。虽然这样,布尔加柯夫先生还要硬说无产阶级小生产理论是考茨基"确定"的②!考茨基非常仔细地探讨了农民无产阶级化的形式(农民副业的形式)(第174—193页)。可惜我们没有更多的篇幅来详细介绍对

---

① 我们强调"从整体上",因为不能否认,在个别情况下,这些占有小块土地的农户也能提供很多产品和收入(葡萄园、菜园等)。但是,如果一个经济学家指出,莫斯科近郊的菜园主即使没有马匹有时也能合理耕作和有利可获,并用这个例子来驳斥俄国农民缺乏马匹的说法,那你对他能说些什么呢?

② 布尔加柯夫先生在第15页脚注里说,考茨基重犯了一本论谷物价格的书25的作者们的错误,认为谷物税对绝大多数农村居民没有好处。对这种说法我们也不能同意。论谷物价格这本书的作者们的确犯了许多错误(在上述一书中我曾经不止一次地指出过),但是他们承认谷物价格高对于居民群众没有好处,这没有任何错误。他们的错误只是在于把群众的这种利益**直接**归结为整个社会发展的利益。杜冈-巴拉诺夫斯基先生和司徒卢威先生公正地指出,评论谷物价格的**准绳**,应当看谷物价格是不是能使资本主义比较迅速地排除

这些形式(农业雇佣劳动,手工业(Hausindustrie)——"最丑恶的资本主义剥削形式";工厂劳动和矿山劳动等等)的分析。我们现在只指出一点,考茨基对**零工**的评价和俄国学者的评价完全一致。零工没有城市工人开展,需求更低,他们往往使城市工人的生活条件受到不利的影响。"但是在他们的家乡(他们从那里来又回到那里去),他们却是进步的先锋…… 他们接受新的需要、新的思想"(第192页),他们唤起了穷乡僻壤的农民的自尊心,唤起了他们对自己力量的信心。

最后,我们来谈一谈布尔加柯夫先生对考茨基的最后一个特别猛烈的攻击。考茨基说:从1882年到1895年德国最小的农场(就土地面积而言)和最大的农场增加得最多(也就是说中等农场的土地分散了)。实际上占地1公顷以下的农场增加了8.8%;占地5—20公顷的农场增加了7.8%,而占地超过1 000公顷的农场增加了11%(中间的各类农场几乎没有变动,农场总数增加了5.3%)。布尔加柯夫先生对于援引为数不多的(在上述年代里最

工役制,是不是推动社会向前发展。这是一个实际问题,我对这个问题的答复与司徒卢威不同。我认为,说农业资本主义由于价格低廉而发展缓慢,根本没有什么根据。相反,农业机器制造业异常迅速的发展和谷物价格降低所引起的农业的专业化,却表明低廉的价格**推动**俄国农业资本主义**向前**发展。(参看《俄国资本主义的发展》第147页,第3章第5节脚注2)(参看本版全集第3卷第184页。——编者注)谷物价格的降低引起了农业其他一切方面的深刻变革。

布尔加柯夫先生说:"提高谷物价格是耕作集约化的一个重要条件。"(彼·司·先生在《开端》杂志同一期第299页的《国内评论》上也是这样说的)这是不确切的。马克思在《资本论》第3卷第6篇(参看《马克思恩格斯文集》第7卷第693—919页。——编者注)中曾经指出,土地上追加投资的生产率可以降低,**但是也可以提高**;在谷物价格降低的情况下,地租可以下降,**但是也可以增加**。因此在不同的历史时期和不同的国家里,集约化可以由完全不同的条件引起,与谷物价格的高低无关。

大的农场由 515 个增加到 572 个)最大农场的百分数非常生气。
布尔加柯夫先生生气是完全没有根据的。他忘记了这些为数不多
的企业是最大的企业,它们**所占的土地**,几乎同 230 万—250 万个
小农场(占地 1 公顷以下的)**所占的土地相等**。假定说,国内工人
在 1 000 人和超过 1 000 人的最大的工厂的数目增加了,从 51 个
增加到 57 个,即增加 11%,而工厂总数增加 5.3%,那么,尽管最
大的工厂的**数目**与工厂总数比起来还是很少的,但是,这难道不能
表明大生产增长了吗? 占地 5—20 公顷的农场土地面积增加得
最多的事实(布尔加柯夫先生的文章第 18 页),考茨基是知道得非
常清楚的,并且在下一章里作了阐明。

考茨基接着研究了 1882 年和 1895 年各类农场土地面积的变
化。增加得最多的(+563 477 公顷)是占地 5—20 公顷的农场,
其次是占地超过 1 000 公顷的一些最大的农场(+94 014 公顷),
而占地 20—1 000 公顷的农场的土地则**减少了** 86 809 公顷。占
地 1 公顷以下的农场增加了 32 683 公顷,占地 1—5 公顷的农场
增加了 45 604 公顷。

考茨基的结论是:占地 20—1 000 公顷的农场土地面积减少
(减少的面积比占地 1 000 公顷和超过 1 000 公顷的农场增加的土
地面积还是要少),不是由于大生产的衰落,而是由于大生产的集
约化。我们看到,这种集约化在德国正在发展,并且往往要求缩小
农场面积。由于越来越多地使用蒸汽机和大量增加农业职员(在
德国只有大生产才雇用职员),可以看得出大生产是在集约化。
1882—1895 年地产管理员(视察员)、监工、会计等从 47 465 人增
加到 76 978 人,即增加了 62%;这些职员中妇女所占的百分比从
12%增加到 23.4%。

　　"这一切清楚地表明，从80年代初起，大农业生产已经更加集约化和更加资本主义化了。至于中等农场同时却大大增加土地面积的原因，我们将在下一章加以说明。"(第174页)

　　布尔加柯夫先生认为这段话"同实际情况有惊人的矛盾"，但是这一次他的论据仍然证明不了这个坚决而大胆的论断是正确的，丝毫不能动摇考茨基的结论。"首先，经营的集约化即使已经进行，仍然不能说明耕地相对减少和绝对减少的原因，不能说明占地20—1 000公顷这一类农场的比重减少的原因。耕地面积是可以和农场的数目同时增加的；农场数目应当只不过〈原文如此！〉增加得稍微快一些，这样每个农场的面积就会小一些。"①

　　根据这一段话，布尔加柯夫先生推论道：说"在集约化程度增长的影响下，企业的规模就缩小，这纯粹是一种幻想"(原文如此！)。我们特地把这段话全部引了出来，因为它突出地表现了考茨基所恳切告诫过的那种滥用"统计资料"的错误。布尔加柯夫先生对农场**土地面积**的统计提出了严格得可笑的要求，给这种统计增添了它从来不可能有的意义。真的，耕地面积为什么会"稍稍"增加呢？为什么经营的集约化(正如我们上面所说的，经营的集约化有时会促使把远离中心的地块出卖或出租给农民)不"应当"使一定数量的农场从比较高的一类转入比较低的一类呢？为什么经营的集约化不"应当"缩小占地20—1 000公顷的农场的耕地面积呢？② 在工业统计中，最大的工厂**生产总额**的减少表明大生产的

————————

　　① 布尔加柯夫先生还引证了更详细的资料，但是这些资料根本没有给考茨基的资料增添新的东西，表明的同样是这一类大土地占有者的农场数目在增加和土地面积在减少。

　　② 这一类，从16 986 101公顷减少到16 802 115公顷，竟足足减少了……1.2%！这岂不足以确凿地说明布尔加柯夫先生所看到的大生产的"奄奄一息"吗？

衰落。而大地产**面积**减少 1.2% 根本没有说明、也**不可能说明**生产的规模,生产的规模有时还随着农场面积缩小而增大。我们知道,欧洲的谷物农场一般说来受到畜牧农场的排挤,这种现象在英国表现得特别严重。我们知道,这种转变有时会要求减少农场土地面积,但是根据这一点就得出大生产衰落的结论,那不是很奇怪吗?因此,附带说明一下,布尔加柯夫先生在第 20 页上用来表明大农场和小农场在减少、有耕畜的中等农场(占地 5—20 公顷)在增加的"有说服力的统计表",仍旧什么也没有证明。这也可能是由于经营方式的变化而产生的现象。

德国农业大生产更加集约化和更加资本主义化,这一事实,第一,可以从农业**蒸汽机**数量的增长看出来:1879 年到 1897 年农业蒸汽机增加了 4 倍。布尔加柯夫先生在反驳时举出,小农场(占地 20 公顷以下)拥有的**全部**机器(不仅是蒸汽机)的绝对数比大农场大得多,并且举出美国的粗放经营也采用机器,这完全是枉费心机。现在谈的不是美国,而是没有富源农场的德国。下面是德国(1895 年)拥有蒸汽犁和蒸汽脱粒机的农场的百分数:

农　场	拥有蒸汽犁的农场的百分比	拥有蒸汽脱粒机的农场的百分比
占地 2 公顷以下	0.00	1.08
占地 2—5 公顷	0.00	5.20
占地 5—20 公顷	0.01	10.95
占地 20—100 公顷	0.10	16.60
占地 100 公顷和超过 100 公顷	5.29	61.22

现在,德国农业中蒸汽机的总数既然增加了 4 倍,这难道不能证明大生产集约化程度的增长吗?农业企业规模的扩大并不总是与农场面积的增加一致的,这一点不应该忘记,而布尔加柯夫先生

在第 21 页上恰巧又把这一点忘记了。

第二，大生产更加资本主义化的事实，还可以从农业职员的增加看出来。布尔加柯夫先生枉费心机地把考茨基这个论据说成是"笑话"："军官的数目在增加，军队却在减少"，即农业雇佣工人人数却在减少。我们又要说谁笑在最后，谁笑得最好了![①] 考茨基不仅没有忘记农业工人减少了，并且详细指出了许多国家农业工人减少的情况；但是这个事实和这里所谈的根本无关，因为整个农村人口都在减少，而无产阶级化的小农人数却在增加。假定说，大地主从谷物生产转到甜菜生产以及甜菜制糖（德国 1871—1872 年度加工了 220 万吨甜菜；1881—1882 年度 630 万吨；1891—1892 年度 950 万吨；1896—1897 年度 1 370 万吨），大地主甚至可以把离得远的那些地产出卖或出租给小农，特别是在他需要小农的妻子儿女在甜菜种植园做日工的时候更是这样。假定说，大地主采用蒸汽犁使犁地的人受到排挤（在萨克森甜菜种植园——"集约化耕作的模范农场"[②]现在已经普遍采用蒸汽犁），雇佣工人肯定就要减少，高级职员（会计、管理员、技师等等）必然增加。布尔加柯夫先生是不是又要否认我们在这里所看到的大生产的集约化程度和资本主义的增长呢？是不是硬要说德国根本没有这种情况呢？

为了结束对考茨基这本书第 8 章农民无产阶级化的叙述，必须引证他下面这段话（这一段话紧接着上面我们引证过、布尔加柯夫先生也引证过的那一段话）："在这里使我们感到兴趣的是这样

---

① 布尔加柯夫先生认为职员数目的增加也许能证明农产品加工工业的增长，**但是决不能（!）证明大生产集约化程度的增长**。实际上这种看法才是笑话。我们一直认为，农产品加工生产部门的发展（**考茨基在第 10 章作了详细的叙述和评价**）是集约化程度增长的最重要的形式之一。

② 考茨基的书第 45 页引用的克格尔的话。

一个事实:尽管德国中等地产分散的倾向已经停止发展,但是德国农村居民的无产阶级化也像其他地方一样,正在向前发展。从1882 年到1895 年德国的农户总数增加了281 000 个,其中大部分是占地 1 公顷以下的无产阶级化的农户。这类农户增加了206 000 个。

　　"正像我们所看到的,农业的运动很特殊,同工业资本和商业资本的运动完全不同。我们在前一章已经指出,在农业中农户集中的倾向并未导致小生产的彻底消灭。当这种倾向发展得太厉害时,它就会产生一种相反的倾向,因此集中倾向和分散倾向是相互交替的。现在我们看到这两种倾向也能同时发生作用。农户的数目增加了,而户主却以出卖劳动力的无产者的身份在商品市场上出现……　这种把劳动力当商品出卖的小农户的根本利益同工业无产阶级的利益是一致的,他们不会因为自己占有一块地而站在同后者敌对的地位。拥有小块土地的农民自己有一块地就能在一定的程度上摆脱粮商的剥削,但是不能摆脱资本主义企业主(无论是工业企业主还是农业企业主都一样)的剥削。"(第 174 页)

　　　　　———

　　下一篇文章我们将论述考茨基这本书的其余部分,并且对这本书作一个总的评价,同时顺便涉及一下布尔加柯夫先生继续在文章里提出的一些反对意见。

第二篇文章

一

考茨基在该书第 9 章(《商业性农业日益增长的困难》)分析了资本主义农业所固有的**矛盾**。根据布尔加柯夫先生针对这一章所提出的和我们在下面要谈到的一些反对意见,可以看出,这位批评家对这些"困难"的一般意义理解得并不完全正确。有一些"困难"既是合理化农业的充分发展的"障碍",同时又在**推动**资本主义农业的**发展**。例如,考茨基所指出的农村人力不足,就是"困难"之一。一些最好的、最有知识的劳动者迁出农村是合理化农业充分发展的一个"障碍",这是无疑的,但是,农户为了克服这种障碍就**发展技术**如采用机器,这也是无疑的。

考茨基研究了下面这些"困难":(1)地租,(2)继承权,(3)继承权的限制,长子继承制(限定继承制,特定继承制[26]),(4)城市对农村的剥削,(5)农村人力不足。

地租是扣除了投入农业的资本的平均利润以后剩下的一部分剩余价值。土地所有权的垄断使土地占有者有可能占有这一部分余额,同时地价(=资本化了的地租)又把地租一经达到的高水平**固定下来**。显然,地租使农业的充分合理化"遇到困难":在租佃制下,渴望改善等等的热情减退了,在抵押制下大部分资本不是投入生产,而是用来购买土地。布尔加柯夫先生在反驳时指出:第一,抵押借款的增长"没有什么可怕"。他恰巧忘记了考茨基不是"在其他的意义上",而正是在这个意义上指出即使在农业繁荣的情况下抵押也必然增长(见上面第一篇文章第 2 节)。现在考茨基提出的问题,决不是关于抵押借款增长是否"可怕",而是关于哪些困难阻挠资本主义充分完成自己的使命。第二,布尔加柯夫先生认为,"把地租的增长只看成是一种障碍未必正确…… 地租的增长,地租提高的可能性,是一种独立的刺激因素,促使农业在技术方面和其他各方面进步"(进步一词原文为过程,显系刊印错误)。人口的增长、竞争的加剧和工业的发展是促使资本主义农业进步的刺激因素,而地租则是土地占有者借社会发展和技术提高取得的贡税。因此,说地租的增长是促使进步的"**独立的刺激因素**",是不正确的。从理论上说,资本主义生产同土地不是私有而是国有完全可以相容(考茨基的书第 207 页),那时绝对地租就完全没有了,而级差地租则由国家获得。在这种情况下促使农艺进步的刺激因素不但不会削弱,反而会大大地加强。

考茨基说:"认为抬高(in die Höhe treiben)地价或人为地把地价维持在很高水平上对农业有利,这是再荒谬不过的了。这样做只是对现有的(augenblicklichen)土地占有者有利,对抵押银行和地产投机者有利,而根本不利于农业,更不利于农业的将来和农民的下一代。"(第 199 页)土地价格是资本化了的地租。

商业性农业的第二个困难在于商业性农业一定要求土地私有,这样,在继承的时候,土地不是被分散(**有些地方**这种土地的分散甚至引起技术退步),就是被抵押出去(土地继承人把土地抵押出去,获得的钱付给其他继承人)。布尔加柯夫先生指责考茨基,认为他"在阐述中忽略了"土地转移的"积极方面"。这种责难是绝对没有根据的,考茨基无论是在这本书的历史部分(特别是第 1 编第 3 章,这一章谈到封建农业及其被资本主义农业代替的原因)或实用部分①,都清楚地向读者表明了土地私有、农业服从竞争,因而也是土地转移的积极方面和历史必然性。至于布尔加柯夫先生对考茨基提出的另一个责难,说他没有探讨"各地区人口的增长程度不同"的问题,我们对此完全无法理解。难道布尔加柯夫先生希望在考茨基的书中看到人口统计学吗?

关于长子继承制的问题,我们就不谈了,因为上面作了说明之后,也就没有什么新东西了,现在我们来谈一谈城市剥削农村的问题。布尔加柯夫先生硬说考茨基"没有把城市的积极方面,首先是城市作为农业市场的作用,同城市的消极方面加以比较",这种说法与实际情况根本不符。考茨基在探讨"现代农业"(第 30 页及以下各页)那一章的**第一页**上就十分肯定地指出了作为农业市场的城市的作用。考茨基认为,在农业改造和农业合理化等方面,起主要作用的正是"城市工业"(第 292 页)②。

因此,我们完全不能理解,布尔加柯夫先生在他的文章中(《开端》杂志第 3 期第 32 页)怎么能够重复同样的思想来**对考茨基进行所谓的反驳**!这个特别明显的例子说明了这位严厉的批评家把他所批评的书曲解得多么厉害。布尔加柯夫先生教训考茨基说:"不要忘记,一部分价值〈流入城市的〉会回到农村。"任何人都会以

---

① 考茨基坚决反对土地转移的各种中世纪束缚,反对长子继承制(限定继承制和特定继承制),反对支持中世纪的农民村社(第 332 页)等等。
② 还请参看第 214 页,考茨基在这里谈到城市资本在农业合理化方面所起的作用。

为考茨基忘记了这个起码的真理。实际上考茨基区分了从农村流
入城市的无等价物的价值和有等价物的价值,而且区分得比布尔
加柯夫先生清楚得多。考茨基首先探讨了"从农村流入城市的无
等价物(Gegenleistung)的商品的价值"(第210页)(在城市里消
耗的地租、赋税、城市银行贷款的利息),并且完全正确地把这种现
象看成是城市对农村的经济剥削。接着,考茨基又提出了有等价
物的价值从农村流入城市的问题,即农产品与工业品交换的问题。
考茨基说:"就价值规律来看,这样流入城市并不意味着对农业的
剥削①,然而实际上除了上述事实以外,它还造成对农业的地力的
(stofflichen)剥削,使土地缺乏养份而趋于贫瘠。"(第211页)

关于城市对农村的地力剥削,考茨基同意马克思和恩格斯的
理论在这方面的一个基本原理,即城乡的对立破坏了工农业间必
要的适应和相互依存关系,因此随着资本主义转化为更高的形态,
这种对立将会消失。② 布尔加柯夫先生认为,考茨基关于城市对
农村的地力剥削的意见是"奇怪的","无论如何考茨基在这个问题
上的议论已经是幻想"(原文如此!!!)。我们感到惊异的是,布尔
加柯夫先生竟忽视了他这里所批判的考茨基的意见同马克思和恩
格斯的一个基本思想是一致的。读者有理由这样想:布尔加柯夫
先生认为消灭城乡对立的思想"完全是幻想"。如果这位批评家的

---

① 请读者把本文所引用的考茨基的明确的说明和布尔加柯夫先生下面这个"批
   评"比较一下:"如果考茨基认为谷物的直接生产者把谷物交给非农业居民是
   一种剥削"等等。我们无法相信一个稍微仔细看过考茨基这本书的批评家能
   够写出"如果"这句话来!

② 不言而喻,认为在生产者联合起来的社会中城乡对立必然消灭,与承认把农
   业人口吸收到工业中去**在历史上的**进步作用,是一点也不矛盾的。我在其他
   地方曾谈到这个问题(《评论集》第81页脚注69(参看本版全集第2卷第197
   页脚注。——编者注))。

意见果真是这样，我们是决不能同意的，并且要赞成这种"幻想"（实际上并不是幻想，而是对资本主义更深刻的批判）。认为消灭城乡对立的思想是一种幻想，这决不是什么新看法。这是资产阶级经济学家通常的看法。某些看问题比较深刻的著作家也接受了这种看法。例如，杜林就认为城乡对抗"按其本质来说是不可避免的"。

其次，布尔加柯夫先生由于考茨基指出农作物和牲畜日益增多的疫病是商业性农业和资本主义的一个困难，而感到"惊异"（!）。布尔加柯夫先生责问道："这与资本主义有什么关系呢……难道有什么高级的社会组织能够取消牲畜品种改良的必要性吗?"我们也感到惊异，布尔加柯夫先生竟不了解考茨基这个十分清楚的思想。自然选择所形成的农作物和牲畜的旧品种，被人工选择形成的"改良"品种所代替。农作物和牲畜变得更加娇弱，更加难于照料；疫病借助现代化交通工具以惊人的速度传播开来，而经营的方式却仍旧是个体的、分散的、往往是小规模的（农民的），因而缺乏知识和资金。为了发展农业技术，城市资本主义可以提供一切现代科学手段，但它却使生产者保留同以前一样的社会地位；城市资本主义不能有系统、有计划地把城市文化输入农村。任何高级的社会组织都取消不了改良牲畜品种的必要性（考茨基当然不会发表这种谬论），但是技术愈发达，家畜和农作物的品种愈娇弱[①]，现代资本主义社会组织就愈会感到社会监督的缺乏，感到农民和工人的处境卑微。

考茨基认为商业性农业的最后一个"困难"是"农村人力不足"，城市吞没了最好的、最强壮的和最有知识的劳动力。布尔加

---

① 因此考茨基在该书的实用部分介绍了对牲畜和牲畜饲养条件的卫生检查。（第397页）

柯夫先生认为,这种一概而论的说法"无论如何是不正确的","目前城市人口增加而对比之下农村人口减少,决不是反映资本主义农业发展的规律",而是表明工业国即输出国的农业人口在向海外殖民地迁移。我认为布尔加柯夫先生是错了。城市人口(一般地说是工业人口)增加而**对比之下**农村人口减少,这不仅是目前的现象,而且**正是**反映了资本主义**规律**的普遍现象。从理论上对这个规律的论证,正如我在另一个地方①已经指出的,第一,在于社会分工的发展使愈来愈多的工业部门脱离了原来的农业②,第二,经营一定土地所需的可变资本总的说来是减少了。(参看《资本论》第3卷第2部分第177.页。俄译本第526页③。我在《俄国资本主义的发展》一书第4页和第444页④上引用过。)我们在前面已经指出,在个别情况下和个别时期,可以看到耕种一定面积的土地所需要的可变资本在增长,但是这并不影响普遍规律的正确性。农业人口的相对减少并不是在任何情况下都转化为绝对减少,绝对减少的程度也取决于资本主义殖民地的扩大,这一点考茨基当然不会否认。考茨基在他的书的有关部分非常清楚地指出,资本主

---

① 《俄国资本主义的发展》第1章第2节和第8章第2节(参看本版全集第3卷。——编者注)。

② 布尔加柯夫先生在指出这种情况时说:"农业人口在农业繁荣时期也可能**相对**〈黑体是布尔加柯夫用的〉减少。"在资本主义社会中不仅仅是"可能",而且**必然会**这样……　布尔加柯夫先生作出结论说:"在这里相对减少〈农业人口〉仅仅〈原文如此!〉表明国民劳动新部门的增加。"这"仅仅"两字来得非常奇怪。新的工业部门从农业中吸取"最强壮、最有知识的劳动力"。因此根据这一个简单的道理就足以使我们承认考茨基的一般论点是**完全正确的**,因为农村人口的**相对**减少完全能够证明这个一般论点(资本主义从农业中夺取最强壮、最有知识的劳动力)是正确的。

③ 参看《马克思恩格斯文集》第7卷第718页。——编者注

④ 参看本版全集第3卷第20页和第514页。——编者注

义殖民地的扩大使欧洲充斥着廉价谷物。("农村居民的逃亡
(Landflucht)不仅经常向城市,而且向殖民地一批又一批地输送
强壮的农村居民,使欧洲农村人力不足……"第242页)工业从农
业中夺取最有力、最强壮、最有知识的工人,这是一个普遍的现象,
不仅工业国如此,农业国也是如此,不仅西欧如此,美国和俄国也
是如此。资本主义所造成的城市的文明和乡村的野蛮之间的矛
盾,必然产生这种结果。"在人口总数增加的情况下,如果没有大
量粮食输入,农业人口的减少是不可想象的",——布尔加柯夫先
生认为这个"道理"是"很清楚的"。我认为这个道理不仅不清楚,
而且是根本错误的。在人口总数增加(城市发展)的情况下,不输
入粮食,农业人口的减少也完全可以想象(提高农业劳动生产率,
就有可能使比较少的工人生产像从前一样多或者更多的产品)。
在农业人口减少和农产品减少(或不按比例增加)的情况下,人口
总数增加也是可以想象的,"可以想象"是因为资本主义使人民吃
得更差了。

布尔加柯夫先生说德国1882—1895年中等农场增加的事实
(这个事实是考茨基指出的,他举出这个事实是因为这类农场很少
感到工人不足)"能够动摇"考茨基的"全部构思"。那我们来仔细
研究一下考茨基的论断吧。

按照农业统计资料,从1882年到1895年占地5—20公顷的
农场土地面积增加得最多。1882年这类农场的面积占总面积的
28.8%;1895年占29.9%。这些中等农场土地面积的增加同大农
场(占地20—100公顷)土地面积的减少是同时发生的(1882年占
31.1%,1895年占30.3%)。考茨基说:"这些数字使所有认为农
民是现存制度最坚强的支柱的善良公民非常高兴。他们兴高采烈

地喊道:农业并没有发生变动,马克思的教条对于农业是不适用的。"中等农场的发展被解释为农民的新繁荣的开始。

考茨基回答这些善良的公民说:"但是这种繁荣是建立在泥沼中的。""繁荣不是由于农民的**富裕**,而是由于整个农业受到**压迫**。"(第230页)考茨基刚好就在前面说过:"尽管全部技术都在进步,但是**有些地方**〈黑体是考茨基用的〉的农业已经开始衰落,这已是毋庸置疑的了。"(第228页)这种衰落会引起封建制度的复活,即试图把工人束缚在土地上,要他们服一定的劳役。如果落后的经济形式凭借这种"压迫"而复活,这有什么值得惊异的呢?农民一般说来与大生产的工人不同,他们的消费水平更低,他们更能忍饥挨饿,更会拼命地干活,他们在危机时期能支持得久一些,这又有什么值得惊异的呢?①"农业危机波及到农业中生产商品的各个阶级;它是不会把中农放过的。"(第231页)

看来,考茨基这些论点已经清楚得很,不会使人不了解了。然而批评家却显然没有了解。布尔加柯夫先生没有说他对中等农场的增加是怎样解释的,可是他却说什么考茨基认为"资本主义生产

---

① 考茨基在另一个地方说:"小农在绝境中能够支持得比较久。说这是小生产的优越性,我们完全有理由表示怀疑。"(第134页)

我们可以顺便指出克尼希的充分证实了考茨基这个观点的一些材料,克尼希在自己的一本书(弗·克尼希博士《……英国农业状况……》1896年耶拿版)中,详细地叙述了英国一些最典型的郡里的农业状况。这本书里有**大量的材料**,指出小农劳动过重和消费不足的情况超过了雇佣工人,相反的材料却没有看到。我们看到这样的例子:小农户要"非常(ungeheuer)勤俭"(第88页)才能有一点盈余;小农的房屋更坏(第107页);小土地占有者(yeoman farmer)比租地者的境况更差(第149页);"小土地占有者的境况非常可怜(在林肯郡);他们的住所比大农场的工人的住所更糟,有些甚至糟透了。他们的劳动比普通工人更重,时间更长,但是赚钱更少。他们的生活很苦,很少吃肉……他们的子女从事无报酬的劳动,穿戴也不好。"(第157页)"小农像奴隶

方式的发展会导致农业的毁灭"。于是布尔加柯夫先生就大发雷霆,说"考茨基关于农业遭到破坏的论断是错误的、武断的、没有证据的,是与最基本的事实相矛盾的"等等。

我们要指出,布尔加柯夫先生**完全错误地转述了考茨基的思想**。考茨基决没有断言资本主义的发展会导致农业的毁灭,他的论断恰好相反。只有对考茨基这本书最不注意的人,才会把他关于农业受到压迫(=危机)和**有些地方**(请注意)技术正在退步的话,引申为农业"遭到破坏","遭到毁灭"。在专论海外竞争(即农业危机的主要条件)的第 10 章中,考茨基说:"即将来临的危机当然(natürlich)决不一定要(braucht nicht)破坏它所波及的工业。只有在很少的场合才会这样。危机通常只不过是导致以资本主义方式去改造现存的所有制关系。"(第 273—274 页)考茨基就农产品加工生产部门的危机所说的这一段话,清楚地表明了他对危机意义的一般看法。在这一章里,考茨基对整个农业也重复了这种看法:"根据以上所述,还没有权利说这是农业的毁灭(Man braucht deswegen noch lange nicht von einem Untergang der Landwirtschaft zu sprechen)。但是在现代生产方式已经站稳了

一样地劳动,夏天往往从清早 3 点钟干到晚上 9 点钟。"(波士顿农业局的报道第 158 页)一个大农说:"毫无疑问,钱很少、靠家庭成员从事劳动的小户人家(der kleine Mann)最容易缩减家庭开支,而大农则无论年成好坏都得好好安排雇农的吃喝。"(第 218 页)艾尔郡的小农"非常(ungeheuer)勤勉,他们的妻子儿女干的活并不比日工少,而且往往比他们多;据说两个人一天干的活就等于三个雇工一天干的活"(第 231 页)。"全家不得不从事劳动的小佃农的生活,纯粹是一种奴隶的生活。"(第 253 页)"总的说来……在应付危机方面小农显然比大农有办法,但这并不是说小农的收入比较多。我们认为这是因为小户人家(der kleine Mann)得到了无偿的家庭劳动的帮助…… 通常……小户人家全家都在自己的地里干活…… 子女只能得到饭吃,很少能得到固定的日工资"(第 277—278 页)等等。

脚跟的地方,农业的保守性就永远消失了。墨守成规(Das Ver-
harren beim Alten)会使农户受到真正毁灭的威胁;农户不得不密
切注意技术的发展,不得不随时使生产适应新的条件……　在农
村中,过去一直十分单调地沿着永恒不变的轨道运行的经济生活,
已经处在不断革命化的状态中了,处在这种为资本主义生产方式
所特有的状态中了。”(第289页)

　　布尔加柯夫先生“不理解”,农业生产力发展的趋势和商业性
农业困难增大的趋势是怎样结合的。这有什么不可理解的呢??
资本主义无论在农业或工业中,都大大地推动了生产力的发展,但
是生产力愈发展,就使资本主义的矛盾愈尖锐,就给资本主义造成
新的“困难”。马克思曾经坚决地着重指出农业资本主义在历史上
的进步作用(农业的合理化、土地与农户的分离、农村居民从被统
治和被奴役的关系中解放出来等等),但是,他同样坚决地指出了
直接生产者的贫困化和遭受压迫,以及资本主义与合理化农业的
要求的对立。考茨基发挥了马克思的这一基本思想。使人非常奇
怪的是布尔加柯夫先生虽然承认他的“总的社会-哲学世界观和考
茨基相同”[1],但是他没有看出考茨基在这里是发挥了马克思的基
本思想。《开端》杂志的读者一定会不明白布尔加柯夫先生是怎样
对待这些基本思想的,不明白具有同一世界观的人怎么会说出“原
则用不着争论”这种话来!!? 我们姑且不去相信布尔加柯夫先生
的这句话;姑且认为,他和其他马克思主义者之间的争论之所以可
能发生,正是因为这些“原则”是共同的。布尔加柯夫先生谈到资
本主义使农业合理化,谈到工业为农业提供技术等等,这只是重复

----

　　[1]　讲到哲学世界观,我们不知道布尔加柯夫先生的话对不对。考茨基似乎不是
　　　　布尔加柯夫先生那样的批判哲学的拥护者。

了其中的一个"原则"。不过他又毫无道理地说了一层"完全相反"的意思。读者可能以为考茨基持的是另一种见解，其实考茨基在这本书中最坚决最明确地加以发挥的正是马克思的这些基本思想。考茨基说："正是工业为新的合理化的农业创造了科学条件和技术条件，正是工业用机器和人造肥料，用显微镜和化学实验室，使农业发生了革命，这样就使资本主义大生产在技术上胜过农民的小生产。"(第292页)因此考茨基就没有陷入我们在布尔加柯夫先生那里看到的那种矛盾：布尔加柯夫先生一方面承认"资本主义〈即依靠雇佣劳动的生产，即不是农民生产，而是大生产，对吗?〉使农业合理化"，另一方面又认为"大生产在这里决不是技术进步的体现者"！

<h2 style="text-align:center">二</h2>

考茨基这本书第10章谈的是海外竞争和农业工业化的问题。布尔加柯夫先生以极端蔑视的态度批评这一章说，"除了一些多半为人们所熟悉的主要事实外，并没有什么新颖独到的见解"等等，而他自己并没有搞清楚怎样理解农业危机以及农业危机的实质和意义这一基本问题。但是这个问题在理论上是具有重大意义的。

马克思提出的并且由考茨基详细发挥的关于农业演进的总的观点，必然产生关于农业危机的观点。考茨基认为农业危机的本质是，生产谷物成本极低的国家的竞争使欧洲农业不可能把土地私有制和资本主义商品生产所加于农业的重担转嫁给广大的消费者。从此以后欧洲的农业"就必须自己来承担这些重担，这就是现代农业的危机"（第 239 页，黑体是考茨基用的）。在这些重担中间，主要的就是地租。在欧洲由于过去历史的发展，地租都提得很高（无论是级差地租或**绝对**地租都是如此），并且通过地价固定下来了。① 相反，我们看到，在美国、阿根廷等殖民地（只要这些地方还是殖民地）却有**闲置的**土地，新的移民可以完全无偿地占用，或者只要花极低的价钱，而且那里肥沃的处女地使生产费用降低到最低限度。过去欧洲的资本主义农业是把过高的地租（通过昂贵的谷物价格）转嫁给消费者，这是很自然的，现在地租的重担却落在农户和土地占有者自己身上，使他们破产。② 这样，农业危机就破坏了并且继续破坏着资本主义土地占有者和资本主义农业原来的安宁。过去资本主义土地占有者靠社会的发展攫取愈来愈多的贡税，并且把这种高额的贡税固定在土地价格上。现在他只好放弃这种贡税了。③ 资本主义农业现在已陷入资本主义工业所特有的那种不稳定的状态，并且不得不设法适应新的市场条件。农业危机像其他的危机一样，使大批农户破产，使已经确立的所有制关系遭到巨大的破坏，**在一些地方**使技术退步，使中世纪的经济关系和经济形式复活，但是总的说来，农业危机能够**加速**社会的演进，

---

① 见**帕尔乌斯**《世界市场和农业危机》。这本书就地租的提高和固定的过程发表了中肯的意见。帕尔乌斯对于危机和整个土地问题的基本观点与考茨基是一致的。
② 上述**帕尔乌斯**的著作第 141 页。《开端》杂志第 3 期第 117 页所引的对帕尔乌斯这本书的书评（见本卷第 56 页。——编者注）。我们要补充说，商业性农业在欧洲所遇到的其他"困难"，对于殖民地的压力要小得多。
③ 绝对地租是垄断的结果。"幸而绝对地租的增长是有限度的……　直到最近，绝对地租像级差地租一样也在欧洲不断地增长。但是海外竞争使这种垄断遭到很大程度的破坏。我们没有任何理由认为欧洲的级差地租因海外竞争而受到损失（除英国的某些郡以外）……　但是绝对地租已经降低了，这首先给工人阶级带来了好处（zu gute gekommen）。"（第 80 页并参看第 328 页）

把宗法式的停滞状态从它的最后的避难所里排挤出去,促使农业进一步专业化(资本主义社会中农业进步的基本因素之一)和进一步采用机器等。总的说来,正如考茨基在该书第4章根据某些国家的资料所指出的那样,在1880—1890年,我们**甚至**在西欧也没有看到农业停滞的现象,而是看到了技术的进步。我们说**甚至**在西欧,这是因为在美国这种进步更为明显。

一句话,没有理由认为农业危机是阻挠资本主义和资本主义发展的现象。

载于1900年1—2月《生活》杂志　　　　　译自《列宁全集》俄文第5版
　　　　　　　　　　　　　　　　　　　　第4卷第95—152页

书　评

霍布森《现代资本主义的演进》

译自英文　1898年圣彼得堡波波娃出版社版
定价1卢布50戈比

（1899 年 4 月）

　　霍布森的这本书，其实并没有研究现代资本主义的演进，它主要是根据英国的材料概述了现代工业的发展情况。因此，该书的标题未免大了一些，作者一点也没有谈到农业，就是对工业经济的考察也非常不全面。从思想倾向来看，霍布森同有名的著作家韦伯夫妇一起，都是英国一个先进社会思潮的代表人物。他对"现代资本主义"持批判态度，完全承认现代资本主义必然要被一种更高级的社会经济形式所代替，并且用典型的英国改良派的实际精神来对待这个代替的问题。在英国现代工厂立法史、英国工人运动、英国市政机关活动等等的影响下，他多半凭经验深信改良的必要性。霍布森并没有足以用来作为他的改良主义纲领的基础和阐明具体的改良问题的一套严整的理论观点。因此，霍布森最擅长把最新的统计材料和经济材料分门别类并且加以叙述。相反，在谈到政治经济学的一般理论问题时，就显得很差。俄国的读者甚至会觉得奇怪，一个学识如此渊博并且抱有完全值得同情的实践意图的著作家，竟会在"资本"是什么、"储蓄"有什么作用等等问题上无能为力地伤脑筋。霍布森的这个弱点是完全可以理解的，因为在他看来,在政治经济学方面,约·斯·穆勒比马克思更有权威,虽然霍布森也引证过马克思的一两句话,但是他显然完全不懂得和不了解这些话。霍布森为了弄清楚资产阶级和教授们的政治经济学中的矛盾,耗费了大量无效劳动,这不能不令人感到惋惜。在最好的场合,霍布森作出接近于马克思早就得出的一些结论;在最坏的场合,他接受了同他对"现代资本主义"的态度针锋相对的错误观点。该书最不成功的一章是第7章《机器和工业萧条》。在这里霍布森想弄清楚危机、资本主义社会中的社会资本和收入、资本主义积累等理论问题。关于资本主义社会中生产和消费不相适应、资本主义经济的无政府性质这些正确观念,被一大堆关于"储蓄"(霍布森把积累和"储蓄"混为一谈)的烦琐议论和各种鲁滨逊的故事("假定说,一个用原始工具工作的人发明了新的工具……储藏自己的食物"等)等等吞没了。霍布森非常喜欢图表,他在大多数场合很成功地利用图表来说明自己的论点。但是,对于霍布森在第207页(第7章)的附图中所表明的关于"生产机制"的概念,凡是多少了解真正的**资本主义**"生产机制"的读者,都只能付之一笑。霍布森在这里把生产同生产的社会制度混淆起来,说明他对什么叫资本、资本有哪些组成部分、资本主义社会必然要分成哪些阶级等问题的了解是模糊不清的。霍布森在第8章中就居民的职业构成以及这一构成的变动情况,提供了一些很有意义的材料,但是,他在从理论上考察"机器和对劳动的需求"时,却有一个很大的漏洞,他忽视了"资本主义的人口过剩"或后备军这一理论。在霍布森的这本书中写得成功的是考察妇女在现代工业中的地位和现代城市的那几章。霍布森举出妇女劳动增长的统计材料,描写了妇女劳动的极其恶劣的条件,正确地指出,要想改善这些条件,只有用工厂劳动来代替家庭劳动,工厂劳动可以使"社会关系更密切",和便于"组织起来"。同样,在关于城市的意义的问题上,霍布森也接近于马克思的总的看法,承认城乡之间的对立同集体制的社会制度是相抵触的。如果霍布森不是在这个问题上也忽视了马克思的学说,他的结论会具有更大的说服力。那样,霍布森大概就会更明确地强调大城市的历史进步作用,以及在按集体制原则组织经济的条件下工农业联合的必然性。霍布森这本书的最后一章《文明和工业的发展》,可以说是最精彩的一章了。在这里作者用一系列有力的论据证明,必须从加强"社会监督"和"工业社会化"方面来改革现代的工业制度。在评价霍布森对实现这些"改革"的方式所持的某种程度上的乐观主义观点时,必须注意到英国历史和英国生活的特点:民主高度发展,不存在军国主义,有组织的工联力量巨大,英国国外投资的增长削弱了英国企业主和英国工人之间的对抗,等等。

韦·桑巴特教授在他的一本论述19世纪社会运动的著名的书中,曾经指出了"统一的倾向"(第6章的标题),即各国不同形式不同色彩的社会运动趋于一致的倾向;同时还指出了马克思主义思想广泛传播的倾向。关于英国,桑巴特认为这种倾向表现在英国工联日益放弃"纯粹曼彻斯特派的观点"。根据霍布森的这本书,我们可以说:英国的进步著作家在实际生活(它日益证实了马克思的"预测")要求的压力下,开始感到传统的资产阶级政治经济学是站不住脚的,他们正在摆脱它的偏见,不自觉地向马克思主义靠拢。

霍布森这本书的译文有重大的缺点。

载于1899年5月《开端》杂志
第5期

译自《列宁全集》俄文第5版
第4卷第153—156页

答普·涅日丹诺夫先生

（1899 年 5 月下旬）

在《生活》杂志第 4 期上，普·涅日丹诺夫先生对我和其他作者关于市场理论的文章[27]作了评论。我只想回答普·涅日丹诺夫先生的一个论断，他说我发表在今年《科学评论》杂志第 1 期上的那篇文章，"歪曲了自己反对第三者的理论的斗争"。至于普·涅日丹诺夫先生所提到的有关市场理论、特别是关于彼·伯·司徒卢威的观点等其他问题，我就不一一作答了，请看我答复司徒卢威的那篇文章（《再论实现论问题》；由于与作者无关的一些原因，该文拖延了一段时间才在《科学评论》杂志上发表）即可。

普·涅日丹诺夫先生断言，"资本主义的生产，在生产和消费之间没有任何矛盾"。他由此得出结论说，由于认为有这一矛盾，"马克思陷入了严重的自我矛盾"，而我又在重复马克思的错误。

我认为普·涅日丹诺夫先生的见解是完全错误的（或者是有很大误解的），我看不出马克思的观点有任何矛盾。

普·涅日丹诺夫先生断言在资本主义制度下，生产和消费之间没有任何矛盾，这是令人感到惊异的，这只有用他赋予"矛盾"这个概念的极其**特别的含义**才能解释。正是普·涅日丹诺夫先生才认为，"如果生产和消费之间确实存在着矛盾，这个矛盾就必然经常产生过剩的产品"（第 301 页；并见结论，第 316 页）。这是一种完全随意的、并且在我看来是完全不正确的解释。普·涅日丹诺夫先生在批评我提出的资本主义社会中生产和消费之间存在矛盾这一论断时,应当(我认为)向读者说明我是怎样理解这一矛盾的,而不应当只说明他对这一矛盾的实质和意义的看法。问题(引起普·涅日丹诺夫先生同我展开论战的问题)的关键,就在于我对所探讨的矛盾的理解,完全不像普·涅日丹诺夫先生所想要理解的那样。在任何地方我也没有说过,这个矛盾必然**经常**①产生过剩的产品;我不这样认为,而且从马克思的话中也不可能得出这样的看法。资本主义所固有的生产和消费之间的矛盾,在于生产的增长异常迅速,竞争使生产具有无限扩大的趋向,而消费(个人消费)即使也在增长,却极其缓慢;人民群众的无产阶级状况,使得个人消费不可能迅速增长。我觉得,凡是认真读过我的《评论集》第20页和第30页(普·涅日丹诺夫先生引用的关于西斯蒙第主义者那一篇文章)和《科学评论》杂志(1899年第1期)第40页②的人,都会相信,对于资本主义制度下生产和消费之间的矛盾,我一开始就**只是这样理解**的。而且严格遵循马克思的理论的人,对这个矛盾也不可能有别的理解。资本主义所固有的生产和消费之间的矛盾就在于:在国民财富增长的时候,人民的贫困也在增长,在社会生产力增长的时候,人民的消费却没有相应增长,这些生产力没有被用来为劳动群众谋福利。从这个意义上来了解,这个矛盾就是一个确凿无疑的、为千百万人的日常经验所证实的事实,正是由于观

———————

① 我强调**经常**,是因为在资本主义社会中,由于各工业部门之间的比例遭到破坏而有时生产出过剩的产品(危机)是不可避免的。一定的消费状况是保持比例的要素之一。

② 参看本版全集第2卷第125—126、136—138页和本卷第43—44页。——编者注

察到这一事实,才使劳动者得出在马克思的理论中已经得到充分而科学的说明的那些观点。这个矛盾的必然结果,根本不是经常生产出过剩的产品(像涅日丹诺夫先生所愿意想的那样)。我们完全能够设想(当我们对理想的资本主义社会作纯理论性的探讨时)资本主义社会中的全部产品都得以实现,而没有任何过剩的产品,**但是,我们不能设想生产和消费之间没有不适应现象的资本主义**。这种不适应现象(正像马克思在他的公式中所明确指出的),表现在生产资料的生产能够而且应当超过消费品的生产。

因此,涅日丹诺夫先生说生产和消费之间的矛盾必然经常产生过剩的产品,这是完全错误的结论。由于这个错误,他竟不公正地责备马克思不彻底。恰恰相反,马克思是非常彻底的,他指出:

(1)产品在资本主义社会中是**能够**实现的(当然是在各工业部门比例适当的前提下);用对外贸易或"第三者"来说明这一实现是错误的;

(2)小资产阶级经济学家(如蒲鲁东)关于不可能实现**额外价值**的理论,是基于完全不了解一般的实现过程本身;

(3)甚至在完全按比例地和极其顺利地实现的条件下,我们也不可能设想这样一种资本主义,其生产和消费之间没有矛盾,其生产的巨大发展不是同人民消费的极其缓慢的增长(或者甚至是停滞和恶化)相伴随的。在生产资料方面实现较多,在消费品方面实现较少,——从马克思的公式中显然应该得出这样的结论;而从这个结论中又必然可以得出结论说,"生产力越发展,它就越和消费关系的狭隘基础发生冲突"(马克思)①。在《资本论》所有谈到生

---

① 见《马克思恩格斯文集》第7卷第273页。——编者注

产和消费之间的矛盾问题的地方①，可以清楚地看出，马克思**正是从这个意义上**来理解生产和消费之间的矛盾的。

普·涅日丹诺夫先生还认为，杜冈-巴拉诺夫斯基先生也是否认资本主义社会生产和消费之间的矛盾的。是否真是这样，我不知道。杜冈-巴拉诺夫斯基先生曾在他的著作中用了一个公式，证明在消费缩减的条件下生产也能够增长（这种情况在资本主义制度下是可能的，也确实发生过）。这里虽然没有过剩的产品，但我们还是看到了生产和消费之间的矛盾，这难道可以否认吗？

此外，普·涅日丹诺夫先生在责备马克思（和我）不彻底的时候，还忽略了一点：他要论证自己的观点，就必须说明，应该怎样理解生产资料的生产对消费品生产的"不依赖性"。按照马克思的理论，这个"不依赖性"仅仅在于某一部分（不断增长着的）作为生产资料的产品，是靠该部类内部的交换，即生产资料和生产资料的交换（或者是靠把获得的实物产品重新用于生产）来实现的；但是，**归根到底**生产资料的制造必然是和消费品的制造联系着的，因为生产资料的制造毕竟不是为了生产资料本身，而只是由于制造消费品的工业部门需要越来越多的生产资料。② 因此，小资产阶级经济学家的观点和马克思的观点的差别，不在于前者一般地承认资本主义社会中生产和消费之间的联系，而后者一般地否认这一联

---

① 我在1899年《科学评论》杂志第1期上的一篇文章中（参看本卷第43页及以下各页。——编者注）引用过这些地方，在《俄国资本主义的发展》第1章第18—19页（参看本版全集第3卷第40—42页。——编者注）也引用过。

② 《资本论》第3卷第1部分第289页（参看《马克思恩格斯文集》第7卷第340页。——编者注）。我在《科学评论》杂志第40页（参看本卷第44页。——编者注）和《俄国资本主义的发展》第17页（参看本版全集第3卷第36页。——编者注）引用过。

系(这该是荒唐的)。他们的差别,在于小资产阶级经济学家认为生产和消费之间的这种联系是**直接的**,认为**生产是跟着消费走的**。马克思则说明这一联系**只是间接的**,它只是**归根到底才表现出来**的,因为在资本主义社会中**消费是跟着生产走的**。尽管联系是间接的,它毕竟还是存在的;消费归根到底必须跟着生产走,因此,既然生产力要求生产无限增长,而消费又由于人民群众的无产阶级状况而缩减,那么这里就一定会产生矛盾。这一矛盾并不意味着资本主义不能存在①,但是它意味着必然要转变到更高级的形式:这一矛盾愈尖锐,这一转变的客观条件和主观条件(即劳动者意识到这一矛盾)就愈成熟。

现在请问,涅日丹诺夫先生在关于生产资料对消费品的"不依赖性"的问题上能够采取什么态度呢? 二者必居其一:或者他完全否认它们之间有任何的依赖关系,断言生产资料的实现可以同消费品**毫无联系**,甚至连"归根到底"的联系也没有,那么他必然会得出荒诞无稽的结论;或者他跟着马克思走,承认归根到底生产资料同消费品是联系着的,那么他必须承认我对马克思理论的理解是正确的。

最后,我想举一个例子,用具体的材料来说明抽象的论断。大家知道,在每一个资本主义社会中,极低的工资(=人民群众极低的消费水平)往往妨碍机器的采用。此外,甚至有这样的情形,企业主购置的机器竟闲置不用,因为劳动力的价格降得很低,使用手

---

① 《评论集》第20页(参看本版全集第2卷第125—126页。——编者注);《科学评论》杂志第1期第41页(参看本卷第45页。——编者注);《俄国资本主义的发展》第19页(参看本版全集第3卷第40—42页。——编者注)。如果这一矛盾造成了"经常的过剩的产品",那它正是意味着资本主义不能存在。

工劳动反而对业主更加有利!① 这种情况非常清楚地说明,在消费和生产之间,在资本主义无限制地发展生产力的趋向和人民的无产阶级状况、贫困和失业现象对这一趋向的限制之间存在着矛盾。同样也很清楚,从这个矛盾中只能得出一个唯一正确的结论,即生产力的发展本身将以不可阻挡之势导致资本主义被联合起来的生产者的经济所代替。相反,如果从这个矛盾中得出结论说,资本主义必然**经常**产生过剩的产品,也就是说资本主义一般不能实现产品,因而不能起任何进步的历史作用等等,那就是完全错误的了。

载于 1899 年 12 月《生活》杂志　　　　　译自《列宁全集》俄文第 5 版
　　　　　　　　　　　　　　　　　　　　　　第 4 卷第 157—162 页

---

① 　俄国资本主义农业中的这种现象,我在《俄国资本主义的发展》第 165 页(参看本版全集第 3 卷第 204 页。——编者注)曾举过一个例子。这类现象并不是少有的怪事,而是资本主义基本特性所产生的通常的和**必然的**后果。

俄国社会民主党人抗议书[28]

(1899 年 8 月)

某地① 17 个社会民主党人举行会议，
一致通过如下的决议，并决定把它公布，
交全体同志讨论

近来，俄国社会民主党人中间出现了一种离开俄国社会民主党基本原则的倾向，即离开由党的创始人和先进战士们——"劳动解放社"[29]成员宣布过，又由 90 年代俄国工人组织的社会民主主义出版物宣布过的原则的倾向。下面所引的《信条》，旨在表明某些（所谓的"青年派"）俄国社会民主党人的基本观点，它试图系统而明确地叙述"新观点"。这个《信条》的全文如下。

西欧存在过行会和工场手工业时期，这深刻地影响了后来的全部历史，特别是社会民主党的历史。资产阶级必须争得自由的形式和力求摆脱束缚生产的行会规章，所以它（资产阶级）就成了革命的因素；它在西欧各国都是从主张 liberté, fraternité, égalité（自由、博爱、平等），从争取自由的政治形式开始活动的。但是，正如俾斯麦所说的，它争得了这种形式，却给了自己的对手即工人阶级一张将来必须兑现的期票。在西欧，工人阶级作为一个阶级，几乎在任何地方都没有争得过民主制度，而只是坐享其成。有人可能会反驳我们，说工人阶级参加过革命。但是从历史上加以考证就会推翻这种意见，因为正当 1848 年西欧确立宪法的时候，工人阶级还只是城市手工业者，还只是

① 《工人事业》杂志的抽印本增加了"（俄国境内）"几个字。——俄文版编者注

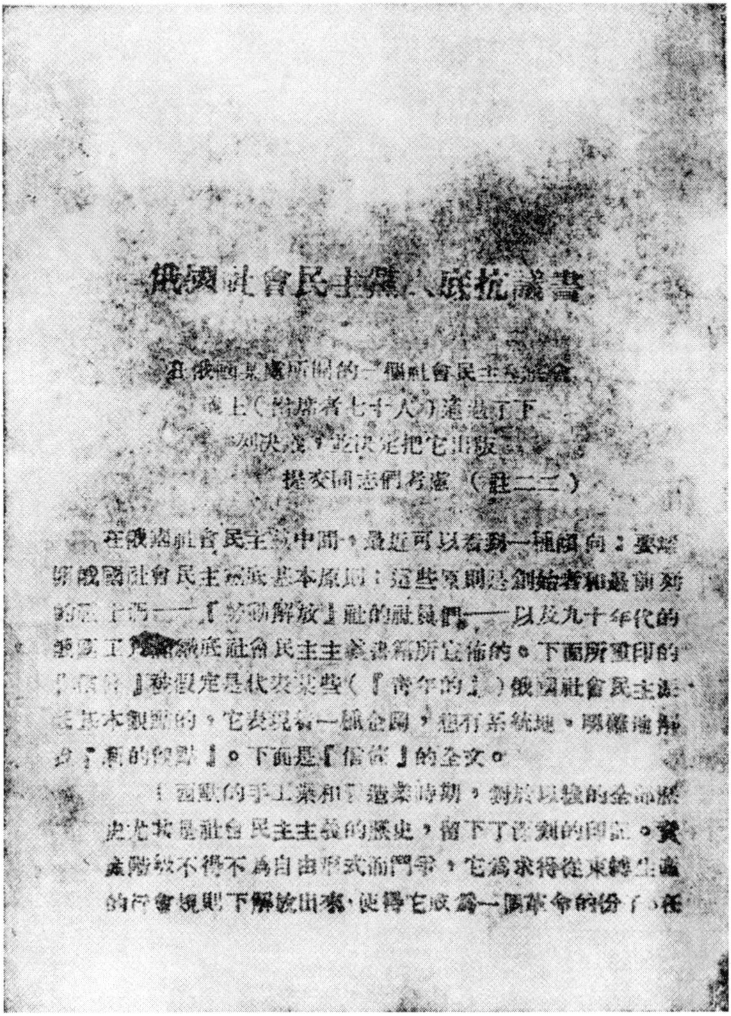
俄國社會民主黨人底抗議書

在俄國某處所開的一個社會民主黨人的會議上（出席者十七人）通過了下列決議，並決定把它出版，提交同志們考慮（註二二）

在俄國社會民主黨人中間，最近可以看到一種傾向：要離開俄國社會民主黨底基本原則；這些原則是創始者和最前列的戰士們——『勞動解放』社的社員們——以及九十年代的工人組織底社會民主主義書籍所宣佈的。下面所重印的『信條』被假定是代表某些（『青年的』）俄國社會民主黨人底基本觀點的，它表現着一種企圖，想有系統地，明確地解釋『新的觀點』。下面是『信條』的全文。

『西歐的手工業和工場手工業時期，對於以後的全部歷史尤其是社會民主主義的歷史，留下了深刻的印記。資產階級不得不為自由形式而鬥爭，它為求得從束縛生產的行會規則下解放出來，使得它成為一個革命的份子，在

1940 年延安解放社出版的《列宁选集》第 2 卷
收载的《俄国社会民主党人抗议书》的一页

小市民民主派;工厂无产阶级当时几乎还不存在,而大生产中的无产阶级(如霍普特曼所描写的德国织工,以及里昂的织工),还是一群粗野的人,只会骚动,根本不能提出什么政治要求。1848 年的宪法可以直言不讳地说是由资产阶级和小市民、手艺匠争得的。另一方面,工人阶级(手艺匠与手工工场工人,印刷工,织工,钟表匠等等)从中世纪起,就习惯于参加各种组织,参加互助储金会、宗教团体等等。西欧熟练工人中间至今还保持着这种组织精神,这也就使他们同工厂无产阶级有很大的不同,因为要组织工厂无产阶级既很难又很慢,他们只能加入所谓 lose Organisation(临时组织),而不能参加定有规章的永久性组织。这些手工工场的熟练工人就是社会民主党的核心。结果就形成了这样一种局面:一方面,比较容易和完全可能进行政治斗争,另一方面,又有可能把那些在工场手工业时期受到训练的工人吸收来有计划地组织这个斗争。在这种背景下,西欧就形成了理论的和实践的马克思主义。它以议会政治斗争为出发点,其前途(只在表面上近似布朗基主义,成因的性质则完全不同)一方面是夺取政权,另一方面是 Zusammenbruch(崩溃)。马克思主义是当时流行的那种实践在理论上的表现,即比经济斗争占优势的政治斗争在理论上的表现。在比利时、法国,特别是在德国,工人组织政治斗争非常容易,而组织经济斗争则感到困难重重,意见纷纭。直到现在,经济组织与政治组织比较起来(除开英国不说),仍然异常薄弱,极不稳定,到处都 laissent à désirer quelque chose(尚嫌不足)。在政治斗争的精力尚未消耗殆尽之前,Zusammenbruch 曾是一个必要的、起组织作用的 Schlagwort(流行提法),它本应起巨大的历史作用。在研究工人运动时所能得出的基本规律就是阻力最小的路线。在西欧,这样的路线就是政治活动,而《共产党宣言》表述出来的那种马克思主义,是运动当时所应采取的最合适不过的形式。但是,由于目前政治活动的精力已经消耗殆尽,政治运动已经搞得过于紧张,以至难以进展,甚至无法进展(近来选票数目增长得很慢,集会的群众情绪冷淡,书报上的论调低沉),另一方面,由于议会活动软弱无力,以及无组织的和几乎无法组织的工厂无产阶级愚昧群众走上舞台,所以,在西欧造成了现在称为伯恩施坦主义的东西,造成了马克思主义的危机。工人运动从《共产党宣言》发表时起到伯恩施坦主义出现时止的发展时期是一种最合事物逻辑的进程,把这全部进程加以细心研究,就能像天文学家那样准确地断定这个"危机"的结局。这里说的当然不是伯恩施坦主义的成败问题,因为这并没有多大意义;这里说的是党内早已逐渐发生的实际活动方面的根本变化。

这种变化不仅使党更加努力进行经济斗争,巩固经济组织,并且最重要的是促使党改变对其他反对派政党的态度。固执己见的马克思主义,否定一切的马克思主义,原始的马克思主义(对于社会阶级的划分持过分死板的看法),将让位于民主主义的马克思主义,而党在现代社会中的社会地位也就会发生急剧的变化。**党将承认**社会;党的狭隘小团体的、多半是宗派主义性的任务,将扩大为社会的任务,而它的夺取政权的意图,就会变成适应现代实际情况和根据民主原则改变或改良现代社会的意图,以求最有效最充分地保护劳动阶级的权利(各种各样的权利)。"政治"这一概念的内容,就会扩大得具有真正的社会意义,而目前的一些实际要求就会具有更大的分量,就会引起比以前更大的注意。

从上面关于西欧工人运动发展进程的概述中,不难得出对于俄国的结论。我们这里阻力最小的路线,绝对不在政治活动方面。不堪忍受的政治压迫虽然使人们不得不时常谈到这种压迫,并专心注意这个问题,但是它却始终不会推动人们采取实际行动。在西欧,力量薄弱的那部分工人,一卷入政治活动就在其中成长壮大起来,我国的情形却与此相反,力量薄弱的工人面对很沉重的政治压迫,不仅没有什么实际的办法来同这种压迫作斗争,从而求得本身的发展,而且还经常为这种政治压迫所窒息,甚至发不出纤弱的幼芽。更何况我国工人阶级又不像西欧战士那样具有组织精神的传统,所以我们这里的情景将会十分悲惨,连那些认为每增加一个工厂烟囱就是一件莫大幸事的最乐观的马克思主义者也会感到沮丧。进行经济斗争也很困难,极其困难,但它终究还是可能进行的,并且群众自己也已经在实际进行了。俄国工人既然能在经济斗争中学习如何组织,并能时时刻刻在这个斗争中触及政治制度问题,他们就终究会建立起称得上工人运动形式的一种东西,建立起某个或某些最适合俄国实际情况的组织。现在可以肯定地说,俄国工人运动还处在原始状态中,还没有建立起任何形式。罢工运动有各种各样的组织形式,因此还不能称为俄国运动的固定形式,至于不合法组织,单从数量来看,也是不值得注意的(更不必说这种组织在现时条件下有什么益处了)。

情形就是这样。此外,还有饥荒和农村破产现象助长着破坏罢工的行为,因而也就更难把工人群众的文化水平提到比较过得去的程度……试问,俄国马克思主义者究竟能有什么办法呢?! 关于独立工人政党的议论,无非是把他人的任务,把他人的成绩搬到我国土地上来的结果。俄国马克思主义者现在还处在一种可怜的状态。他们现在的实际任务还很渺小,而他们的理论知识——由于**不是用做研究的工具**,而是当做活动的公式,——甚至对执行这些渺小的实际任务也没有什么价值。而且,从他人手中接过来的这些公式,从实践的意义来说也是有害的。我国马克思主义者忘记了西欧工人阶级是在已经打扫干净的政治活动场所行动的,因此也就过分蔑视了其他一切非工人的社会阶层所进行的激进主义或自由主义反对派的活动。只要有人对带有自由主义政治性质的社会现象稍表关注,正统派马克思主义者就会表示反对,他们忘记了,许多历史条件使我们不能成为西欧那种马克思主义者,而要求我们拿出另一种马克思主义,一种适合俄国条件并且为俄国条件所需要的马克思主义。每个俄国公民都缺乏政治感觉和政治嗅觉,这一点显然不能靠对政治的高谈阔论或者向根本不存在的势力呼吁来求得弥补。政治嗅觉只能用教育来培养,就是说,只有参加俄国的现实生活(尽管它完全不是马克思主义性的)才能得到。在西欧,"否定"曾是(一时)适宜的,在我国就有害了,因为由一个有组织有实力的团体提出否定是一回事,而由没有组织起来的散漫的一群人提出否定,又是另一回事。

俄国马克思主义者的出路只有一条:参加,也就是帮助无产阶级的经济斗争,并且参加自由主义反对派的活动。俄国马克思主义者很早就以"否定者"的身份出现了,这种否定削弱了他本应用在政治激进主义方面的那一份精力。这一切暂时还不可怕,可是,如果阶级公式妨碍俄国知识分子积极参加实际生活,并且使之远离各个反对派集团,结果就会使所有在争取法的形式时只好不同尚未提出政治任务的工人阶级携手合作的那些人受到重大损失。俄国马克思主义知识分子那种以政治空谈来掩盖的政治上的天真,可能使他们上一个大当。

我们不知道是不是会有许多俄国社会民主党人赞成这种观点。但是,无疑总会有人赞成这种思想的。所以我们认为必须坚决反对这种观点,并且告诫全体同志务必防止俄国社会民主党脱离既定路线,这条路线就是组织一个同无产阶级阶级斗争密切联系的、以争取政治自由为当前任务的独立的工人政党。

　　上面引录的《信条》，第一，是"西欧工人运动发展进程的概述"，第二，是"对于俄国的结论"。

　　首先，《信条》作者们对于以往西欧工人运动的看法就是完全不正确的。说西欧工人阶级没有参加过争取政治自由的斗争和政治革命，这是不正确的。宪章运动[30]的历史，1848年法国、德国和奥地利的革命就是一种反证。"马克思主义是当时流行的那种实践在理论上的表现，即比经济斗争占优势的政治斗争在理论上的表现"这句话，是完全不正确的。恰恰相反，"马克思主义"是正当非政治的社会主义（欧文主义、"傅立叶主义"、"真正的社会主义"[31]等等）流行的时候出现的，所以《共产党宣言》立即出来反对非政治的社会主义。甚至当马克思主义已经具有全副理论武装（《资本论》），并且组织了著名的国际工人协会[32]的时候，政治斗争也绝不是一种流行的实践（当时在英国有狭隘的工联主义，在罗曼语国家有无政府主义和蒲鲁东主义）。在德国，拉萨尔的伟大历史功绩，就是他使工人阶级从自由资产阶级的尾巴变成了独立的政党。马克思主义把工人阶级的经济斗争和政治斗争结合成了一个不可分割的整体，所以《信条》作者们企图把这两种斗争形式分开，就是一种最拙劣最可悲地背弃马克思主义的行为。

　　其次，《信条》作者们对于西欧工人运动的现状以及作为这个运动旗帜的马克思主义理论，也持有完全不正确的见解。谈论"马克思主义的危机"，不过是重复资产阶级下流文人无聊的议论，他们竭力想把社会党人之间发生的任何争论都加以夸大，以促成各社会党的分裂。臭名远扬的"伯恩施坦主义"[33]，按照广大公众特别是《信条》作者们通常所了解的含义来说，就是企图缩小马克思主义的理论，把革命的工人政党变为改良主义者的党，而这种企图理所当然地受到了大多数德国社会民主党人的坚决谴责。在德国社会民主党内，机会主义的派别已经出现过不止一次，但是每次都遭到忠实地恪守革命国际社会民主党原则的党的谴责。我们深信，把机会主义观点搬到俄国来的一切企图，也会遭到绝大多数俄国社会民主党人同样坚决的回击。

与《信条》作者们所说的相反，也根本谈不到西欧工人政党有什么"实际活动方面的根本变化"，因为马克思主义一开始就承认无产阶级经济斗争的重大意义和必要性，马克思和恩格斯早在40年代就已经驳斥了否认经济斗争的意义的空想社会主义者①。

过了20年左右，成立了国际工人协会，在1866年日内瓦第一次代表大会上就提出了工会和经济斗争的意义的问题。在这次代表大会的决议中，确切地指明了经济斗争的意义，警告社会党人和工人既不要夸大这种斗争的意义（当时在英国工人中间有过这种表现），也不要对这种斗争的意义估计不足（在法国人和德国人中间，特别是在拉萨尔派中间，有过这种表现）。决议认为在资本主义存在的情况下，工会不仅是合乎规律的现象，而且是必然的现象；认为工会对于组织工人阶级进行反对资本的日常斗争和消灭雇佣劳动，都是非常重要的。决议认为工会不应该仅仅注意"反对资本的直接斗争"，不应该回避工人阶级的一般政治运动和社会运动；工会不应该抱着"狭小的"目的，而应该争取千百万被压迫工人大众普遍的解放。从那时起，各国工人政党已经不止一次提出，将来当然还会不止一次提出一个问题：在某个时候是否应该偏重无

---

① 参看《马克思恩格斯文集》第1卷第649—656页。——编者注

产阶级的经济斗争或者偏重无产阶级的政治斗争。但是总的或原则的问题，现在还是同马克思主义原先提出的一样。至于无产阶级的统一的阶级斗争必须把政治斗争和经济斗争结合起来的信念，则早已深入国际社会民主运动的血肉之中了。其次，历史经验又确凿地证明，当无产阶级没有政治自由或者政治权利受到限制的时候，始终必须把政治斗争提到首位。

　　工人政党对其他反对派政党的态度更谈不到有什么重大变化。就是在这方面，马克思主义也指明了一个正确的立场，一方面反对夸大政治的意义，反对密谋主义（布朗基主义等等），另一方面又反对轻视政治，或者把政治缩小为对社会进行机会主义的、改良主义的修补（无政府主义，空想的和小资产阶级的社会主义，国家社会主义[34]，教授社会主义等等）。无产阶级应该努力建立独立的工人政党，党的主要目的应该是由无产阶级夺取政权来组织社会主义社会。无产阶级决不应该把其他阶级和政党看做"反动的一帮"[35]，恰恰相反，它应该参加整个政治生活和社会生活，应该支持进步阶级和进步政党去反对反动阶级和反动政党，应该支持一切反对现存制度的革命运动，应该成为一切被压迫的民族或种族的保护者，成为一切被压制的宗教以及无权的女性等等的保护者。《信条》作者们关于这个问题的议论，只是证明他们力图抹杀无产阶级斗争的阶级性质，用所谓空洞的"承认社会"来削弱这个斗争，把革命的马克思主义降低为一种庸俗的改良主义的思潮。我们深信，绝大多数俄国社会民主党人都会坚决摒弃这种曲解社会民主党的基本原则的观点。由于《信条》作者们关于西欧工人运动的前提不正确，他们得出的"对于俄国的结论"就更不正确了。

硬说俄国工人阶级"尚未提出政治任务",这只能证明他们对俄国革命运动的无知。1878 年成立的"俄国北方工人协会"[36] 和 1875 年成立的"南俄工人协会"[37],就已经在自己的纲领中提出了政治自由的要求。经过 80 年代的反动时期以后,工人阶级又在 90 年代不止一次提出同样的要求。他们断定"关于独立工人政党的议论,无非是把他人的任务,把他人的成绩搬到我国土地上来的结果",这也只能证明他们完全不懂得俄国工人阶级的历史作用和俄国社会民主党的最迫切的任务。《信条》作者们自己提出的纲领,显然是想使工人阶级"沿着阻力最小的路线"前进,局限于经济斗争,而让"自由主义反对派"在马克思主义者的"参加"下去争取"法的形式"。俄国社会民主党实行这样的纲领,就等于政治上自杀,就等于大大阻碍并降低俄国工人运动和俄国革命运动(我们认为这两个概念是一样的)。仅仅是这样一个纲领能够出现一事,就足以证明俄国社会民主党中的一位先进战士帕·波·阿克雪里罗得所表示的忧虑是多么有根据。他在 1897 年底谈到有可能出现这种前途:

"工人运动不越出工人和企业主间的纯经济冲突的狭小范围,它本身整个说来也就缺乏政治性质,而无产阶级先进部分在为政治自由斗争的时候,就会追随由所谓知识分子组成的革命小组和派别。"(阿克雪里罗得《论俄国社会民主党人的当前任务和策略问题》1898 年日内瓦版第 19 页)

俄国社会民主党人应该对《信条》所表述的整个思想体系坚决宣战,因为这种思想会直接使上述的前途得以实现。俄国社会民主党人应当极力设法实现帕·波·阿克雪里罗得在下面所说的另一种前途:

"另一种前途就是社会民主党把俄国无产阶级组织成一个独立政党,它

在争取自由的时候**一方面要同资产阶级革命派**（因为①将来会有这种派别）
并肩战斗并结成联盟，另一方面要把知识界中最热爱人民的最革命的分子直
接吸收到自己的队伍中来，或者引导他们前进。"（同上，第20页）

　　当帕·波·阿克雪里罗得写这段话的时候，俄国社会民主党
人的声明清楚地表明他们绝大多数都是持这种观点的。固然，有
一家彼得堡工人报纸，即《工人思想报》[38]，好像同意了《信条》作者
们的思想，竟令人遗憾地在发刊词（1897年10月创刊号）中发表
了一种根本错误的、同社会民主主义相对立的思想，说"运动的经
济基础"可能"由于力求牢记政治理想而模糊起来"。但是同时彼
得堡另一家工人报纸，即《圣彼得堡工人小报》[39]（1897年9月第2
号），却坚决主张，"只有组织坚强而且人数众多的工人政党，才能
推翻专制制度……"，工人"组成强有力的政党"，"就能使自己和整
个俄国从一切政治的和经济的压迫下解放出来"。还有一家报纸，
即《工人报》[40]，在第2号（1897年11月）的社论上写道："反对专
制政府，争取政治自由，是俄国工人运动的当前任务。""俄国工人
运动要是成为具有共同名称和严密组织的统一而严密的整体，就
会使自己的力量增加十倍……" "各个单独的工人小组应当组成
一个共同的政党。""俄国的工人政党将是社会民主主义的政党。"
当时绝大多数俄国社会民主党人都完全赞同《工人报》的这种信
念，下面的事实就是证明：1898年春举行的俄国社会民主党人代
表大会[41]成立了"俄国社会民主工党"，发表了党的宣言，并且承认
《工人报》为党的正式机关报。可见，《信条》作者们竟从俄国社会
民主党已经达到了的、在《俄国社会民主工党宣言》上明文确定了
的发展阶段大大倒退了一步。现在，俄国政府的残酷迫害使党的

---

　　①　以下无手稿。——俄文版编者注

活动暂时削弱,使党的正式机关报停刊,因此,全体俄国社会民主党人的任务就是要竭力使党彻底巩固起来,制定党纲,恢复党的正式机关报。像上面分析过的《信条》那样的纲领竟能出现,这一事实本身就证明现在存在着一种思想动摇,所以我们认为很有必要把《宣言》中所阐述的对于俄国社会民主党有非常重要意义的基本原则着重说明一下。第一,俄国社会民主运动"自始至终都要成为有组织的工人群众的阶级运动"。由此就应该得出结论:社会民主党的座右铭,应当是不仅要帮助工人进行经济斗争,而且要帮助工人进行政治斗争;不仅要针对当前的经济要求进行鼓动,而且要针对一切政治压迫进行鼓动;不仅要宣传科学社会主义思想,而且要宣传民主主义思想。只有革命马克思主义的理论,才能成为工人阶级运动的旗帜,所以俄国社会民主党应该设法继续发展并且实现这个理论,同时要保卫它,使它不致像许多"时髦理论"(俄国革命的社会民主党的成就已经使马克思主义变成"时髦"理论了)那样常常被曲解和庸俗化。现在社会民主党应当全力以赴地到工厂工人和矿业工人中去进行活动,同时不应该忘记,随着运动的扩大,一定会有家庭工人、手工业者、农村工人以及千百万破产的饥寒交迫的农民加入它所组织的工人群众的队伍。

第二,"俄国工人阶级应当而且一定能够用自己健壮的肩膀承担起争取政治自由的事业"。社会民主党既然把推翻专制制度作为当前任务,它就应当做争取民主的先进战士,而且仅仅为了这一点也必须从各方面援助俄国居民中所有的民主分子,吸引他们来做自己的同盟者。只有独立的工人政党才能成为反对专制制度斗争的坚固堡垒,其余一切争取政治自由的战士只有同这样一个政党结成同盟并且给它援助才能发挥积极作用。

　　最后,第三,"作为社会主义运动和社会主义派别的俄国社会
民主党,继承俄国以前一切革命运动的事业和传统;社会民主党把
争取政治自由当做全党当前任务中最主要的任务,向着老'民意
党'[42]的光荣活动家早已明确提出的目标前进"。俄国以前一切革
命运动的传统,要求社会民主党现在集中全力来组织党,加强党内
纪律并发展秘密活动的技术。如果说老"民意党"的活动家在俄国
历史上起了巨大的作用,而且当时拥护这些为数不多的英雄的社
会阶层十分狭小,运动的旗帜也根本不是革命的理论,那么社会民
主党依靠无产阶级的阶级斗争,就一定能成为不可战胜的力量。
"俄国无产阶级将摆脱专制制度的桎梏,以便用更大的毅力去继续
同资本主义及资产阶级作斗争,直到社会主义完全胜利。"

　　我们请俄国一切社会民主党人的团体和一切工人小组都来讨
论上面引用的《信条》和我们的决议,并且明确表示自己对这个问
题的态度,以便消除各种意见分歧,促进组织和巩固俄国社会民主
工党的事业。

　　各团体和各小组的决议,可以报告国外"俄国社会民主党人联
合会"[43],该联合会按1898年俄国社会民主党人代表大会决议第
10条的规定,是俄国社会民主党的一部分,并且是党的国外代表
机关。①

1899年12月在国外印成　　　　　　译自《列宁全集》俄文第5版
《工人事业》杂志第4—5　　　　　　第4卷第163—176页
期合刊抽印本

---

　　① 在《指南》中缺最后一段。——俄文版编者注

为《工人报》写的文章⁴⁴

（不早于 1899 年 10 月）

给编辑部的信

亲爱的同志们：

寄上应约为你们报纸写的三篇文章。我认为有必要就我的撰稿问题，特别是我们之间的关系说几句话。

看了你们上次的通知，我以为你们是想创办一个出版社，并且要我来编纂一套社会民主主义丛书。

现在看来不是这样，你们成立了编辑部，并且着手出版报纸和约我撰稿。

这个建议我当然也愿意接受，但是同时必须说明，顺利的合作**只有在下列条件下**才有可能：（1）编辑部和撰稿人之间要保持**密切的联系**，把有关一切来稿的处理情况（刊用，不刊用，修改）**通知**撰稿人，并且**把你社的一切出版物告知**撰稿人；（2）我的文章都用笔名（如果我写去的笔名遗失，就请代选一个）；（3）编辑部和撰稿人对理论问题、当前的具体任务和怎样编好报纸（或丛书）的基本看法要一致。

我希望编辑部会同意这些条件，为了让我们尽快地达成协议，现在我谈一谈与第三个条件有关的问题。

正如来信所说，你们认为"旧思潮很强大"，因此同伯恩施坦主义及其在俄国的反映进行论战没有多大必要。我认为这种看法太乐观了。伯恩施坦曾经公开宣称大多数俄国社会民主党人同他的观点一致[45]；国外"青年派"俄国社会民主党人与"旧思潮"的奠基者、代表者和最忠实的捍卫者"劳动解放社"已经分裂[46]；《工人思想报》拼命宣扬一些时髦的言论，拼命反对"广泛的"政治任务，竭力赞美一些小事情和手工业方式，庸俗地讥笑"革命理论"（见该报第7号上《随笔》一文）；最后，合法的马克思主义著作界完全处于混乱状态，其中许多人明目张胆地要求采纳伯恩施坦主义的时髦"批评"，——所有这一切，在我看来都清楚地说明，复兴"旧思潮"、坚决捍卫"旧思潮"正是当前的迫切任务。

你们从我的文章中可以看出我怎样看待报纸的任务和办报的计划，我很想知道我们对这个问题的看法一致到什么程度（文章是写了，可惜仓促了一点，总之，我极需知道最迟什么时候截稿）。

我认为，同《工人思想报》**必须直接展开论战**，为此请寄给我**第1—2号、第6号和第7号以后的《工人思想报》以及《无产阶级斗争》**[47]。我需要这本文集还为了在报纸上发表对它的评论。

你们来信说篇幅不受限制。我认为，既然有了报纸，最好登载一些报纸论文，这些论文甚至可以探讨一些专题，以备日后改编成小册子。我最近拟写作的问题如下：（1）即将寄上的纲领草案[48]；（2）下次俄国社会民主工党代表大会[49]将要讨论的策略问题和组织问题；（3）关于工人和社会党人在行动自由时、在狱中或流放地行动准则的小册子。拟以波兰的《行动准则》这本小册子为蓝本（如有可能，请寄给我一本）；（4）谈谈罢工（一、罢工的意义；二、反罢工法;三、近年来几次罢工的概况);(5)《妇女和工人事业》小册子,等等。

我很想大体知道编辑部拥有哪些材料,以免重复和再谈已经"谈透的"问题。

等待编辑部的回信,来信可通过原转送站。(**除了这个途径, 无论过去和现在我都无法同你们取得联系**。)

弗·普·

我们的纲领

　　目前国际社会民主党正处于思想动摇的时期。马克思和恩格斯的学说一向被认为是革命理论的牢固基础，但是，现在到处都有人说这些学说不完备和过时了。凡自称为社会民主党人并且打算出版社会民主党机关报的人，都应该以明确的态度对待这个不仅只是德国社会民主党人才关心的问题。

　　我们完全以马克思的理论为依据，因为它第一次把社会主义从空想变成科学，给这个科学奠定了巩固的基础，指出了继续发展和详细研究这个科学所应遵循的道路。它揭示了现代资本主义经济的实质，说明了雇用工人、购买劳动力怎样掩盖着一小撮资本家、土地占有者、厂主、矿山主等等对千百万贫苦人民的奴役。它表明了现代资本主义发展的整个过程怎样使小生产逐渐受大生产的排挤，怎样创造条件，使社会主义社会制度成为可能和必然。它教导我们透过那些积习、政治手腕、奥妙的法律和诡辩的学说看出**阶级斗争**，看出形形色色的有产阶级同广大的贫苦人民、**同领导一切贫苦人民的无产阶级**的斗争。它说明了革命的社会党的真正任务不是臆造种种改造社会的计划，不是劝导资本家及其走狗改善工人的处境，不是策划密谋，**而是组织无产阶级的阶级斗争，领导这一斗争，而斗争的最终目的是由无产阶级夺取政权并组织社会主义社会。**

　　我们现在要问，那些纠集在德国社会党人伯恩施坦周围、在这一时期大喊大叫要"革新"这个理论的人,究竟对这个理论有什么新的贡献呢? **什么也没有**,他们并没有把马克思和恩格斯嘱咐我们加以发展的科学推进一步;他们并没有教给无产阶级任何新的斗争方法;他们只是向后退,借用一些落后理论的片言只语,不是向无产阶级宣传斗争的理论,而是宣传让步的理论,宣传对无产阶级的死敌、对无休止地寻找新花招来迫害社会党人的政府和资产阶级政党实行让步的理论。俄国社会民主党创始人和领袖之一普列汉诺夫,对伯恩施坦的最时髦的"批评"作了无情的批判[50],他做得完全正确。现在连德国工人的代表人物也摒弃了伯恩施坦的观点(在汉诺威代表大会上)[51]。

我们知道,说这些话会受到百般的责难,有人会大叫大嚷,说我们想把社会党变成一个"正统教徒"会,迫害那些背弃"教条"、具有独立见解等等的"异端分子"。我们熟悉所有这些时髦的刻薄话。不过这些话一点也不正确,也毫无意义。没有革命理论,就不会有坚强的社会党,因为革命理论能使一切社会党人团结起来,他们从革命理论中能取得一切信念,他们能运用革命理论来确定斗争方法和活动方式;维护这个具有起码理解力的人都认为是正确的理论,反对毫无根据的攻击,反对败坏这个理论的企图,这决不等于敌视**任何**批评。我们决不把马克思的理论看做某种一成不变的和神圣不可侵犯的东西;恰恰相反,我们深信:它只是给一种科学奠定了基础,社会党人如果不愿落后于实际生活,就**应当**在各方面把这门科学推向前进。我们认为,对于俄国社会党人来说,尤其需要**独立地**探讨马克思的理论,因为它所提供的只是总的**指导**原理,而这些原理的应用**具体地说**,在英国不同于法国,在法国不同于德国,在德国又不同于俄国。因此我们很愿意在我们的报纸上登载有关理论问题的文章，请全体同志来公开讨论争论之点。

　　在俄国运用各国社会民主党人共同的纲领时，究竟会产生哪些主要问题呢？我们已经说过，这个纲领的实质就是组织无产阶级的阶级斗争，领导这一斗争，而斗争的最终目的是由无产阶级夺取政权和组织社会主义社会。无产阶级的阶级斗争分为经济斗争（反对个别资本家或个别资本家集团，争取改善工人生活状况）和政治斗争（反对政府，争取扩大民权，即争取民主和争取扩大无产阶级的政治权力）。有些俄国社会民主党人（主办《工人思想报》的那些人大概可以包括在内）认为经济斗争重要得多，而政治斗争则似乎可以推延到比较遥远的将来。这种见解是完全不正确的。所有的社会民主党人都认为必须组织工人阶级的经济斗争，必须在这个基础上到工人中间进行鼓动，即帮助工人去同厂主进行日常斗争，叫他们注意压迫的种种形式和事实，从而向他们说明联合起来的必要性。但是，因为经济斗争而忘掉政治斗争，那就是背弃了全世界社会民主党的基本原则，那就是忘掉了全部工人运动史所教导我们的一切。资产阶级的忠实拥护者和为资产阶级服务的政府的忠实拥护者，甚至不止一次地试图组织纯经济性的工会来引诱工人离开"政治"，离开社会主义。俄国政府也很可能会采取某种类似的办法，因为它总是设法给人民小恩小惠，确切些说，假仁假义地施与人民小恩小惠，目的只是使人民不去考虑自己毫无权利和备受压迫的状况。如果工人不能像德国工人和欧洲其他一切国家（土耳其和俄国除外）工人那样享有自由集会、结社、办报纸、派代表参加人民的集会这些权利，那么任何经济斗争都不能给他们带来持久的改善，甚至不可能大规模地进行任何经济斗争。而要想获得这些权利，就必须进行**政治斗争**。在**俄国**，不但工人而且全体公民都被剥夺了政治权利。俄国是一个专制君主制即无限君主制的国家。沙皇独自颁布法律，任命官吏，监督官吏。因此，看来**好像**俄国沙皇和沙皇政府不从属于任何阶级，对所有的人都一视同仁。但是**实际上**所有的官吏都来自有产者阶级，而且都受大资本家的支配。大资本家可以任意驱使各个大臣，可以为所欲为。俄国工人阶级受着双重压迫：他们受资本家和地主的抢劫和掠夺，为了使他们不能反抗，警察还把他们的手脚束缚起来，把他们的嘴堵住，对一切试图维护民权的人进行迫害。每次反对资本家的罢工都会引起军警对工人的袭击。一切经济斗争都必然要变成政治斗争，所以社会民主党应该把这两种斗争紧紧地结合成**无产阶级统一的阶级斗争**。这种斗争的首要目的应该是争取政治权利，**争取政治自由**。既然彼得堡一个城市的工人在社会党人的帮助不大的情况下能够很快地迫使政府让步——颁布关于缩短工作日的法令[52]，那么整个俄国工人阶级在"俄国社会民主工党"的统一领导下就一定能够通过顽强的斗争获得无比重大的让步。

俄国工人阶级即使得不到其他任何阶级的帮助，也能单独进行经济斗争和政治斗争。但是在政治斗争中工人并不是孤立的。人民毫无权利，强盗官吏横行霸道，也激怒了一切对限制言论自由和思想自由的行为不能容忍的比较正直的知识界人士，激怒了受迫害的波兰人、芬兰人、犹太人和俄国的教派信徒，激怒了受官吏和警察欺压而又无处投诉的小商人、小企业主和小农。所有这些居民集团是无力单独进行坚决的政治斗争的，但是只要工人阶级举起斗争的旗帜，他们就会从各方面向工人阶级伸出援助的手。俄国社会民主党一旦成为一切争民权、争民主的战士的领袖，那它就会是不可战胜的！

　　这就是我们的基本观点,我们将在我们的报纸上系统而全面地发挥这些观点。我们深信,这样做我们就能沿着"俄国社会民主工党"的《宣言》所指引的道路前进。

我们的当前任务

俄国工人运动现在处于过渡时期。西部边疆区、彼得堡、莫斯科、基辅和其他城市工人社会民主主义组织的建立,标志着一个良好的开端,结果是建立了"俄国社会民主工党"(1898年春)。俄国社会民主党在迈出了这一大步以后,好像暂时用尽了全部力量,又重新回到过去各地方组织分散活动的状态。党并不是不存在了,它只是在致力于积聚力量,把团结俄国一切社会民主党人的事业放在牢固的基础上。实现这种团结,为这种团结创造适当的形式,彻底摆脱狭隘的地方分散性,——这就是俄国社会民主党人当前最迫切的任务。

我们一致认为,我们的任务是组织无产阶级的阶级斗争。但是,什么是阶级斗争呢?个别工厂或个别行业的工人起来反对他们的厂主,这是不是阶级斗争呢?不是,这只是阶级斗争娇弱的萌芽。只有当全国整个工人阶级的一切先进人物都意识到自己是属于一个统一的工人阶级,并且开始同**整个**资本家**阶级**和维护这个阶级的政府进行斗争,而不是同个别厂主进行斗争的时候,工人的斗争才是阶级斗争。只有当个别的工人意识到自己是整个工人阶级的一员,认识到他每天同个别厂主和个别官吏进行小的斗争就是在反对整个资产阶级和整个政府的时候,他们的斗争才是阶级斗争。"一切阶级斗争都是政治斗争"①,——这是马克思的名言,

---

① 见《马克思恩格斯文集》第2卷第40页。——编者注

但是,如果把这句话理解成工人同厂主的任何斗争**在任何时候都是政治斗争**,那就错了。这句话应当这样理解:工人同资本家的斗争**随着**这个斗争逐渐成为**阶级**斗争而必然**成为**政治斗争。社会民主党的任务就是把工人组织起来,在他们中间进行宣传和鼓动,从而把他们反对压迫者的自发斗争**变成**整个阶级的斗争,**变成**一定的**政党**争取实现一定的政治理想和社会主义理想的斗争。单靠地方工作是不可能完成这个任务的。

社会民主党的地方工作在我国已经有相当大的开展。社会民主主义思想的种子已经散播在俄国各地;从彼得堡到克拉斯诺亚尔斯克,从高加索到乌拉尔,全俄国的工人都已经熟悉了第一种形式的社会民主主义文献——工人传单。我们现在所需要的正是把所有这些地方工作汇合成一个**政党**的工作。我们必须用全力来克服的主要缺点,就是地方工作的狭隘性和"手工业"性。由于这种手工业方式,俄国工人运动中的许多表现都成了纯粹地方性的事件,大大失去了它们作为俄国整个社会民主运动的范例和作为俄国整个工人运动的阶段的意义。由于这种手工业方式,工人不能充分意识到全俄国工人的利益的共同性,不能很好地把俄国的社会主义和民主主义的思想同自己的斗争结合起来。由于这种手工业方式,同志们对理论问题和实际问题的各种不同看法不能在中央机关报上公开讨论,不能供我们在制定共同的党纲和策略时参考,而是消失在狭隘的小组习气中,或者使得偶然出现的地方特点过分夸大。我们已经尝够这种手工业方式的苦头了!我们已经足够成熟,完全有可能**来共同工作**,制定共同的党纲和一起讨论我们党的策略和组织问题。

俄国社会民主党在批判各种革命的和社会主义的旧理论方

面做了许多工作；它并没有仅仅局限在批判和抽象议论上；它证明了它的纲领并不是悬在空中，而是适应人民群众即工厂无产阶级的大规模自发运动的需要的；它现在需要采取下面这个特别艰巨的但也是特别重要的步骤：给这个运动制定一种适合于我国条件的组织形式。社会民主党不能只是简单地为工人运动服务，因为它是**"社会主义与工人运动的结合体"**（这里用的是卡·考茨基的定义，它体现了《共产党宣言》的基本思想）；它的任务是赋予自发的工人运动以明确的社会主义理想，把这个运动同合乎现代科学水平的社会主义信念结合起来，同争取民主这一实现社会主义的手段的有步骤的政治斗争结合起来，一句话，就是要把这种自发运动同**革命政党**的活动结合成一个不可分割的整体。西欧社会主义运动和民主运动的历史、俄国革命运动的历史、我国工人运动的经验，——这些就是我们制定我们党的适当的组织形式和策略所必须掌握的**材料**。但是对这些材料应该进行独立的"整理"，现成的范例是无处可寻的。一方面，俄国工人运动的条件与西欧工人运动完全不同，所以在这一点上抱某种幻想是很危险的。另一方面，俄国社会民主党同俄国过去的一些革命政党有根本的区别。我们固然必须向俄国老一辈的卓越革命家和秘密活动家学习（我们毫不犹豫地承认这种必要性），但是我们不能因此对他们抱批判的态度，不能因此而不独立制定自己的组织形式。

　　由于提出了这个任务，下面两个主要问题就特别重要。(1)社会民主党地方性活动必须完全自由，同时又必须成立统一的因而也是集中制的党，这两者应该怎样结合起来呢？社会民主党是从自发的工人运动中汲取全部力量的，这种运动在各个不同的工业中心的表现形式和发生的时间都不同；社会民主党地方组织的活动是党的全部活动的**基础**。但是，如果这是一些孤立的"手工业者"的活动，那么严格说来，就不能把它叫做社会民主党的活动，因为这并不是组织和领导无产阶级的**阶级**斗争。（2）社会民主党力求成为一个以争取政治自由为主要目标的革命政党，同时又坚决不策划政治密谋，坚决不"号召工人修筑街垒"（按照帕·波·阿克雪里罗得的正确说法[53]），或强迫工人去接受某些革命者所拟定的某种袭击政府的"计划"，这两者又应该怎样结合起来呢？

俄国社会民主党完全有权利认为，它**在理论上**已经解决了这些问题；再谈这些问题，就会重复《我们的纲领》一文说过的话了。现在应该谈的是怎样**实际**解决这些问题。实际解决这些问题不是某个人或某个小组所能胜任的，只有整个社会民主党有组织地进行活动才能办到。我们认为现在最迫切的任务是着手解决这些问题，为此就必须把**创办一个能正常出版而且同各地方小组有密切联系的党的机关报**作为我们的当前目标。我们认为，社会民主党人应当把这个工作作为最近期间的**全部**活动内容。没有这样的机关报，地方工作仍然是狭隘的"手工业方式"的。不通过一种报纸把党的正确的代表机关建立起来，党的成立在很大程度上仍然是一句空话。不通过中央机关报把经济斗争联合起来，经济斗争就不可能成为整个俄国无产阶级的**阶级**斗争。如果全党不在一切政治问题上发表意见，不指导各个斗争，那么政治斗争就不可能进行。不在中央机关报上讨论所有这些问题，不集体确定一定的**活动方式和活动准则**，不通过中央机关报来确立每个党员对全党**负责**的原则，要想组织革命力量，进行纪律教育，提高革命技术都是不可能的。

我们说必须集中党的**一切**力量——一切写作力量、一切组织才能、一切物资等等来创办和办好全党机关报,丝毫也没有想把其他活动,例如把地方性的鼓动、游行、抵制、追查奸细、攻击资产阶级和政府中个别的人、示威性的罢工等等推到次要地位。恰恰相反,我们深信这种种活动构成了党的活动的**基础**,但是,如果**不通过全党机关报把它们结合起来**,所有这些革命斗争的形式就会**失去十分之九的意义**,就不能创造党的共同经验,树立党的传统和继承性。党的机关报不但不会同这些活动对立,反而会给这种活动的扩展、加强和系统化以极大的影响。

我们必须集中**一切**力量来创办一个能正常出版和正常发行的党的机关报,因为俄国社会民主党的处境独特,同欧洲其他国家的社会民主党和俄国旧的革命政党大不相同。德、法等国的工人除了出版报纸以外,还有许多公开活动的形式和组织运动的方法,如议会活动、竞选鼓动、人民的集会、参加地方社会团体(乡村的和市镇的)、公开领导手工业者联合会(工会、行业工会)等等,等等。而我们在取得政治自由以前,则必须用革命的报纸来**代替这一切**,而且正是代替**这一切**。没有革命报纸,我们**决**不可能广泛地组织整个工人运动。我们不相信密谋手段,我们拒绝用个别的革命行动去摧毁政府;我们的实际行动口号就是德国社会民主党的老战士李卜克内西所说的:"Studieren, propagandieren, organisieren",即学习,宣传,组织,而能够并应当成为这些活动的中心的,只有**党的机关报**。

但是,是否有可能以及在什么条件下才有可能把这样的机关报办得正规,办得比较扎实呢? 这一点我们下次再谈。

迫切的问题

　　我们在上一篇文章中已经说过，我们的迫切任务是创办一个能正常出版和正常发行的党的机关报，我们还提出了这个目标是否可能达到和在什么条件下可能达到的问题。现在来谈一谈这个问题的几个最重要的方面。

　　首先，有人会反对我们说，要达到这个目标，必须**先**开展地方小组的活动。我们认为这种相当普遍的意见是错误的。我们现在能够而且必须立即着手把党的机关报，进而把党本身建立和巩固起来。采取这个步骤所必需的条件已经具备：地方工作在进行，而且显然已经深深地扎下了根，因为愈来愈频繁的暴行只能造成短时间的中断，战斗中牺牲的人很快就由新生力量补充。党不仅在国外而且在国内也有出版经费和写作力量。可见问题在于，是应该继续按"手工业"方式进行**已在进行的**工作呢，还是应该把这种工作搞成一个党的工作，使它全部反映在一个共同的机关报上。

　　这样我们就涉及到我们运动中一个迫切问题，即运动中的一个症结——组织问题。我们急需健全革命的组织和纪律，改进秘密活动的技术。应该坦白承认，我们在这方面落后于俄国旧的革命政党，因此必须全力以赴地赶上和超过它们。不健全组织，就不可能使我国工人运动有任何进展，尤其不可能建立一个能正常出版报纸的积极政党。这是一方面。另一方面，党的现有机构（指机关、小组和报纸而言)必须更多地注意组织问题,并在这方面影响地方小组。

　　手工业方式的地方工作,总要过于频繁地进行个人联系,总要养成一种小组习气。可是我们已经成长起来,不适合于小组活动了,对我们现在的工作来说,小组就显得太狭窄,而且会造成力量的严重浪费。只有联合成一个党,才能逐步贯彻分工和节省人力的原则。为了减少损失和建立一个比较巩固的堡垒来反抗专制政府的压迫和疯狂的迫害,我们必须做到这一点。在我们面前,在俄国各地处于"地下"状态的社会党人小组面前,有极其强大的现代国家的庞大机构,它竭尽一切力量来镇压社会主义运动和民主运动。我们深信,我们最后一定能摧毁这个警察国家,因为一切健康的和发展着的人民阶层是赞成民主和社会主义的,但是为了有条不紊地进行反政府的斗争,我们必须使革命的组织、纪律和秘密活动的技术达到最完善的地步。必须使每个党员或每个党组织在党的工作的某一方面专业化:有的翻印书报,有的从国外转运书报,有的把书报分送俄国各地,有的在各城市分送,有的安排秘密活动的处所,有的筹募经费,有的传送有关运动的通讯和一切消息,有的负责联络,如此等等。我们知道,这种专业化比起平常的小组工作来,要求我们更坚毅,更善于集中精力从事平凡的、细小的、打杂的工作,更加发挥真正的英雄气概。

　　俄国社会党人和俄国工人阶级已经证明自己有能力作出英勇的事迹,因此,一般说来,抱怨我们缺乏人手是不对的。青年工人迫不及待地渴望接受民主思想和社会主义思想,尽管监狱和流放地已有人满之患,帮助工人的人却不断从知识分子的队伍中涌现出来。如果能向所有这些投身到革命事业中来的新兵广泛宣传必须使组织更加严密的思想,那么创办一个能正常出版和正常发行的党报的计划就不再是一种幻想了。实现这个计划的条件之一，是要保证报纸正常地收到各地的通讯和材料。在我国革命运动蓬勃发展的各个时期,连在国外出版的机关报也完全能达到这个目的,这一点难道历史没有证明吗? 如果在各地工作的社会民主党人都把党报看成**自己的**报纸,认为自己的主要任务是同它保持经常的联系,在党报上讨论自己的问题,在党报上反映本地整个运动的情况,那么即使采用的秘密活动方式并不特别巧妙,也完全能保证报纸收到关于运动的各方面消息。另一方面,即把报纸正常地送到俄国各地,是一项更艰巨的任务,比俄国革命运动旧形式下的同样任务要艰巨得多,因为那时报纸的对象还不是现在这样广泛的人民群众。但是社会民主党办报的宗旨使报纸很容易散发。报纸应当正常而大量发行的主要地方,是工业中心、工业城镇和大城市的工厂区等等。这些中心地区的居民几乎全是工人;工人在这些地方实际上居于主人地位,他们可以千方百计地瞒过机警的警察;这些地方同附近工业中心的联系也是非常密切的。在反社会党人非常法时代(从 1878 年到 1890 年)[54],德国政治警察干得不比俄国警察差,甚至可能比他们还好,但是德国工人由于他们的组织性和纪律性强,终于使他们每周出版的秘密报纸正常地从国外运到国内,而且送到每个订阅者家里,连大臣们也不能不佩服社会民主党的邮政("红色邮政")。这种成绩我们当然不敢奢望,但是我们只要全力以赴,就完全能使我们的党报每年至少出 12 次,并且能正常地送到运动的各个主要中心的所有容易接受社会主义的工人手里。

我们在回过来谈专业化问题的时候,还必须指出,专业化所以不够,一方面是由于工作的"手工业方式"占优势,另一方面是由于我们各地社会民主党的报纸平常关于组织问题谈得太少了。

　　只有把全党机关报创办起来，才能使革命事业中"做局部工作的人"意识到他是在"步伐整齐的行列"里行进，他的工作直接为党所需要，他是那根一定要勒死我国专制政府，即俄国无产阶级和俄国全体人民的死敌的链条上的一环。只有严格实行这种专业化，才能节省人力；不仅可以用更少的人来完成每一项革命工作，而且可以使目前活动的若干方面**合法化**（即为法律所许可）。德国社会民主党的主要机关报《前进报》[55]早就建议俄国社会党人使自己的活动**合法化**，在法律许可的范围内进行活动。骤然看来，这种建议使人感到惊讶，但是实际上很值得重视。差不多每一个在城市的地方小组中工作过的人都会很容易地回忆起来，在他所做的许多各种各样的工作中，有些本身就是合法的（如收集有关工人生活状况的材料，研究涉及许多问题的合法书刊，阅读某些外国书刊并作介绍，进行某种联络工作，帮助工人学文化，研究工厂法，以及其他许多工作）。把这类工作交给专门的人员去做，就会减少积极的、"在火线上"的革命大军的人数（但丝毫不会削弱它的"战斗力"）和增加替补"伤亡人员"的后备力量。要想做到这一点，只有使战斗人员和后备人员在全党机关报上看到自己活动的反映，感觉到自己同党报的联系。当然，不管我们怎样彻底实行专业化，工人和地方小组的地方性会议总是需要的。但是人数众多的革命集会（这种集会受警察破坏的危险性特别大，因此与会议的效果相比往往是得不偿失的）将大大减少，另一方面，各种不同的革命工作由专人负责就更有可能用合法的会议形式如娱乐会、合法社团的会议等等来掩护这种会议。既然拿破仑第三时代的法国工人和反社会党人非常法时期的德国工人都能够千方百计地掩护他们的政治性会议和社会主义会议，那么俄国工人也一定能做到这一点。

　　其次,只有改善党的组织和创办全党机关报,才能使社会民主党宣传和鼓动的内容更加广泛**和**更加深刻。我们很需要做到这一点。地方工作几乎必然会夸大地方特点,会……①没有中央机关报(它同时也是先进的民主机关报),就不可能做到这一点。只有到那时候,我们把社会民主党变成争取民主的先进战士的**愿望**才能**实现**。只有到那时候,我们才能制定明确的策略。社会民主党摒弃了"反动的一帮"②这一谬论。它认为利用各个进步阶级的合作来反对反动阶级,是一项极其重要的政治任务。如果各个组织和机关报仍然是地方性的,那么这项任务几乎不可能执行,因为在这种情况下除了能同个别"自由派"取得联系和从他们那里得到各种"合作"外,别的什么也谈不上。只有彻底贯彻政治斗争原则和高举民主旗帜的全党机关报,才能把一切战斗的民主分子吸引到自己方面来,才能利用俄国一切进步力量来争取政治自由。只有到那时候,才能把工人对警察和当局的敢怒而不敢言的憎恨变成对专制政府的自觉的憎恨,变成为工人阶级和俄国全体人民的权利而进行殊死斗争的决心! 在这个基础上建立起来的组织严密的革命政党,将成为现代俄国的一支最强大的政治力量!

————

　　在以后几号,我们将登载俄国社会民主工党纲领草案,并且将开始更详细地讨论一些组织问题。

载于1925年《列宁文集》俄文版
第3卷

译自《列宁全集》俄文第5版
第4卷第177—198页

————

① 部分手稿遗失。——俄文版编者注
② 见《马克思恩格斯文集》第3卷第437页。——编者注

书　评

卡尔·考茨基《伯恩施坦与
社会民主党的纲领。反批评》

（1899 年 11 月下半月）

……考茨基在序言中就以下问题发表了非常宝贵和中肯的意
见：如果进行批评的人不愿意拘泥于死板的学究气和书呆子气，不
愿意忽略"理论理性"同"实践理性"（并且是处于特殊情况的居民
群众的实践理性，而不是个别人的实践理性）之间所具有的密切而
不可分割的联系，那么严肃诚恳的批评应该具备什么条件。考茨
基说，当然，真理高于一切，伯恩施坦如果真的认识到他以前的观
点是不正确的，那么他就应该毫不含糊地说出自己的认识。但糟
糕的是，伯恩施坦缺乏的恰恰是这种坦率和明确的态度。他的小
册子看来"包罗万象"（正如安东尼奥·拉布里奥拉在一本法国杂
志上所指出的），涉及到成串成堆的问题，但是对**任何**问题都没有
完整而明确地提出他的新观点。这位批评家仅仅提出了他的疑
问，不作任何独立的探讨，就把刚刚触及的一些困难和复杂的问题
抛开了。考茨基讽刺说，这样就产生了一个奇怪的现象，就是伯恩
施坦的信徒对他的这本书有多种多样的理解，而伯恩施坦的论敌对
他的了解却是一致的。伯恩施坦反驳他的论敌的主要意见，就是说
他们不了解他，也不愿意了解他。伯恩施坦在报章杂志上写了许多
文章来反驳他的论敌，但是丝毫没有正面地阐明自己的观点。

考茨基的反批评是从方法问题上着手的。他研究了伯恩施坦反对唯物主义历史观的意见,指出伯恩施坦把"决定论"的概念同"机械论"的概念混淆起来,把意志自由同行动自由混淆起来,并且毫无根据地把历史必然性和人们被迫所处的绝境混为一谈。伯恩施坦所重复的对宿命论的陈腐指责,已经为马克思历史理论最基本的前提所驳倒。伯恩施坦说,决不能把一切都归结为生产力的发展,还应当"估计到"其他因素。考茨基回答说,讲得很对,但是要知道,这一点是任何研究者,不管他遵循哪一种历史观,都应该做到的。谁要我们放弃马克思的方法,放弃这个实际上已经光辉地证明了并且还会继续证明是正确的方法,谁就必须在下面两条道路中选择一条:或者根本否定历史过程的规律性和必然性的思想,这样就会抛弃科学地论证社会学的一切尝试;或者应当说明怎样才能从其他因素(例如伦理观点)推论出历史过程的必然性,哪怕用远远不能与马克思在《资本论》中所作的分析相比拟的分析来说明。伯恩施坦不但丝毫不想这样做,而且一味空洞地谈论要"估计到"其他因素,**继续**在自己的书中运用唯物主义的老方法,好像他根本没有说过这个方法有缺陷!考茨基指出,有好几个地方,伯恩施坦运用这个方法之草率和片面是令人难忍的!伯恩施坦还指责了辩证法,说辩证法会导致随意的编造等等。伯恩施坦重复着这些滥调(连俄国读者也听腻了),却根本不想指出辩证法不对在什么地方,黑格尔或马克思和恩格斯是否曾犯过方法论上的错误(究竟是哪些)。伯恩施坦试图用来证实和坚持自己意见的唯一法宝,就是说《资本论》最后有一节(关于资本主义积累的历史趋势)①存在着

---

① 参看《马克思恩格斯文集》第 5 卷第 872—875 页。——编者注

"倾向性"。这种责难已经陈旧不堪，德国的欧根·杜林、尤利乌斯·沃尔弗和其他许多人都提出过这种责难，容我们补充一句，70年代的尤·茹柯夫斯基先生和90年代的尼·米海洛夫斯基先生（正是这位米海洛夫斯基先生曾经揭露尤·茹柯夫斯基先生卖弄这种责难），也都提出过这种责难。那么伯恩施坦提出什么**证据**来证实这种陈腐的无稽之谈呢？只有下面这一点：说马克思是事先有了现成的结论，而着手进行"研究"的，因为《资本论》在1867年得出的结论，也正是马克思早在40年代就已经提出的结论。考茨基回答说，这种"证明"等于偷天换日，因为马克思不是经过一次研究，而是经过两次研究才论证了自己的结论，马克思本人在《批判》（见俄译本《政治经济学若干原理的批判》）①的序言中也明确地说明了这一点。第一次研究是在40年代马克思退出《莱茵报》56编辑部之后。马克思所以退出编辑部，是因为他要论证物质利益问题，但是又感到自己在这方面还准备不足。马克思这样说到自己：我从社会舞台回来扎进了书房。由此可见（考茨基影射伯恩施坦，强调地说），马克思既怀疑自己关于物质利益的见解是否正确，也怀疑当时在这问题上的流行的观点是否正确，但是他并没有把自己的怀疑看得非常了不起，非要写成一整本书让人人都知道不可。不是的，马克思开始学习，以便从怀疑旧观点进而提出某种肯定的新观点。他开始研究法国社会理论和英国政治经济学。他同恩格斯接近，当时恩格斯正在详细地研究英国国民经济的实际状况。40年代末这两位著作家阐述得十分明确的著名结论，就是他们共同工作的成果，就是**第一次**研究的成果。57 1850年，马克思迁居伦

---

① 即马克思的《政治经济学批判》（见《马克思恩格斯全集》第1版第13卷第3—177页）。——编者注

敦,那里有了进行科学研究的良好生活条件,促使他"再**从头**开始,批判地仔细钻研新的材料"(《若干原理的批判》第 1 版第 XI 页。黑体是我们用的)①。《政治经济学批判》(1859 年)和《资本论》(1867 年)这两部著作就是进行了多年的**第二次**研究的成果。《资本论》作出的结论同 40 年代的结论是符合的,因为第二次研究证实了第一次研究的结果。马克思在 1859 年写道:"我的见解,不管人们对它怎样评论,却是多年诚实研究的结果。"(同上,第 XII 页)②考茨基问道,难道这像是早在研究前就得出的结论吗?

　　考茨基从辩证法问题转到价值问题。伯恩施坦说,马克思的理论还不完备,留下许多问题"根本没有充分阐明"。考茨基也不想否认这一点。他说,马克思的理论并不是科学的极限。历史不断提供新的事实和新的研究方法,这就要求进一步发展理论。如果伯恩施坦试图利用新的事实和新的研究方法来进一步发展理论,那大家都会感谢他。但是这一点伯恩施坦连想都没有想过,只是一味对马克思的学生进行无聊的攻击,并提出一些非常含糊的、纯粹是折中主义的意见,例如,说什么戈森-杰文斯-柏姆学派的边际效用论和马克思的劳动价值论同样正确。伯恩施坦说,这两种理论各有各的用处,因为柏姆-巴维克本来有权把商品由劳动创造这一属性抽象掉,正像马克思本来有权把商品效用这一属性抽象掉一样。考茨基指出,认为这两个互相对立、互相排斥的理论各有各的用处(何况伯恩施坦并没有说出这个或那个理论有什么用处)是非常荒谬的。问题根本不在于我们**本来**有权把商品的哪一属性抽象掉,而在于如何说明以产品**交换**为基础的现代社会的主要现

---

　　① 见《马克思恩格斯文集》第 2 卷第 593 页。——编者注
　　② 同上书,第 594 页。——编者注

象,如何说明商品的价值、货币的职能等等。马克思的理论虽然对许多问题都还没有说明,但是伯恩施坦的价值论却是一个根本没有说明的问题。伯恩施坦还引用了布赫提出的劳动"边际强度"这一概念,但是伯恩施坦既没有充分说明布赫的观点,也没有明确提出自己对这个问题的意见。而布赫呢,显然陷入了矛盾,他认为价值取决于工资,而工资又取决于价值。伯恩施坦感觉到自己关于价值的意见是折中主义的,于是就试图为折中主义辩护。他称这种主义是"清醒的理智对任何教条所固有的束缚思想的意图的叛逆"。考茨基对此回答说,伯恩施坦只要回忆一下思想史,他就会看到,反对束缚思想的伟大叛逆者从来不是折中主义者,他们的本色始终是力求观点的统一和完整。折中主义者则胆量太小,是不敢叛逆的。如果我恭维马克思,同时又恭维柏姆-巴维克,那根本说不上什么叛逆!考茨基说,让他们在思想的共和国里举出一个不愧为叛逆者的折中主义者吧!

考茨基从方法问题转而探讨应用方法的效果问题,他谈到所谓 Zusammenbruchstheorie(崩溃论),即西欧资本主义突然崩溃的理论,似乎马克思认为崩溃是不可避免的,而且把崩溃同严重的经济危机联系起来。考茨基指出,马克思和恩格斯从来没有提出过这种特殊的崩溃论,也从来没有把崩溃一定同经济危机联系起来。这是论敌的歪曲,他们片面地阐述马克思的理论,毫无意义地抓住马克思个别著作的个别段落,以便胜利地驳斥这一理论的"片面性"和"粗糙性"。其实马克思和恩格斯认为,西欧经济关系的改造取决于欧洲现代史上出现的阶级的成熟程度和力量。但是伯恩施坦硬说这不是马克思的理论,而是考茨基对马克思理论的解释和引申。考茨基确切地摘引了马克思 40 年代和 60 年代的著作,同时分析了马克思主义的基本思想,使伯恩施坦无礼指责马克思的学生"存心祖护、故意刁难"的这种真正刁难伎俩完全败露。考茨基书中的这一段话之所以特别值得注意,是因为俄国某些著作家(如《开端》杂志的布尔加柯夫先生)也在急于重复伯恩施坦在"批评"幌子下对马克思理论的歪曲(普罗柯波维奇先生在他的《西欧工人运动》(1899年圣彼得堡版)一书中也作了同样的歪曲)。

伯恩施坦认为现代经济似乎不是朝着马克思所指出的方向发展的。为了驳斥伯恩施坦的这种意见,考茨基特别详尽地分析了现代经济发展的基本趋向。考茨基书中的《大生产和小生产》这一章以及其他几章,都从政治经济学方面作了分析,并收集了大量的数字材料,当然我们不可能在这里一一细述,只能简略地谈一谈这几章的内容。考茨基强调说,这里谈的正是总的发展方向,决不是一些细节和表面现象,因为**任何**理论都不可能估计到这一切形形色色的现象(马克思在《资本论》的有关各章中也提醒过读者注意这个简单的,但是常常被人遗忘的真理)。考茨基详细地分析了1882年和1895年的德国工业调查材料,他指出,这些材料光辉地证实了马克思的理论,并且完全肯定了资本的积聚过程和小生产被排挤的过程。就连伯恩施坦本人在1896年(考茨基讽刺说,当时伯恩施坦本人也是祖护者和刁难者行会中的一员)也十分肯定地承认过这件事实,但是现在却无限制地夸大小生产的力量和作用。例如,伯恩施坦断定20个工人以下的企业有几十万个,"显然,他在悲观的心情下多加了一个零",因为这种企业在德国只有49 000个。而且,在统计时把什么人都算做小企业主:马车夫、听差、掘墓工、卖水果的小贩以及在家里替资本家干活的女裁缝等等,等等! 我们应该指出考茨基在理论方面一个极重要的意见,即小工商业企业(如上面所说的那些)在资本主义社会里往往只是相对人口过剩的一种形式:破产的小生产者和失业的工人变成了(有时是临时的)小商小贩和住房室隅的出租者(这些也是同其他各种企业一样被统计进去的"企业"!)等等。这些行业比比皆是,并不说明小生产富有生气,相反地说明资本主义社会的贫困在增长。可是,在伯恩施坦看来对自己有利的时候(如在大生产和小生产问题上),他就强调和夸大小"企业主"的作用,可是到了对他不利的时候(如在贫困增长问题上),他就默不作声了。

伯恩施坦重复着俄国公众早已知道的议论,说股份公司"能够"使资本分散,使资本"不必要"积聚,并且还举出一些小额股票的数字(参看 1899 年《生活》杂志第 3 期)。考茨基回答说,这些数字什么也证明不了,因为各个公司的小额股票也都可能是大资本家的财产(这一点伯恩施坦也得承认)。伯恩施坦根本没有而且也不可能提出任何证据来证实股份公司**增加了**有产者的人数,因为股份公司实际上是为大资本家和投机者服务的,让他们能够剥夺轻信别人而财产不多的公众。股票数量的增加,只能说明财产有转换成股票的趋势,却丝毫不能说明财产的分配。总的来说,伯恩施坦在有产者和私有者人数增加的问题上采取了惊人的轻率态度,但是这并没有妨碍他的资产阶级拥护者对他著作的这一部分大加赞扬,吹嘘这一部分是根据"大量数字材料"写成的。考茨基讽刺说,伯恩施坦的手艺真高,用两页篇幅竟容纳了这样大量的材料! 他把有产者和资本家混淆起来,虽然谁也不否认资本家的人数在增加。他采用的是所得税的材料,忽略了这些是属于国家税收方面的材料,财产收入同薪水收入等等已经混在一起了。他把不同时期用不同方法得来的因而是无法比较的材料(例如关于普鲁士的材料)拿来比较。他甚至从一张街头小报的杂文中抄下了关于英国有产者人数增加的数字(并且把这些数字用黑体字刊印出来,作为他的主要王牌!),这张小报对维多利亚女王的寿辰祝颂备至,而对统计则轻率到了极点! 这些数字来处不明,从英国所得税的材料中本来也不能得出这些数字,因为根据这些材料不可能确定纳税人有多少,每个纳税人的全部收入有多少。考茨基引用了科尔布著作中1812—1847年英国所得税的材料,指出这些材料完全像伯恩施坦所引的杂文材料一样,(似乎)说明有产者人数有了增加,而且是在英国人民的贫困增长得骇人听闻的时期! 考茨基详细地分析了伯恩施坦的材料之后,得出结论说:伯恩施坦并没有举出任何数字足以证明有产者的人数确实在增加。

伯恩施坦也曾试图为这种现象作理论上的论证,他说,资本家本人不可能把大量增加的剩余价值全部消费掉,换句话说,消费剩余价值的有产者人数增加了。考茨基不费多大气力就驳倒了这种完全忽视马克思的实现论(俄国书刊中曾不止一次地阐述过这个理论)的可笑论断。特别值得注意的是,考茨基不仅用理论的推断,而且用具体的材料驳倒了这种论断。这些材料证明:西欧各国的奢侈和挥霍现象在增长,日新月异的时尚对加快这一过程有很大影响,大批工人失业,剩余价值的"生产消费"大大增长,即对新企业的投资,特别是欧洲资本对俄国、亚洲、非洲的铁路以及其他企业的投资大大增长。

伯恩施坦声称马克思的"贫困论"或"贫困化理论"已被大家抛弃了。考茨基指出,马克思并没有提出过这样的理论,这又是马克思的论敌的恶意夸张。马克思谈的是贫困、屈辱等等的程度不断加深,同时也指出了与此相抗衡的趋势和唯一能形成这种趋势的实际社会力量。马克思关于贫困增长的言论确已被现实完全证明：第一，我们确实看到，资本主义有产生和加剧贫困的趋势，如果不存在上述相抗衡的趋势，贫困是极可观的。第二，贫困的增长不是就物质意义，而是就社会意义来说，也就是说，资产阶级和整个社会的不断提高的消费水平同劳动群众的生活水平不适应。伯恩施坦讽刺说，这种对"贫困"的理解是匹克威克式的[58]。考茨基回答这一点时指出，像拉萨尔、洛贝尔图斯、恩格斯这样一些人已经非常明确地说过，必须从社会意义上来理解贫困，而不能单从物质意义上来理解贫困。他反驳伯恩施坦的讽刺说，看来"匹克威克"俱乐部聚集的那些人并不坏啊！最后，第三，马克思关于贫困增长的言论也完全适用于资本主义的"边疆"，边疆一词既有地理上的含义（资本主义刚刚开始渗入的国家，往往不仅产生物质上的贫困，还有居民群众挨饿的现象），也有政治经济学上的含义（手工业以及还保存着落后生产方式的国民经济部门）。

《新兴的中间等级》这一章，对我们俄国人来说也极有意义，极有教益。考茨基说，如果伯恩施坦只是想说没落的小生产者被新兴的中间等级知识分子所代替，那就对了，并说他在几年前就指出过这种现象的重要性。资本主义在国民劳动各部门中使**职员**人数迅速增加，对知识分子的需要愈来愈大。知识分子和其他阶级相比占有独特的地位，就他们的社会关系、观点等等来说，在某种程度上接近于资产阶级；由于资本主义愈来愈剥夺他们的独立地位，把他们变成从属的雇佣者，使他们受到降低生活水平的威胁，这在某种程度上又使他们接近于雇佣工人。这一社会阶层的过渡的、不稳定的和矛盾的地位的反映，就是在他们中间特别流行种种不彻底的、折中主义的观点，种种对立原则和对立观点的大杂烩，种种夸夸其谈、玩弄辞藻并用空话掩盖历史上形成的各居民集团之间的冲突的倾向,这些东西,马克思在半个世纪以前曾用辛辣的讽刺作过无情的抨击。

考茨基在危机论这一章中指出,马克思根本没有提出过工业危机十年一循环的"理论",而只是指出了这一事实。恩格斯自己就说过,近来这个周期已经有了变化。有人说,企业主的卡特尔限制和调节生产,就能够抵挡住危机。但是请看美国这个卡特尔国家,它的生产不但没有受到限制,反而大大发展了。其次,卡特尔限制了为国内市场的生产,却扩大了为国外市场的生产,在国外市场出售商品赔钱,在国内则以垄断价格把商品售给消费者。只要实行保护关税政策,就必然会采取这套办法,指望用自由贸易制来代替保护关税政策是没有任何根据的。卡特尔使小工厂倒闭,集中和垄断了生产,实行了技术革新,使生产者的境况大大恶化。伯恩施坦以为,只要世界市场的条件能够从不确定变为确定而为人所知,那么产生危机的投机活动就会减少,但是他忘记了正是新兴国家的"不确定的"条件大大促进了旧有国家的投机活动。考茨基用统计材料说明恰恰近几年来投机活动在增多,预示危机即将到来的迹象也在日益增多。

至于考茨基这本书的其余部分,我们只提出几点来谈。考茨基分析了有些人(如谢·普罗柯波维奇先生,见上述著作)把某些集团的经济力量同他们的经济组织混为一谈的糊涂观念;指出了伯恩施坦把当前历史形势下纯粹是暂时性的情况引申为一般规律(驳斥伯恩施坦对民主实质的不正确看法);说明了伯恩施坦在统计上所犯的错误在于,他忘记了在德国不是所有工人都有选举权(只有年满25岁的男子才有),不是所有工人都参加选举这个细节,而把德国产业工人人数和选民人数拿来对比了。对于伯恩施坦这一著作的意义,对于这一著作引起的争论感到兴趣的读者,我们只能大力建议你们去看德文原著,千万不要相信俄国著作界中占优势的折中派的那些偏颇的片面的评论。我们听说,有人想把考茨基这本书摘译成俄文。[59]这很好,但是这不能代替阅读原著。

载于 1928 年《列宁文集》俄文版
第 7 卷

译自《列宁全集》俄文第 5 版
第 4 卷第 199—210 页

我们党的纲领草案⁶⁰

（1899 年底）

看来，首先应当谈谈是否真正迫切需要一个俄国社会民主党人的纲领的问题。我们听到在国内工作的同志有这样一种意见，认为现在并不那么迫切需要制定纲领，迫切的问题是发展和巩固地方组织，更稳妥地组织鼓动工作和书报传送工作，制定纲领的工作最好等到运动有了比较牢固的根基时再进行，现在制定纲领可能没有基础。

我们不同意这种意见。是的，马克思说过，"一步实际运动比一打纲领更重要"①。但是，马克思也好，社会民主党的任何其他理论家或实际活动家也好，都不否认纲领对于政党的团结一致、始终一贯的活动有重大意义。俄国社会民主党人正好已经经历了同不愿意了解俄国社会民主党的其他派别的社会党人和非社会党人进行极其激烈论战的阶段，同时也经历了各个小规模的地方组织分散进行活动的运动初级阶段。生活本身要求我们必须联合起来，创办共同的刊物，出版俄国工人报纸。1898 年春成立了"俄国社会民主工党"，它曾经宣布准备在不久的将来制定党的纲领，这就清楚地证明，正是运动本身要求我们制定纲领。目前我们运动中的迫切问题，已经不是开展过去那种分散的"手工业方式的"工

---

① 见《马克思恩格斯文集》第 3 卷第 426 页。——编者注

作,而是进行联合,进行组织。为此就需要纲领;纲领应该表述我们的基本观点,明确规定我们当前的政治任务,提出一些最迫切的要求,以便确定鼓动工作的范围,使它步调一致,向深度和广度发展,从争取实现零星小要求的局部性片断性鼓动提高到争取实现社会民主党的全部要求的鼓动。现在社会民主党的活动已经带动了相当多的知识分子社会党人和觉悟工人,因此迫切需要用纲领来巩固他们之间的联系,从而为他们今后更广泛的活动打下牢固的基础。最后,纲领之所以迫切需要,还因为俄国舆论常常对俄国社会民主党人真正的任务和活动方式发生极其严重的误解。这些误解部分是由于我国政治腐败而必然产生的,部分是社会民主党的敌人有意制造的。但是,不管怎样,我们必须重视这个事实。要想把工人运动同社会主义、同政治斗争结合起来,就必须建立政党,而政党要领导俄国社会的一切民主分子,就必须消除所有这些误解。有人会反对说,现在不适宜制定纲领,还因为社会民主党人内部发生意见分歧并开始争论。我觉得,恰恰相反,这正是**说明**必须制定纲领的又一个理由。一方面,既然开始了争论,那么可以预料,在讨论纲领草案的时候,一切观点和一切观点的细微差异都会提出来,纲领的讨论也就会更全面。争论表明,在俄国社会民主党人中间普遍关心有关我们运动的目的、运动的当前任务及其策略等广泛的问题,这正是讨论纲领草案所必需的。另一方面,为了使争论不致没有结果,不致变成个人的争吵,不致造成观点混乱和敌我不分,在这场争论中绝对必须加进纲领问题。只有弄清楚分歧究竟在哪里,**分歧的程度有多深**,是实质上的分歧还是枝节问题上的分歧,这些分歧是不是妨碍全党共同工作,争论才是有益的。而且**只有**在争论中加进纲领问题,只有争论双方明确地提出自己的

纲领性的看法,才能解答所有这些亟待解答的问题。制定党的共同的纲领,当然决不是要结束一切争论,但是这样就能够确定关于我们运动的性质、目的和任务的基本观点,这些观点应该成为团结一致(尽管党员之间在枝节问题上有某些分歧)进行斗争的党的旗帜。

现在言归正传。

人们谈到俄国社会民主党人的纲领,自然而然地会把目光集中在"劳动解放社"成员身上,因为他们为俄国社会民主党奠定了基础,为党在理论上和实践上的发展做了许多事情。我们老一辈的同志,对于俄国社会民主主义运动所提出的要求,反应是及时的。1898年春,为"俄国社会民主工党"奠定基础的俄国社会民主党人代表大会筹备就绪,差不多在同时,帕·波·阿克雪里罗得出版了一本小册子《论俄国社会民主党人的当前任务和策略问题》(1898年日内瓦版;序言注明的日期是1898年3月),并在书中刊载了"劳动解放社"早在1885年出版的《俄国社会民主党人纲领草案》作为附录。

现在我们就从这个草案讨论起。尽管这个草案公布快有15年了,但是我们认为,它大体上能满足自己的要求,而且完全具备当代社会民主主义理论的水平。这个草案确切地指出了在俄国(其他国家也一样)能成为争取社会主义的独立战士的唯一阶级是工人阶级,即"工业无产阶级";指出了这个阶级的奋斗目标应该是"把一切生产资料和生产对象变为公有财产","取消商品生产","代之以新的社会生产制度",即实现"共产主义革命";指出了"改造社会关系"的"必要先决条件"是"工人阶级夺取政权";指出了无产阶级的国际团结,"各国社会民主党的纲领应当随着各国的社会条件的不同而有所不同";指出了俄国的特点是"劳动群众受着正在发展的资本主义和正在衰亡的宗法式经济的双重压迫";指出了俄国革命运动同"工业无产阶级这一更敏感、更活跃、更开展的新阶级的"形成(因资本主义的发展而形成)过程的联系;指出了成立"革命的工人政党"的必要性,指出了党的"首要政治任务"是"推翻专制制度";指出了"政治斗争的手段",提出了政治斗争的基本要求。

我们认为,所有这些内容都是社会民主工党纲领必不可少的,因为这些原理提出来以后,无论在社会主义理论的发展中或在各国工人运动的发展中,特别是在俄国社会思想和俄国工人运动的发展中,已经不断地得到了证实。因此我们认为,俄国社会民主党人可以而且应该把"劳动解放社"的草案作为俄国社会民主工党纲领的基础,只要作局部的校订、修改和补充就行了。

现在我们想指出我们觉得需要作局部修改的几个地方,希望俄国全体社会民主党人和觉悟工人就此交换一下意见。

首先当然应该稍微修改一下纲领的结构。在1885年,这个纲领是国外革命者一个团体的纲领,他们虽然正确地规定了唯一能够取得胜利的运动发展道路,但是他们当时还没有看到比较广泛的、独立的俄国工人运动。而1900年要谈的已经是许多俄国社会民主党组织所建立的工人政党的纲领了。由于有这种区别,除了必须作一些校订以外(这是不言而喻的,不必多谈),还必须把造成社会民主主义工人运动的物质条件及精神条件的经济发展过程和无产阶级的阶级斗争(社会民主党的任务就是组织这个斗争)提到首位,并且要着重强调。对俄国目前经济制度的基本特点及其发展的说明(参看"劳动解放社"纲领:"自从农奴制废除以后,资本主义在俄国得到了巨大的发展。自然经济的旧制度让位给商品生产……")应该作为纲领的重点,接着就应该概述资本主义的基本趋势:人民分化为资产阶级和无产阶级,"贫困、压迫、奴役、屈辱、剥削的程度不断加深"①。德国社会民主党爱尔福特纲领61的第二段中也重述了马克思的这句名言;伯恩施坦周围的批评派近来大肆攻击的正是这一点,他们重复着资产阶级自由派和社会政治家反对"贫困化理论"的陈词滥调。在我们看来,就这个问题的论战已经充分证明这种"批评"是**根本站不住脚**的。伯恩施坦自己也承认马克思这句话用来说明资本主义的**趋势**是正确的。如果无产阶级不进行阶级斗争来反对这种趋势,如果工人阶级不能争得工人保护法,这种趋势就会变成现实。目前在俄国,这种趋势在农民和工人中间已经表现得非常明显。其次,考茨基指出,"贫困等等的程度不断加深"这句话,不仅可以用来说明上述趋势,而且可以用来说明"社会贫困"的增长,即无产阶级生活状况同资产阶级生活水平,同随着劳动生产率的大大增长而不断提高的社会消费水平之间愈来愈不相适应。最后,这句话还可以用来说明在资本主义的"边疆"(即资本主义刚刚产生而资本主义前的制度仍然存在的国家和国民经济部门)贫困大大增长,那里不仅"社会"贫困大大增长,而且可怕的物质贫困也大大增长,甚至发生挨饿和饿死人的现象。大家都知道,这种情况用于俄国要比用于欧洲任何一个国家确当十倍。我们认为必须把"贫困、压迫、奴役、屈辱、剥削的程度不断加深"这句话加到纲领中去,理由是:第一,这句话十分中肯地说明了资本主义基本的和重大的特性,说明了我们眼前发生的

---

① 参看《马克思恩格斯文集》第5卷第874页。——编者注

过程，也就是说明了产生俄国工人运动和社会主义的主要条件之一；第二，它概括了工人群众最难忍受和最为愤慨的许多现象（失业、微薄的工资、吃不饱、挨饿、资本的严酷纪律、卖淫、奴仆的增加等等，等等），为鼓动工作提供了大量材料；第三，由于这样确切地说明了资本主义的极有害的后果以及工人愤慨的必然性，我们就能够同动摇不定的分子划清界限，这些人虽然"同情"无产阶级，要求实行有利于无产阶级的"改良"，但是力图在无产阶级和资产阶级之间，在专制政府和革命者之间采取"中庸之道"。要想建立一个统一的、团结的、能坚定不移地为政治自由和社会主义而斗争的工人政党，现在就非要同这班人划清界限不可。

这里必须简单地谈一谈我们对爱尔福特纲领的态度。大家从上面已经可以看出，我们认为必须对"劳动解放社"的草案进行一些修改，使俄国社会民主党人的纲领接近于德国社会民主党人的纲领。我们决不怕说，我们是想仿效爱尔福特纲领，仿效好的并没有什么不光彩，何况现在常常听到有人对这个纲领进行机会主义的和模棱两可的批评，我们就更有责任公开表示赞成这个纲领了。但是仿效决不应该是简单的抄袭。仿效和借鉴是完全应该的，因为在俄国也有同样的资本主义发展的**基本**过程，俄国社会党人和工人阶级也有同样的**基本**任务。但是，在仿效和借鉴的时候决不应该忘记俄国的**特点**，这些特点应该在我们的纲领中得到**充分的反映**。现在可以预先说明，第一，这些特点关系到我们的政治任务和斗争手段；第二，这些特点也关系到反对资本主义前的宗法制度的一切残余的斗争，关系到这一斗争所引起的对**农民**问题的特殊提法。

我们作了这番必要的声明，现在再往下谈。我们已经指出了

"贫困的程度不断加深",接着就应当说明无产阶级的**阶级斗争**,指出这个斗争的目的(把一切生产资料变为公有财产,用社会主义生产代替资本主义生产),指出工人运动的国际性,指出阶级斗争的**政治**性及其**当前的**目的(争得政治自由)。承认反对专制制度、争取政治自由的斗争是工人政党的首要政治任务,这是非常必要的,但是我们认为要说清楚这项任务,首先应该说明目前俄国专制制度的阶级性质,说明推翻这个制度之所以必要,不仅是为了工人阶级的利益,也是为了整个社会发展的利益。指出这一点在理论上也是必要的,因为根据马克思主义的基本思想,社会发展的利益高于无产阶级的利益;整个工人运动的利益高于工人个别阶层或运动个别阶段的利益。指出这一点在实践上也是必要的,这样就能说明社会民主党在宣传、鼓动和组织方面的各种活动的中心。我们觉得,**除此以外**还应该在纲领中专门写一段,说明社会民主工党还有这样一项**任务**,就是支持一切反对专制制度的革命运动,反对专制政府腐蚀和模糊人民政治意识的一切企图。专制政府企图用官吏的监督和假仁假义的施舍,用我们德国同志称之为"Peitsche und Zuckerbrot"(皮鞭和糖饼)的蛊惑政策来腐蚀和模糊人民的政治意识。所谓糖饼就是小恩小惠,施给那些为了物质生活局部的和某个方面的改善而放弃自己的政治要求去做蛮横警察的驯顺奴隶的人(给大学生的是宿舍等等,给工人的——只要回忆一下1896年和1897年圣彼得堡历次罢工时财政大臣维特所发表的公告[62]或内务部官员在颁布1897年6月2日法令的委员会上所发表的那些保护工人的演说就够了)。所谓皮鞭就是加紧迫害那些不愿领受小恩小惠,始终为政治自由而斗争的人(如送大学生去当兵[63];1897年8月12日颁布关于放逐工人到西伯利亚的通令;加

1899 年列宁《我们党的纲领草案》手稿第 1 页

（按原稿缩小）

紧迫害社会民主党等等）。糖饼是用来引诱、收买和腐蚀那些意志薄弱的人的；皮鞭则用来恫吓为工人事业为人民事业而战的正直的和自觉的战士，要他们"不为非作歹"。只要专制制度还存在（现在我们应当使我们的纲领适应专制制度还存在这一情况，因为专制制度的垮台必然会引起政治条件的巨大变化，使工人政党根本改变对自己当前政治任务的提法），我们就应该预料到政府会千变万化地加紧采用这些蛊惑手段，因此我们应该不断地同它进行斗争，揭露警察讨好人民的虚伪性，说明政府的改良与工人斗争的联系，教导无产阶级利用每次改良来巩固自己的战斗阵地，使工人运动更加扩大，更加深入。在纲领中必须指出支持**一切**反对专制制度的战士，这是因为同俄国工人阶级的先进分子紧密结合的俄国社会民主党，应该举起**一般民主主义的**旗帜，以便把一切能够为争取政治自由而斗争的或者只能给以某种支持的阶层和个人，团结在自己的周围。

对于我们纲领的**原则**部分应该写清楚的要求，对于纲领应该尽量确切尽量突出地加以说明的基本原理，我们的看法就是这样。我们认为，"劳动解放社"纲领草案（原则部分）的下列几条应该取消：（1）对农民土地所有权形式的说明（农民问题我们下面就要谈到）；（2）对知识分子"不坚定"等等的原因的说明；（3）关于"废除现行政治代表制，代之以直接的人民立法"这一条；（4）关于"政治斗争的手段"这一条。是的，我们并不认为最后一条有什么过时的或不正确的东西，相反地，我们认为政治斗争的手段正应当是"劳动解放社"指出的那些（进行鼓动——建立革命组织——"在适当时机"转入坚决的进攻，**原则上**甚至并不放弃恐怖手段），但是我们觉得，1885年国外革命团体的纲领必须说明进行活动的手段，而**工**

人政党的纲领就不宜这样写了。纲领无须对手段问题作出规定，手段应该让进行斗争的党组织和规定党的**策略**的党代表大会去选择。纲领也不一定要谈**策略**问题（但是一些极其重要的和**原则性**的问题如对待反对专制制度的其他战士的态度等除外）。策略问题随时产生随时可以在党报上进行讨论，最后由党代表大会加以解决。我们认为恐怖手段问题也应该这样处理。社会民主党人必须讨论这个问题（当然不是从原则方面，而是从策略方面），因为随着运动的发展，杀死奸细的事件会自发地增多，工人和社会党人看到愈来愈多的同志在单人牢房和流放地被折磨得死去活来，一定会激起更加强烈的愤怒。为了把话说清楚，我们还要声明一句：在我们看来，恐怖手段在**目前**是一种**不适当的**斗争手段，党（**作为一个党**）应该摒弃这种手段（在情况还没有改变，还不能变换策略之前应该如此），应该集中**自己的一切力量**来巩固组织和正常递送书报。这里就不多谈这个问题了。

　　至于直接的人民立法问题，我们觉得现在根本不应列入纲领。在原则上不能把社会主义的胜利同直接的人民立法**代替**议会这一点联系起来。在我们看来，关于爱尔福特纲领的讨论以及考茨基论述人民立法的著作已经说明了这一点。考茨基根据历史和政治的分析认为人民立法在下列条件下有一定的好处：（1）没有城乡对立或城市占优势；（2）有成熟的政党；（3）"没有独立地同人民代表机关相对抗的过分集中的国家政权"。俄国的情况**完全相反**，因而我国的"人民立法"有蜕化成帝国主义的"全民投票"的严重危险。考茨基在1893年谈到德国和奥地利两国时曾经说："对于我们东欧人，直接的人民立法是'未来国家'的制度。"那么谈到俄国就更不用说了。所以我们认为，在专制制度还统治着俄国的今天，我们只能要求"民主立宪",因此与其采用《爱尔福特纲领》实践部分的头两条,还不如采用"劳动解放社"纲领实践部分的头两条。

现在来谈纲领的实践部分。我们认为,这一部分按其实质而不是按段落来说,可以分为三部分:(1)要求一般的民主改革;(2)要求采取保护工人的办法;(3)要求采取有利于农民的措施。第一部分可以采用"劳动解放社"的"纲领草案"所提出的要求,不必作重大的修改,这些要求就是:(1)普选权;(2)发给代表津贴;(3)实行普遍的、非宗教的、免费的义务教育,等等;(4)公民的人身和住宅不受侵犯;(5)信仰、言论、集会等等绝对自由(这里似乎应该特别加上罢工自由);(6)迁移自由和选择职业的自由[这里似乎还应该加上"迁徙自由"和"完全废除身份证"];(7)全体公民一律平等,等等;(8)用普遍的人民武装代替常备军;(9)"修改我国全部民法和刑法,取消等级划分和有损人的尊严的刑罚"。还应该加上一条:"规定男女有完全平等的权利。"这一部分还应该提出关于财政改革的要求("劳动解放社"纲领把这一条列为"工人政党根据上述基本政治权利所要提出的"要求之一),即"废除现行税制,实行累进所得税"。最后,这一部分里还应该提出下面这项要求:"官吏由人民选举产生;每个公民有权控告任何官吏,事先不必向上级申诉。"

至于实际要求的第二部分,我们可以借鉴"劳动解放社"纲领提出的一项总的要求,就是"用法律调整工人(城乡工人)同企业主的关系,并且成立有工人代表参加的相应的视察机关"。我们觉得,**工人政党**应当更详尽更缜密地说明这方面的要求,应当提出:(1)实行八小时工作制;(2)禁止开夜工,禁止雇用 14 岁以下的童工;(3)每个工人每周至少要有 36 小时不间断的休息时间;(4)把工厂法和工厂视察制推行到一切工业部门和农业部门中去,推行到官办工厂、手工业作坊和家庭手工业者中去。由工人选举与视察员权力相等的助理视察员;(5)在一切工业部门和农业部门建立工业法庭和农业法庭,由厂主和工人双方选出数量相等的代表担任审判员;(6)任何地方都绝对禁止用商品支付工资;(7)用法律规定厂主应当对工业工人和农村工人的一切工伤事故负责;(8)用法律规定,凡要雇用工人,无论在何种情况下每周至少支付工资一次;(9)废除一切违反雇主同雇工权利平等的法律(例如,工厂工人和农村工人旷工要受刑事处分的法律,雇主比雇工有更多的自由取消雇佣合同的法律,等等)。(当然,我们只是把我们所希望的要求提出来,并没有修饰成可以列入草案的最后方案。)纲领的这一部分应该(同上一部分联系起来)为鼓动工作规定基本的指导原则,这当然决不排斥个别地方、个别生产部门、个别工厂等等的鼓动员提出形式略有不同的、更具体更局部的要求。因此在制定纲领的这一部分时,我们应该力求避免两个极端:一方面不要漏掉任何一项对**整个**工人阶级有重大意义的基本要求;另一方面不要陷于细枝末节,纲领中充塞一些细节是不合适的。

我们认为,纲领应该完全排除"劳动解放社"纲领中提出的"国家援助生产合作社"的要求。无论根据别国的经验,无论从理论上来考虑,或者从俄国现实生活的特点来看(资产阶级自由派和警察政府惯于卖弄"劳动组合"和对"民办工业"的"保护",等等),都不能提出这项要求。(当然,15年前的情况和现在有许多不同,**那时**社会民主党人把这种要求列入自己的纲领是很自然的。)

现在我们来谈纲领实践部分的最后一部分即第三部分:有关农民问题的要求。"劳动解放社"纲领中有这样一项要求:"彻底改变我国的土地关系,即改变赎买土地和把土地分给农民村社的条件。只要农民认为合适,应当给予放弃份地和退出村社的权利,等等。"

我觉得,这里所表达的基本思想是完全正确的,社会民主工党确实应当在自己的纲领中提出相应的要求(我说"相应",是因为我认为需要作一些修改)。

我是这样理解这个问题的。俄国农民问题和西欧农民问题有重大的差别,然而差别**仅在于**:在西欧所谈的农民几乎都是资本主义社会、资产阶级社会中的农民,在俄国所谈的,主要是受**资本主义前的**制度和关系的压迫、受**农奴制残余**的压迫并不比受资本主义压迫轻(甚至更重)的农民。在西欧,农民作为阶级已经完成了为反对专制制度和农奴制残余提供战士的使命,在俄国则还没有完成。在西欧,工业无产阶级早就同农村截然分离,而且这种分离已经由相应的法制固定下来。在俄国,"工业无产阶级按其成分和生活条件来说,还同农村保持着极其密切的联系"(上引帕·波·阿克雪里罗得的小册子第 11 页)。诚然,在我国农民分化为小资产阶级和雇佣工人的过程来势迅猛,但是还远没有结束,而且,重要的是,这个过程是在旧农奴制范围内进行的,全体农民还套着一条连环保和纳税村社的沉重锁链。因此,俄国社会民主党人即使坚决反对保护或支持资本主义社会中的小私有制或小经济(如笔者),也就是说,即使他(如笔者)在土地问题上同现在常被资产者和机会主义者骂做"教条主义者"和"正统派"的马克思主义者站在一边,也可以而且应当主张(这样做丝毫不违背自己的信念,相反地,正是出于自己的信念)工人政党在自己的旗帜上写明**支持农民**(**决不是**把农民当做小私有者阶级或小有产者阶级),**因为农民能**

够同农奴制残余、特别是同专制制度进行革命斗争。我们全体社会民主党人既然声明，**只要大资产阶级能够**同上述现象进行**革命斗争**，我们就支持，那么我们怎么能够不同样地支持人数众多的、逐渐同无产阶级融合在一起的小资产阶级呢？如果说，支持大资产阶级的自由主义要求并不等于支持大资产阶级，那么支持小资产阶级的民主主义要求也决不等于支持小资产阶级。相反，正是政治自由为俄国开辟的发展道路，将大大促使小经济在资本的打击下趋于灭亡。我觉得社会民主党人之间对这一点是不会有争论的。那么全部问题就在于：(1)怎样提出要求才**不致**支持资本主义社会的小有产者？(2)我国农民是否能在一定程度上同农奴制残余和专制制度进行**革命**斗争？

　　我们先谈第二个问题。俄国农民当中有革命分子，这大概谁也不会否认吧。农民就是在改革后也举行暴动反对地主，反对地主的管家，反对保护地主的官吏等等，这是人所共知的事实；因土地而引起血案和骚动等等，这是人所共知的事实。农民（只要稍微给他们一点教育，就能唤起他们做人的尊严）对那帮带着地方官头衔、骑在他们头上的高等流氓的横行霸道愈来愈愤恨，这是人所共知的事实。千百万人民愈来愈经常处于挨饿状态，人民不能再对这种"粮食困难"置若罔闻，这是人所共知的事实。农民中的宗教派别和理教派别在滋长（在宗教掩护下表示政治抗议，这并不是俄国一国特有的现象，而是各国人民在一定的发展阶段上共有的现象），这也是人所共知的事实。由此可见，农民中有革命分子是丝毫用不着怀疑的。我们决不夸大这些分子的力量，我们没有忘记农民在政治上的不开展和闭塞，我们决不抹杀"俄国的毫无意义的残暴骚动"[64]同革命斗争之间的区别，也决不忘记政府在政治上欺骗和腐蚀农民的手段是层出不穷的。但是,从这一切中间只能得出一个结论:把农民当做革命运动的**体现者**是荒谬的;党如果认为自己运动的革命性**取决于**农民的革命情绪,那是愚蠢的。我们根本没有要俄国社会民主党人去这样设想。我们仅仅是说:工人政党要不违背马克思主义基本的教诲,要不犯重大的政治错误,就不能**忽视**农民中的革命分子,就不能不支持这些分子。至于俄国农民中的革命分子能不能至少有西欧农民在推翻专制制度时的那种表现,这个问题,历史还没有作出回答。如果不能有这种表现,这也丝毫不会损害社会民主党的美名和它的运动,因为农民不响应(也许是无力响应)党的革命号召,这不是党的过错。不管大资产阶级或小资产阶级怎样背叛,工人运动现在和将来都会沿着自己的道路一往无前。如果能够有这种表现,而社会民主党却没有支持农民,那党就会永远丧失自己的美名,称不上是争取民主的先进战士。

　　谈到上面提出的第一个问题,我们必须指出,"彻底改变土地关系"的要求是不明确的。在15年前提出这样的要求可能已经足够了,但是现在却未必能令人满意,因为现在我们既要给鼓动工作提供指导性的材料,又要同小经济的维护者划清界限,而这种人在目前俄国社会中为数极多,支持他们的有不少很"有威望的"人物,如波别多诺斯采夫先生、维特先生和内务部的许多官吏。现在我们提出我们纲领实践部分第三部分的初步方案,供同志们讨论:

　　"俄国社会民主工党支持一切反对现行国家制度和社会制度的革命运动,并且宣布支持农民,因为农民是俄国人民中最没有权利和最受俄国社会中农奴制残余压迫的阶级,它能够进行反对专制制度的革命斗争。

俄国社会民主工党根据这一原则,提出下列要求:

(1)取消赎金、代役租以及目前农民这个纳税等级所承担的一切义务。

(2)把政府和地主用赎金方式从农民身上掠夺去的钱归还人民。

(3)废除连环保和限制农民支配自己土地的一切法律。

(4)消灭农民对地主的农奴制依赖关系的一切残余,不管这些残余的产生是由于特殊的法律和制度(例如乌拉尔矿区农民和工人的情况),是由于没有划定农民土地和地主土地的地界(例如西部边疆区地役权残余[65]),还是由于地主割去了农民的土地,使农民实际上陷于以前徭役农民的绝境。

(5)农民有权向法庭要求降低过高的地租,控告地主的高利贷行为以及任何人乘农民生活困难而与之订立盘剥性的契约。"

我们应特别详细地论证这个方案,这并不是因为纲领的这一部分最重要,而是因为对它争论最多,它同一般公认的、为全体社会民主党人所接受的道理相差甚远。我们认为首先申明(有条件地)"支持"农民是很必要的,因为一般说来无产阶级不能而且也不应该保护小有产者阶级的利益;无产阶级只是**在**这个阶级具有革命性的**条件下**才给以支持。既然现在正是专制制度体现着俄国的一切落后现象,体现着农奴制、无权地位和"宗法制"压迫的一切残余,那么就必须指出,工人政党支持农民,只是因为农民能够同**专制制度**进行革命斗争。这一论点看来好像是同"劳动解放社"草案的论点抵触的,该草案说:"专制制度最主要的支柱是农民不问政治和思想落后。"但是这不是理论上的矛盾,而是生活本身的矛盾,因为农民(以及一切小有产者阶级)的特点就是具有两重性。我们不再列举政治经济学方面的人所共知的论据,来证明农民具有的充满内在矛盾的地位,我们只想提一下马克思对 50 年代初法国农民的一段描写:

"……波拿巴王朝所代表的不是革命的农民,而是保守的农民;不是力求摆脱其社会生存条件即小块土地的农民,而是想巩固这种条件的农民;不是力求联合城市并以自己的力量去推翻旧制度的农村居民,而是相反,是愚蠢地固守这个旧制度,期待帝国的幽灵来拯救自己和自己的小块土地并赐给自己以特权地位的农村居民。波拿巴王朝所代表的不是农民的开化,而是农民的迷信;不是农民的理智,而是农民的偏见;不是农民的未来,而是农民的过去;不是农民的现代的塞文,而是农民的现代的旺代。"(《雾月十八日》第 99 页①)可见,工人党必须支持的正是力求推翻"旧制度"的农民,在俄国则首先和主要是力求推翻专制制度的农民。俄国社会民主党人始终认为必须从民粹主义的理论和倾向中汲取其革命的一面。在"劳动解放社"的纲领中,这一点不仅表现在上面所引的"彻底改变"等等的要求中,而且表现在下面这段话中:"但是,不言而喻,即使现在那些与农民有直接接触的人也能通过在农民中的活动而对俄国社会主义运动作出重要的贡献。社会民主党人不仅不该推开这些人,而且会尽一切努力在自己活动的基本原则和基本方法上同他们取得一致的意见。"在 15 年前,革命的民粹主义的传统还保留着的时候,作这样的声明是足够了,但是现在,如果我们想使社会民主工党成为争取民主的先进战士,我们就必须自己开始讨论在农民中"活动的基本原则"。

---

① 即《路易·波拿巴的雾月十八日》第 99 页(见《马克思恩格斯文集》第 2 卷第 567—568 页)。——编者注

但是,我们提出的要求会不会使我们去支持农民的所有制,而不去支持农民本身? 会不会使小经济巩固起来? 这些要求是否和资本主义的整个发展进程相适应? 下面就来研究一下这些对马克思主义者来说极其重要的问题。

在第1项和第3项要求上,社会民主党人中间大概不会有**实质上的**分歧。第2项要求可能会引起实质上的分歧。在我们看来,提出这项要求有以下几点理由:(1)赎金是地主对农民的直接掠夺,缴纳赎金不仅是为了赎取农民的土地,而且是由于农奴制关系,政府从农民身上搜刮去的钱**比**它付给地主的要**多**,这都是事实;(2)我们没有理由认为这一事实已经了结,已经载入历史的档案,因为现在大叫当时"吃亏"的高贵的剥削者,并不是这样看待农民改革的;(3)现在,千百万农民经常挨饿,而政府却克扣饥民救济金,把大量金钱白白送给地主和资本家,白白消耗在冒险的对外政策上,因此,现在指出为特权阶级利益服务的专制政府的统治使人民遭受了多少苦难,就更是适时和必要了;(4)社会民主党人不能眼看农民挨饿、饿死而无动于衷。至于必须最广泛地救济饥民这一点,俄国社会民主党人中间从来没有不同的意见。未必有人敢断言,不采取革命措施也能大力救济饥民;(5)剥夺皇族的土地和大量征用贵族土地(即实现这项要求的结果)只会促进俄国整个社会的发展。**反对**这项要求的人也许会以"不可能实现"为主要理由。如果仅仅用反对"革命主义"和"空想主义"这类空话来证实这一点,那我们预先声明,这类**机会主义的空话**绝对吓不倒我们,我们认为这种话毫无意义。如果有人通过分析我们运动的经济条件和政治条件来证实这一点,那我们完全承认,更详细地讨论这个问题是必要的,就这个问题展开争论也是有益的。我们只指出一点,即这项要求不是独立的,而是支持农民(**在农民具有革命性的条件下**)这一要求的一部分。至于农民中这些分子的表现究竟如何,力量究竟有多大,历史会对这个问题作出答复。如果认为某些要求"可能实现"不是指这些要求总的来说符合社会发展的利益,而是指它们要符合当前的政治经济情况,那么这种标准是完全错误的。罗莎·卢森堡曾经认为波兰独立的要求"不可能实现"(对波兰工人党来说),考茨基在反驳她的时候令人信服地指出这是完全错误的。当时考茨基(如果我们没有记错的话)用爱尔福特纲领关于官吏由人民选举产生这项要求作为例证。在今天的德国,这项要求是不是"可能实现",很值得怀疑,但是没有一个社会民主党人主张把自己的要求限制在目前形势和目前条件下能够实现的狭小范围内。

其次是第 4 项,社会民主党人必须提出消灭农奴制依赖关系一切残余的要求,这一点在原则上大概谁也不会反对。问题也许仅仅在于这项要求如何表述以及范围多大,譬如是不是需要包括如下的要求:采取措施消除农民在 1861 年土地被割后**实际上**所处的徭役制的依赖状况。依我们看,对这个问题的答复应该是肯定的。文献已经充分证明,实际存在的徭役(工役)经济残余仍然起着巨大的作用,并且给社会发展(及资本主义发展)造成了巨大的障碍。当然,资本主义的发展"通过必由之路自然而然地"能够而且最后一定会消灭这些残余,但是,第一,这些残余根深蒂固,不能指望很快消灭;第二,也是主要的一点,"必由之路"无非意味着**实际上**(由于工役制等等)被束缚在土地上并且受地主奴役的农民的死亡。显然,在这种情况下社会民主党人不能在自己的纲领中避而不谈这个问题。有人会问我们:怎样才能实现这项要求呢? 我们认为，在纲领中用不着谈这一点。当然，实现这项要求（同实现这部分的几乎所有的要求一样，要靠农民中革命分子的力量）需要各地选出的农民委员会（同那些在60年代进行了"合法"掠夺的贵族委员会相对抗）对各地情况作全面的考察；纲领中的民主要求足以确定实现这项要求所必需的民主权利。这正是"劳动解放社"纲领所说的"彻底改变土地关系"。上面已经谈到，我们原则上同意"劳动解放社"草案的这一条，只是希望：（1）附带说明一下无产阶级在什么条件下才能为农民的阶级利益而斗争；（2）确定这种改变的**性质**是消灭农奴制依赖关系的残余；（3）更具体地表达这些要求。我们预料会有另一种反对意见：重新考虑割地等问题势必会使这些土地归还农民。这是显而易见的。难道这不是巩固小私有制即巩固小块土地私有制吗？难道社会民主党人能够希望用小经济来代替可能是在被掠夺的农民土地上经营的资本主义大经济吗？这岂不是**反动的**措施！我们的回答是：毫无疑问，用小经济代替大经济是反动的，我们不应该这样主张。但是要知道，这里所研究的要求是**要达到**"消灭农奴制依赖关系的残余"这一目的，因此不可能导致大经济的分裂；这项要求仅仅是针对着实质上是纯粹徭役制式的旧经济提出的，**对旧经济来说**，摆脱一切中世纪束缚（参看第3项）的农民经济**不是反动的，而是进步的**。当然，要在这里划一道分界线是不容易的，但是我们本来就没有认为我们纲领中的某项要求会"很容易地"实现。我们的职责是确定基本原则和基本任务，至于细节问题，那实际解决这些任务的人会考虑的。

最后一项要求的目的同前一项一样，就是反对**资本主义前生产方式**的一切残余（在俄国农村中这种残余非常多）。大家知道，俄国农民的地租往往掩盖着徭役关系的残余。最后这一项的思想我们是借鉴考茨基的;考茨基曾经指出,在爱尔兰,格莱斯顿自由党内阁在 1881 年通过了一项法院有权降低过高地租的法律,考茨基把"设立专门的司法机关来降低过高的地租"(Reduzierung übermäßiger Pachtzinsen durch dazu eingesetzte Gerichtshöfe)这一条列入他所希望实现的要求。在俄国,这样做特别有利于消除徭役关系(当然,要以民主方式来设立这样的法庭)。我们认为,在这一项内还可以包括关于高利贷的法律适用于盘剥性契约这一要求,因为在俄国农村中这种盘剥非常严重,沉重地压迫着**作为劳动者**的农民,大大地阻碍着社会的进步,所以反对这种盘剥是非常必要的。法庭要确定契约是不是盘剥性契约,是不是高利贷契约,并不比确定地租是不是过高更困难。

　　总的说来,我们认为我们提出的要求可以归结为两个主要目的:(1)消灭农村中一切**资本主义前的**、农奴制的制度和关系(纲领实践部分的第一部分是对这些要求的补充);(2)使农村中的阶级斗争具有更公开更自觉的性质。我们认为,正是这些原则应该成为俄国社会民主党"土地纲领"的指针;我们必须坚决地同我国的许许多多力图**缓和**农村阶级斗争的人划清界限。占优势的自由主义民粹派就具有这个特点,但是在坚决驳斥他们的同时[正如《俄国社会民主党人向伦敦国际代表大会的报告附录》中所做的那样],我们不应该忘记把民粹主义的革命内容划分出来。"既然民粹主义曾经是革命的,曾经反对过等级官僚主义国家和这个国家所支持的对人民群众的种种野蛮的剥削和压迫,那么作适当修改之后,它应该成为俄国社会民主党纲领的组成部分。"(阿克雪里罗得《论当前任务和策略问题》第 7 页)俄国农村中现在交错着两种主要的阶级斗争形式:(1)农民反对享有特权的土地占有者和反对农奴制残余的斗争;(2)日益成长的农村无产阶级同农村资产阶级的斗争。在社会民主党人看来,第二种斗争当然具有更重要的意义,但是他们还必须支持第一种斗争,**因为这**同社会发展的利益**并不矛盾**。农民问题在俄国社会中和俄国革命运动中不论过去和现在都占有重要的地位,这并不是偶然的。这一事实就反映了第一种斗争仍然具有重大的意义。

最后,必须防止一种可能产生的误会。我们说社会民主党要向农民发出"革命号召"。这是不是分散力量,对于必须集中力量进行工业无产阶级中的工作是否有所妨碍呢? 绝对不是。**所有的**俄国社会民主党人都承认集中力量是必要的,1885 年的"劳动解放社"草案和 1898 年《俄国社会民主党人的任务》这本小册子也都指出了这一点。因此,担心社会民主党人会分散力量是毫无根据的。纲领不是指令,纲领应该概括**整个**运动,而在实践中当然有时要把运动的这一方面或那一方面提到首要地位。现在谁也不会反对纲领必须既谈工业工人,也谈农业工人,虽然还没有一个俄国社会民主党人想到在目前情况下号召同志们到农村去。但是,即使没有我们的努力,工人运动也必然会把民主主义思想传播到农村中去的。"以经济利益为基础的鼓动工作必然会使社会民主党小组直接接触到一些事实,这些事实清楚地表明我们工业无产阶级的利益和农民群众的利益是完全一致的"(上引阿克雪里罗得的小册子第 13 页),这就是**俄国社会民主党人迫切需要"土地纲领"(从上述意义来看**,严格说来这当然完全不是"土地纲领")的原因。我们在进行宣传鼓动时,经常碰到所谓农民-工人,就是同农村保持着联系、在农村有亲戚和家属并且时常到农村去的工厂工人。关于赎金、连环保、地租等问题,连京都的工人也是经常关心的(更不用说乌拉尔的工人了,社会民主主义的宣传鼓动也已经开始深入到他们中间)。如果我们不注意正确指导到农村去的社会民主党人和觉悟工人,那我们就没有尽到自己的责任。其次,也不应该忘记农村中的知识分子,如国民学校教师。他们在物质上和精神上都处于受屈辱的地位,他们亲眼看到、亲身感受到人民没有权利和受压迫的情形,所以他们普遍同情社会民主主义(在运动进一步开展的情况下)是毫无疑义的。

总之,我们认为俄国社会民主工党纲领的组成部分应该是:(1)指出俄国经济发展的基本性质;(2)指出资本主义发展的必然后果是贫困的增长和工人愤慨情绪的增长;(3)指出无产阶级的阶级斗争是我们运动的基础;(4)指出社会民主主义工人运动的最终目的,指出这个运动为了达到这些目的必须努力夺取政权,指出运动的国际性;(5)指出阶级斗争必须具有政治性;(6)指出保护剥削者、造成人民无权地位和受压迫地位的俄国专制制度是工人运动的主要障碍,因此,为了整个社会发展的利益,也必须争取政治自由,这是党的当前的政治任务;(7)指出党将支持反对专制制度的一切政党和居民阶层,将对我国政府蛊惑人心的诡计进行斗争;(8)列举各项基本的民主要求;然后(9)提出维护工人阶级利益的要求;(10)维护农民利益的要求,并且说明这些要求的一般性质。

我们完全认识到,不和同志们多次商讨,要制定令人十分满意的纲领条文是有困难的,但是我们认为必须着手进行这项工作,不能再拖了(根据上述原因),我们希望全党所有理论工作者(以"劳动解放社"的成员为首),所有在国内做实际工作的社会党人(不仅仅限于社会民主党人，我们很想听听其他派别的社会党人的意见，我们决不会拒绝刊登他们的评论），以及全体觉悟的工人，都来帮助我们。

载于 1924 年《列宁全集》俄文
第 1 版第 1 卷

译自《列宁全集》俄文第 5 版
第 4 卷第 211—239 页

俄国社会民主党中的倒退倾向

（1899 年底）

《工人思想报》编辑部出版了《〈工人思想报〉增刊》（1899 年 9月），希望"消除对《工人思想报》倾向的许多误解和模糊看法（例如说我们"否定""政治"等）"（《编辑部的话》）。我们非常高兴，《工人思想报》终于公开地提出了它似乎一直不想涉及的纲领性问题。但是我们坚决反对"《工人思想报》的倾向就是俄国先进工人的倾向"的说法（如编辑部在《增刊》中所作的声明）。不，如果《工人思想报》编辑部想走上述《增刊》所规划（目前只是**在规划**）的道路，那就是说，它错误地理解了俄国社会民主党的创立者所制定的、全体在俄国活动的俄国社会民主党人历来所遵循的纲领；那就是说，同俄国社会民主党已经达到的理论和实践的发展阶段比起来，它**倒退了一步**。

《增刊》的社论《我国的实际情况》（署名：**尔·姆·**）表述了《工人思想报》的倾向。因此我们现在应该详细地分析一下这篇社论。

社论一开头就表明，**尔·姆·非常错误地**描述了"我国的实际情况"，特别是我国的工人运动，暴露了他对工人运动的理解是极其狭隘的，暴露了他企图无视俄国社会民主党人领导下创造出来的工人运动的高级形式。**尔·姆·**在社论的开头就这样说：其实，"我国工人运动具有各种各样组织形式的萌芽"，从罢工协会一直到合法的(法律许可的)团体。读者会困惑地问道:就是这些吗?难道尔·姆·在俄国再没有看到工人运动**更高级**、更先进的组织形式吗? 显然,他是不愿意看到这些组织形式的,因为在下一页他更加肯定地重述了自己的论点,他说:"当前运动的任务,俄国工人的真正工人事业,就是要工人用**一切可能的方法**来改善自己的状况",而他所列举的方法,又只限于罢工组织和合法团体! 这样一来,俄国工人运动似乎就**只限于**罢工和组织合法团体了! 但是这绝对**不符合事实**! 早在 20 年前,俄国工人运动就已经创立了广泛的组织,提出了较广泛的任务(现在我们就更详细地来谈这一点)。俄国工人运动创立了圣彼得堡"斗争协会"[66]、基辅"斗争协会"[67]、犹太工人联盟[68]这一类组织。但是**尔·姆·**说,犹太工人运动带有"独特的政治性",是一个例外。这又不符合事实,假如犹太工人联盟是一个"独特的"组织,它就**不会同**俄国的一些组织**联合起来**,就不会组成"俄国社会民主工党"。俄国社会民主工党的建立,是俄国工人运动同俄国革命运动**相结合**的重大步骤。这一步骤清楚地表明,俄国工人运动**并不限于**罢工和组织合法团体。为什么给《工人思想报》撰文的俄国社会党人不愿意看到这一步骤,不愿意理解这一步骤的意义呢?

这是因为**尔·姆·**既不了解俄国工人运动同社会主义和俄国革命运动的关系,也不了解俄国工人阶级的政治任务。**尔·姆·**写道:"我国运动方向的最显著的标志,当然就是工人提出的要求。"我们要问,为什么不把**社会民主党人**和社会民主党组织的要求看做**我国运动**的标志呢? **尔·姆·**凭什么理由把工人的要求同俄国社会民主党人的要求分割开来呢? **尔·姆·**在整篇文章中采取的这种做法,同《工人思想报》编辑部在每号报纸中所采取的做

1899 年列宁《俄国社会民主党中的倒退倾向》原稿第 1 页

（按原稿缩小）

法是一样的。为了说明《工人思想报》的这个错误，我们必须说明**社会主义**同**工人运动**的关系这个总问题。在欧洲各国，社会主义和工人运动最初都是互不相关的。工人同资本家进行斗争，组织罢工和建立工会，而社会主义者则站在工人运动之外，著书立说，批判现代资本主义的、资产阶级的社会制度，要求用更高级的社会主义制度来代替这种制度。工人运动和社会主义互不相关，使得两者都软弱无力，难以发展。社会主义者的学说不同工人斗争相结合，就只是一种空想，一种善良的愿望，对实际生活不会发生影响；而工人运动则只会陷于零散状态，不会有政治意义，也不会得到当时先进科学的指导。因此我们看到，欧洲各国已愈来愈趋向于把社会主义和工人运动**结合成**一个统一的**社会民主主义**运动。这样结合起来，工人的阶级斗争就成了**无产阶级**争取从有产阶级剥削下解放出来的**自觉斗争**，而社会主义工人运动的高级形式——**独立的社会民主主义工人政党**也就产生了。马克思和恩格斯的主要功绩，就是引导社会主义同工人运动结合起来：他们创立的革命理论，阐明了这种结合的必要性，指出了社会主义者的任务就是组织无产阶级的阶级斗争。

在俄国，情况也完全一样。我国社会主义在长达数十年的时期内一直**脱离**工人同资本家的斗争，**脱离**工人的罢工等等。一方面，这是因为社会党人不了解马克思的理论，认为它不适用于俄国；另一方面，是因为俄国工人运动还完全处于萌芽状态。1875年成立了"南俄工人协会"，1878年成立了"俄国北方工人协会"，这些工人组织没有受俄国社会党人思潮的影响；这些工人组织要求给人民政治权利，想为争取这些权利进行斗争，可是当时俄国社会党人错误地认为，进行政治斗争是违背社会主义的。但是，俄国社会党人并没有停留在自己不成熟的错误的理论上。他们前进了，他们领会了马克思的理论，提出了适用于俄国的工人社会主义理论，即俄国社会民主党人的理论。俄国社会民主党的建立，是"劳动解放社"即普列汉诺夫、阿克雪里罗得和他们的朋友们的主要功绩。① 俄国社会民主党建立（1883年）以后，每次广泛的俄国工人运动都是直接与俄国社会民主党人有关的，并且力求同他们结合起来。"俄国社会民主工党"的建立（1898年春），是大踏步向这种结合迈进的标志。现在，俄国一切社会党人和一切觉悟工人的**主要任务**，就是加强这种结合，巩固和整顿"社会民主工党"。谁不愿意了解这种结合，谁企图在俄国把工人运动和社会民主党人为地分割开来，谁就会给俄国工人社会主义和工人运动的事业带来**害处**，而不是带来好处。

我们再往下看。**尔·姆·**写道："至于广泛的要求，即政治要求，我们认为只有1897年彼得堡织工……的要求，是我国工人第一次不很自觉地提出的这类广泛的政治要求。"我们又要说，这是**绝对错误的**。《工人思想报》编辑部刊登了这类言论，这表明：第一，它忘掉了俄国革命运动和工人运动的历史，这对社会民主党人来说是不可原谅的；第二，它狭隘地理解工人事业，这也是不可原谅的。在1898年圣彼得堡斗争协会的五月传单中，在《圣彼得堡工人小报》和《工人报》（俄国社会民主党人的先进组织在1898年承认该报为"俄国社会民主工党"的正式机关报）上，俄国工人都提出过广泛的政治要求。《工人思想报》忽视这些事实，向后倒退，这

────────────

① 我们有位同志写了一本小册子《红旗在俄国。俄国工人运动史纲》。在这本书中，他从历史上研究了俄国社会主义和俄国工人运动的结合过程。这本小册子即将出版。**69**

就完全证实了以下看法:《工人思想报》代表的不是先进工人,而是无产阶级中不开展的水平低的部分(**尔·姆·**本人在文章中也说到已经有人向《工人思想报》指出了这一点)。无产阶级中水平低的部分不知道俄国革命运动的历史,**尔·姆·**也不知道这个历史。无产阶级中水平低的部分不懂得工人运动和社会民主党的关系,**尔·姆·**也不懂得这种关系。为什么90年代的俄国工人没有像70年代的俄国工人那样建立自己的独立于社会党人的特殊组织呢? 为什么他们没有独立于社会党人而提出自己的政治要求呢? **尔·姆·**显然是这样解释的:"俄国工人在这方面的修养还很差"(他的文章第5页),但是,这种解释只不过再一次证明他只有权利代表无产阶级中水平低的部分说话。工人中水平低的部分在90年代运动的过程中没有意识到运动的政治性质。虽然如此,但是大家都知道(**尔·姆·**自己也谈到这一点),90年代的工人运动具有广泛的政治意义。这是因为先进工人随时随地使运动具有这种性质;工人群众是跟着他们走的,因为他们向工人群众证明自己有决心有能力为工人事业服务,取得了工人群众的充分信任。而这些先进工人就是社会民主党人;其中许多人甚至还亲身参加过民意党人和社会民主党人之间的争论,这种争论表明俄国革命运动从农民和密谋家的社会主义转向工人的社会主义。由此不难了解,为什么这些先进工人现在没有脱离社会党人和革命者而建立特殊的组织。在社会主义同工人运动分离的时候,这种脱离是有意义的,是必要的。一旦先进工人看到了工人社会主义和**社会民主主义**组织,这种脱离就不可能而且也没有意义了。先进工人同社会民主主义组织的**结合**是极其自然的和不可避免的。这是重大的历史事件,即90年代俄国两个深刻的社会运动汇合的结果:一个是工人阶级的自发的群众运动；另一个是接受马克思和恩格斯的理论，接受社会民主党的学说的社会思想运动。

　　从下面可以看出，《工人思想报》对政治斗争的理解是多么狭隘。**尔·姆·**在谈到广泛的政治要求时写道："为了使工人能够完全自觉地、独立地进行这种政治斗争，必须由工人自己的组织来进行这种斗争，工人的这些政治要求必须建立在工人已经意识到的共同的政治要求和眼前利益上〈请注意这一点！〉，这些要求必须是工人组织〈行业组织〉自己的要求，必须真正是这些工人组织根据自己的愿望共同拟定共同提出的……"　接着下面解释道，工人当前的共同政治要求暂时(!!)还是十小时工作制和恢复1897年6月2日法令所取消的节假日。尽管如此，《工人思想报》编辑部听到别人指责它否定政治竟还感到诧异！把政治归结为行业工会争取局部改革的斗争，这难道不是否定政治吗？这难道不是抛弃全世界社会民主运动的宗旨吗？按照这个宗旨，社会民主党人应该竭力把无产阶级的阶级斗争组织成为独立的工人政党，由这个党来争取民主，**作为无产阶级夺取政权和建立社会主义社会的手段**。我们一些歪曲社会民主主义的最时髦的人物，竟极其轻率地抛弃了社会民主党人珍视的一切，抛弃了使人们有权把工人运动看做具有世界历史意义的运动所凭借的一切。欧洲社会主义运动和欧洲民主主义运动长期积累的经验教导我们必须设法建立独立的工人政党，他们对这无动于衷。俄国革命运动的历史经过漫长的、艰苦的道路终于使社会主义同工人运动结合起来，使伟大的社会理想和政治理想同无产阶级的阶级斗争结合起来，他们对这无动于衷。俄国先进工人已经为"俄国社会民主工党"奠定了基础，他们对这无动于衷。这一切都去他的吧！我们要丢掉过多的思想包袄,摆脱过重过苛的历史经验,仅仅让一些行业工会(除了合法团体以外,目前在俄国还无法证明建立行业工会是可能的)"暂时存在"就行了,让这些行业工会"根据自己的愿望"拟定要求——"眼前的"要求,微不足道的改良要求吧!! 什么话? 这简直是鼓吹倒退! 这简直是宣传瓦解社会主义!

　　请注意,《工人思想报》所谈的不仅仅是要地方组织自己拟定当地的斗争形式、局部性的鼓动内容和鼓动方法等等,——对这种想法谁也不会反对。俄国社会民主党人历来都不打算在这方面限制工人的独立性。不,《工人思想报》是想**完全抛开**俄国无产阶级的伟大政治任务,是想"暂时""仅仅"争取"眼前的利益"。俄国社会民主党人一直的做法是根据每个眼前的要求进行鼓动,以便组织无产阶级同专制制度斗争,并且把这一点作为无产阶级的当前目标。《工人思想报》则想把无产阶级的斗争**限制**在为小要求作小斗争的范围内。**尔·姆·**明明知道,他同整个俄国社会民主党的看法是相违背的,却对谴责《工人思想报》的人作如下的反驳。有人说,推翻沙皇制度是俄国工人运动的当前任务。**尔·姆·**问道:指的是什么工人运动呢? "**是罢工运动? 是互助会? 是工人小组?**"(该文第5页)对此我们回答他说:你只能代表你自己说话,代表你的集团和它所代表的一个地方的无产阶级中水平低的部分说话,你不能代表俄国先进工人说话! 无产阶级中水平低的分子往往不知道,只有革命政党才能进行推翻专制制度的斗争。这一点**尔·姆·**也不知道。但是俄国先进工人知道。无产阶级中水平低的分子往往不知道,俄国工人运动不限于罢工斗争、互助会和工人小组,俄国工人运动早就希望建立一个革命政党,而事实上也实现了这个希望。这一点**尔·姆·**也不知道。但是俄国先进工人知道。

尔·姆·竭力把他对社会民主主义的无知说成是对"我国的实际情况"有特别的见解。我们现在来仔细地看一看他对这个问题的见解。

尔·姆·写道:"关于专制制度这个概念……我们不打算在这里多谈,想必每个交谈者都是非常明确和清楚地了解这类名词的。"我们马上就可以看出尔·姆·本人对这类名词的了解就是最不明确最不清楚的,不过我们不妨先向他提出一个问题。工人算不算是尔·姆·的交谈者呢?当然是的。如果是的,那么怎样才能使他们非常明确地了解专制制度这个概念呢?显然,要做到这一点,必须非常广泛非常系统地宣传一般政治自由的思想,必须进行鼓动,把专制制度这个"明确的概念"(在工人头脑中的)同每一次警察的暴行、官吏的压迫联系起来。看来这是很清楚的。如果是的,用纯粹地方性的宣传鼓动来反对专制制度能见效吗?把全俄国的宣传鼓动组织成统一的有计划的活动即一个政党的活动,不是绝对必要的吗?尔·姆·为什么不把组织系统的反对专制制度的宣传鼓动这项任务作为俄国工人运动的当前任务呢?这只能是因为他对俄国工人运动和俄国社会民主党的任务的了解最不明确最不清楚。

尔·姆·接着解释专制制度,说它代表着巨大的"人的力量"(按军事方式严格训练出来的官僚)和巨大的"经济力量"(财政资源)。我们不想谈他的解释的"不明确的"地方("不明确的"地方是很多的),我们想直接谈谈最主要的地方:

尔·姆·向着俄国社会民主党问道:"这样说来,岂不是现在就要建议俄国工人把推翻这种人的力量和夺取这种经济力量作为自己现在的(处于萌芽状态的)组织的当前首要任务吗?(更不用说那些认为先进工人小组应该承担这项任务的革命家了)"

我们很惊讶,全神贯注地再三重读了这段奇文。难道我们弄错了吗?不,我们没有弄错。**尔·姆·真的不知道什么叫做推翻专制制度**。这真不可想象,但这是事实。在**尔·姆·**的糊涂思想暴露之后,还能认为这是不可想象的吗?

尔·姆·把革命者夺取政权和革命者推翻专制制度这两者混淆起来了。

俄国老一辈的革命者(民意党人)所争取的是由革命政党夺取政权。他们认为,夺得政权,"党就能推翻"专制制度的"人的力量"(即任命自己的人代替官吏),"就能夺取经济力量"(即夺取国家的全部财政资源)并实行社会革命。如果按照**尔·姆·**的这些笨拙的话来说,老民意党人的确想"推翻"专制制度的"人的力量和夺取经济力量"。俄国社会民主党人坚决反对这种革命理论。普列汉诺夫在《社会主义与政治斗争》(1883年)和《我们的意见分歧》(1885年)这两部著作中,无情地批判了这种理论,并且指出了俄国革命者的任务:建立革命的工人政党,其当前目标应该是推翻专制制度。但是,什么叫做推翻专制制度呢?要对**尔·姆·**说清楚这一问题,首先必须回答:什么是专制制度?专制制度(专制政体,无限君主制)是一种最高权力完全地整个地(无限制地)由沙皇一人独占的管理形式。沙皇颁布法律,任命官吏,搜刮和挥霍人民的钱财,**人民对立法和监督管理一概不得过问**。因此,专制制度就是官吏和警察专权,而人民无权。俄国全体人民备受无权的痛苦,有产阶级(特别是富有的地主和资本家)却可以任意左右官吏。工人阶级的痛苦是双重的:一方面是由于全国人民的无权;另一方面是由于工人受迫使政府为自己的利益服务的资本家的压迫。

推翻专制制度究竟是什么意思呢？这就是说，要沙皇放弃无限权力，人民有权选举自己的代表来颁布法律，监督官吏的行为，监督国家资财的收支。这种由人民参与立法和管理的管理形式叫做**立宪**管理形式（宪法是人民代表参与立法和管理国家的法律）。总之，推翻专制制度就是用立宪管理形式来代替专制管理形式。由此可见，推翻专制制度根本不需要"推翻人的力量和夺取经济力量"，而只需要迫使沙皇政府放弃自己的无限权力和召开国民代表会议来制定宪法（"争取民主的〈人民的、有利于人民的〉宪法"，如"劳动解放社"1885年发表的俄国社会民主党人的纲领草案上所说的那样）。

为什么推翻专制制度应该是俄国工人阶级的首要任务呢？这是因为在专制制度下，工人阶级不能广泛地展开自己的斗争，无论在经济方面或政治方面都不能夺取任何巩固的阵地，不能建立巩固的群众性的组织，不能在全体劳动群众面前举起社会革命的旗帜，也不能教会他们为社会革命而斗争。只有争得了政治自由，整个工人阶级才能坚决地进行反对资产阶级的斗争，而这个斗争的最终目的就是无产阶级夺取政权和组织社会主义社会。经过长期斗争锻炼的有组织的无产阶级夺取政权，才真正是"推翻"资产阶级政府的"人的力量和夺取经济力量"，但是俄国社会民主党人决不把**这种**夺取政权看做俄国工人的当前任务。俄国社会民主党人一向认为，只有争得了政治自由，只有广泛地展开群众性的斗争，俄国工人阶级才能建立争取社会主义最终胜利所必需的组织。

但是，俄国工人阶级怎样才能推翻专制制度呢？《工人思想报》的编辑们甚至嘲笑了"劳动解放社"，因为"劳动解放社"建立了俄国社会民主党,并且在自己的纲领中说:"那些即使目前还是未来俄国工人政党的萌芽的工人小组,也必须进行反对专制制度的斗争。"《工人思想报》(见该报第7号和我们分析的这篇文章)认为由工人小组来推翻专制制度是可笑的! 我们回答《工人思想报》的编辑们:你们嘲笑谁? 嘲笑你们自己!《工人思想报》的编辑们埋怨俄国社会民主党人**非同志式地**同他们争论。让读者自己来判断吧,究竟是哪一方在非同志式地争论:是俄国老年派社会民主党人呢,还是"青年派"社会民主党人。前者明确地发表了自己的见解,直截了当地说明了"青年派"社会民主党人的哪些观点是错误的,说明为什么他们认为这些观点是错误的;后者则**不指出**自己的论敌是谁,躲在角落里时而刺一下"写了一本论车尔尼雪夫斯基的德文书的人"(即普列汉诺夫,他们毫无根据地把他和一些合法的著作家混为一谈),时而刺一下"劳动解放社",断章取义地**歪曲**它的纲领,而又不能相对地提出自己稍微明确一点的纲领。是的! 我们承认有同志的义务,承认有支持一切同志的义务,有容纳同志意见的义务,**但是在我们看来,对同志的义务从属于对俄国社会民主党和国际社会民主党的义务,而不是相反**。我们承认对《工人思想报》负有同志的义务,这并不是因为该报的编辑们是我们的同志,而只是因为他们在俄国的(因而也是国际的)社会民主党队伍中工作,仅仅由于这一点,我们才把他们当做我们的同志。因此,当我们确实看到"同志们"离开社会民主党的纲领而后退,"同志们"缩小和歪曲工人运动的任务时,我们就认为自己**有责任**非常明确地毫不含糊地说出自己的看法!

我们刚刚说过,《工人思想报》的编辑们歪曲了"劳动解放社"的观点,这一点让读者自己去判断吧。尔·姆·写道:"我们不想理解有些同志为什么认为'劳动解放社'的纲领只是回答了'从哪儿取得同专制制度斗争的力量?'这一问题。"(在另一个地方写道："我们的革命者把工人运动看做推翻专制制度的最好的手段。")打开1885年"劳动解放社"出版并由帕·波·阿克雪里罗得转载在《论俄国社会民主党人的当前任务和策略问题》(1898年日内瓦版)这本小册子中的俄国社会民主党人的纲领草案,你们就可以看到,这个纲领的**基础**是:从资本的压迫下彻底解放劳动,使全部生产资料变成公有财产,工人阶级夺取政权,建立革命的**工人政党**。**尔·姆·**歪曲这个纲领,**不想**理解这个纲领,这是很明显的。帕·波·阿克雪里罗得在小册子的开头说,"劳动解放社"的纲领"回答了"从哪儿取得同专制制度斗争的力量的问题,**尔·姆·**就死死抓住这句话。但是要知道,"劳动解放社"的纲领回答了俄国革命者和俄国整个革命运动所提出的这个问题,这是**历史事实**。"劳动解放社"的纲领回答了这个问题,难道这就是说"劳动解放社"把工人运动仅仅当做一种手段吗?**尔·姆·**的这种"**不理解**"不过是证明他对众所周知的"劳动解放社"的活动一无所知。

其次,"推翻专制制度"怎么能是工人小组的任务。**尔·姆·**不理解这一点。请打开"劳动解放社"的纲领看一看,那里写道:"俄国社会民主党人认为在工人阶级中间进行鼓动,进一步传播社会主义思想和广泛建立革命组织,是工人小组反对专制制度的政治斗争的主要手段。这些联系密切、结成一个严密整体的组织,并不满足于同政府进行局部冲突,在适当时机,它们将毫不迟疑地一致向政府展开坚决的进攻。"1898年春组成"俄国社会民主工党"的俄国各地组织所遵循的正是这个策略。这些组织证明了自己是俄国的巨大政治力量。如果这些组织组成一个政党,广泛进行反对极权政府的鼓动，并且利用一切自由主义反对派分子，那么这个政党无疑地会实现争取政治自由的任务。如果《工人思想报》的编辑们"不想理解"这一点，那么我们"想"奉劝他们：先生们，学习学习吧，这些道理本身并不是很难懂的。

但是，我们还是回过来谈尔·姆·吧，在谈反对专制制度的斗争时我们把他撇在一边了。至于尔·姆·自己对这一问题的看法，则更加清楚地说明了《工人思想报》新的倒退倾向。

尔·姆·写道："专制制度的末日可以看得很清楚。""同专制制度作斗争，是一切生气勃勃的社会成员健康发展的条件之一。"读者也许以为，从这里总该得出工人阶级也必须同专制制度作斗争的结论吧？不，别忙。尔·姆·有他自己的逻辑和术语。他在斗争这个词前面加上"社会"两个字，就把斗争完全理解成另外一种东西了。尔·姆·描述了俄国许多居民阶层对政府采取的**合法的反对派立场**，最后断定说："争取地方和城市社会自治的斗争，争取社会教育的斗争，争取给饥民以社会救济的斗争等等，都是同专制制度的斗争。""一切觉悟和进步的居民阶层和集团都清楚地认识到必须同官僚专制制度作社会斗争。不仅如此，这种社会斗争由于某种令人莫解的原因，没有受到俄国许多革命著作家的关切，但是我们看到，俄国社会进行这种社会斗争已经不是一朝一夕的事情了。""当前的问题在于，怎样使这些个别的社会阶层……能更有成效地进行这种〈请注意这一点！〉反对专制制度的斗争……而我们的主要问题是：我国工人应该怎样进行这种反对专制制度的社会〈！〉斗争……"

尔·姆·的这些议论又充满了大量的糊涂思想和错误。

第一，尔·姆·把**合法的反对派立场**同反对专制制度、推翻专制制度的斗争混为一谈。由于对"同专制制度作斗争"一语不加解释，他制造了社会党人所不该有的这种混乱。这句话既可以了解为（有条件地）**反对**专制制度的斗争，也可以了解为在这个专制制度的基础上反对专制制度个别措施的斗争。

第二，**尔·姆·**把合法的反对派立场算做对专制制度的社会斗争，并且说，我国工人应该进行"这种社会斗争"，这样一来，他就变成了要我国工人不同专制制度作革命斗争，而是对专制制度采取合法的反对派立场，也就是说，把社会民主主义弄得庸俗不堪，把它和俄国最庸俗最贫乏的自由主义混为一谈。

第三，**尔·姆·**说俄国社会民主党的著作家〔诚然，**尔·姆·**宁愿采取"同志式的"不指名的责难。但是，如果他指的不是社会民主党人，那么他的话就白说了〕似乎不肯注意到合法的反对派，**这简直是胡说**。恰恰相反，无论是"劳动解放社"或是帕·波·阿克雪里罗得，无论是《俄国社会民主工党宣言》或是《俄国社会民主党人的任务》这本小册子（由"俄国社会民主工党"出版，阿克雪里罗得把它叫做《宣言》的**解说**），都不仅注意到了合法的反对派，而且还非常确切地说明了合法的反对派同社会民主党的关系。

现在来一一加以说明。我们的地方自治机关、一般的自由派团体和自由派报刊是怎样"同专制制度作斗争"的呢？它们有没有进行反对专制制度、推翻专制制度的斗争？**没有，这种斗争它们从来没有进行过，现在也没有进行**。进行这种斗争的只是一些往往出自自由派的博得社会同情的革命者。但是，进行革命斗争决不等于同情革命者和支持革命者；反对专制制度的斗争决不等于对专制制度采取合法的反对派立场。俄国自由派只是采取专制制度**本身所许可的**形式即专制制度认为对它没有危险的形式，来表示自己对专制制度的不满。自由主义反对派最突出的表现,也不过是自由派向沙皇政府**请愿**,请求吸收人民参加管理。自由派一次又一次地忍受了警察对这种请愿的粗暴的拒绝,忍受了宪兵政府甚至对他们合法申述自己意见所施加的非法的野蛮迫害。把采取自由主义反对派的立场干脆说成反对专制制度的社会斗争,这简直是**歪曲**事实,因为俄国自由派**从来**没有组织革命政党来进行推翻专制制度的斗争,虽然他们过去和现在都能够筹集经费和取得国外的俄国自由派的支持。**尔·姆·**不仅歪曲事实,而且还把俄国伟大的社会主义者尼·加·车尔尼雪夫斯基牵连在内。**尔·姆·**写道:"在这个斗争中,工人的同盟者是俄国社会的一切进步阶层,这些阶层捍卫自己的社会利益和社会团体,清楚地知道自己的共同利益,'从来不忘记〈尔·姆·引用车尔尼雪夫斯基的话〉,政府自己决定实行某项改革或者**根据社会的正式要求**实行某项改革,这两者的差别'有多么大。"如果像**尔·姆·**那样,以为这是对一切进行"社会斗争"的人们即对俄国整个自由派的评价,那是**彻头彻尾的谎话**。俄国自由派从来没有向政府提出过正式的要求,正因为如此,俄国自由派从来没有担任而且现在也不可能担任**独立的革命角色**。工人阶级和社会民主党的同盟者,不可能是"社会的一切进步阶层",而只能是这个社会的成员所建立的革命政党。自由派一般只能作为而且应当作为革命工人政党的辅助力量的**一个来源**(这一点帕·波·阿克雪里罗得在上述小册子中已经说得非常清楚)。正因为这样,尼·加·车尔尼雪夫斯基才无情地嘲笑了"俄国社会的进步阶层",说它们不懂得必须向政府提出正式要求,眼看着它们中间的革命者在专制政府的打击下牺牲。**尔·姆·**在这里也像在《增刊》的第二篇文章中那样,毫无意义地摘引车尔尼雪夫斯基的话,在那里他企图表明,车尔尼雪夫斯基不是空想主义者,似乎俄国社会民主党人没有充分评价这位"俄国伟大的社会主义者"的全部作用。普列汉诺夫在论车尔尼雪夫斯基的那本书(由《社会民主党人》[70]文集中的几篇文章编成,用德文出版的单行本)中,充分评价了车尔尼雪夫斯基的作用,并且阐明了他对马克思和恩格斯的理论的态度。《工人思想报》编辑部只是暴露了自己不能比较系统而全面地评价车尔尼雪夫斯基以及他的长处和短处。

俄国社会民主党的"现实问题"决不在于自由派应该怎样进行"社会斗争"(我们知道,**尔·姆·**认为这种斗争就是采取合法的反对派立场),而在于应该怎样建立为推翻专制制度而斗争的革命工人政党,这个政党能够依靠俄国的**一切**反对派分子,能够**利用**反对派的一切活动来进行革命斗争。为此,必须有一个革命的工人政党,因为在俄国只有工人阶级才是争取民主的坚定不移的战士,因为没有这种政党的积极推动,自由派分子"就会依旧萎靡不振,沉睡不醒"(上引帕·波·阿克雪里罗得的小册子第23页)。**尔·姆·**说,我国"最进步的阶层"进行着"真正的〈!!〉反对专制制度的社会斗争"(**尔·姆·**的文章第12页),"我们的主要问题是:我国工人应该怎样进行**这种**反对专制制度的**社会斗争**"。他的这种言论实质上是完全背离社会民主党的。我们只好郑重地劝告《工人思想报》的编辑们好好地想一下:他们想向何处去,他们实际上是站在什么地方,是站在把社会革命的旗帜带到劳动阶级中去,并且想把它们组织成一个革命政党的革命者中间,还是站在进行"社会斗争"(即采取合法的反对派立场)的自由派中间。所谓工人的"社会独立性"的理论,所谓"社会互助"和行业工会"暂时"只能争取十小时工作制的理论,所谓地方自治机关、自由派团体等等同专制制度进行"社会斗争"的理论,根本没有一点社会主义的气味,根本没有自由派所不承认的东西! 要知道,《工人思想报》的全部纲领(如果可以说是纲领的话)实质上是要使俄国工人陷于不开展和分散的状态,使他们成为**自由派的尾巴**!

尔·姆·有些话特别奇怪。尔·姆·一本正经地说道:"不幸的是,我们遭受政治警察残酷迫害的革命知识分子,把反对这种政治警察的斗争当成了反对专制制度的政治斗争。"这样说有什么意义呢? 政治警察之所以叫做政治警察,就是因为它迫害专制制度的敌人和反对专制制度的战士。正因为如此,目前还没有变成自由派的《工人思想报》,才像俄国全体革命者、社会党人和全体觉悟工人那样同政治警察作斗争。政治警察残酷地迫害社会党人和工人,专制制度拥有"严密的机构"和"机灵能干的国务活动家"(尔·姆·的文章第7页),从这个事实只能得出两种结论:胆小怕事的可恶的自由派的结论是,我国人民,特别是工人,还缺少斗争的准备,必须把全部希望寄托在地方自治机关、自由派报刊等等的"斗争"上,因为这是"真正的反对专制制度的斗争",而不只是反对政治警察的斗争。社会党人和每个觉悟工人的结论是,工人政党也必须用一切力量来建立"严密的机构",从先进工人和社会党人中培养出"机灵能干的革命活动家",从而使工人政党真正成为争取民主的先进战士,并把一切反对派分子吸引到工人政党方面来。

《工人思想报》的编辑们没有觉察到自己已经站在斜坡上,并且将沿着斜坡一直滑向前一种结论!

还有,尔·姆·写道:"这些纲领〈即社会民主党人的纲领〉还有使我们吃惊的地方,就是它们始终偏重工人在议会〈我国现时所没有的议会〉中活动的好处,而完全忽视……工人参加"厂主立法会议、工厂事务会议和城市社会自治机关工作的"重要意义"。(第15页)如果不强调议会的好处,工人怎么能知道政治权利和政治自由呢? 如果像《工人思想报》那样不谈这些问题,那不是支持工人中水平低的部分不问政治吗? 至于谈到工人参加城市社会自治机关,那么任何一个社会民主党人无论在什么时候什么地方都没有否定过工人**社会主义者**参加城市自治机关的好处和重要性,但是在俄国来谈这一点是可笑的,因为在俄国,社会主义还不可能进行任何公开的活动,在俄国诱导工人参加城市自治机关(如果这是可能的话),实际上就是使先进工人脱离工人的社会主义事业而走向自由主义。

　　尔·姆·说道:"工人中的先进部分对待这种〈专制〉政府的态度……正如工人对待厂主的态度一样易于理解。"这就是说(按照正常的人对这句话的理解),工人中的先进部分是觉悟程度并不低于知识分子出身的社会主义者的社会民主党人,因此,《工人思想报》想把这两者分开是荒谬的,有害的。这就是说,俄国工人阶级已经为建立独立的工人政党造就了和独立地提供了人才。但是《工人思想报》的编辑们根据工人中的先进部分具有政治觉悟这一点得出……这样的结论:必须把这些先进分子拖回来,使他们踏步不前! **尔·姆·**问道:"工人进行哪种斗争最合适呢?"他自己回答道:最合适的斗争就是可能进行的斗争,而可能进行的斗争就是"目前"工人"正在进行"的斗争!!! 很难找出一句更加突出的话,来表达热衷于时髦的"伯恩施坦主义"的《工人思想报》的编辑们所感染的这种毫无意义、毫无原则的机会主义了! 最合适的是可能的,而可能的就是现在有的! 这正像一个人准备走上一条遥远而艰难的道路,在这条道路上他会遇见许多阻碍和许多敌人,这个人问道:我应向何处去呢? 回答说:最好去可能去的地方,而可能去的地方就是你现在正在去的那个地方! 这正是虚无主义,不过这不是革命的虚无主义,而是机会主义的虚无主义,表现出这种虚无主义的人,不是无政府主义者,就是资产阶级自由派! **尔·姆·**"号召"俄国工人进行"局部的"、"政治的"斗争(在这里,政治斗争不是指反对专制制度的斗争,而只是指"争取改善全体工人生活状况的斗争"),公然号召俄国工人运动和俄国社会民主党**后退一步**,实质上就是号召工人脱离社会民主党人从而抛弃欧洲和俄国所取得的一切经验! 如果为了争取改善自己的生活状况,如果仅仅为了进行这种斗争,工人就根本不需要社会党人。在一切国家里都有这样的工人,他们为改善自己的生活状况而斗争,但是丝毫不了解社会主义,甚至还敌视社会主义。

尔·姆·写道:"最后,简单谈谈我们对工人社会主义的理解。"读了以上的说明以后,读者不难想象这是怎样一种"理解"了。这简直是伯恩施坦那本"时髦的"书的翻版。我国"青年派"社会民主党人不提无产阶级的阶级斗争,而提"工人自主的社会和政治的活动"。如果我们回想一下**尔·姆·**是怎样理解**社会**"斗争"和"政治"的,我们就会清楚地看到,他直接回到俄国某些合法著作家的"公式"上去了。社会主义的目的(和实质)是:把土地、工厂等等即全部生产资料变为全社会的财产,取消资本主义生产,代之以按照总的计划进行有利于社会全体成员的生产。**尔·姆·**没有确切地指出这个目的,却首先指出要发展行业工会和消费合作社,只是顺便谈了一下社会主义就是要使全部生产资料完全社会化。但是他却用最显著的黑体字刊印了伯恩施坦的一句话:"社会主义只是现代社会进一步的高度发展",这句话不仅没有说明社会主义的意义和实质,反而把它们弄模糊了。一切自由派和一切资产者无疑是赞成"现代社会发展"的,所以他们都会因为**尔·姆·**的话而高兴。尽管如此,资产者仍是社会主义的**敌人**。问题在于,"现代社会"包含许多不同的方面,而人们在使用这一共同用语时也各有所指。也就是说,**尔·姆·**没有向工人说清楚阶级斗争和社会主义的概念,而只是引用了一些含糊不清、令人莫解的话。最后,**尔·姆·**没有指出现代社会主义提出的实现社会主义的方法即由有组织的无产阶级夺取政权,而只是说把生产转归他们(工人)进行社会管理或由民主化的社会政权管理,而社会政权民主化的"方法是让他们〈工人〉积极参与工厂的一切事务会议,参加仲裁法庭,参加一切制定有关工人的法律的各种会议和委员会,参加社会自治机关,以及参加国家的总的代表机关"。由此可见,《工人思想报》的编辑们只是把用**和平的**方法能够得到的算做工人社会主义,而排除了革命的方法。这种缩小社会主义和把它变成庸俗的资产阶级自由主义的做法,又是背弃俄国全体社会民主党人和绝大多数欧洲社会民主党人的观点而倒退了一大步。当然,工人阶级但愿**和平地**取得政权(我们早就说过,只有受过阶级斗争锻炼的有组织的工人阶级才能这样取得政权),但是无论从理论上或从政治实践的观点来看,无产阶级**放弃**用革命的方法夺取政权,就是**轻率的行为**,就是对资产阶级和一切有产阶级的可耻让步。资产阶级不会对无产阶级实行和平的让步,一到紧要关头,他们就会用暴力保卫自己的特权,这是很可能的,甚至是极其可能的。那时,工人阶级要实现自己的目的,除了革命就别无出路。正因为如此,"工人社会主义"的纲领只是一般地谈夺取政权,而**不确定**夺取政权的方法,因为选择哪一种方法取决于将来的情况，而将来情况如何我们还不能肯定。但是无论在什么情况下，把和平的"民主化"作为无产阶级唯一的活动方式，那么我们再说一遍，就是任意缩小工人社会主义的概念，并且把这一概念庸俗化。

我们不想再详细分析《增刊》上的其他文章。关于纪念车尔尼雪夫斯基逝世十周年的那篇文章，我们已经谈过了。至于《工人思想报》的编辑们所宣扬的伯恩施坦主义，即全世界社会主义的敌人，特别是资产阶级自由派都抓住不放，而绝大多数德国社会民主党人（在汉诺威代表大会上）和德国觉悟工人坚决反对的伯恩施坦主义，这里不想细谈。我们现在所关心的是**俄国的**伯恩施坦主义，我们已经说过，"我们的"伯恩施坦主义是一种极端混乱的思想，根本没有独立的见解，同俄国社会民主党的观点比较起来它倒退了一大步。至于德国的伯恩施坦主义，最好让德国人来讲。我们只指出一点：俄国的伯恩施坦主义要比德国的差得多。伯恩施坦虽然有许多错误，虽然在理论方面和政治方面有明显的倒退倾向，但是他还有一定的头脑和一定的良心，他不自己另立新理论或新纲领，**不要求修改**德国社会民主党的纲领，而且在最后的决定关头他声明接受倍倍尔的提案，这个提案向全世界庄严地宣布，德国社会民主党遵循原有的纲领和策略。而我们俄国的伯恩施坦派怎样呢？他们的所作所为不及伯恩施坦的百分之一，他们甚至干脆不想知道所有的俄国社会民主主义组织在1898年成立了"俄国社会民主工党"，发表了党的《宣言》，并且宣布《工人报》是党的机关报，他们不想知道这些出版物全是以俄国社会民主党人的"旧"纲领为依据的。我们的伯恩施坦派好像也没有意识到，既然他们摒弃这些旧见解而另立新见解，那么从道义上来讲，他们对于整个俄国社会民主党,对于曾经倾全力来筹备和建立"俄国社会民主工党"而现在大部分被关进俄国监狱的社会党人和工人,就有责任直截了当地公开声明,究竟不同意谁,究竟不同意什么,究竟要用什么样的新见解和新纲领来代替旧见解和旧纲领,而不要一味躲在角落里笼统地刺"我们的革命家"。

我们还要研究一个恐怕是最重要的问题:俄国社会民主党里产生了这种倒退倾向,这怎样**解释**呢?我们认为,单单说这是由于《工人思想报》编辑们的个人品质,单单说这是由于时髦的伯恩施坦主义的影响,是解释不通的。我们认为,这主要是由俄国社会民主党发展的历史特点造成的,这种特点使人们对工人社会主义产生了狭隘的理解,这在**短时期内是不可避免的**。

在80年代和90年代初,即在俄国社会民主党人开始实际工作的时候,他们面对着两种人,一种是民意党人,他们责备社会民主党人逃避俄国革命运动传统的政治斗争,而社会民主党人则坚持不懈地同他们进行论战;另一种是俄国自由派,他们也不满意革命运动从民意主义转向社会民主主义。同这两种人的论战,都是围绕着政治问题而进行的。社会民主党人在反对民意党人把政治狭隘地理解为密谋活动时,只能一般地反对政治,有时也的确这样反对过(因为当时这种对政治的狭隘理解占优势)。另一方面,在资产阶级"社会"的自由派和激进派的沙龙中,社会民主党人常常能够听到为革命者放弃恐怖手段感到惋惜的论调。那些贪生怕死、在紧要关头不支持打击专制制度的英雄的人们,假仁假义地指责社会民主党人不问政治,一心只想再有一个政党为他们火中取栗。自然,社会民主党人恨透了这种人和他们的言论,并到工厂无产阶级中去进行规模虽小却很重要的宣传工作。这个工作在开始时有狭隘性是不可避免的,某些社会民主党人的狭隘言论就反映了这种情况。但是这种狭隘性吓不住那些念念不忘俄国工人运动的远大历史目的的社会民主党人。即使社会民主党人有时讲一些狭隘的**话**,那有什么要紧呢,**他们的事业**总是广阔的。他们不搞无益的密谋活动,不和资产阶级自由主义的巴拉莱金之流[71]来往,而到唯一真正革命的阶级中去,并促进这个阶级发展自己的力量!他们认为,随着社会民主党的宣传逐步扩大,这种狭隘性是会自行消失的。事实上结果大体也正是这样。宣传已经开始转向广泛的鼓动。广泛的鼓动自然会使觉悟的先进工人愈来愈多地涌现出来;革命组织(圣彼得堡、基辅等地的"斗争协会"和犹太工人联盟)也相继建立起来。这些组织很自然地要求合并,而且终于如愿以偿,它们联合起来并创立了"俄国社会民主工党"。看来,旧日的狭隘性现在已经失去任何基础,它将被彻底消除。但是事实却不是这样:鼓动工作的广泛开展,使社会民主党人接触到无产阶级中水平低的最不开展的部分;要把这部分人吸引过来,鼓动员必须善于适应最低的理解水平,习惯于把"眼前的要求和利益"提到首位,暂时不宣传社会主义和政治斗争的远大理想。社会民主党的工作具有分散的手工业的性质,各个城市的小组和小组间,俄国社会民主党人和国外学识比较渊博、革命经验比较丰富、政治眼光比较远大的同志间的联系又非常差,这自然会使社会民主党活动的这个(**十分必要的**)方面被过分夸大,使个别人忘掉其他方面,特别是每遭到一次失败,作战队伍的行列里就要减少一些最觉悟的工人和知识分子,牢固的革命传统和继承性也就无法建立。我们认为,有些人之所以可悲地背弃了俄国社会民主党的理想,其主要原因就是过分夸大社会民主党工作的这一方面。再加上对那本时髦的书的迷恋，对俄国革命运动史的无知，以及标新立异的幼稚妄想，——这就是形成"俄国社会民主党中的倒退倾向"的全部因素。

因此我们必须更加详细地谈谈无产阶级中先进部分与水平低的部分的关系问题和社会民主党在这两部分人中进行工作的意义问题。

各国工人运动史表明，最先和最容易接受社会主义思想的是条件最好的那部分工人。从历次工人运动中涌现出来的先进分子主要来自这个部分，他们能够取得工人群众的充分信任，他们全心全意地献身于教育和组织无产阶级的事业，他们完全自觉地接受社会主义，甚至独立地提出了社会主义理论。历次生气勃勃的工人运动中，都产生了像蒲鲁东和瓦扬、魏特林和倍倍尔这样的工人领袖。我们俄国工人运动看来也不会在这方面落后于欧洲。正当有教养的社会对说真话的不合法书刊失去兴趣的时候，工人强烈的求知欲和追求社会主义的热情却日益增长，工人中间的真正英雄人物也不断出现，他们虽然生活环境极坏，在工厂中从事着使人变蠢的苦役劳动，但是有顽强的个性和坚定的意志来不断学习，学习，再学习，使自己成为觉悟的社会民主党人，成为"工人知识分子"。现在俄国已经有这种"工人知识分子"，我们应该竭尽全力使他们的队伍不断扩大，使他们崇高的精神需求充分得到满足，从他们的队伍中间产生俄国社会民主工党的领导人物。因此，报纸如果想成为全体俄国社会民主党人的机关报，它就必须具有先进工人的水平；它不仅不应该人为地降低自己的水平，反而要不断提高自己的水平，注视全世界社会民主党中的一切策略问题、政治问题和理论问题。只有这样，工人知识分子的需求才能得到满足，他们也就能独立地领导俄国工人事业，**从而**也就能独立地领导俄国革命事业。

继人数不多的先进分子之后有广大的中等水平的工人。这些工人也如饥似渴地追求着社会主义,加入工人小组,阅读社会主义的书报,参加鼓动工作,他们和前者的差别仅仅在于他们还不能独当一面地领导社会民主主义的工人运动。中等水平的工人可能会看不懂党的机关报上的某些文章,会不能完全弄清楚复杂的理论问题或实际问题。但是决不能由此得出结论说,报纸应该降低到广大读者的水平。相反,报纸正应该提高他们的水平,并且从他们中间培养出先进工人。一个工人只要致力于**地方**实际工作,极其关心工人运动的动态和当前鼓动中的问题,他一举一动就应该想到俄国整个工人运动及其历史任务和社会主义的最终目的;因此,拥有大量中等水平的工人读者的报纸,必须把社会主义和政治斗争同每一个地方性的狭隘的问题联系起来。

最后,中等水平的工人之外就是无产阶级中水平低的广大群众。他们很可能完全看不懂或者几乎完全看不懂社会主义报纸(大家知道,在西欧投票选举社会民主党的人比社会民主党报纸的读者要多得多),但是如果由此得出结论说,社会民主党人的报纸应该迁就工人的最低水平,那就荒谬了。从这里只能得出一个结论:应该用别的宣传鼓动手段,如通俗小册子、口头鼓动、报道当地事件的小报(这是主要的),来影响这些人。但是社会民主党人决不能以此为限,很可能在启发水平低的工人的觉悟的时候,首先应该进行合法的教育工作。对于**党**来说,这项工作是非常重要的,而且正是要到最需要做教育工作的地方去做教育工作,要派合法的活动家去开荒,再让社会民主党的鼓动员去播种。对水平低的工人进行鼓动,当然应该充分发挥每个鼓动员的个人特长,全面照顾地区、职业及其他方面的特点。考茨基在反对伯恩施坦的书中说道:"不要把策略同鼓动混淆起来。鼓动的方法应该适应个人的和当地的条件。应该让每一个鼓动员发挥他自己的特长进行鼓动:有的鼓动员靠他鼓舞人心的本领给人留下强烈的印象,有的靠他辛辣的讽刺,有的靠他会举大量例子,等等。鼓动既应该照顾到鼓动员,也应该照顾到听众。鼓动员应该讲得使人能听懂,他应该从听众熟悉的事物出发。所有这一切都是不言而喻的,并且也不只是适用于对农民的鼓动。对马车夫讲话应该不同于对水手讲话,对水手讲话应该不同于对排字工人讲话。**鼓动**应该**因人而异**,但是我们的**策略**,我们的政治**活动**则应该是**一致的**。"(第2—3页)社会民主主义理论的先进代表的这些话,对鼓动在党的总的活动中的作用作了绝好的评价。这些话表明,担心建立一个领导政治斗争的革命政党会妨碍鼓动工作,会把鼓动工作推到次要地位或者束缚鼓动员的自由,这是没有根据的。相反,只有有组织的政党才能广泛地进行鼓动,才能在各种经济问题和政治问题上为鼓动员提供必要的指导(和材料),才能通过每一个地方的成功的鼓动来教育俄国全体工人,才能把鼓动员派到他们最能发挥作用的地方和人群中去。有鼓动才能的人,只有在有组织的政党中,才能够把自己的一切贡献给这个事业,——这无论对社会民主党的鼓动工作或其他方面的工作都有好处。由此可见,谁只注意经济斗争而忘记政治鼓动和宣传,忘记把工人运动组织成政党的斗争的必要性,谁就根本不可能坚持不懈和卓有成效地把无产阶级中水平最低的部分吸引到工人事业方面来,别的就更谈不到了。

但是,这种夸大活动的一个方面而损害其他方面甚至力图完全抛弃其他方面的做法,会给俄国工人运动带来极为有害的后果。

无产阶级中水平低的部分如果听到有人诽谤俄国社会民主党的创立者只是把工人当做推翻专制制度的工具,听到别人要他们提出恢复假日和行业工会的请求,而不管社会主义的最终目的和政治斗争的当前任务,他们就可能真的被腐蚀。这种工人常常可能落入(而且肯定会落入)政府和资产阶级的种种小恩小惠的圈套。无产阶级中水平低的部分,即很不开展的工人,在《工人思想报》的鼓吹影响之下,可能被资产阶级反动透顶的思想所迷惑,即工人除了要求增加工资和恢复假日("眼前的利益")之外,不能够而且不应该关心别的东西;工人群众只能够而且只应该靠自己的力量,靠"自己的主动精神"来从事工人事业,不必使工人事业和社会主义结合起来,不必把工人事业变成全人类所迫切需要的先进事业。再说一遍,最不开展的工人可能被这种思想所腐蚀,但是我们深信,俄国先进工人,那些领导工人小组和社会民主党整个活动的工人,那些被关在从阿尔汉格尔斯克省到东西伯利亚的监狱和流放地的工人,一定会愤怒地驳斥这类理论。把整个运动归结为争取眼前的利益,就是投不开展工人之机,就是投其所好。这就是把工人运动和社会主义之间的联系,先进工人的明确的政治要求和群众的自发的抗议之间的联系,人为地割裂开来。正因为如此,必须特别注意《工人思想报》提出另一种方针的企图,并且应该大力反对。显然,《工人思想报》为了迁就无产阶级中水平低的部分而竭力回避社会主义的最终目的和政治斗争,但是没有提出自己的方针,在这个时候,许多社会民主党人只是在摇头,指望随着工作的开展和扩大,《工人思想报》集团的成员自己会容易地摆脱这种狭隘性。但是,当那些做过有益的预备阶段的工作的人,居然抓住机会主义的时髦理论,开始在全欧洲吵吵嚷嚷,扬言希望整个俄国社

会民主党长期(甚至永远)停留在预备阶段的时候——换一种说
法,就是当那些一直为一桶蜜辛勤劳动的人,居然开始在"众目睽
睽"之下把焦油一勺勺倒入蜜桶的时候——我们就应该坚决起来
反对这种倒退倾向!

　　在俄国社会民主党中,不论是它的创立者,即"劳动解放社"的
成员,或者是组成"俄国社会民主工党"的俄国社会民主主义组织,
都始终承认下面两条基本原理:(1)社会民主党的实质是组织无产
阶级的阶级斗争,目的在于夺取政权,把全部生产资料交给全社
会,用社会主义经济代替资本主义经济;(2)俄国社会民主党的任
务是建立俄国工人的革命政党,它的当前目的在于推翻专制制度,
争取政治自由。谁背弃这些基本原理(这些基本原理在"劳动解放
社"的纲领和《俄国社会民主工党宣言》中都有确切的表述),谁就
是背弃社会民主党。

载于1924年《无产阶级革命》杂志　　　　译自《列宁全集》俄文第5版
第8—9期合刊　　　　　　　　　　　　第4卷第240—273页

论工业法庭

（1899年底）

工业法庭，就是由工人和业主（工业中的厂主）双方选出的代表组成的法庭，审理的案件和纠纷涉及雇用条件、确定日常工资和加班费、无故解雇工人、赔偿损坏材料、罚款不合理等等。西欧大多数国家都有这种法庭，俄国还没有，因此，我们想探讨一下，工业法庭对工人有什么好处，为什么除了普通法庭以外，最好还要设立工业法庭（普通法庭由政府任命的或由有产阶级选出的一名法官审理案件，没有业主和工人选出的代表参加）。

工业法庭的第一个好处是对工人十分方便。向普通法庭上诉，先得写诉状（为此往往非请律师不可），缴纳手续费，等待很久，出庭时还得丢下工作，证人也得丢下工作，如果当事人不服上诉，案件就要转上一级法院重审，那就还得等待。难怪工人很不愿意向普通法庭上诉！工业法庭由被选为审判员的业主和工人组成。工人向自己选出的伙伴提出口头控告，是一点也不困难的。工业法庭一般规定在假日或工人有空不致影响他们工作的时候开庭。工业法庭处理案件要快得多。

工业法庭对工人的第二个好处是，审判员很了解工厂的事情，他们不是一些不相干的官吏，而是了解工人生活条件和当地生产条件的本地人，而且审判员中有一半是工人，他们对待工人总是公

平的,不会把工人看做酒鬼、无赖和傻瓜(大多数出身于资产阶级
和有产者阶级的法官都是这样看待工人的,他们几乎总是同资产
阶级社会,同厂主、经理、工程师保持着联系,而和工人却隔着一道
万里长城)。法官最关心的是照章办案,只要把公文写好,别的什
么都可以不管,他们整天想的是领取薪俸和讨好上司。因此,在官
僚的法庭里,积压公文、拖延诉讼、故意刁难,简直是司空见惯的现
象。他们乱写公文,该记录的不记录,不管案件有理无理,结果不
了了之。如果审判员由厂主和工人双方选出,他们根本不必要埋
在公文堆里,他们既然不为薪俸,也就不听命于寄生的官僚。他们
关心的不是弄到一个肥缺,而是调解纠纷,免得厂主中断生产,免
得工人工作不安心,老是害怕老板找碴儿和任意欺侮。其次,为了
审理业主和工人之间的纠纷,必须根据切身经验很好地了解工厂
的生活。法官只是翻一翻工人手册,读一读规章,别的就什么也不
想再听了。他们说:谁违反规章,谁就得负责,别的我什么也不管。
而从业主和工人中选出的审判员,不单是看看公文就算完事,他们
还要看看实际上究竟是怎么一回事。因为有时候规章订得头头是
道,实际上却大有出入。即使法官想了解案情的实质,想全神贯注
地分析案情,往往也不能抓住要害,因为他们不了解惯例,不了解
计算工资的方法,不了解工头往往不必违反规章和克扣工资也能
想出方法欺压工人(例如,他们可以把工人调去做别的工作,发给
较差的材料,如此等等)。选出来的审判员,自己从事劳动或管理
工厂事务,他们马上就可以弄清楚这一切问题,他们很容易了解工
人的真正要求,他们不光是照章办事,而是要把一切纠纷调解好,
使别人不能钻规章的空子来压迫工人,使别人找不到借口来进行
欺骗和胡作非为。不久以前,报上登过这样一个消息:有个业主控

告他的制帽工人偷用了下脚料,他们差一点被判为偷窃;幸而遇到了几位正直的律师,他们收集了有关材料,证明这个行业里有这种惯例,工人不但不是小偷,甚至没有违反任何规章。但是,一个收入微薄的普通工人,几乎一辈子也找不到一位好律师,因此,工人了解,法官对于工人的案件总是作出最苛刻的判决。永远也不要指望法官会不偏不倚,我们已经说过,这些法官属于资产阶级,他们先入为主地偏听偏信厂主的一面之词,工人的话一句也不相信。法官光知道看法律,看雇佣合同(一个人为了钱而替别人做工或为别人服务)。厂主雇用的是工程师、医师、经理也好,是小工也好,对于法官反正是一样;他认为(由于他的文牍主义作风和资产阶级的愚蠢),小工应该清楚地知道自己的权利,应该在合同上预先说明一切必要事项,就像经理、医师、工程师能够办到的一样。而在工业法庭,审判员有一半是工人选出的。他们非常了解,一个新工人或青年工人来到工厂或办事房里常常感到自己好像走进了黑压压的森林,连想也想不到他是在签订"自由合同",合同可以"规定"对他有利的条件。可以举这样一个例子:一个工人认为剔除废品不公正或罚款不当,那就休想向法官或工厂视察员这样的官员提出控告。这些官吏只会强调一点:**法律**规定,厂主有权向工人罚款和剔除他们的废品,至于工作好不好,工人有没有过错,这就要由厂主决定了。正因为如此,工人很少向法庭提出这类控告,对于一切不法行为,他们一忍再忍,到了忍无可忍的时候,就举行罢工。假如审判员中有工人选出的代表,在处理这种案件和工厂中的一些小纠纷和欺压事件时,工人就极容易伸张正义和受到保护。而有钱的法官对于这类小事情(如开水供应啦,多擦一次机器啦,等等)是不屑一顾的,可是对工人来说这决不是小事情;只有工人自己才知道,工厂中这些一眼看来无所谓的、无关紧要的规章制度,有时竟会造成大量的欺压虐待事件。

　　工业法庭对工人的第三个好处是,工人们在工业法庭上和通过工业法庭能够学到法律知识。大多数工人通常不懂得也不可能懂得法律,可是,官吏们和法官们却要惩罚他们不懂法律。当官吏向工人指出某项法律时,工人如果说声不知道,官吏(或法官)不是讥笑,就是责骂说:"谁也没有权利拿不懂法律当挡箭牌。"——这就是俄国法律的基本精神。因此,任何一个官吏和法官总是**假设**每个工人都懂法律。但是,这种假设不过是资产阶级的谎言,是有产者和资本家为了对付穷人而捏造的,这同假设工人和业主订立的是"自由合同"一样。实际上,从小就进了工厂的工人,学会识字都很勉强(有许许多多人连字都不识!),更没有时间去了解法律,他们无从了解,看来也无须了解。因为,运用法律的既然是不问工人意见的资产阶级官吏,那法律又能给工人带来什么好处!资产阶级一味责难工人不懂法律,但是,对于怎样使工人能够获得这种知识,他们一件事也没有做过,因此,工人不懂法律与其说是工人的过错,不如说是他们的剥削者(掠夺者)的过错。这些剥削者掌握了全部财产,过着不劳而获的生活,只有他们才能受教育和研究科学。任何学校和任何书本都不会而且也不可能给工人提供法律知识,因为在受资本压迫的千百万劳动人民中间,只有为数极少的工人能够看懂这些书,由于同样的原因能够上学的工人也只是少数,即使上过学的人,多半也只会读写算;而这对理解像俄国法律这样复杂而困难的东西是远远不够的。只有工人自己运用这些法律,听到和看到运用这些法律的审判,他们才能熟悉法律。例如,工人若被任命为陪审员(在陪审期间,他们的工资应由厂主照发),

就可以很好地了解法律。但是，在资产阶级社会里，只有有产阶级出身的人（还有曾任"公职"，即当过下级警察而受过训练的农民）才能担任陪审员；一无所有的无产者只能听候别人来审判，自己却没有审判权！设立工业法庭，工人就可以选自己的伙伴担任审判员，并且定期改选；这样一来，被选出来的工人就可以亲自运用法律，就有可能在实践中熟悉法律，也就是说，不仅能够读一读书本上的法律条文（这还远不能算熟悉法律），而且还能够在实践中判断，在哪些场合应该运用哪些法律，对工人有什么影响。其次，工业法庭设立后，除了选出来当审判员的工人外，其余的工人要熟悉法律也比较容易，因为工人同自己伙伴中间选出来的审判员交谈总是要容易些，还可以从他们那里得到必要的知识。工业法庭与官僚法庭相比对工人更方便，所以工业法庭开庭时工人就会经常去旁听，听听他们亲友的案件是怎样审理的，这样也就熟悉了法律。对工人最重要的，不单是要从书本上获得法律知识，而是要在生活中熟悉法律，这样他们才会了解，这些法律是为谁制定的，那些运用法律的人是为谁服务的。任何一个工人一旦熟悉了法律，就会很清楚地看出，这些法律代表的是有产阶级、私有者、资本家、资产阶级的利益，而工人阶级，在他们还没有争得权利选举自己的代表参加法律的制定和监督法律的执行以前，永远也不能可靠地从根本上改善自己的景况。

其次（第四），工业法庭的好处是，它们使工人习惯于独立参与社会事务和国家事务（因为法庭是国家机关，它的活动是国家活动的一部分），使工人习惯于选举更明智、更正直、更坚决捍卫工人事业的伙伴去担任这种职务，使整个工人阶级都可以看到这些工人的活动，而工人的代表也可以提出全体工人的需要和要求。资本家阶级的利益,整个资产阶级的利益,就在于使工人处于愚昧无知和分散状态,就在于尽快解雇那些比较聪明的工人,那些利用自己的智慧和知识去帮助其余的工人获得更多的知识和学会共同捍卫工人事业,而不是去向工头、业主和警察阿谀奉承而背叛工人事业的工人。但是,为了使工人事业特别需要的这些先进工人能够为全体工人所了解、所信任,最重要的就是要使全体工人都看到这些工人的活动,都了解他们是不是善于表达工人的真正需要和愿望,是不是善于捍卫工人的利益。所以,如果工人能够选举这些人去当审判员,工人就都会知道他们当中的优秀人物,就会更信任这些人,这对工人事业将有很大的好处。请看我国的地主、企业主和商人吧,他们每个人都可以到省长或大臣那里去提出自己的要求,但是他们并不满足,他们还要设法选自己的代表参加法庭(有等级代表参加的法庭),并且直接参加管理(例如,由贵族选出的贵族代表、督学等;由商人选出的工厂事务会议成员、交易所委员会委员和市集管理委员会委员等)。俄国工人阶级则完全处于无权的地位,他们被看做驮载重荷的牛马,应该为别人埋头干活,而不敢提出自己的需要和愿望。假如他们能经常选出自己的伙伴参加工业法庭,他们就算有了某种可能参与一些社会事务,不仅提出彼得、西多尔或伊万等个别工人的意见,而且提出全体工人的意见和要求。那时工人对工业法庭就不会像对官僚法庭那样抱不信任的态度,因为他们会看到工业法庭里有捍卫他们利益的伙伴。

　　再次(第五),工业法庭对工人的好处是,这种法庭可以使工厂中的事务和工厂生活中的一切事件更多地公之于世。现在,我们知道厂主和政府极力使社会上看不到工厂发生的事情,如禁止登载罢工的消息,不再发表工厂视察员关于工人状况的报告,对一切胡作非为的现象不予声张，而由官吏尽快"在密室中"处理了事，破坏一切工人集会。难怪工人群众往往很少了解其他工厂甚至本工厂的其他部门的情况。工业法庭设立后，工人可以经常向它提出控告，审理案件也可以在工人有空的时候公开进行，让工人大众参加旁听，因此工业法庭对工人有很多好处，其中一个好处就是能促使一切胡作非为的现象公之于世，使工人易于同工厂中的坏事进行斗争，使工人习惯于不只是考虑本工厂的规章制度，而且还考虑一切工厂的规章制度和全体工人的状况。①

最后，不能不谈到工业法庭还有一个好处：工业法庭可以使厂主、经理和工头等习惯于有礼貌地对待工人，使他们把工人看做平等的公民，而不是看做奴隶。每一个工人都知道，厂主和工头对待工人常常是蛮不讲理的，常常责骂工人等等。工人要对此提出控告很困难，只有在全体工人都已经相当开展并且善于支援伙伴的地方，才能进行反击。厂主和工头们说，我国工人都是无知和粗暴的，所以也只能以粗暴对待他们。我国工人阶级的确还保留着许多农奴制残余，他们没有受过什么教育，他们还很粗鲁，这也不必否认。但是，这主要是谁的过错呢？这正是厂主、工头、官吏们的过错，他们像贵族老爷对待农奴那样对待工人，他们不愿意承认工人是和他们平等的人。工人提出请求或问题，态度很客气，但是，

---

① 当然不应忘记，工业法庭只是使事情公之于世的一种手段和途径，还远非主要的途径。只有讨论一切国家大事的自由的工人报纸和自由的人民集会，才能够使工厂生活、工人状况和他们的斗争的真相大白于天下。同样，工人在工业法庭中的代表席位也只是行使代表权的一个方面，还远非主要的方面。只有颁布法律并且监督法律的执行的全民代表机关(议会)，才能够真正代表工人的利益和需要。至于在俄国现行制度下有没有可能设立工业法庭，我们在下面还要谈到。

到处遇到的是粗暴、谩骂和威胁。如果厂主责备工人粗暴，那不明明是诿过于人吗？工业法庭会很快地使我国剥削者放弃粗暴的态度，因为在法庭上工人和厂主是平起平坐的审判员，他们一起讨论案件和进行表决。厂主审判员必须把工人审判员看做同自己平等的人，而不是看做仆从。在法庭上，当事人和证人既有厂主也有工人，因此厂主就会懂得应该同工人进行正常的谈判。这对工人非常重要，因为目前很少有可能进行这种谈判，厂主根本不希望工人选出自己的代表，工人要进行谈判就只有罢工这一条路可走，而这一条路是困难的，往往也是很痛苦的。其次，如果有工人担任审判员，工人就可以无拘无束地向法庭控诉自己受到的粗暴待遇。工人审判员会永远站在他们这一边的，厂主或工头由于粗暴要受到法庭的传讯，就不敢再耍无赖和傲慢不逊了。

由此可见，由业主和工人双方选出人数相等的代表组成的工业法庭，对工人具有重大的意义，对工人有许多好处：这种法庭比普通法庭对工人更方便；工业法庭的拖拉作风和文牍主义要少些；工业法庭的审判员了解工厂生活条件，作出的判决比较公正；工业法庭可以让工人熟悉法律，使他们习惯于选举自己的代表和参与国家事务；工业法庭可以使工厂生活和工人运动公之于世；工业法庭可以使厂主习惯于有礼貌地对待工人并以平等的身份同工人进行正常的谈判。正因为这样，所以欧洲各国工人都要求设立工业法庭，不仅要求为工厂工人（德国人和法国人已经有了这种法庭），而且为在家里替资本家干活的工人（家庭手工业者）和农业工人设立这种法庭。政府委任的一切官吏（**法官也好，工厂视察员也好**）**在任何时候都不能代替这种有工人亲自参加的**机构。在我们作了上面的说明以后，这一点就不必再作解释了。何况每个工人根据切身经验也都知道，他们会从官吏那里得到什么；每个工人也都清楚地了解，说官吏会像从工人中选出的代表一样关心工人，那就是撒谎和欺骗。这种欺骗对政府是非常有利的。因为政府要工人永远充当资本家的无知、无权和不声不响的奴隶。正因为如此，我们就经常可以从袒护厂主和政府的官吏或著作家那里听到这种骗人的鬼话。

工业法庭对于工人的必要性和好处是非常明显的，这一点，**甚至俄国的官吏**也老早就承认了。的确，这是很久以前的事了，许多人都已经淡忘！事情发生在我国农民摆脱了农奴制的依附关系的时候（38 年以前，即 1861 年）。大约在这个时候，俄国政府也决定废除关于手工业工人和工厂工人的旧法律，颁布新法律。当时已很明显，随着农民的解放，继续施行关于工人的旧法律已经不行了，因为在制定旧法律的时候，许多工人还是农奴。政府于是指定几个官员组成一个委员会，责成他们研究德国和法国（以及其他国家）有关工厂工人的法律，拟订修改俄国关于手工业工人和工厂工人的法律草案。委员会是由一些要员组成的。他们总算进行了这项工作，出版了整整 5 本书，介绍了外国的法律，拟订了俄国的新法律。在委员会提出的法律草案中，**有厂主和工人双方选出数量相等的审判员组成工业法庭这一条**。这个草案是 34 年前即 1865 年公布的。工人要问：当时究竟是怎样处理这个法律草案的呢？既然政府自己责成这些官员拟订必要的修改草案，那又为什么没有在俄国设立工业法庭呢？

我国政府正像历来处理一切多少有利于人民和工人的草案一样，处理了委员会拟订的草案。官吏们为沙皇和祖国辛勤效劳而得到了政府的奖赏，他们戴上了勋章，升官晋级，得到了更大的肥缺。而他们拟订的草案却像官场中所说的那样被稳稳地"束之高阁"。这个草案就这样一直被束之高阁。关于授权工人选自己的伙伴参加工业法庭的事,政府连想也不想了。

但是,决不能说,从那时起政府就一次也没有想到工人。诚然,它想到工人不是出于自愿,而完全是慑于声势浩大的工人骚动和罢工,但毕竟是想到了。政府颁布了工厂禁用童工、禁止某些生产部门女工上夜班、缩短工作日、委派工厂视察员等等法律。这些法律尽管写得拐弯抹角,尽管给厂主留下了破坏和逃避法律的许多漏洞,总还是带来了一些好处。既然如此,为什么政府不愿设立工业法庭(虽然这项法律已经制定好了),而宁愿制定新的法律和委派新的官吏——工厂视察员呢?原因十分清楚。完全了解这个原因对工人非常重要,因为这个例子有助于了解俄国政府对待工人阶级的全部政策。

政府所以委派新的官吏而不设立工业法庭,是因为工业法庭会提高工人的觉悟,促进他们认识自己的权利,认识自己作为一个人和一个公民应该有的尊严,并且会使他们习惯于独立思考国家事务和整个工人阶级的利益,习惯于选举比较开展的伙伴去担任工人代表,这样也就部分地限制了一小撮专横的官吏,使他们再不能独断独行。而这正是我们的政府所最害怕的。政府甚至准备施与工人一些小恩小惠(当然是一些微不足道的小恩小惠,而且一面在大庭广众面前用一只手郑重其事地递过去,并且自称善人,一面又用另一只手偷偷地一点一点捞回去!工人通过1897年6月2日颁布的工厂法的例子,已经识破这种诡计了!),这样做不过是为了使官吏可以自由自在地独断独行,使工人不致觉醒,使工人不能发挥自己的独立性。政府委派新的官吏即唯政府之命是从的奴仆，就易于避免这种严重的危险。政府可以毫不费力地禁止官吏（例如工厂视察员）发表他们的报告书，禁止他们向工人谈论工人的权利和业主的胡作非为，也可以毫不费力地把这些官吏变成工厂中的巡官，命令他们把工人的任何不满和风潮报告警察局。

因此，只要俄国还保存着现行政治制度，即人民毫无权利，不对人民负责的官吏和警察横行霸道，工人就不可能指望设立对他们有利的工业法庭。政府明明知道，工业法庭会很快地促使工人提出更根本的要求。工人选出代表参加工业法庭，就会马上看出，这还不够，因为剥削工人的地主和厂主可以把他们的代表派到许多更高级的国家机关中去，工人就一定会提出设立全民代表机关的要求。工人把工厂事务和工人的需要在法庭上公之于世，就会马上看出，这还不够，因为现在只有报纸和人民集会才能使这些东西真正公开，于是工人就要提出集会自由、言论自由和出版自由的要求。**正因为如此，政府才把在俄国设立工业法庭的草案埋葬掉了！**

另一方面，我们也不妨假定一下，政府为了欺骗工人，现在可能故意设立工业法庭，但是仍然原封不动地保存现行的政治制度。这对工人有没有好处呢？丝毫没有好处。连工人自己也不会选他们最有觉悟、最正直和最忠于工人事业的伙伴去参加这种法庭，因为他们知道，在俄国谁要是公开地说了一句老实话，只要警察局一道命令就可以把他逮捕起来，无需审判和侦查就可以把他投入监狱，或者流放到西伯利亚！

由此可见，要求设立有工人选出的代表参加的工业法庭，只不过是更广泛、更根本的要求的一个小小的组成部分。这个更广泛更根本的要求就是：人民要有政治权利，也就是说，人民要有参加国家管理的权利，有权不仅在报纸上、而且在人民集会上公开申述人民的需要。

载于1924年《无产阶级革命》杂志
第8—9期合刊

译自《列宁全集》俄文第5版
第4卷第274—287页

谈 谈 罢 工[72]

（1899 年底）

近几年来,俄国工人罢工的次数明显增多。没有一个工业省份不发生多次罢工的。在大城市里,罢工根本就没有断过。所以,觉悟的工人和社会党人对于罢工的意义、领导罢工的方法和社会党人参加罢工的任务等问题,自然就谈得愈来愈多。

我们想谈谈我们对这些问题的看法。在第一部分,谈谈罢工在整个工人运动中的意义;在第二部分,谈谈俄国的一些反罢工法;在第三部分,谈谈俄国过去和现在的罢工情况以及觉悟工人对罢工应该采取什么态度。

一

首先应当提出为什么会发生罢工、罢工为什么会这样普遍的问题。每一个人只要回想一下他亲身经历过的、或从别人那里听到和从报纸上看到的所有罢工事件,马上就会看出,发生罢工和罢工很普遍的地方,正是出现大工厂和大工厂增多的地方。大概每一个拥有几百(有时甚至几千)工人的大工厂,都发生过工人罢工。从前,俄国大工厂不多的时候,罢工也不多,但是自从大工厂在老工厂区和新的城镇迅速发展起来以后,罢工的次数就愈来愈多了。

　　为什么大工厂生产总是引起罢工呢？因为资本主义一定会引起工人同厂主的斗争，生产一变成大生产，这种斗争就一定会变成罢工斗争。

　　我们来说明一下这个道理。

　　资本主义是一种社会制度，在这种制度下，土地、工厂和工具等等都是少数土地占有者和资本家的，人民大众什么也没有或者差不多什么也没有，所以只好去受雇当工人。土地占有者和厂主雇用工人，强迫他们生产这种或那种产品，然后拿到市场上出卖。厂主付给工人的工资，只够工人全家勉强过日子，工人多生产出来的产品，都落入厂主的腰包，成了厂主的利润。可见，在资本主义经济制度下，人民大众受他人雇用，不是给自己干活，而是为挣几个工钱替业主干活。业主当然总是想方设法降低工资，因为他们付给工人的工资愈少，得到的利润就愈多。工人则要想办法多拿些工资，好使全家吃得饱，吃得好，住上像样的房子，穿得和大家一样而不是像乞丐。这样一来，业主和工人就经常为工资而发生斗争。业主可以随便雇用哪一个工人，所以他总是雇工钱最低的工人。工人也可以随便挑选哪一个业主，所以他总是寻找给钱最多的业主。工人无论在乡下找工作还是在城里找工作，雇他的无论是地主、富农或承包人和厂主，他总是要同他们讨价还价，为工资而斗争的。

　　但是工人能不能一个人进行这种斗争呢？工人愈来愈多，因为农民愈来愈穷，他们从乡下跑到城里来，跑进工厂。地主和厂主采用了机器，就挤掉了工人的工作。在城里，失业的人愈来愈多，在乡下，穷人愈来愈多；饥饿的人们使工资愈来愈低。工人一个人同厂主斗争已经不行了。工人想要拿高一点的工资或者不同意降低工资,厂主就会回答说:走你的吧,门外有的是挨饿的人,工资低他们也乐意干。

人民已经非常穷苦,城里乡下经常有大批失业的人。厂主已经积起了大批钱财,小业主遭到百万富翁的排挤。这时候,要一个工人单独去对付资本家,是**完全没有力量的**。资本家可以压得工人喘不过气来,逼他们拼命干活,而且不只是逼他本人,还逼他的老婆孩子。的确如此,在工人还没有争得法律保护、还不能对资本家进行反抗的行业里,大家可以看到,工作日竟长达 17 — 19 小时,五六岁的儿童因拼命干活而损害了身体,可以看到,整个一代工人因经常吃不饱而逐渐饿死。譬如说,那些在自己家里替资本家干活的工人就是这样。每一个工人还可以想起许许多多这样的事情! 假如工人不起来反抗资本家,争不到限制厂主横行霸道的法律,资本家就会拼命压迫工人,压迫之深甚至在奴隶制和农奴制时期也未曾有过。

工人为了不使自己落到这种极端困难的境地,就开始进行殊死斗争。工人们看到,单独一个人是完全没有力量的,而且在资本的压迫下随时都面临死亡的威胁,于是他们就联合起来反抗厂主。工人开始罢工了。起初,工人甚至往往不了解他们要争取什么,他们不懂得他们**为什么**要这样做,他们只知道砸碎机器,捣毁工厂。他们只想让厂主知道知道工人的愤怒,只想试试联合起来的力量,摆脱忍无可忍的境况,但是他们还不知道,他们的境况究竟为什么这样糟,他们究竟应当争取什么。

在所有的国家里,工人的愤怒开始都表现为个别的反抗(也就是我国警察和厂主所说的造反)。在所有的国家里,这些个别的反抗一方面引起比较和平的罢工,另一方面也引起了工人阶级争取自身解放的全面斗争。

罢工在工人阶级的斗争中究竟有什么意义呢？要回答这个问题，先要详细谈一谈罢工。我们知道，工人的工资是由厂主和工人之间的合同规定的，要阻止厂主降低工资，或者争得更高的工资，单个工人是完全没有力量的，所以很明显，工人一定要联合起来坚持自己的要求，一定要举行罢工。事实上，没有一个实行资本主义制度的国家，没有发生过工人罢工。在欧洲各国和美国，工人处都感到单独行动没有力量，要反抗厂主，只有联合起来，或者举行罢工，或者以罢工相威胁。资本主义愈发展，大工厂发展愈快，大资本家对小资本家的排挤愈厉害，工人就愈需要联合起来进行反抗；因为失业现象愈来愈严重，资本家之间力求进行廉价生产（要廉价生产，付给工人的工资也应当尽量压低）的竞争愈来愈激烈，工业波动和危机①愈来愈厉害。在工业繁荣时期，厂主得到很多利润，却没有想到分一点给工人；但是到了危机时期，他们倒要把亏损转嫁给工人。在欧洲各国，大家都公认罢工是资本主义社会里的必然现象，甚至连那里的法律也不禁止组织罢工，只有在俄国还有野蛮的反罢工法（关于这些法律及其实施情况，我们下次再谈）。

罢工是由资本主义社会的本质造成的，但是它标志着工人阶级反对这个社会制度的斗争的开始。当一无所有的工人单个人反对富有的资本家时，这说明工人是彻底受奴役的。但是当一无所

---

① 关于工业危机和危机对工人的意义，以后有机会再详谈。现在只要指出，近年来俄国工业生产发展得很顺利，工业大为"繁荣"，但是现在（1899年底）却有许多迹象清楚地表明"繁荣"就要变成危机了，譬如商品滞销、厂主垮台、小业主破产、工人灾难重重（失业、工资降低等等）。

有的工人联合起来,情形就不同了。如果资本家找不到愿意把自己的劳动用在资本家的工具和材料上来生产新财富的工人,那么,任何财富也不会给资本家带来什么利益。在工人单独同厂主打交道的时候,他还只是一个道地的奴隶,永远要为一小块面包来替别人工作,永远要做一名驯服的、不说话的奴仆。但是工人联合起来提出自己的要求,拒绝服从腰包满满的大亨,这时工人就不再是奴隶,他们已经是人了,他们开始要求他们的劳动不专门用来使一小撮寄生虫发财,而要用来让工人过人的生活。奴隶要求做主人,要求按劳动者自己的愿望而不是按地主和资本家的愿望去工作和生活。所以,罢工总是使资本家胆战心惊,因为罢工开始动摇了他们的统治。德国工人的一支歌曲赞颂工人阶级说:“一切轮子都要停止转动,只要你那强壮的手要它停止。”[73]的确,工厂、地主的农场、机器、铁路等等,都正像一架大机器上的轮子;这架机器开采各种产品,加工各种产品,把它们送到应该送去的地方。开动这整架机器的是**工人**,他们耕地,开矿,在工厂里制造商品,建筑房屋、作坊和铁路。只要工人拒绝工作,整架机器就有停止转动的危险。每一次罢工都提醒资本家,真正的主人不是他们自己,而是愈来愈响亮地宣告自己的权利的工人。每一次罢工都提醒工人,他们的处境不是没有希望的,他们并不孤立。看一看吧,罢工对于罢工者和邻近工厂及同行业工厂的工人,有多么大的影响。在平常的和平时期,工人一声不响地干着重活,不同主人争吵,不议论自己的处境。到了罢工的时候,他们响亮地提出自己的要求,向厂主提出以前受过的种种迫害,宣告自己的权利,他想的已经不仅仅是他自己一个人和他自己的一份工钱,他想的是所有同他一道停止工作、为了捍卫工人事业而不怕受迫害的伙伴。每一次罢工都会给工人带来大量的灾难,都使工人遭到如同战祸那样的大灾难,譬如全家挨饿,没有工资,常常被逮捕,从他居住和做工的城市流放到外地。虽然灾祸重重,但是工人对那些抛开所有伙伴去同厂主勾结的人是鄙视的。虽然罢工带来种种灾祸,邻厂工人只要看到他们的伙伴已经起来斗争,总是感到精神振奋。社会主义的伟大导师恩格斯在谈到英国工人罢工的时候说:"为了制服一个资产者而忍受着这么多苦难的人们,也一定能够摧毁整个资产阶级的权势。"①往往只要一个工厂发生罢工,就立即会引起大批工厂一连串的罢工。罢工的精神影响多么深啊!那些哪怕是暂时摆脱了奴隶地位而同富人平起平坐的伙伴的榜样,对工人的感染多么强烈啊!每一次罢工都大大地推动工人想到社会主义,想到整个工人阶级为了使本阶级从资本的压迫下解放出来而需要进行的斗争。常常有这种情形:在大罢工以前,某个工厂、某个行业或者某个城市的工人几乎不知道也没有想到过社会主义,但是在罢工以后,工人小组和工人联合会获得了蓬勃的发展,愈来愈多的工人成了社会党人。

　　罢工使工人懂得,厂主的力量在什么地方,工人的力量在什么地方;罢工教育工人不要只想到本厂一个厂主和自己身边的几个伙伴,还要想到所有的厂主,想到整个资本家阶级和整个工人阶级。靠剥削几代工人的劳动而积起百万家财的厂主,连增加一点点工资都不肯,甚至还打算降低工资,而在工人起来反抗的时候竟把成千上万个饥饿的家庭抛上街头,在这个时候工人就清楚地看到,整个资本家阶级是整个工人阶级的敌人,工人只有依靠自己,

---

① 见《马克思恩格斯文集》第 1 卷第 460 页。——编者注

依靠自己的联合。常常有这种情形:厂主千方百计地欺骗工人,把自己打扮成工人的恩人,用微薄的施舍和骗人的诺言来掩盖他们对工人的剥削。任何一次罢工都能一下子就揭穿这些骗局,使工人看到,他们的"恩人"是披着羊皮的狼。

罢工不仅使工人认清了资本家,而且也认清了政府和法律。厂主总想冒充工人的恩人,当官的和他们的狗腿子也像厂主一样总想让工人相信,沙皇和沙皇政府对厂主和工人是一视同仁的。工人不懂法律,他们同当官的,特别是同大官没有打过交道,所以往往相信了这一切。但是罢工发生了。工厂里出现了检察官、工厂视察员、警察,往往还有军队。工人才发觉原来自己犯了法:法律允许厂主聚会和公开谈论怎样降低工人的工资,而工人要共同提出条件,却被宣布为犯法! 于是工人被赶出住宅,警察封闭工人可以赊购食品的店铺,就是在工人安分守己地工作的时候,也往往要唆使士兵去迫害他们。士兵甚至受命向工人开枪,当他们向赤手空拳的工人开枪,打死逃跑的工人的时候,沙皇还会亲自向他们表示感谢(沙皇就曾这样感谢过1895年枪杀雅罗斯拉夫尔罢工工人的士兵)[74]。每一个工人都开始明白,沙皇政府是工人的死敌,它保护资本家,束缚工人的手脚。工人开始懂得,法律只是为富人的利益制定的,当官的也是保护富人的利益的,工人大众则不准随便讲话,不能说出自己的疾苦,工人阶级必须争取到罢工、出版工人报纸和参加人民代表机关的权利,由这个代表机关颁布法律和监督法律的执行。政府也很清楚地知道,罢工会擦亮工人的眼睛,因此它非常害怕罢工,总是想方设法尽快地把罢工镇压下去。难怪一个因为尽力迫害社会党人和觉悟工人而特别有名的德国内政大臣,有一次向人民代表说:"每次罢工的背后,都隐隐约约地出现革命这条九头蛇〈妖怪〉。"[75]工人觉悟到,政府是他们的敌人,工人阶级为了争取人民的权利应当作好准备同政府作斗争。工人的这种觉悟,随着每次罢工愈来愈坚定和提高了。

总之,罢工教会了工人要联合起来,罢工告诉他们,工人只有联合起来才能同资本家进行斗争。罢工教会工人考虑整个工人阶级反对整个厂主阶级和反对专制警察政府的斗争。正因为这样,社会党人才把罢工叫做"战争的学校",在这个学校里,工人学习对敌人进行战争,争取把全体人民和全体劳动者从官吏和资本的压迫下解放出来。

但是"战争的学校"还不是战争本身。随着罢工在工人中间的广泛开展,某些工人(以及某些社会党人)开始认为,工人阶级可以只搞罢工,成立罢工储金会或罢工协会就够了,工人阶级只要通过罢工就能大大改善自己的境况,甚至求得自身的解放。有些人由于看到工人的联合,甚至小规模的罢工都能显示巨大的力量,竟然设想工人只须在全国展开总罢工,就什么都可以从资本家和政府那里得到了。其他国家的工人,在工人运动刚刚开始、工人还很缺乏经验的时候,也有过这种看法。**但是这种看法是错误的**。罢工只是工人阶级争取自身解放的斗争手段**之一**,决不是唯一的手段,工人如果不重视其他的斗争手段,就会延缓工人阶级的成长和胜利。的确,为了罢工的胜利,必须建立储金会来维持工人罢工期间的生活。在所有的国家里,工人(通常是某些行业、某些手工业或某些行会的工人)都建立了这种储金会,只有在我们俄国,这种事情才特别困难,因为警察到处搜寻储金会,没收现金,逮捕工人。当然,工人也很会躲避警察;当然,建立这种储金会是有好处的,我们并不打算劝阻工人这样做。但是不能指望,在法律严禁工人储金会的情况下,储金会能够吸收大量会员;而在会员很少的情况下,工人储金会的好处也不会很大。其次,甚至在那些工人联合会可以自由存在并且建有庞大的储金会的国家,工人阶级在斗争中也决不应当仅仅局限于举行罢工。一旦工业生产发生停顿(例如发生危机,目前在俄国危机也正在逼近),甚至连厂主也会故意挑起罢工,因为有的时候暂时停工对他们是有利的,搞垮工人储金会对他们是有好处的,所以工人无论如何不能仅仅满足于罢工和罢工协会。第二,只有工人已经有了足够的觉悟,善于选择罢工时机,善于提出要求,同社会党人保持联系从而得到传单和小册子,只有在这种地方,罢工才能顺利进行。在俄国,这样的工人还不多,必须集中全力增加这种工人的数量,让广大工人了解工人事业,让他们了解社会主义和工人斗争。社会党人和觉悟工人应当共同担负起这个任务,并且为此建立起社会主义的工人政党。第三,正如上面所看到的,罢工向工人表明,政府是工人的敌人,必须同政府进行斗争。事实也正是如此,在所有的国家里,罢工使工人阶级逐渐学会了为争取工人和全体人民的权利而同政府进行斗争。前面已经说过,能够领导这一斗争的,只有社会主义的工人政党,因为它能够在工人中间传播关于政府和关于工人事业的正确概念。下一次,我们将专门谈一谈我们俄国的罢工情况以及觉悟工人应当如何利用罢工。这里我们只应当指出,罢工正像我们在上面说过的,是"战争的学校",而不是战争本身,罢工只是斗争手段之一,只是工人运动的一种形式。工人们能够而且应当从个别的罢工转向整个工人阶级解放全体劳动者的斗争,实际上各国工人也正在这样过渡。只有一切觉悟工人都成为社会党人,成为解放事业的追求者,在全国范围内联合起来,到工人中间传播社会主义,教育工人掌握各种对敌斗争的方法,并且建立起为全体人民摆脱政府压迫和全体劳动者摆脱资本压迫而奋斗的社会主义的工人政党,只有在这个时候,工人阶级才能够真正加入世界各国工人的伟大运动,真正加入这个把全体工人联合起来并且高举着"全世界无产者,联合起来!"的红旗的伟大运动。

载于1924年《无产阶级革命》杂志
第8—9期合刊

译自《列宁全集》俄文第5版
第4卷第288—298页

书 评[76]

谢·尼·普罗柯波维奇《西欧工人运动》

(1899 年底)

"谈到社会科学及其所谓的结论,即资本主义社会制度由于内部日益发展的矛盾必趋灭亡的结论,我们可以在考茨基的《爱尔福特纲领解说》中找到必要的解释。"(第 147 页)在谈论普罗柯波维奇先生摘引的那段话的内容以前,我们必须指出普罗柯波维奇先生以及诸如此类的理论改造家所特有的一个怪癖。我们这位"批判的研究者"在谈到"社会科学"时,为什么偏要在考茨基的一本通俗的书中去找"解释"呢? 难道他认为全部"社会科学"都包括在这本书里了吗? 他明明知道,考茨基是"马克思传统的忠实捍卫者"(第 1 卷第 187 页),因此应该到马克思的政治经济学论文中去寻找"社会科学"这一学派对"结论"的阐述和论证,但是他的行动却表明他似乎连这一点也不知道。这位"研究者"只是狂妄地反对理论的"捍卫者",却根本不敢在自己的书中公开地和直接地同这一理论交锋,对于这种"研究者",我们应该作何感想呢?

在普罗柯波维奇先生摘引的那段话中,考茨基说的是,技术革命和资本积累的进展愈来愈迅速;由于资本主义本身的基本特性,生产必须扩大而且必须不断扩大,但是市场的扩大"在一段时间里却极为缓慢";"看来,欧洲工业的市场不仅不再扩大甚至还会开始缩小的日子已经不远了。这一事实正是意味着整个资本主义社会的崩溃"。普罗柯波维奇先生"批评"这一"社会科学的结论"(**即考茨基指出的马克思所发现的发展规律之一**)说:"在资本主义社会必然灭亡这个论据中,起主要作用的是'生产不断扩大的趋势同市场的扩大愈来愈缓慢以致最终缩小'之间的对立。照考茨基的说法,这个矛盾一定会使资本主义社会制度毁灭。但是,〈请听吧!〉生产扩大的先决条件是一部分剩余价值用于'生产消费',也就是说首先要实现剩余价值,然后为了再生产把剩余价值用在机器、建筑物等等上面。换句话说,生产的扩大同现有商品的销售市场的存在有极密切的联系;因此,在市场相对缩小的条件下,生产不断扩大是不可能的。"(第148页)普罗柯波维奇先生对于自己在"社会科学"方面文不对题的议论十分欣赏,因此在下一行就目空一切地大谈其信仰的"科学"(带引号的)论据等等。这种自以为是的批评如果不是非常可笑,那就是令人愤慨的。善良的普罗柯波维奇先生只知其一,不知其二。最近一个时期俄国著作界热烈地讨论了抽象的实现论,并且由于民粹派经济学的错误,特别强调了"生产消费"的作用。普罗柯波维奇先生听到了这一理论,却没有认真弄懂这一理论,就以为它**否定了**(!)考茨基在这里指出的资本主义的那些基本矛盾。听了普罗柯波维奇先生的这种论断,一定会认为,"生产消费"的增长可以同个人消费**完全无关**(在个人消费中群众的消费起着主要作用),也就是说,在资本主义内部生产和消费之间不存在任何矛盾。这简直是胡说八道,马克思及其俄国的拥护者都明确地反对过这种歪曲①。根据"生产扩大的先决条件是生

---

① 参看1899年8月《科学评论》杂志上我的一篇文章,特别是第1572页(参看本卷第60—78页,特别是第70—71页。——编者注),以及《俄国资本主义的发

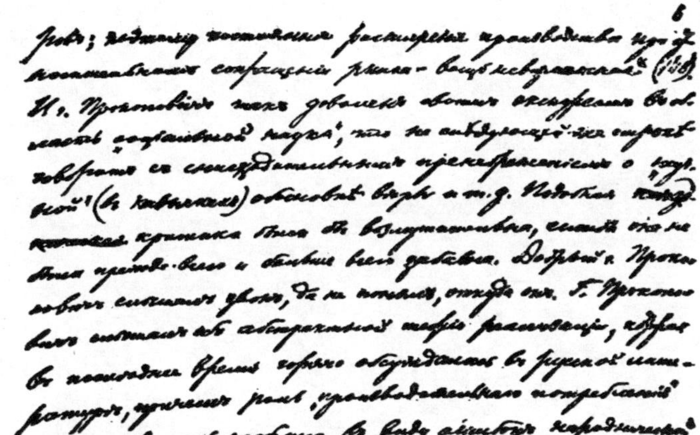

1899年底列宁《书评。谢·尼·普罗柯波维奇〈西欧工人运动〉》手稿第6页

（按原稿缩小）

产消费"这一论断,不仅不能得出我们这位"批判的研究者"所陷入的那种资产阶级辩护论,相反,只能够得出资本主义所固有的并且必然导致资本主义灭亡的矛盾,即生产无限增长的趋势同消费有限之间的矛盾。

谈到上面这一点的时候,还值得指出下面这一有趣的情况。普罗柯波维奇先生是伯恩施坦的狂热拥护者,他引证和翻译伯恩施坦在杂志上发表的文章长达数页。伯恩施坦在他的名著《前提》①中,甚至把他的俄国拥护者谢·普罗柯波维奇先生介绍给德国公众,但是他附带作了一项声明,大意是说,普罗柯波维奇先生是一位比他本人更彻底的伯恩施坦派。最可笑的是伯恩施坦和他的俄国附和者都歪曲实现论,但是**方向完全相反**,因此就互相厮打**起来**。第一,伯恩施坦认为,马克思的"矛盾"在于,一面反对洛贝尔图斯的危机论,一面又宣称"一切现实的危机的最终原因,总是群众的贫穷和他们的消费受到限制"②。实际上,正如我在别处曾经指出的(《评论集》第 30 页③,《俄国资本主义的发展》第 19 页④),这里没有任何矛盾。第二,伯恩施坦的论断和我们的瓦·沃·先生完全一样,说什么剩余产品的大量增多,必定意味着有产者的增多(或工人福利的提高),因为资本家本人及其奴仆不可能(原文如此!)把全部剩余产品"消费掉"(《前提》第 51—52 页)。**考茨基在他的反驳伯恩施坦的著作**(考茨基《反伯恩施坦论》第 2

展》第 16 页及以下各页(参看本版全集第 3 卷第 36 页及以下各页。——编者注)。

① 即《社会主义的前提和社会民主党的任务》。——编者注
② 见《马克思恩格斯文集》第 7 卷第 548 页。——编者注
③ 参看本版全集第 2 卷第 136—138 页。——编者注
④ 参看本版全集第 3 卷第 40—42 页。——编者注

章——关于"剩余价值的利用"这一节)**中指出**,这种天真的论断完全忽略了生产消费的作用。但是伯恩施坦介绍过的这位俄国伯恩施坦派所说的却恰恰相反,他在"生产消费"的作用问题上把考茨基教训了一顿,同时又把马克思的发现夸大到荒谬的地步,似乎生产消费的增长可以和个人消费完全无关! 似乎把剩余价值用于生产资料的生产,这样实现剩余价值就能最终消除生产对消费的依赖,从而消除生产和消费之间的矛盾! 读者根据这个例子就可以判断,我们这位"批判的研究者"普罗柯波维奇先生"丢掉理论前提足足一半",真的是由于"研究"的结果,还是由于某些其他原因。

　　再举一个例子。我们的作者用了三页的篇幅(第 25—27 页)"研究了"德国的农民协作社问题。普罗柯波维奇先生列举了各类协作社,引证了协作社(特别是牛奶协作社)迅速发展的统计材料,接着推断说:"手工业者在现代经济制度中几乎已经失掉了立足之地,而农民在这一制度中却仍然稳固地〈!〉站住了脚。"这还不简单吗? 德国农民过着吃不饱的生活,被过重的劳动折磨得筋疲力尽,从农村大批逃往城市,这一切想必都是臆造的了。只要指出协作社(特别是使农民的子女喝不上牛奶,使农民更加依附资本家的牛奶协作社)的迅速发展,就足以证明农民的"稳固"了。"加工工业中资本主义关系的发展,坑害了手工业者,却改善了农民的境况。它〈境况?〉阻碍着资本主义对农业的渗透。"真是奇闻! 大家一向认为,加工工业中资本主义的发展正是产生和发展农业中的资本主义的主要力量。但是普罗柯波维奇先生同他德国的师表一样,竟煞有介事地低声说:nous avons changé tout ça,我们把这一切都改了!⁷⁷先生们,真的是这样吗? 你们真的改了**一点什么吗**? 真的证明了被你们所"攻破"的那个理论的哪怕是一条基本原理是错

误的吗？你们真的用更正确的原理来代替了它吗？你们没有回到
旧的偏见上去吗？"……另一方面，加工工业的发展可以使农民得
到外水……"　瓦·沃·先生之流的农民外水论又复活了！这种
"外水"在许多情况下说明农民已经变为雇佣工人，这一点普罗柯
波维奇先生却认为用不着提。他宁愿用"农民阶级还没有失掉生
命力"这句响亮动听的话来结束他的"研究"。是的，考茨基正是
在谈到德国的时候指出，农业协作社是**向资本主义**过渡的阶段。
可是，我们不是已经看到，可怕的普罗柯波维奇先生怎样驳倒了
考茨基！

　　民粹派观点（而且是瓦·沃·先生那种色彩的民粹派观点）的
复活，我们不仅在上述这段话中可以看到，而且在普罗柯波维奇先
生"批判性研究"的其他许多地方也可以看到。读者也许知道，
瓦·沃·先生过分狭隘地解释所谓"经济"唯物主义学说并且使之
庸俗化，因而获得了怎样的名声（可悲的名声）。经过瓦·沃·先
生一"改"，这一学说就不是把一切因素最终归结为生产力的发展，
而是容许忽略许多极其重要的（虽然归根到底是派生的）因素。普
罗柯波维奇先生向我们作了完全相同的歪曲，他企图揭露考茨基，
说他不懂得"物质力量"（第 144 页）的意义，而普罗柯波维奇先生
自己却漫不经心地把"经济组织"（第 145 页）和"经济力量"（第
146 页，特别是第 149 页）混淆起来。可惜我们不可能十分详细地
分析普罗柯波维奇先生的这个错误，只能让读者自己去看上面提
到的考茨基反驳伯恩施坦的著作（第 3 章第 1 节），那里对普罗柯
波维奇先生所转述的原话作了详尽的分析。我们也希望，仔细阅
读普罗柯波维奇先生著作的读者能够很容易地看出，把"经济"唯
物主义的范围无端缩小，这根本不是我们这位"批判的研究者"所

抨击的理论(不过普罗柯波维奇先生在这一点上也对理论创始人的观点保持谦逊的缄默,对这些观点不加分析,宁愿摘引这一理论的现代追随者的演说和文章)本身的过错(例如参看第 2 部分第74、90、92、100 页上比利时有威望的活动家的声明)。

必须指出,普罗柯波维奇先生的引证常常是断章取义的,使读者对于俄国书刊尚未介绍过的观点和论据产生误解。因此普罗柯波维奇先生自以为是的批评给人的印象是极其恶劣的。在某些情况下,阅读普罗柯波维奇先生著作的人,参考一下不久前译成俄文的赫克纳教授的《西欧的工人劳动》一书(1899 年圣彼得堡教育杂志社版),也是不无益处的。例如,普罗柯波维奇先生在第 24 页(第 1 部分)脚注中写道,在 1892 年的代表大会上"通过了一项赞同组织生产协作社的决议",——接着是引文,这段引文,第一,并没有完全证实作者的话,第二,恰恰在说到必须"坚决破除一种迷信,似乎协作社能够影响资本主义的生产关系等等"的地方**中断了**。(赫克纳的书第 XI—XII 页脚注,第 9 章注 6)

在第 56、150、156、198 页及其他许多页上,普罗柯波维奇先生也像上面分析的那样得心应手地驳倒了考茨基。普罗柯波维奇先生硬说,李卜克内西在 60 年代曾一度放弃了和违背了自己的理想等等(第 111、112 页),这种谰言是完全不足道的。我们这位"研究者"(对他的有分量的论据我们已经有些了解)的恬不知耻和刚愎自用达到了无以复加的程度,例如从下面这段话(又不是针对理论的创始人,而是针对理论的"捍卫者")就可以看出:"如果我们想从工人运动的概念是否与工人运动的实际发展进程相符合,即是否具有**科学性**〈黑体是普罗柯波维奇先生用的〉这一点着眼来批评这一概念,那是毫无根据的。这一概念没有、也不可能有〈原文如此!)丝毫科学的气息。"(第156页)这是一个多么果断的批评啊!整个马克思主义不值一批——一批就完。显然,站在我们面前的或者是一个注定在科学(德国流行的理论"丝毫"也"不可能有"这种科学的"气息")中完成重大改革的人,或者……或者——怎么说得缓和一些呢?——或者是一个由于"丢掉理论前提足足一半"而人云亦云的家伙。普罗柯波维奇先生那样虔诚地向千百次说过这些话的最新偶像叩头膜拜,毫不怜惜自己的额头。请看,伯恩施坦有一个"理论观点上的缺点"(第198页),他似乎相信(能够设想吗?)必须有科学的理论来决定活动家的目标。"批判的研究者"摆脱了这种奇怪的信念。普罗柯波维奇先生郑重其事地说:"只有当人们承认科学应该为党的目标**服务**,而不应该**决定**党的目标时,科学才是自由的。必须承认,科学不能为实践的政党提出目标。"(第197页)应该指出,伯恩施坦所不同意的正是自己信徒的这种观点。"必然会导致教条主义的原则性纲领,只是党健康发展道路上的障碍……　理论原则在宣传中是有用处的,但是在纲领中就没有用处。"(第157页)"纲领是不需要的,是有害的。""个人本身就是纲领,如果他很敏感,能敏锐地预测时代的需要的话……"　读者也许以为我还在引证普罗柯波维奇先生的研究论述吧?不,我现在是在引证《新时报》[78],该报前不久登载了几篇引人注目的关于纲领的文章……当然不是关于党的纲领,而是关于新上任的内务大臣的纲领……

　　普罗柯波维奇先生所鼓吹的无原则性的自由……即所谓"科学的自由"同我们大胆的批评家大胆加以评论的大多数西欧活动家所持的观点之间的关系究竟如何,这一点从普罗柯波维奇先生那本书的下面一些话中可以看出来:"……当然,在不违背原则的

情况下……"（第 159 页）"丝毫不破坏自己的独立性和对原则的恪
守……" "只有在妥协使人放弃原则或者即使是回避原则……的
情况下,我才否定妥协……"（第 171 页）"不带进无原则性……"
（第 174 页）"当然,不出卖灵魂,在这里就是不出卖原则……"（第
176 页）"现在,原则已经牢固地确立了……"（第 183 页）"〈需要
有〉指南针,以免摸索徘徊",反对"目光短浅的经验主义",反对"漠
视原则的态度……"（第 195 页）"原则的理论的部分是有重要意义
的……"（第 2 部分第 103 页）,等等。

　　最后,再来两小段引文:"如果德国社会民主主义是社会主义
的表现,而不是第一次认识到自己作用的、在现代社会中捍卫自己
利益的无产阶级的表现,那么（既然不是所有的德国人都是理想主
义者）除了这个追求理想目标的政党以外,我们还可以看到一个更
有力量的政党,即代表非理想主义的那一部分德国无产阶级的实
际利益的工人政党……" "如果社会主义在这个运动中不只是作
为区别一定组织的标志,如果它成为思想动力,成为要求党员承担
某种专门义务的原则,那么社会主义政党就会同整个工人政党分
离,渴望在现存制度的基础上有更好的生活条件而很少考虑理想
的未来的无产阶级群众,就会组织起独立的工人政党。"读者也许
又以为这两段引文是摘自普罗柯波维奇先生的研究论述? 不,这
两段引文摘自瓦·沃·先生的《理论经济学概论》（1895 年圣彼得堡
版第 248、249—250 页）。"我们有名的"瓦·沃·先生早在 5 年前
就已取得了普罗柯波维奇先生最新的"批判性研究"的成果了……

　　然而,够了。要不是普罗柯波维奇先生的大名已为整个欧洲
所知晓,要不是现在有许多人把"丢掉理论前提足足一半"看做某
种功绩,要不是随意凌辱"正统思想"和"教条"的风气已经传开,那

么，对重弹"我们的时代不是广泛任务的时代"的老调，重复"小事情"和"可喜现象"的说教这类"研究"，我们当然就不会花这样多的时间了……

载于 1928 年《列宁文集》俄文版　　　　　译自《列宁全集》俄文第 5 版
第 7 卷　　　　　　　　　　　　　　　第 4 卷第 299—309 页

论《宣言书》⁷⁹

（1899 年底或 1900 年初）

  基辅委员会起草的《宣言书》，虽然还只是一个草稿，而且基辅委员会说根本没有时间来详细研究和加工，但是它已经能够使人对基辅委员会的观点具有相当确切的了解。这些观点，毫无疑问会引起坚持社会民主党原有原则（这些原则"劳动解放社"在俄国宣布过，俄国社会民主工党的出版物也一再阐述过，俄国社会民主工党的宣言也确认过）的俄国社会民主党人的坚决反对。基辅委员会的观点，显然**表明**是受了"青年派俄国社会民主党人"这一新派别的很大影响，这一派别发展到最后已经和伯恩施坦派同流合污，并且出了有名的《工人思想报》增刊（1899 年 9 月）和同样有名的《信条》这样的产物。

  现在虽然还不能说《宣言书》同这个机会主义的反动派别完全一致，但是《宣言书》已经向这方面跨出了严重的几步，在社会民主主义的基本思想方面表现了很大的混乱，对革命思想发生了很大的动摇，我们认为有责任告诫基辅同志，并且对他们偏离早已确立了的国际社会民主党原则和俄国社会民主党原则的行为作详细的分析。

  《宣言书》的第一句话，就使人感到莫名其妙。"基辅委员会承认，争取无产阶级的政治权利是俄国工人运动当前的总任务，但是它认为不可能在目前号召工人群众进行政治活动,换句话说,就是目前不可能进行**政治**鼓动,因为大多数俄国工人还没有成熟到能够进行政治斗争。"我们不谈这段话的措辞,我们认为重要的是在这里和在《宣言书》的其他地方重复了(请注意这一点)多次的思想,这些思想只能使我们产生这样的疑问:"这竟是社会民主党人写的吗?"

"大多数俄国工人还没有成熟到能够进行政治斗争!"如果真是这样,那无异于宣判了整个社会民主党的死刑,因为这就是说,大多数俄国工人还没有成熟到能够接受社会民主主义。其实,世界上不论什么地方,不论过去或现在,不和政治斗争紧密相联的社会民主党是没有的。社会民主党不进行政治斗争,那就等于干涸的江河,这真是一个莫大的矛盾,这不是倒退到我们那些忽视"政治"的老祖宗的空想社会主义,就是倒退到无政府主义或者是倒退到工联主义。

世界社会主义的第一个宣言书《共产党宣言》,已经确立了一个从那时起就成了一种起码常识的真理:一切阶级斗争都是政治斗争,工人运动只有转向政治斗争,才能脱离萌芽状态和幼年时期,才能成为**阶级的**运动。俄国社会民主主义的第一个宣言书,1883年出版的普列汉诺夫的小册子《社会主义与政治斗争》,证实这个真理适用于俄国,说明俄国革命运动究竟怎样和究竟为什么一定会使社会主义和政治斗争结合起来,使工人群众的自发运动和革命运动结合起来,使阶级斗争和政治斗争结合起来。基辅委员会一方面持有社会主义和阶级斗争的观点,同时却认为"在目前号召广大群众进行政治活动"是不可能的,这实质上就是完全离开了社会民主主义的原则,而它想继续坚持这些原则,就陷入了一系列重大的矛盾。

　　其实，既然认为进行政治鼓动和政治斗争是不可能的，怎么还谈得上工人的"政治教育"呢？难道还需要向社会民主党人证明，**离开**政治斗争和政治活动就谈不上任何政治教育吗？难道可以设想除了政治活动和政治斗争还能够用什么课程或书本等等来对工人群众进行政治教育吗？难道俄国社会民主党人必须回到农奴主的观点上去，认为首先必须教育农民，然后才能解放农民吗？或者必须回到向政府献媚的那些文痞的观点上去，认为首先必须教育人民，然后再给人民政治权利吗？既然认为号召工人进行政治活动是不可能的，既然认为进行政治鼓动是不可能的，那怎么能把促使工人认识到必须为政治权利而斗争"当做自己的任务"呢？要促使工人认识到必须进行政治斗争，同时却不号召他们进行政治斗争？！这算什么话呢？这怎么行呢？这种混乱情况，决不是因为在草稿中讲得不太清楚或考虑得不太周到，这是贯穿在基辅委员会全部观点中的两重性和不彻底性的必然产物。一方面，它想继续保留早已确立了的国际社会民主党和俄国社会民主党的基本原则，另一方面，它却迷恋于时髦的伯恩施坦主义的词句，如"必然性"、"渐进性"（基辅委员会《宣言书》第一部分结尾）、"运动的直接的经济性质"，说什么不可能进行政治鼓动和政治斗争，必须以实际需要作为牢固的基础（为政治自由而进行的斗争，好像不是由实际需要引起的！），总之，是迷恋于那些用来编造出《信条》和《工人思想报》增刊这类时髦作品的时髦词句。现在我们想着重谈这样一个论点，这个论点是问题的焦点，它集中了我们所分析的《宣言书》的全部弱点，这个论点就是："不可能在目前号召工人群众进行政治活动"，换句话说，就是目前不可能进行政治鼓动，因为俄国工人还没有成熟到能够进行政治斗争。幸而上面这个论断是完全错误的（我们说"幸而"，是因为如果这个论断是正确的，那它必然会把俄国的马克思主义者和社会民主党人拖到工联主义和资产阶级自由主义庸俗化的泥潭中去，而《信条》和《工人思想报》的作者以及他们在我国合法书刊中的许多喽啰们，正努力在这样做）。大多数俄国工人不仅已经成熟到能够进行政治斗争，而且已经多次表现了自己的成熟，多次采取过政治斗争的行动，而且常常是自发地行动的。

　　说实在的，难道大量散发斥责政府、抨击政府的传单不是政治斗争吗？难道大多数俄国工人没有用"自己的手段"惩办过作威作福的警察和士兵吗？难道他们没有用暴力营救过自己被捕的同志吗？难道他们没有在很多地方直接同军警进行过巷战吗？难道大多数俄国工人没有在20多年中把最优秀、最开展、最真诚、最勇敢的同志送进革命小组和革命组织的队伍吗？但是，为了讨好资产阶级庸俗化的时髦学说，我们革命社会民主党的代表，就应该忘记这一切，应当认为号召工人群众进行政治活动是不可能的！有人也许会反驳说，上述的许多事实，往往与其说是政治斗争，不如说是自发的活动。我们回答说，在社会党人的革命小组还没有进行广泛鼓动，没有号召工人群众进行阶级斗争，进行反对压迫者的自觉斗争以前，难道我们的罢工不只是一些自发的活动吗？在历史上有哪一个人民运动，有哪一个阶级运动不是从无组织的自发活动开始的，不是在本阶级知识分子的自觉参与下，采取了有组织的形式，建立了政党的？如果工人阶级不可遏止地自发地追求政治斗争的行动，直到现在大半还只是表现为没有组织的活动，那么，只有《莫斯科新闻》[80]和《公民》[81]才会从这里得出结论说，大多数的俄国工人还没有成熟到能够接受政治鼓动。社会党人却从这里得出这样的结论:时机早已成熟到必须进行政治鼓动,必须最广泛地号召工人群众从事政治活动和政治斗争;不发出这个号召,我们就没有履行自己的职责,我们实质上就不再是社会民主党人,因为资产阶级的狂热拥护者,随时随地都在鼓吹成立不进行政治斗争的经济组织和工会组织。因此,像《工人思想报》那样一贯对俄国工人阶级的政治斗争和政治任务讳莫如深,只能被看做是犯罪,是可耻的。这种做法无异是腐蚀工人的政治意识。工人看到了并感到了政治压迫,自发地起来反对这种压迫,然而他们从自己的社会党人领导者那里得到的却是冷遇,或者甚至是一场反对政治斗争思想的争论。有人说我们应该把政治自由思想"逐渐地"灌输给群众,好像我们一直把这些思想向群众灌输得太快了,应该放慢一点,节制一点,这不能不说是态度冷淡和目光短浅!!有人说,要"从政治上说明工人阶级的地位",只有"在每一具体场合都有这样做的理由时"才可以,好像工人生活中日常的大量普通事实,都不能成为政治鼓动的"理由"似的,这能不能说是态度冷淡和目光短浅呢?!

　　想用在每一具体场合都有理由这一点来限制政治鼓动,这是没有意义的,或者只是表明他们要朝着《信条》和《工人思想报》后退一步,要缩小我们本来就已非常狭小的宣传和鼓动工作的范围。有人也许还要反对我们说,工人**群众**还不能理解政治斗争的思想,这种思想只有少数比较开展的工人才能理解。对于这种经常可以从"青年派"俄国社会民主党人那里听到的反对意见,我们的回答是:第一,社会民主党无论在什么时候什么地方都是、并且**不能不是**觉悟工人的代表,而不是不觉悟工人的代表;故意迎合工人的不开展状态,是最危险和最有罪的事情。如果把广大群众马上就能充分理解的东西作为活动的准绳,那就只能鼓吹反犹太主义,或者叫大家去向喀琅施塔得的约翰神父求救了。

社会民主党的任务,是提高群众的政治觉悟,而不是做没有政治权利的群众的尾巴。第二(这是主要的),说群众不能理解政治斗争的思想,是不正确的。这种思想,连文化水平很低的工人也能理解,当然,这是要有条件的,就是要鼓动员或宣传员善于做他们的工作,能够把这种思想告诉他们,在传达这种思想时,要善于用通俗易懂的语言,并且能够借助于日常生活中他们所知道的事实。在说明经济斗争的条件时,这样做也是必需的,因为在这个领域内,中下等水平的群众中文化水平低的工人也是掌握不了总的经济斗争思想的。能够掌握这种思想的,是少数有知识的工人,跟着他们走的,是受本能和目前切身利益支配的群众。

在政治领域内也是如此。能够掌握总的政治斗争思想的,当然只是有知识的工人,群众会跟着他们走,因为群众深深地感到自己在政治上没有权利(正如基辅委员会在《宣言书》的某一处所承认的那样),而最切身的日常利益,经常使他们和各种政治压迫现象发生抵触。在任何一个政治运动或社会运动中,在任何一个国家里,一定阶级的群众或人民群众同该阶级或人民的少数知识分子代表之间的关系,只能是这样的:无论什么时候什么地方,一个阶级的领袖永远是该阶级最有知识的先进代表人物。俄国工人运动也不能例外。因此,忽视工人的这个先进部分的利益和要求,企图把它**降低**到水平低的部分的认识水平(而不是经常去**提高**工人的觉悟程度),这必定会产生极其有害的影响,并且为各种非社会主义思想和非革命思想侵蚀工人准备温床。

现在来结束对基辅委员会政治斗争观点的分析。整个《宣言书》最奇怪和最突出的地方是,委员会认为在目前号召广大工人群众进行政治活动是不可能的,认为最好是"根据广大群众能够理解的理由"来组织**局部性的**游行示威,其目的纯粹是为了进行鼓动(而不是为了对政府发生影响)。社会党人号召工人**不要**对政府发生影响!!! 这真是妙透了…… 不好理解的只是,怎么可能有**不**对政府发生影响的游行示威呢? 大概是叫工人关起门来在自己的小屋子里游行示威吧! 或者是叫工人把拳头揣在兜里游行示威吧! 这样大概就不会"对政府发生"有害而致命的"影响"了! 什么叫"局部性的游行示威"? 我们同样不能理解。是不是指职业性的游行示威,即只是为了职业性问题而举行的游行示威(再说一遍,这又和社会主义有什么关系呢?),或者是为了局部性的政治问题,而不是为了反对整个政治制度,反对整个专制制度而举行的游行示威呢? 如果是这样,那么这难道不是最纯粹的《信条》的和极端机会主义的思想吗? 不是最纯粹的极端贬低和抹杀工人阶级政治觉悟和政治任务的思想吗? 如果是这样,那么这难道不是重复了京城中一位"青年派"社会民主党人的那句"至理名言":"要使专制制度在工人中威信扫地,还不是时候"?

《宣言书》的极端狭隘的观点不仅仅表现在"政治"问题上。我们还看到这样一段话:"鼓动工作对群众的影响,目前首先只能表现在促进无产阶级的经济斗争上;因此,委员会利用工人和业主的每一次冲突,或业主的每一个严重胡作非为的表现来唤起工人,向他们说明他们的地位,号召他们起来反抗,并在罢工中起领导作用,申述他们的要求,向他们指出实现这些要求的最好途径,用所有这些方式来提高工人阶级的自觉性。"就是这些,关于经济斗争再没有别的话了。这竟然叫做宣言书! 再仔细读一读这些地方,就知道这又是《信条》的语言和《信条》的思想(这又一次证明《工人事业》杂志[82]编辑部的极端错误,它执意要掩盖"青年经济派"的观点,认为这只是个别人的偏向)。

对于社会党人来说,经济斗争是把工人组织到革命政党中去的基础,是团结工人和开展工人的阶级斗争来反对整个资本主义制度的基础。如果把经济斗争当做某种独立的东西来看待,那它就毫无社会主义的气味,欧洲各国的经验也证明不仅存在着大批社会主义的工会,而且也存在着大批反社会主义的工会。

资产阶级政治家的任务,是要"促进无产阶级的经济斗争",社会党人的任务,是要以经济斗争去促进社会主义运动和革命工人政党的胜利。社会党人的任务,是要使经济斗争和政治斗争紧密结合成统一的社会主义工人群众的阶级斗争。因此,基辅委员会《宣言书》的含糊说法,为伯恩施坦思想大开方便之门,使得对经济斗争的狭隘得不能容忍的看法合法化了。

要使鼓动工作对群众发生影响,就应该根据压迫的种种事实和表现来广泛开展经济鼓动和政治鼓动。我们应该利用鼓动吸收更多工人参加革命社会民主党的队伍,鼓励各种政治斗争的表现,把自发的政治斗争形式组织成统一政党的斗争形式。因此,鼓动工作应该成为广泛传播政治性抗议和推行更有组织的政治斗争形式的**手段**。目前,我们鼓动工作的范围太窄,涉及的问题太少,所以我们的职责不是要使这种狭隘性合法化,而是要设法摆脱这种狭隘性,设法使我们的鼓动工作进行得深入和广泛。

《宣言书》中的这种狭隘性,不但造成了上述理论错误,而且还缩小了实际任务。这种缩小表现在他们希望"把当前的迫切任务规定为用调查表和其他方法来调查各地工厂工人的生活状况"。

当然，我们不能一律反对调查表，它是鼓动工作中不可缺少的一个项目，但是，从事调查就会浪费本来就感不足的革命力量。

要知道，从我国合法的调查材料中就可以得到许多东西。当前的迫切任务应该是扩大鼓动和宣传（特别是政治鼓动和宣传），而且，在我们工人中流行着一种把他们自己写的通讯寄给社会主义报纸的良好习惯，这又可以保证我们有充分的材料。

把实际任务缩小得更厉害的情况表现在储金会问题上，他们认为只有"工会罢工"储金会是最理想的储金会，但是一句也没有谈到要这些储金会成为社会民主党的一个组成部分，使它们为政治斗争服务。

要我们的秘密储金会只从事经济活动，这对《信条》的作者来说，是很自然的，而对俄国社会民主工党一个委员会的《宣言书》来说，却是不可理解的。

在关于合法团体的问题上，《宣言书》的观点同样是很狭隘的，同样表现了他们想向臭名昭著的伯恩施坦主义让步。社会民主党的委员会要帮助成立储金会，这又是在分散力量，混淆文化主义的活动和革命工作之间的区别。革命政党可以而且应该利用合法团体来加强和巩固**自己的**工作，把它们作为进行鼓动的基地，作为建立联系以及进行其他工作的方便的隐蔽所，但是，只能为了这些目的。用社会党人的力量去帮助成立合法团体，是非常不合算的；使这些合法团体具有独立性，是错误的；认为在合法团体中可以"完全摆脱业主的干预和压迫"，是很可笑的。

最后，在基辅委员会的组织计划上，也反映了它观点的狭隘性和独特性。诚然，我们完全同意基辅委员会所说的，现在宣布恢复党和选举新的中央委员会还不是时候，但是我们认为，"运动具有直接的经济性质"、俄国无产阶级还"没有成熟到能够接受政治鼓动"等看法是完全错误的。等待"地方小组巩固起来,数目增加起来,和工人的联系加强起来",这同样是错误的,这种巩固往往会使它们马上遭到破坏。

不,我们应该立刻着手做统一工作,先从统一刊物做起,就是要先创办一个全俄机关报,这个机关报应当从事恢复党的准备工作,成为整个俄国的机关刊物,收集全国各地小组的通讯和材料,开辟专栏讨论争论的问题,扩大我们宣传和鼓动的范围,特别注意组织问题、策略问题和活动的方法,满足最开展的工人的各种要求,不断提高无产阶级中水平较低的部分的觉悟(用工人通讯和其他东西来吸引他们),使他们愈来愈自觉地参加社会主义运动和政治斗争。

我们确信,只有通过这种途径才能为党的统一和重建创造实际条件,只有进行直接和公开的论战,反对狭隘的"经济主义"和日益流行的伯恩施坦思想,才能保证俄国工人运动和俄国社会民主党的正确发展。

载于 1928 年《列宁文集》俄文版 第 7 卷

译自《列宁全集》俄文第 5 版 第 4 卷第 310—321 页

《火星报》[83]和《曙光》杂志[84]
编辑部声明草案

（1900年3月底—4月初）

在社会民主党的两个机关刊物——科学政治杂志和全俄工人报出版的时候，我们认为有必要谈一谈我们的纲领，我们的意图和我们对自己的任务的理解。

我们正处在俄国工人运动和俄国社会民主党历史上极端重要的时刻；显然，一切情况都说明我们的运动已进入一个紧要阶段：运动蓬勃发展，俄国各地都长出了苗壮的幼苗，现在，运动迫切要求巩固起来，要求采取更高级的形式，要求具有一定的形态和组织。的确，近几年来社会民主主义思想在我国知识界传播之快，是异常惊人的，而与这一社会思潮相呼应的却是工业无产阶级的完全独立的自发运动。工业无产阶级开始联合起来同自己的压迫者斗争，他们如饥似渴地向往社会主义。到处都出现工人小组和知识分子社会民主党人小组，出现了地方性的鼓动小报，社会民主主义的书报供不应求，政府变本加厉的迫害已阻挡不住这个运动了。

监狱中拥挤不堪，流放地也有人满之患，几乎每个月都可以听到俄国各地社会党人被"抓获"、交通联络站被侦破、鼓动员被逮捕、书报被没收、印刷所被封闭的消息，——但是运动并没有停止，而是在继续发展，并且席卷了更加广大的地区，它日益深入工人阶级,愈来愈引起社会上的注意。俄国经济的整个发展进程、俄国社会思想和俄国革命运动的全部历史,将保证社会民主主义工人运动冲破重重障碍而向前发展。

　　最近时期我们的运动特别明显的主要特点,就是运动的分散状态,即运动的手工业(如果可以这样说的话)性质:地方小组的产生和活动,与其他地方的小组,甚至(这一点尤其严重)与一直在同一中心同时活动的小组,几乎毫无联系;没有树立传统和继承性,地方书报也完全反映出这种分散状态,反映出同俄国社会民主党已经树立的东西缺乏联系。我们之所以认为目前时期是紧要关头,是因为运动的发展已超出这种手工业方式和分散状态,它坚决要求过渡到更高级的、更统一的、组织得更好和更完善的形式,我们认为,我们有责任为建立这种形式而努力。自然,在运动的一定时期,即在运动的初期,这种分散状态是完全不可避免的,运动在长时期的革命沉寂以后极其迅速和普遍地发展起来,在这种情况下缺乏继承性也是十分自然的。地方条件的多样性,各地区工人阶级状况的差别,以及各地活动家的看法的特点,无疑地是会永远存在的,而这种多样性恰巧证明运动是有生命力的,它的发展是健康的。这都是事实,但是分散和无组织的状态决不应该是这种多样性的必然结果。保持运动的继承性,使运动统一起来,绝不排斥多样性,相反,这样做甚至可以为多样性创造更广阔的舞台和更自由的活动场所。在运动的现阶段,分散状态简直已经开始暴露出有害的作用,而且有把运动引上狭隘的实际主义歧途的危险。狭隘的实际主义不从理论上来阐明整个运动,它只会破坏社会主义和俄国革命运动的联系,只会破坏社会主义和自发的工人运动的联系。这种危险并不是虚构的,像《信条》以及《〈工人思想报〉增刊》(1899年9月)这一类作品都可以证明这一点。《信条》已经引起了理所当然的抗议和谴责,《〈工人思想报〉增刊》最露骨地表现了贯穿整个《工人思想报》的倾向。在这个《增刊》中,开始出现一种俄国社会民主党内的特殊思潮,这种思潮只会带来直接的危害,因而必须和它斗争。俄国的合法书报嘲弄了马克思主义,只能毒化社会意识,使这种涣散状态和无政府状态更加严重,而出名的(因破产而出名的)伯恩施坦才能够利用书刊向全世界散布谎言,说大多数在俄国进行活动的社会民主党人都站在他的一边。

要判断这一分歧有多深、形成特殊思潮的可能性有多大,现在还不到时候(我们绝不打算现在就把这些问题肯定下来,我们还决不放弃可能**共同**工作的希望),但是,闭眼不看情况的严重性,比夸大这一分歧要有害得多,因此,对于"劳动解放社"恢复出版书报的活动,并着手进行斗争来反对歪曲社会民主主义和把它庸俗化的企图,我们表示衷心拥护。[85]

由此得出一个具有实际意义的结论:我们俄国社会民主党人必须团结起来,全力以赴地建立一个统一的和巩固的党,这个党要在革命的社会民主主义纲领的旗帜下进行斗争,要保持运动的继承性和经常维护它的组织性。这个结论并不是新的。俄国社会民主党人在两年前就已经得出了这个结论,当时,俄国几个较大的社会民主主义组织在1898年春召开了代表大会,建立了俄国社会民主工党,发表了党的《宣言》,并决定《工人报》为党的正式机关报。我们既然是俄国社会民主工党的党员,就完全赞同《宣言》的基本思想,而且认为《宣言》的极其重要的意义在于公开宣布了我们党应当争取的目的。因此,对我们党员来说,关于当前迫切任务的问题是:为了把党重新建立在尽可能稳固的基础上,我们应当采取怎样的行动计划？有些同志(甚至有些小组和组织)认为，为了达到这个目的，必须重新选举党的中央机构和委托它恢复出版党的机关报。[86]我们认为这个计划是错误的，至少也是冒险的。建立和巩固党，也就是建立和巩固全体俄国社会民主党人的统一，而这种统一不是简单地下一道命令就可以办到的，不是只根据某一次代表会议的决定就可以实现的，必须经过一番努力。首先，必须出版一个共同的党的刊物，所谓共同并不是仅仅在于：它是为全俄国的运动服务，而不是为个别地区服务；它讨论的是整个运动的问题，并且帮助有觉悟的无产者进行斗争，而不只是讨论一些地方性的问题。所谓共同还在于它能够联合现有的一切写作力量，反映俄国社会民主党人(他们不是彼此隔绝的工作人员，而是由共同的纲领和共同的斗争联合在一个组织中的同志)的各种不同的意见和观点。其次，必须建立一个组织，专门负责各个运动中心的联络工作，完整地和及时地传递有关运动的消息，正常地向俄国各地供应定期报刊。只有建立起这样的组织，建立起俄国的社会主义邮递工作，党才能稳固地存在，那时党才能成为真正的事实，从而成为强大的政治力量。我们决心要为实现这个任务的前一半，即创办共同的刊物贡献自己的力量，我们认为，这是当前运动的迫切要求，是恢复党的活动的必要的准备步骤。

我们任务的这种性质自然就规定了我们出版的机关刊物必须遵循的纲领。在这些刊物上应当用很多篇幅来讨论理论问题，即讨论社会民主主义的一般理论以及怎样把这一理论同俄国实际结合起来。目前，无疑应当对这些问题立即展开广泛的讨论，这一点经过上述说明后，已经无须再谈了。自然，介绍西欧工人运动及其历史和目前的情况，也应当密切联系一般理论的问题。其次，我们的目的是要系统地讨论一切政治问题:社会民主工党必须回答实际生活各方面提出的一切问题,回答国内和国际的政治问题,而且我们应当尽量使每个社会民主党人和每个有觉悟的工人,对一切基本问题都有明确的认识,没有这个条件,就不可能广泛地和有计划地进行宣传和鼓动。对理论问题和政治问题的讨论,将结合党纲的制定来进行,而 1898 年的代表大会就已经认为必须制定党纲。我们打算在不久的将来公布纲领草案,对这个草案展开全面的讨论必然将为下一届代表大会提供足够的材料,而下一届代表大会的任务就是通过纲领。[87]再其次,我们认为讨论组织问题和进行实际工作的方法问题,也是一个特别迫切的任务。上面谈到的缺乏继承性和分散状态,对党的纪律、组织和秘密活动技术的现状起着极其有害的影响。必须开诚布公地承认,在这方面,我们社会民主党人落后于俄国革命运动老一辈的活动家,落后于在俄国活动的其他组织,所以必须竭尽全力来弥补这方面的缺陷。由于广泛地吸收了大批青年工人和青年知识分子参加运动,由于我们频频被破获,而政府迫害的办法又诡诈多变,所以宣传党的组织原则和方法,宣传纪律和秘密活动技术,就成为当务之急。

这种宣传如果得到各个小组和所有比较有经验的同志的支持,那就能够而且一定会从年轻的社会党人和工人中间培养出干练的革命运动领导者,他们能够克服专制的警察国家的压迫给我们工作造成的一切障碍,并且能够满足那些自发地追求社会主义和政治斗争的工人群众的要求。最后,结合上面谈到的问题,分析这种自发运动(无论是工人群众中的,或者是我国知识分子中的),必须成为我们最主要的任务之一:我们应当弄清楚作为俄国 90 年代后半期标志的知识分子社会运动,这个运动使各种各样的、有时甚至是性质不同的派别汇集起来了；我们应当仔细研究国民经济各部门中工人阶级的状况，研究他们觉醒和初期斗争的形式和条件，从而使已经开始在俄国土壤上生根的马克思主义的社会主义和俄国的工人运动结合成为一个不可分割的整体，使俄国的革命运动同人民群众的自发行动结合起来。只有实现了这样的结合，才能在俄国建立起社会民主工党，因为社会民主党不只是为自发的工人运动服务（我们的一些现代"实际主义者"有时是这样想的），社会民主党是社会主义同工人运动的结合。只有这样结合才能使俄国无产阶级完成它的第一个政治任务：把俄国从专制制度的压迫下解放出来。

至于杂志和报纸怎样就我们所提出的这些题目和问题进行分工，将完全根据两者篇幅和性质的不同而定：杂志主要是宣传，报纸主要是鼓动。但是，无论在杂志或报纸上都必须反映运动的各个方面的情况，所以我们想特别强调我们反对工人报纸只发表一些和自发的工人运动直接有关的东西，而把一切有关社会主义理论，有关科学、政治、党的组织问题等等方面的东西统统交给"供知识分子阅读"的机关报。相反，我们认为必须把工人运动中的一切具体事例和表现同这些问题联系起来，必须从理论上阐明每一个事件，必须向最广大的工人阶级群众宣传政治问题和党的组织问题，必须在鼓动中提出这些问题。目前，在我们这里差不多还占着绝对优势的鼓动方式，也就是利用地方小报进行鼓动的方式，已经显得不够了，因为这种鼓动方式的范围狭小，只涉及到地方问题，而且主要是经济问题。必须设法建立一种更高级的鼓动方式，即通过报纸来进行鼓动，报纸定期报道工人的控诉、工人罢工的情况和无产阶级斗争的其他形式以及全国一切政治压迫的表现，并且从每一件事实中作出符合于社会主义的最终目的和俄国无产阶级的政治任务的明确结论。帕·波·阿克雪里罗得说:"要扩大我们宣传鼓动工作的范围,充实它的内容。"这句话应当成为决定俄国社会民主党人最近的将来活动的口号,因此我们把这个口号列入我们机关刊物的工作规划。

这里自然会出现一个问题:我们准备出版的机关刊物的宗旨既然是要联合一切俄国社会民主党人并且把他们团结在一个党内,那么机关刊物就必须反映出一切不同的观点,一切地区的特点,一切多种多样的实际做法。既要包括各种不同的观点,又要保持机关刊物编辑方面的严整性,这一点怎样才能办到呢? 这些机关刊物应当成为形形色色的观点的简单汇编呢,还是应当具有独立的、十分明确的方针?

我们准备按第二种设想来解决这些问题,我们期待这个方针明确的机关报,既能够完全适用于(我们在下面就要谈到)反映不同的观点,又完全适用于撰稿人之间进行同志式的论战。按照我们的观点,我们完全同意马克思主义的一切基本思想(这已经反映在《共产党宣言》和西欧社会民主党人的纲领中),并且主张根据马克思和恩格斯的精神不断地发展这些思想,坚决反对伯恩施坦首先提出而且目前甚为流行的那些似是而非的、机会主义的修正。我们认为,社会民主党的任务是组织无产阶级的阶级斗争,促进这一斗争,指出斗争的必然的最终目的,分析决定斗争方法的条件。"工人的解放只能是工人自己的事情。"[88]但是,我们不应该把社会民主党和工人运动分离开来,我们不应该忘记,社会民主党的任务就是要代表所有国家整个工人运动的利益,社会民主党决不应当盲目崇拜某一个时期某一个地方工人运动的某一个阶段。我们认为,社会民主党有责任支持反对现存国家制度和社会制度的一切革命运动,社会民主党的目的是使工人阶级夺取政权,剥夺剥夺者和建立社会主义社会。我们坚决反对削弱或抹杀社会民主党的革命性的一切企图,社会民主党是实行社会革命的政党,它无情地敌视维护现代社会制度的一切阶级。我们认为,推翻专制制度是俄国社会民主党的一个历史任务;俄国社会民主党应当成为俄国民主运动的先进战士,应当实现俄国整个社会发展进程向它提出的、俄国革命运动的光荣的活动家给它留下的任务。只有把经济斗争和政治斗争密切联系起来,只有日益深入到工人阶级的队伍中去扩大政治宣传和鼓动,社会民主党才能完成自己的使命。

我们将根据上述观点(这个观点,"劳动解放社"、俄国社会民主工党《宣言》以及宣言《解说》,即小册子《俄国社会民主党人的任务》①、《俄国的工人事业》(俄国社会民主党纲领论证),已经不止一次地作过详细的阐述和论证,这里只是最概括地谈了一下),来阐明一切理论问题和实际问题,我们将力求把俄国的工人运动和民主抗议的一切表现同上述思想联系起来。

但是,我们根据明确的方针来从事出版书报的工作,绝不想把自己的一切局部的观点当做全体俄国社会民主党人的观点,绝不打算否认现存的分歧,掩饰或抹杀这些分歧。相反,我们要使我们的机关刊物成为观点极不相同的全体俄国社会民主党人**讨论**一切问题的机关刊物。我们不但不反对同志们在我们的机关刊物上进行论战,相反,我们还打算用很多篇幅来展开论战。为了弄清目前各种分歧意见的深度,为了全面讨论争论的问题,为了同革命运动

---

①　见本版全集第 2 卷第 428—451 页。——编者注

中不同观点的代表以及不同地区或不同"职业"的代表不可避免的走极端现象作斗争，在全体俄国社会民主党人和觉悟工人面前公开展开论战是必要的和适当的。我们甚至认为，对显然分歧的观点不作公开的论战，竭力把涉及重大问题的意见分歧掩盖起来，这正是当前运动中的一个缺陷。

此外，我们既然认为俄国工人阶级和俄国社会民主党是争取民主、争取政治自由的先进战士，就必须尽量使我们的机关刊物成**为一般民主主义的**机关刊物，但这并不是说，我们同意忘掉（哪怕是一分钟）无产阶级和其他阶级之间的阶级对抗，我们容许掩盖（哪怕是一点点）阶级斗争。不是的。这是说，我们将提出和讨论**一切**关于民主的问题，并不仅仅局限于无产阶级的问题，我们将提出和讨论一切政治压迫事件和表现，指出工人运动同各种形式的政治斗争的联系，争取一切反对专制制度的正直的人，不管他们持有什么观点，属于什么阶级，争取他们支持工人阶级这个唯一革命的、与专制制度势不两立的力量。因此，我们首先向俄国的社会党人和觉悟工人发出号召，但是并不以他们为限。我们还向一切备受俄国现行政治制度蹂躏和压迫的人，向一切有志于使俄国人民摆脱政治奴隶地位的人发出号召，号召他们支持致力于把工人运动组织成革命政党的出版物，让他们在我们的机关刊物上揭露俄国专制制度的一切丑恶现象和罪行。我们发出这个号召，相信俄国社会民主党高举着的政治斗争的旗帜能够而且应当成为全民的旗帜。

我们给自己提出的任务是极其广泛的，是包罗万象的，如果我们不是根据自身的全部经验坚定不移地相信这是整个运动的迫切任务，如果我们没有大家的帮助，即（1）俄国社会民主工党的一些组织和在各个城市中活动的一些俄国社会民主党人小组、(2)建立俄国社会民主党并一直领导党的理论家和著作家的"劳动解放社"、(3)许多不属于任何组织但同情并大力支持社会民主主义工人运动的人的帮助,如果没有他们的同情并答应全面地经常地支持我们,那我们是不敢承担这种任务的。我们要竭尽全力妥善完成我们所选定的这一部分共同的革命工作,我们要尽量使全体俄国同志把我们的出版物看做自己的机关刊物,在这里,**每个**小组都来报道一切有关运动的消息,都来发表自己的看法,提出自己对文章的要求,介绍自己的经验,作出自己对社会民主党的出版物的评价,总之,每个小组都来谈谈它对运动的贡献和在运动中的收获。只有在这个条件下,才可能建立真正是全俄社会民主党的机关报。那种由个别的组织和分散的小组各自进行工作的秘密状态,已经使俄国社会民主党难于开展活动了;现在它应当走上公开宣传社会主义的道路,走上公开进行政治斗争的道路,而建立全俄社会民主党的机关刊物应该是走上**这条道路的第一步**。

载于1925年《列宁文集》俄文版　　　　　　译自《列宁全集》俄文第5版
第4卷　　　　　　　　　　　　　　　　第4卷第322—333页

协 议 草 案

(1900 年 8 月下半月)

　　1.国外"社会民主党人"小组同俄国出版《曙光》文集和《火星报》的小组鉴于双方的基本观点相同、实际任务一致,决定缔结同盟。

　　2.两个小组在以下两方面全力互相支援:

　　　　第一,在出版书报方面。"劳动解放社"直接参加《曙光》文集和《火星报》的编辑工作①;

　　　　第二,在运送和发行书报、扩大和巩固革命联系以及筹集资金方面。

　　3."社会民主党人"小组和《火星报》特派员是《火星报》小组的国外代表。

　　4.国外寄给《火星报》小组的邮件,可按"社会民主党人"小组的地址投递。如国外有《火星报》小组的组员,则所有通讯稿都应寄给他。如果在国外没有任何《火星报》小组组员,则由"社会民主党人"小组和《火星报》特派员负责这一事务。

载于 1940 年《无产阶级革命》杂志
第 3 期

译自《列宁全集》俄文第 5 版
第 4 卷第 353 页

---

　　①　参加的条件由专门协议**89**另行规定。

"火星"怎么会差一点熄灭了?

(1900 年 8 月下旬)

我先到苏黎世,是一个人去的,事先没有见到阿尔先耶夫(波特列索夫)。在苏黎世,帕·波·非常热情地接待了我,我们倾心交谈了两天。像两个久别重逢的朋友那样什么都谈,想到哪说到哪,完全不像谈工作那样。关于工作问题,帕·波·根本谈不出什么来;可以看出,他是倾向于格·瓦·的,因为他坚持杂志的印刷所要设在日内瓦。总的说来,帕·波·很会"阿谀"(恕我用这个词),他说,他们的**一切**都是和我们的事业联系着的,这使他们获得了新生,"我们"现在甚至有可能来反对格·瓦·的极端态度,——我特别感到,而且后来的全部"原委曲直"也表明,这后一句话特别精彩。

我到了日内瓦。阿尔先耶夫提醒我说,对格·瓦·必须特别谨慎,分裂[90]使他很激动,而且他很多疑。后来我同格·瓦·谈话时果然立刻就看出,他的确很多疑,神经过敏,而且永远认为自己是最正确不过的。我尽量小心,不去触及"痛"处,但是,时刻这样提心吊胆,情绪当然会十分压抑。有时也发生一些小"摩擦",例如,格·瓦·一听到多少有助于平息(由于分裂而激起的)火气的一点点意见都要怒气冲冲地加以驳斥。在杂志的策略问题上也发生了一些"摩擦":格·瓦·总是固执己见,不能够也不愿意好好地考虑别人的论据,而且态度不诚恳,确实不诚恳。我们声明,我们必须**尽可能地**宽容司徒卢威，因为他发展到这种地步，**我们自己**也并不是没有过错的，我们自己，**包括格·瓦·在内**，在应当起来驳斥的时候（1895 年、1897 年）没有起来驳斥。格·瓦·根本不愿意承认自己有丝毫过错，只是用一些**回避**问题而不是说明问题的显然不知所云的论据来支吾搪塞。在未来的编委们之间进行同志般的交谈，使用这种……外交辞令使人感到非常不愉快，例如，为什么要欺骗自己，说什么在 1895 年他格·瓦·是"奉命〈??〉不要开火"（向司徒卢威），而他又是习惯于遵命行事（真是这样吗?）。**91** 为什么要欺骗自己，硬说什么在 1897 年（当时司徒卢威在《新言论》杂志上说，他的目的是想推翻马克思主义的一个基本原理）他格·瓦·没有起来反对，是因为他完全不理解（其实他永远也理解不了）撰稿人之间怎么能在同一个杂志上进行论战。**92** 格·瓦·这种不诚恳的态度令人十分气愤，尤其是因为他竟在争论中竭力把事情说成似乎我们不想和司徒卢威进行无情的斗争，似乎我们想"调和一切"等等。对于在杂志上一般可以进行论战的问题也发生了热烈的争论，格·瓦·表示反对而且不愿意听我们的论据。他对"联合会派"简直恨得不像话了（猜疑他们是奸细，指责他们是投机分子，是无耻之徒，声称他会毫不犹豫地把这些"叛徒""枪毙"等等）。只要稍微暗示一下他也走了极端（例如，我曾暗示公布私人信件**93**这件事，并且暗示这种做法是轻率的），都使格·瓦·暴跳如雷，怒不可遏。显然，他和我们彼此都更加不满了。他的不满表现在，我们拟订了一个阐述出版物的任务和纲领的编辑部声明草案（《编辑部的话》）①，这个声明在格·瓦·看来是按"机会主义的"

---

① 见本卷第 282—291 页。——编者注

1900 年列宁《"火星"怎么会差一点熄灭了?》手稿第 1 页

（按原稿缩小）

精神写成的，因为其中容许撰稿人之间进行论战，语气缓和，为和平结束同"经济派"的争论留了余地等等。在声明中强调了我们同属一个党并且愿意为党的统一而努力。格·瓦·同阿尔先耶夫和维·伊·一起（当时我还没有来）看了这个声明，他没有提出任何实质性的反对意见，只表示希望修改一下词句，把语气加强些，基本内容不变。为此，亚·尼·就把声明留在他那里了。我来了以后，格·瓦·根本没有提起这件事情，过了几天，我到他那里去，他把声明交给我，好像是说：喏，我当众把这个东西原封不动地退还给你，没有遗失。我就问他，为什么不对声明作他所说的修改。他推托说：这以后也可以作，反正费不了多少时间，不值得现在作。我拿回了声明，自己把它（这只是在俄国起草的一份初稿）修改了一下，并第二次（当着维·伊·）给格·瓦·读了这个声明，这次**我就直截了当地**要求他拿去修改。他又推托，把这个工作推给坐在他旁边的维·伊·（这简直太奇怪了，因为我们并没有请维·伊·来做这个工作，再说，要她修改，"加强"语气，使声明具有宣言的性质，她也办不了）。

开会（参加会议的有整个"劳动解放社"即格·瓦·、帕·波·和维·伊·以及我们两个人，我们还有一个人[94]缺席）以前的情况就是这样。最后，帕·波·来了，会议也就开始了。谈到我们对犹太人联盟（崩得）的态度问题时，格·瓦·表示深恶痛绝，他宣称这个联盟简直不是一个社会民主主义的组织，只不过是一个剥削俄国人的剥削者的组织，他说，我们的目的是把这个崩得驱逐出党，犹太人全都是沙文主义者和民族主义者，俄国的政党就应该是俄国人的党，而不应受"坏种"的"迷惑"，等等。无论我们怎样反对这些不成体统的话，都毫无结果，格·瓦·还是一味固执己见，说我们对犹太人根本不了解,缺乏和犹太人打交道的生活经验。因此对这个问题没有通过任何决议。在会上大家一起读了《声明》,格·瓦·的态度很奇怪,默不作声,不提出任何修改意见,对声明容许论战这一点也没有表示反对,完全是在回避,真正是在回避,不想参加讨论,只是有时突然冒出一两句恶狠狠的话来,说什么要是他(要是他们,即由他专权的"劳动解放社")呀,当然不会写出这种声明来。格·瓦·冒出的这些毫不相干的话,特别使我感到不愉快,感到吃惊,明明是编委们在举行会议,可是其中有一位(我们曾**两次**请他起草声明或对我们的声明提出修改方案)不提任何修改意见,而只是讥讽地指摘说,要是他呀,当然不会写出这种东西来(他是想说,不会写出这种怯弱的、温和的、机会主义的东西来)。事情已经很明显,他和我们之间的正常关系已经不复存在了。接着(会上比较次要的问题我就不谈了),提出了关于对待博博和米哈·伊万·的态度问题。我们主张**有条件地**邀请他们(格·瓦·的过激态度迫使我们这样做,我们想以此表明我们希望采取另一种态度。格·瓦·的令人难以置信的过激态度,使人本能地要反对他,要为他的论敌辩护。维拉·伊万诺夫娜很敏锐地觉察到,格·瓦·的论战方式,常常会引起读者对他的论敌的同情)。格·瓦·冷冰冰地声明他绝对不同意,而且在我们和倾向于赞同我们的帕·波·和维·伊·的相当长的谈话中,他一直傲慢地保持沉默。整个上午气氛都非常沉闷,事情摆得很明白,格·瓦·提出了最后通牒——要么是他,要么就邀请这些"无耻之徒"。因此,我和阿尔先耶夫两个人决定让步,并在下午会议一开始就声明,"由于格·瓦·的坚持",我们放弃自己的意见。这一声明没有引起任何反应(好像我们让步是应该的!)。这种"最后通牒的气氛"(阿尔先

耶夫后来这样说)使我们非常恼恨,而格·瓦·想实行绝对统治已
是很明显了。以前,我们私下谈论博博时(一天晚上,格·瓦·、阿
尔先耶夫、维·伊·和我在树林里散步的时候),经过热烈争论以
后,格·瓦·把手搭在我的肩上说:"诸位先生,我不提任何条件,
以后我们在会议上再共同讨论这一切问题,一起作出决定吧。"当
时这使我很感动。但是,会上的情况却完全相反:在会上格·瓦·
回避同志般的讨论,怒气冲冲地一言不发,用自己的沉默明显地
"提出了条件"。我觉得这清楚地表现出他的不真诚(虽然我不是
立刻就产生如此明确的印象)。阿尔先耶夫直截了当地说:"我绝
对忘不了这次对他的让步!"到了星期六,我记不清那天白天谈的
是什么,晚上我们大家一起走路时又发生了新的冲突。格·瓦·
说,应当约某人(这个人在报刊上还没有露过面,但是格·瓦·却
把这个人看做哲学的天才。我不认识这个人,只知道她盲目崇拜
格·瓦·)[95]写一篇哲学方面的文章,格·瓦·还这样说:我要建
议她文章一开头就批评考茨基——考茨基这个家伙已经成了一个
"批评派"了,他准许《新时代》杂志[96]登载"批评派"的哲学论文,而
不给"马克思主义者"(即普列汉诺夫)以充分的篇幅。阿尔先耶夫
听到这种激烈反对考茨基(他已被聘请为杂志的撰稿人)的做法,
非常气愤,坚决反对,认为这样做不恰当。格·瓦·绷着脸很不高
兴,我同意阿尔先耶夫的意见。帕·波·和维·伊·默不作声。
半小时后,格·瓦·走了(我们送他上船),在临别的时刻他还是脸
色阴沉地坐着,一句话也不说。他走后,我们大家立刻松了一口
气,又"很融洽地"谈了一阵。第二天是星期日(今天是 9 月 2 日,
星期日。就是说这**不过是一个星期以前的事情!!!** 而我却觉得已
经事隔如年了! 距今已经很远很远了!),会议决定不在我们别墅

举行,而在格·瓦·那里举行。我们到他那里去了,——阿尔先耶夫先到,我是后到的。格·瓦·派帕·波·和维·伊·对阿尔先耶夫说,他格·瓦·不参加编辑工作,只想做一个普通的撰稿人。帕·波·走了,维·伊·十分慌张,不知如何是好,她对阿尔先耶夫嘟哝着说:"若尔日不满意了,他不想……" 这时我来了。是格·瓦·给我开的门,他脸上露出一丝莫名其妙的微笑,和我握了握手就走开了。我走进维·伊·和阿尔先耶夫在的那个房间,他们的神色很奇怪。我就问:二位,怎么啦? 这时,格·瓦·进来叫我们到他的房间里去。在那里他声明说,他最好还是做一个撰稿人,普通的撰稿人,否则老是要发生摩擦,他对问题的看法显然跟我们不同,他理解和尊重我们党的观点,但是他不能采取这个观点。最好我们做编辑,他做撰稿人。我们一听都楞了,真是楞了,表示不同意。这时格·瓦·就说:好吧,如果在一起,那么我们怎么表决呢? 一共几个人? ——六个人。——六个人不合适。维·伊·帮腔说,"那么就算格·瓦·两票,否则他总是孤立,策略问题上两票"。我们同意了。这样权柄就落入了格·瓦·手中,他立刻以编辑的口吻来分配杂志的各个专栏和文章,以不容反驳的口吻要在场的这个人或那个人负责这一栏或那一栏。我们都很沮丧地坐着,无可奈何地一概同意,还来不及弄清楚眼前发生的一切。我们觉得自己做了傻瓜,我们的意见愈来愈软弱无力,而格·瓦·则愈来愈轻易地和漫不经心地"丢开"这些意见(不是反驳,而是丢开),"新的制度"实际上完全等于格·瓦·的绝对统治,格·瓦·非常清楚这一点,老实不客气地统治起来,对我们也不大尊重了。我们已经意识到上了一个大当,遭到了彻底的失败,但还没有完全弄清楚自己的处境。可是当只剩下我们两个人的时候,当我们刚刚下船回别墅去的时候,我们就立刻发作起来,怒气冲冲地把格·瓦·大骂了一通。

但是,在叙述这些责骂的内容及其后果以前,我想先稍微离开一下本题,然后再回过来谈。普列汉诺夫想实行绝对统治(不管实行统治的**形式**如何)为什么使我们这样气愤呢?因为从前我们总是这样想:我们将担任编辑,而他们则是最直接的参加者。我主张一开始(还是在俄国)就这样正式提出这个问题,阿尔先耶夫主张不要正式提出,认为最好还是"好好商量"(结果会是一样的),——我同意了。但是,我们两个人都一致认为编辑必须由我们担任,因为"老头子们"太执拗,况且他们不可能认真细致地进行繁重的编辑工作。我们就是根据这些理由作出决定的;至于他们的思想领导,我们是完全愿意接受的。在日内瓦我同普列汉诺夫的亲密青年同志和拥护者("社会民主党人"小组组员[97],普列汉诺夫的老拥护者,为普列汉诺夫忠心耿耿地工作的人,不是工人,而是工作人员,普通的办事人员)谈过话以后,我(和阿尔先耶夫)确信事情正应当这样安排。这些拥护者自己对我们毫不隐讳地说,编辑部设在德国最合适,**因为这可以使我们不受格·瓦·的牵制**,如果让老头子们掌握实际编辑工作,就会造成可怕的拖延,弄不好还会使事业遭到失败。阿尔先耶夫也根据这些理由**坚决**主张设在德国。

刚才我在叙述"火星"怎么会差一点熄灭了的时候,谈了新历8月26日(星期日)晚上我们回家时的情况。我们刚一下船只剩下两个人的时候,就大发了一通牢骚。我们真是怒不可遏,由沉闷转为大发雷霆。我们在村子里来回走着,一直到深夜,夜是漆黑的,雷声隆隆,电光闪闪。我们一边走一边发脾气。记得是阿尔先耶夫一开口就说,他认为他和普列汉诺夫的私人关系,从此破裂,而且永远也不会恢复。他说，公事上可以保持往来，但我和他的私人关系就到此为止。他这样侮辱人，使我们不得不怀疑他对我们有非常"卑鄙的"想法（即他已暗自把我们看做野心家）。他蔑视我们，等等。我完全支持这些指责，我对普列汉诺夫的"爱戴"全然消失了，我非常悔恨，非常伤心。有生以来我还没有这样由衷地、深深地尊敬过一个人，我对任何人都没有这样"顺从"过，因而也从来没有经受过这样沉重的"打击"。而事实上我们恰恰是遭到了打击：他们像吓唬小孩子那样吓唬我们，说大人要把我们丢下不管，等我们害怕了（多么可耻啊！），就极其无礼地把我们推到一边。现在我们已经十分清楚地意识到，普列汉诺夫上午不参加编辑工作的声明，不过是为幼稚的"毛孩子"设下的圈套，预先想好的一着棋，一个陷阱。这是无可置疑的事实，因为，假如普列汉诺夫真的怕参加编辑工作，怕妨害事业，怕在我们之间发生不必要的摩擦，那他无论如何也不可能转眼就暴露出（毫不掩饰地暴露出），他所谓**参加**编辑完全等于他**独自**编辑。我们想同一个人密切地共事，同他亲密无间地交往，而这个人却用预先想好的一着棋来对待同志，这个人无疑不是好人，实在不是好人，他那种个人的渺小的自尊心和虚荣心很强烈，他是一个不诚实的人。这个新发现——这在我们看来真是一个新发现！——对我们是一个晴天霹雳，因为在以前我们两个人都很爱戴普列汉诺夫，像对待自己爱戴的人那样处处原谅他，对他所有的缺点都不去注意，竭力使自己相信，这些缺点是不存在的，都是一些琐屑小事，只有那些不重视原则的人才注意。而现在我们自己不得不深深相信，这些"琐屑的"缺点能够使最忠实的朋友疏远，而无论怎样相信他理论上正确都使人忘不了他那**令人厌恶**的品质。我们无比地愤怒：理想人物被打垮了，我们痛快地践踏这个被推倒的偶像，无所顾忌地进行最尖锐的申斥。我们决定不能这样下去！我们不愿意、不会、也**不能够**在这样的条件下一起工作。别了，杂志！我们要抛开一切回到俄国去，在那里再从头做起，只办一个报纸。我们不愿意在这个人手下当卒子；他不允许有同志关系，而且也不懂得同志关系。我们不敢**自己**担负编辑工作，而且现在我们也讨厌这样做，这样做就真好像我们纯粹是在追求编辑的美差，好像我们是野心家，好像我们也有这样的虚荣心，只不过在程度上差一些罢了…… 我们当天晚上的心情是很难确切描述的，我们的心情是多么复杂，多么沉重，多么混乱啊！这是一个真正的悲剧，我们彻底放弃了一项我们像对待爱子一样倾注了多年心血的事业，一项同我们至关重要的全部工作密切相关的事业。而这一切都是由于我们过去爱戴普列汉诺夫，假如我们不是那样爱戴他，而是比较清醒、比较冷静，对他的看法稍微客观一点，那我们对他就不会这样，我们也就不会遭到这种真正的破产，这种"精神上的洗劫"（这是阿尔先耶夫十分准确的说法）。这是一次最辛辣的人生的教训，是辛辣和沉重得令人痛心的教训。几位年轻的同志对一位年长的同志"献殷勤"是出于对他的深深的敬爱，可是他却突然把勾心斗角的气氛带进来，使他们感到自己不是小弟弟，而是让人愚弄的傻瓜，是任人摆布的卒子，甚至是必须大肆恐吓和压制一下的无能的野心家。于是满怀爱戴之情的年轻人从自己所爱戴的人那里取得了一个沉痛的教训：对一切人都"不可过于动感情"，必须胸怀戒心。在那天晚上我们谈了好多好多这类伤心的话。当然突然的破产不免使人有所夸大，但基本上这些伤心之谈还是正确的。我们热衷于爱戴他，实际上当了**奴隶**，当奴隶本来是不体面的事情，而正因为是"他"本人使我们亲身尝到了奴隶的滋味，我们就更加懊丧百倍……

　　我们终于各回房间睡觉去了，并且下定决心明天就向普列汉诺夫表示我们的愤慨，决定放弃杂志，离开这里，只办一个报纸，把用于杂志的材料出版小册子，我们想，事业不会因此受到损失，而我们却可以避免和"这个人"保持密切的关系了。

　　第二天我醒得比往常早，是帕·波·上楼的脚步声和说话声把我吵醒了。他敲阿尔先耶夫的房门，我听到阿尔先耶夫应了一声，开了门。当时我想，阿尔先耶夫有没有足够的勇气立刻把这一切都谈出来呢？最好是立刻谈出来，必须立刻谈出来，不要拖延。我洗漱完毕，穿好衣服，就到阿尔先耶夫的房间去了。他正在洗脸，阿克雪里罗得坐在安乐椅上，脸拉得长长的。阿尔先耶夫对我说："某某，我已经对帕·波·说了，我们决定回国，我们认为事情这样办不行。"我当然完全同意和支持阿尔先耶夫的意见。对阿克雪里罗得，我们一点不客气，什么都说了，阿尔先耶夫连我们怀疑普列汉诺夫把我们看做野心家都说了。阿克雪里罗得有些同情我们，他无可奈何地摇着头，显出一副惶惑不安、不知所措的样子，但马上又断然提出异议，叫嚷说，这就不对了，普列汉诺夫有各种缺点，但是绝没有这个缺点，这样就不是他对我们不公道，而是我们对他不公道了。本来他打算对普列汉诺夫说，"你看，你是怎么搞的呀，你自己去对付吧，我可不管"，而现在他决定不说了，因为他发现我们也不公道。他这些话当然对我们没起多大影响。当可怜的帕·波·确信我们决心已定的时候，他的样子简直尴尬极了。

　　我们一起出来，想去通知维·伊·。可以预料，她听到"分裂"（可是事态发展的结果正是分裂）的消息一定会特别难过的。阿尔先耶夫在头一天晚上对我说过，他甚至担心，非常担心她会自杀……

我永远也不会忘记我们三个人走出来时的心情:我想,"我们像是在送葬"。真的,我们像是在送葬,默默无言,眼睛看着下面,被荒谬的、毫无道理的和莫名其妙的损失搞得垂头丧气。真该死!经过长期的苦难和挫折之后,情况正在好转,突然刮来一阵旋风,又把一切都吹垮了。我简直不敢相信是真的[就像一个亲近的人刚刚去世时不敢相信一样],难道是我,普列汉诺夫的一个狂热的崇拜者,现在竟这样恶狠狠地议论他,冷冰冰地咬着牙准备去对他说出那些冷酷无情的话,几乎是向他宣布"绝交"。难道真会是这样吗?难道这不是一场噩梦,而竟是现实吗?

就是在和维·伊·谈话的时候,这种感受也还没有消失。她并没有显出特别激动的样子,但是可以看出,她感到非常压抑,她一再请求,几乎是哀求说,我们能不能放弃自己的决定,我们再也不能试一下了吗?可能实际上没有这样可怕,在工作中关系可能会好起来,在工作中他那种令人厌恶的性格就不会如此明显了…… 听到这样一个人的由衷的请求,简直令人难到极点,她对普列汉诺夫虽然唯命是从,但是她是一个绝对真诚的、对事业满腔热忱的人,是一个以"奴隶的英勇精神"(阿尔先耶夫的说法)戴着普列汉诺夫精神枷锁的人。这种气氛简直使我难过得险些落下泪来…… 在送葬时,谈起如何惋惜,如何绝望……的话来,最容易使人伤心落泪。

我们离开了帕·波·和维·伊·。吃过午饭以后我们向德国发了信,说我们就要到那里去,**把机器停下来**,为了这件事甚至还发了电报(还是在和普列汉诺夫谈话**以前!!**),我们谁也没有怀疑我们是不是需要这样做。

午饭后在约定时间我们又去看帕·波·和维·伊·,普列汉诺夫应该已经在他们那里了。我们到达时,他们三个人都走了出来。我们默默地打了招呼,——而普列汉诺夫竭力想说些不相干的话(我们请帕·波·和维·伊·预先通知了他,所以他全都知道了)——走进房里坐下来。阿尔先耶夫先开口,沉着地、冷冷地和简略地说我们觉得实在不可能在昨天确定的**那种**关系下进行工作,决定回国去同那里的同志们商量一下,因为我们不能擅自决定,杂志的事,只好暂时放弃。普列汉诺夫非常沉着,很有自持力,显然完全能控制自己,丝毫没有帕维尔·波里索维奇或维拉·伊万诺夫娜那种局促不安的表现。[这种尴尬的场面他才不在乎哩!我们看着他生气地这样想!]他问到底是怎么一回事。阿尔先耶夫说,"我们处在最后通牒的气氛中",并且对这句话进一步作了一些说明。普列汉诺夫紧逼着问我们:"你们害怕什么呢? 怎么? 难道出了第1期以后,第2期我就会向你们举行罢工吗?"他以为我们不敢说这话。但是,我也冷冷地平静地回答说:"这和亚·尼·说的有什么不同呢? 他和您说的就是一回事。"普列汉诺夫显然有些不自在了。他没有料到会有这种口吻,这样冷淡的态度和这样直率的指责。他说:"既然已经决定要走,那再谈也没有什么意思了,我是没有什么可说的,我的处境很难,你们一切都是凭印象,此外什么也没有了,在你们的印象里我是一个坏人。那我有什么办法呢?"我想转移这个"令人难堪的"话题,因而说道,我们的过错可能在于,没有探明深浅就蹚水过河。普列汉诺夫回答说:"不是的,坦白地讲,你们的过错在于,你们(也许阿尔先耶夫的神经过敏起了作用)把那种丝毫不值得注意的印象看得太严重了。"我们沉默了一会儿,然后说,那么暂时只出一些小册子吧。普列汉诺夫生气地说："我没有想过搞小册子，现在也不想搞。**别指望我了**。你们既然要走，我也不会闲着不做事，在你们回来以前我可能去做别的事情了。"

后来我想起普列汉诺夫的这个声明，对它进行了全面分析，我认为再没有比这个声明更使他在我的心目中一落千丈了。这是一种公然的威胁，一种很失策的恐吓，只能把普列汉诺夫"置于死地"，因为它暴露出他对待我们的"策略"是：对他们只要狠狠恫吓一下就行了⋯⋯

但是，我们对这种威胁**毫不在意**。我只是默不作声，心里想：好吧，你做绝了，那好，既然是交战，就按交战办事。我们现在已经不是当初了，一夜工夫就已脱胎换骨了，如果你还没有看到这一点，那你就是个傻瓜。

普列汉诺夫看到威胁不成，就又试用另外一种花招。除了花招还能叫什么呢，因为没过几分钟他马上就改口说，对他来说，和我们分裂无异于完全放弃政治活动，说他放弃政治活动后就去从事学术性的、纯学术性的写作，因为同我们都不能共事，那同别人就更难了⋯⋯ 吓唬不成，吹捧也许管用！⋯⋯ 但是恐吓**以后**，这只能令人厌恶⋯⋯ 谈话很简短，事情并不顺利；普列汉诺夫看到这种情况，就转过话题谈俄国人在中国的暴行，但几乎是他一个人说话，不久我们就散了。

普列汉诺夫走后，同帕·波·和维·伊·的谈话就索然无味和无关紧要了。帕·波·转弯抹角地说话，竭力向我们证明普列汉诺夫也很难过，如果现在我们就这样走了，我们会感到内疚的，等等。维·伊·在同阿尔先耶夫的促膝交谈中，承认"若尔日"总是这样的，承认她自己有"奴隶的英勇精神"，认为如果我们走的话,"这对于他是一个教训"。

当晚余下的时间,我们过得很无聊,很沉闷。

第二天,新历8月28日,星期二,我们应该去日内瓦并转赴德国。一向晚起的阿尔先耶夫清早就把我叫醒了。使我惊讶的是,他说,他没有睡好,他想出了最后一个可行的方案,至少可以勉强挽回僵局,不致因**私人**关系破裂而断送重要的**党的**事业。我们出版一个**文集**,好在材料已经有了,同印刷所也联系好了。在目前编辑关系尚未确定的情况下,暂时先出文集,以后再说,因为从文集转为杂志或小册子都是很容易的。如果普列汉诺夫还要犟下去,那就滚他的吧,反正我们自己知道,已经做到仁至义尽了……　事情就这样决定了。

我们去通知帕维尔·波里索维奇和维拉·伊万诺夫娜,路上碰到了他们,他们正好到我们这里来。他们当然是求之不得地同意了,帕·波·自告奋勇去同普列汉诺夫商谈并且要促使他同意。

我们到日内瓦同普列汉诺夫进行了**最后的商谈**。从他谈话的口气看,我们之间似乎只不过是由于急躁而发生了一点可悲的误会,他关心地问起阿尔先耶夫的健康,几乎要拥抱他,阿尔先耶夫差一点没有闪开。普列汉诺夫同意出版文集。我们说,关于编辑工作的组织问题可以有三种方案(1.我们是编辑,他是撰稿人;2.大家都是编辑;3.他是编辑,我们是撰稿人),我们要在俄国讨论这三个方案,拟出一个草案,带到这里来。普列汉诺夫声明,他坚决拒绝第三个方案,坚决主张完全取消**这个**方案,至于前**两个**方案他都**同意**。最后我们商定:在我们**提出**新的编辑制度的方案**以前**,暂时先保留旧的制度(即六个人都是编辑,其中普列汉诺夫占两票)。

接着,普列汉诺夫表示希望问清楚,到底是怎么回事,我们为什么不满意。我提出,如果我们今后能多考虑一下将来而不要追究过去,那会更好些。但是普列汉诺夫坚持说,应搞清楚。于是几乎只是普列汉诺夫和我两个人的谈话就开始了——阿尔先耶夫和帕·波·没有说话。谈话是在相当心平气和的、甚至完全心平气和的气氛中进行的。普列汉诺夫说,他觉得,阿尔先耶夫好像是因为他在司徒卢威问题上表示拒绝而生气了。我说明,相反,是他向我们提出了条件,违反了他以前在树林中所作的不提任何条件的声明。普列汉诺夫辩白说,当时他不发表意见并不是提条件,而是他认为问题已经很清楚了。我谈到必须容许争论,在我们之间必须进行表决,普列汉诺夫同意后一点,但是他说:在枝节问题上当然可以进行表决,而在基本问题上不行。我反对说,恰好这两种问题往往很难分清,恰好在问题的划分上编辑之间必须进行表决。普列汉诺夫固执地说,这就是凭良心的事情了,基本问题和枝节问题的差别是很明显的,所以也没有什么可表决的。就是在这个问题上,即编辑之间在划分基本问题和枝节问题的时候可不可以进行表决的问题上,我们弄僵了,再没有前进一步。普列汉诺夫使出了他善于举例、比喻、逗笑和引证的全副本领,使人不禁发笑,但就是把问题压下了,不直截了当地说一个"不"字。我已有了明确的概念,正是在这一点上,他不能让步,不能放弃自己的"个人主义"和"最后通牒",因为他在这种问题上不会跟你表决,而只会向你提最后通牒。

当天晚上我就走了,再也没有看到任何"劳动解放社"的人。我们决定,除了最接近的几个人以外,不对任何人提起所发生的事情,决定保持外表上的体面,——以免敌人高兴。在表面上好像什么也没有发生,整个机器还得像过去那样继续运转,而只是里面有一根弦断了,公事公办的干巴巴的关系开始代替友好的私人关系,并且时刻记住:欲求和平,先得备战。

谈一谈那天晚上我和普列汉诺夫的一个挚友和拥护者、"社会民主党人"小组组员的谈话,是很有趣的。我一句也没有向他透露所发生的事情,我只说,杂志的事已筹划好了,文章也确定了,现在只剩干了。我和他谈到怎样具体安排工作。他郑重地表示,老头子们绝对不能搞编辑工作。我谈到"三个方案",并且直率地问他:您认为其中哪一个最好?他直截了当地、毫不犹疑地回答说:第一个方案(我们是编辑,他们是撰稿人)最好,那样的话,大概杂志是普列汉诺夫的,报纸是你们的。

我们离开所发生的事情愈久,对这件事情就愈心平气和,并且确信:摆挑子是毫无道理的,目前我们用不着害怕担负编辑工作(**文集**编辑工作),而这个工作正是必须由我们来担负,否则就绝对没有任何可能使机器正常运转,也没有任何可能使事业不至于因普列汉诺夫爱拆台的"品质"而断送掉。

9月4日或5日我们到达某地[98]时,已经拟好了我们之间**正式**关系的草案(还是在路上,在火车上我就开始写这个草案了),按照这个草案,我们做编辑,他们是在一切编辑工作问题上都有表决权的撰稿人①。还决定先同叶戈尔(马尔托夫)一起讨论这个草案,然后再交给他们。

火星开始**有希望**重新燃烧起来了。

载于1924年《列宁文集》俄文版   译自《列宁全集》俄文第5版
第1卷   第4卷第334—352页

---

①　参看《协议草案》一文(本卷第292页)。——编者注

《火星报》编辑部声明

（1900 年 8 月下旬）

编辑部的话

在政治报纸《火星报》出版的时候，我们认为有必要谈一谈我们的意图和我们对自己的任务的理解。

我们正处在俄国工人运动和俄国社会民主党历史上极端重要的时刻。近几年来社会民主主义思想在我国知识界传播之快，是异常惊人的，而与这一社会思潮相呼应的却是工业无产阶级的独立产生的运动。工业无产阶级开始联合起来同自己的压迫者斗争，他们开始如饥似渴地向往社会主义。到处都出现工人小组和知识分子社会民主党人小组，地方性的鼓动小报广为流传，社会民主主义的书报供不应求，政府变本加厉的迫害已阻挡不住这个运动了。监狱中拥挤不堪，流放地也有人满之患，几乎每个月都可以听到俄国各地有人被"抓获"、交通联络站被侦破、书报被没收、印刷所被封闭的消息，但是运动在继续发展，并且席卷了更加广大的地区，它日益深入工人阶级，愈来愈引起社会上的注意。俄国经济的整个发展进程、俄国社会思想和俄国革命运动的全部历史，将保证社会民主主义工人运动最终冲破重重障碍而向前发展。

　　可是，另一方面，最近时期我们的运动特别明显的主要特点，就是运动的分散状态，即运动的所谓手工业性质；地方小组的产生和活动，相互之间并没有联系，甚至（这一点尤其严重）与一直在同一中心活动的小组也没有联系；没有树立传统，没有继承性，地方书报也完全反映出分散状态，反映出同俄国社会民主党已经树立的东西缺乏联系。

　　这种分散状态是不符合波澜壮阔的运动的要求的，我们认为这种情况使当前成了运动发展的紧要关头。运动本身迫切要求巩固，要求具有一定的形态和组织，然而这种向运动的高级形式过渡的必要性，远非各地做实际工作的社会民主党人所能认识的。相反，在相当广的范围内，存在着思想动摇的情况，倾心于时髦的"对马克思主义的批评"和"伯恩施坦主义"，散布所谓"经济派"的观点，这样就必然力图阻碍运动，使它停留在低级阶段，把建立领导全体人民进行斗争的革命政党的任务推到次要地位。在俄国社会民主党人中间，可以看到这一类思想动摇；狭隘的实际主义不从理论上来阐明整个运动，有把运动引上歧途的危险，**这都是事实**。凡是直接了解我们大部分组织的实际情况的人，对这一点是不会怀疑的。而且有些著作也证明了这一点，只要指出《信条》、《〈工人思想报〉增刊》（1899 年 9 月）或彼得堡"工人阶级自我解放社"**99**的宣言就够了。《信条》已经引起了理所当然的抗议，《〈工人思想报〉增刊》非常露骨地表现了贯穿**整个**《工人思想报》的倾向，彼得堡"工人阶级自我解放社"的宣言也是本着这种"经济主义"的精神拟就的。《工人事业》杂志断言，《信条》只不过代表极个别人的意见，《工人思想报》的倾向不过是反映了该报编辑部的思想混乱和不通情理，并不是俄国工人运动进程本身的特殊思潮，这种说法是**完全**

Российская
Соціалдемократическая
Рабочая Партія

ИСКРА

„Изъ искры возгорится пламя"
Отвѣтъ декабристовъ Пушкину.

ОТЪ РЕДАКЦІИ.

Предпринимая изданіе политической газеты — „Искра", мы считаемъ необходимымъ сказать нѣсколько словъ о томъ, къ чему мы стремимся и какъ понимаемъ свои задачи.

Мы переживаемъ крайне важный моментъ въ исторіи русскаго рабочаго движенія и русской соціалдемократіи. Послѣдніе годы характеризуются поразительно быстрымъ распространеніемъ соціалдемократическихъ идей среди нашей интеллигенціи, а на встрѣчу этому теченію общественной мысли идетъ самостоятельно возникшее движеніе промышленнаго пролетаріата, который начинаетъ объединяться и бороться противъ своихъ угнетателей, начинаетъ съ жадностью стремиться къ соціализму. Кружки рабочихъ и соціалдемократовъ-интеллигентовъ появляются повсюду, распространяются мѣстные агитаціонные листки, растетъ спросъ на соціалдемократическую литературу, далеко обгоняя предложеніе, а усиленныя правительственныя преслѣдованія не въ силахъ удержать движеніе. Биткомъ набиты тюрьмы, переполнены мѣста ссылки, чуть не каждый мѣсяцъ слышно о „провалахъ" во всѣхъ концахъ Россіи, о понятыхъ транспортахъ, о конфискаціи литературы и типографій, но движеніе все растетъ, захватываетъ все большій районъ, все глубже проникаетъ въ рабочій классъ, все болѣе привлекаетъ общественное вниманіе. И все экономическое развитіе Россіи, вся исторія русской общественной мысли и русскаго революціоннаго движенія ручаются за то, что соціалдемократическое рабочее движеніе будетъ рости несмотря на всѣ препятствія и въ концѣ концовъ — преодолѣетъ ихъ.

Но, съ другой стороны, главная черта нашего движенія, которая особенно бросается въ глаза въ послѣднее время, — его раздробленность, его, такъ сказать, кустарный характеръ: мѣстные кружки возникаютъ и дѣйствуютъ другъ отъ друга и даже (что особенно важно) независимо отъ кружковъ, дѣйствовавшихъ и дѣйствующихъ въ тѣхъ же центрахъ; не устанавливается традиція, нѣтъ преемственности, и мѣстная литература всецѣло отражаетъ раздробленность и отсутствіе связи съ тѣмъ, что уже создано русской соціалдемократіей.

Несоотвѣтствіе этой раздробленности съ запросами, вызываемыми силою и широтой движенія, составляетъ, по нашему мнѣнію, критическій моментъ въ его развитіи. Въ самомъ движеніи съ неудержимой силой сказывается потребность упрочиться, выработать опредѣленную физіономію и организацію, а между тѣмъ въ средѣ практически дѣйствующихъ соціалдемократовъ необходимость такого перехода къ высшей формѣ движенія сознается далеко не вездѣ. Въ довольно широкихъ кругахъ наблюдается, наоборотъ, шатаніе мысли, увлеченіе модной „критикой марксизма" и „беринштейніадой", распространеніе взглядовъ такъ называемаго „экономическаго" направленія въ ихъ неразрывной связи съ этимъ — стремленіе задержать движеніе на его низшей стадіи, стремленіе отодвинуть на второй планъ задачу образованія революціонной партіи, ведущей борьбу во главѣ всего народа. Что подобнаго рода шатаніе мысли наблюдается

среди русскихъ соціалдемократовъ, что узкій практицизмъ, оторванный отъ теоретическаго освѣщенія движенія въ его цѣломъ, грозитъ совратить движеніе на ложную дорогу, это фактъ; въ этомъ не могутъ усомниться люди, непосредственно знакомые съ положеніемъ дѣлъ въ большинствѣ нашихъ организацій. Да есть и литературныя произведенія, подтверждающія это: стоитъ назвать хотя бы „Credo", вызвавшее уже вполнѣ законный „протестъ", „Отдѣльное приложеніе къ Рабочей Мысли (сент. 1899)", столь рельефно выразившее тенденціи, проникающія всю газету „Рабочая Мысль", или наконецъ — воззваніе петербургской „Группы Самоосвобожденія Рабочаго Класса", составленное въ духѣ того же „экономизма". И совершенно невѣрно утвержденіе „Рабочаго Дѣла", что „Credo" представляетъ собою не больше какъ нѣкія единичныхъ лицъ, что направленіе „Рабочей Мысли" выражаетъ лишь сумбурность и безталантность ея редакціи, а не особое направленіе въ самомъ ходѣ русскаго рабочаго движенія.

А рядомъ съ этимъ въ произведеніяхъ писателей, которыхъ читающая публика, съ большимъ или меньшимъ основаніемъ, считала до сихъ поръ виднѣйшими представителями „легальнаго" марксизма, все болѣе и болѣе обнаруживается поворотъ къ воззрѣніямъ, сближающимся съ буржуазной апологетикой. Результатомъ всего этого и является тотъ разбродъ и та анархія, благодаря которымъ экс-марксистъ или вѣрнѣе экс-соціалистъ Бернштейнъ, перечисляя свои успѣхи, могъ печатно заявить, не встрѣчая возраженій, будто большинство дѣйствующихъ въ Россіи соціалдемократовъ состоитъ изъ его послѣдователей.

Мы не хотимъ преувеличивать опасность положенія, но закрывать на нее глаза было бы неизмѣримо вреднѣе; вотъ почему мы отъ всей души привѣтствуемъ рѣшеніе „Группы Освобожденія Труда" возобновить ея литературную дѣятельность и начать систематическую борьбу противъ попытокъ извращенія и опошленія соціалдемократизма.

Практическій выводъ изъ всего этого такой: мы, русскіе соціалдемократы, должны сплотиться и направить всѣ усилія на образованіе крѣпкой партіи, борющейся подъ единымъ знаменемъ революціонной соціалдемократіи. Именно эта задача была намѣчена уже Съѣздомъ 1898 года, образовавшимъ Россійскую Соціалдемократическую Рабочую Партію и опубликовавшимъ ея Манифестъ.

Мы признаемъ себя членами этой партіи, вполнѣ раздѣляемъ основныя идеи „Манифеста" и придаемъ ему важное значеніе, какъ открытому заявленію ея цѣлей. Поэтому для насъ, членовъ этой партіи, вопросъ о ближайшей и непосредственной нашей задачѣ ставится такимъ образомъ: какой именно планъ дѣятельности должны мы принять, чтобы достигнуть возможно болѣе прочнаго возобновленія партіи?

Обычный отвѣтъ на этотъ вопросъ состоитъ въ томъ, что необходимо снова выбрать центральное учрежденіе и поручить ему возобновить органъ партіи. Но въ переживаемый нами періодъ разброда такой простой путь едва-ли былъ бы цѣлесообразенъ.

错误的。

与此同时，有一些著作家一直被读者不无根据地认为是"合法"马克思主义的著名代表，在他们的作品中，向资产阶级辩护论的观点转变的迹象愈来愈明显了。这一切所产生的结果就是涣散状态和无政府状态，因此，伯恩施坦这个原马克思主义者，或者更确切些说，这个原社会党人才能历数自己的成就，才能在书刊上扬言在俄国进行活动的社会民主党人大多是他的信徒而不受驳斥。

我们不想夸大情况的危险性，但是闭眼不看这种危险性，其害处更大；因此我们衷心拥护"劳动解放社"的决定——恢复出版书报的活动，并着手进行有系统的斗争来反对歪曲社会民主主义和把它庸俗化的企图。

由此得出一个具有实际意义的结论：我们俄国社会民主党人应该团结起来，全力以赴地建立一个巩固的党，这个党要在革命的社会民主主义的统一旗帜下进行斗争。这个任务早就由1898年的代表大会确定了，那次代表大会建立了俄国社会民主工党，发表了党的《宣言》。

我们既然是这个党的党员，就完全赞同《宣言》的基本思想，而且认为《宣言》的重要意义在于公开宣布了我们党的目的。因此，对我们党员来说，关于当前迫切任务的问题是：为了把党重新建立在尽可能稳固的基础上，我们应当采取怎样的行动计划？

通常对这个问题的回答是：必须重新选举中央机构并委托它恢复党的机关报。但是，在我们处于涣散状态的时期，这种简单的办法未必合适。

建立和巩固党，也就是建立和巩固全体俄国社会民主党人的统一，而由于上述原因，这种统一不是下一道命令就可以办到的，

不是只根据某一次代表会议的决定就可以实现的,必须经过一番
努力。首先,必须做到巩固的思想一致,排除意见分歧和思想混
乱,——恕我们直言,这种情况目前在俄国社会民主党人当中还普
遍存在;必须用党的纲领来巩固思想一致。其次,必须建立一个组
织,专门负责各个运动中心的联络工作,完整地和及时地传递有关
运动的消息,正常地向俄国各地供应定期报刊。只有建立起这样
的组织,建立起俄国的社会主义邮递工作,党才能稳固地存在,党
才能成为真正的事实,从而成为强大的政治力量。我们决心要为
实现这个任务的前一半,即创办坚持原则的、能够从思想上统一革
命的社会民主党的共同的刊物贡献自己的力量,我们认为,这是当
前运动的迫切要求,是恢复党的活动的必要的准备步骤。

　　正如我们已经说过的那样,还必须经过一番努力才能达到俄
国社会民主党人在思想上的统一,为此,我们认为必须公开地全面
讨论当前"经济派"、伯恩施坦派和"批评派"提出的原则上和策略
上的基本问题。在统一以前,并且为了统一,我们首先必须坚决而
明确地划清界限。不然,我们的统一就只能是一种假象,它会把现
存的涣散状态掩盖起来,妨碍彻底清除这种涣散状态。因此很清
楚,我们不打算把我们的机关报变成一个形形色色的观点简单堆
砌的场所。相反,我们将严格按照一定的方针办报。一言以蔽之,
这个方针就是马克思主义;我们大概也没有必要再补充说,我们主
张不断发展马克思和恩格斯的思想,坚决反对爱德·伯恩施坦、
彼·司徒卢威和其他许多人首先提出而目前甚为流行的那些似是
而非的、暧昧不明的和机会主义的修正。虽然在讨论一切问题时
我们持有自己一定的观点,但是,我们决不反对同志之间在我们的
机关刊物上进行论战。为了弄清目前各种意见分歧的深度,为了

全面讨论争论的问题，为了同革命运动中不同观点的代表、甚至不同地区或不同"职业"的代表不可避免的走极端现象作斗争，在全体俄国社会民主党人和觉悟工人面前公开展开论战是必要的和适当的。正如上面已经指出的，我们甚至认为，对显然分歧的观点不作公开的论战，竭力把涉及重大问题的意见分歧掩盖起来，这正是当前运动中的一个缺陷。

我们不想一一列举已经列入我们机关报的工作规划的那些问题和题目，因为这个规划本身就是从目前形势下即将出版的政治报纸应该是怎样一种报纸这个总概念产生的。

我们将尽量使全体俄国同志把我们的出版物看做自己的机关刊物，在这里，每个小组都来报道一切有关运动的消息，都来介绍自己的经验，发表自己的看法，提出自己对文章的要求，作出自己对社会民主党的出版物的评价，总之，每个小组都来谈谈它对运动的贡献和在运动中的收获。只有在这个条件下，才可能建立真正是全俄社会民主党的机关报。只有这种机关报才能把运动引上政治斗争的康庄大道。帕·波·阿克雪里罗得说："要扩大我们宣传鼓动工作和组织工作的范围，充实它们的内容。"这句话应当成为决定俄国社会民主党人最近的将来活动的口号，因此我们就把这个口号列入我们机关报的工作规划。

我们不仅向社会党人和有觉悟的工人发出号召。我们的号召也是向一切备受现行政治制度压迫和蹂躏的人们发出的，我们为他们提供版面去揭露俄国专制制度的一切丑恶现象。

谁把社会民主党理解为一个只搞无产阶级自发斗争的组织，谁就会满足于只搞地方性的鼓动工作和"纯工人的"书报。我们不是这样理解社会民主党的。我们认为它是一个反对专制制度、同工人运动紧密联系的革命政党。只有组织成这样一个政党的无产阶级，即现代俄国最革命的阶级，才能够完成它所肩负的历史任务：把全国一切民主分子团结在自己的旗帜下，进行顽强的斗争，彻底战胜万恶的制度，完成历代先人的未竟之业。

＊　　　＊　　　＊

每号报纸的篇幅约为1—2印张。

鉴于报纸在俄国处于秘密状态，出版日期不能预定。

我们有各方的支持，——外国的一些社会民主党的著名人士答应为我们撰稿，"劳动解放社"（格·瓦·普列汉诺夫、帕·波·阿克雪里罗得、维·伊·查苏利奇）直接参加我们的工作，俄国社会民主工党的若干组织以及一些俄国社会民主党人团体都答应支持我们。

1900年作为《火星报》的专页出版

译自《列宁全集》俄文第5版
第4卷第354—360页

对 华 战 争

(1900 年 9—10 月)

俄国正在结束对华战争。动员了许多军区,耗费了亿万卢布,派遣了数以万计的士兵到中国去,打了许多仗,取得了一连串的胜利,——不过,这些胜利与其说是战胜了敌人的正规军,不如说是战胜了中国的起义者,更不如说是战胜了手无寸铁的中国人。水淹和枪杀他们,不惜残杀妇孺,更不用说抢劫皇宫、住宅和商店了。而俄国政府以及奉承它的报纸,却庆祝胜利,欢呼英勇的军队的新战功,欢呼欧洲的文化击败了中国的野蛮,欢呼俄罗斯"文明使者"在远东的新成就。

在这一片欢呼声中,只是听不到千百万劳动人民的先进代表——觉悟工人的声音。但是,这次新的胜利征战的重负,都落在劳动人民的肩上,从他们中间抽人到遥远的地方去,为了弥补庞大的开支,向他们征收了重税。那么,社会党人对于这次战争应该采取什么态度呢?这次战争对谁有利呢?俄国政府的政策的真正意义是什么呢?我们现在试来分析一下这个问题。

我国政府首先想使人相信,它并不是在同中国打仗,它只是在平定暴乱,制服叛乱者,帮助合法的中国政府恢复正常的秩序。虽然没有宣战,但是问题的本质并没有因此而有丝毫改变,因为战争毕竟是在进行。试问,中国人对欧洲人的袭击,这次遭到英国人、法国人、德国人、俄国人和日本人等等疯狂镇压的暴动,究竟是由什么引起的呢? 主战派说,这是由"黄种人敌视白种人","中国人仇视欧洲的文化和文明"引起的。是的,中国人的确憎恶欧洲人,然而他们憎恶的是哪一种欧洲人呢? 为什么要憎恶呢? 中国人憎恶的不是欧洲人民,因为他们之间并无冲突,他们憎恶的是欧洲资本家和唯资本家之命是从的欧洲各国政府。那些到中国来只是为了大发横财的人,那些利用自己吹捧的文明来进行欺骗、掠夺和镇压的人,那些为了取得贩卖毒害人民的鸦片的权利而同中国作战(1856 年英法对华的战争)的人,那些利用传教伪善地掩盖掠夺政策的人,中国人难道能不痛恨他们吗? 欧洲各国资产阶级政府早就对中国实行这种掠夺政策了,现在俄国专制政府也参加了进去。这种掠夺政策通常叫做殖民政策。凡是资本主义工业发展很快的国家,都要急于找寻殖民地,也就是找寻一些工业不发达、还多少保留着宗法式生活特点的国家,它们可以向那里销售工业品,牟取重利。为了让一小撮资本家大发横财,各国资产阶级政府进行了连年不断的战争,把士兵整团整团地开到有损健康的热带国家去送命,耗费了从人民身上搜刮来的大量钱财,迫使当地居民奋起反抗,或者使他们濒于饿死的境地。我们不妨回忆一下印度土著的抗英起义[100]和印度的饥荒,以及现在英国人对布尔人的战争[101]。

　　欧洲资本家贪婪的魔掌现在伸向中国了。俄国政府恐怕是最先伸出魔掌的,但是它现在却扬言自己"毫无私心"。它"毫无私心地"占领了中国旅顺口,并且在俄国军队保护下开始在满洲修筑铁路。欧洲各国政府一个接一个拼命掠夺(所谓"租借")中国领土,无怪乎出现了瓜分中国的议论。如果按照真实情况,就应当说:欧洲各国政府(最先恐怕是俄国政府)已经开始瓜分中国了。不过它

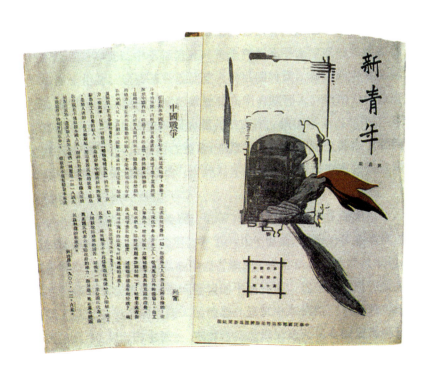

1924 年 12 月 20 日《新青年》季刊第 4 期封面和
该刊所载的列宁《对华战争》一文（当时译《中国战争》）的中译文

们在开始时不是公开瓜分,而是像贼那样偷偷摸摸进行的。它们盗窃中国,就像盗窃死人的财物一样,一旦这个假死人试图反抗,它们就像野兽一样猛扑到他身上。它们把一座座村庄烧光,把老百姓赶进黑龙江中活活淹死,枪杀和刺死手无寸铁的居民和他们的妻子儿女。这些基督教徒建立功勋的时候,却大叫大嚷反对野蛮的中国人,说他们竟胆敢触犯文明的欧洲人。俄国专制政府在1900 年 8 月 12 日致各国的照会中宣称:俄国军队占领牛庄并且开入满洲境内,是临时性措施;采取这些措施,"完全是由于必须击退中国叛民的侵略行动";"绝对不能说明帝国政府有任何背离自己政策的自私计划"。

帝国政府多么可怜啊!它简直像基督教徒那样毫无私心,人们竟冤枉了它,简直太不公平了!几年以前,它毫无私心地侵占了旅顺口,现在又毫无私心地侵占满洲,毫无私心地把大批承包人、工程师和军官派到与俄国接壤的中国地区,这些人的所作所为引起了以温顺出名的中国人的愤怒。修筑中东铁路,每天只付给中国工人 10 戈比的生活费,难道这就是俄国毫无私心的表现吗?

但是,我国政府为什么要对中国实行这种疯狂的政策呢?这种政策对谁有利呢?它对一小撮同中国做生意的资本家大亨有利,对一小撮为亚洲市场生产商品的厂主有利,对一小撮现在靠紧急军事订货大发横财的承包人有利(有些生产武器、军需品等等的工厂正在拼命地干,并且增雇成百上千的日工)。这种政策对一小撮身居军政要职的贵族有利。他们所以需要冒险政策,是因为借此可以飞黄腾达,建立"战功"而扬名于世。我国政府为了这一小撮资本家和狡猾的官吏的利益,竟然毫不犹豫地牺牲全国人民的利益。沙皇专制政府这一次也和往常一样,表明自己是甘愿对资本家大亨和贵族卑躬屈膝的昏官政府。

　　侵略中国对俄国工人阶级和全体劳动人民有什么好处呢？成千上万个家庭因劳动力被拉去打仗而破产，国债和国家开支激增，捐税加重，剥削工人的资本家的权力扩大，工人的生活状况恶化，农民的死亡有增无减，西伯利亚大闹饥荒，——这就是对华战争能够带来而且已经带来的好处。俄国的一切出版物、一切报刊，都处于奴隶的地位，不得到政府官员的许可，它们就不敢登载任何东西，因此，在对华战争中人民付出了多少代价，我们没有确切的材料，但是，这次战争的费用高达**几亿卢布**，这是没有疑问的。有消息说，政府按照一项没有公布的指令，一次就拨出军费15 000万卢布，而目前的战费开支每三四天就要耗掉**100万卢布**。政府肆意挥霍钱财，但是给饥饿农民的救济金却一扣再扣，斤斤计较每一个戈比，不愿意把钱用在国民教育上，它和一切富农一样，从官办工厂的工人和邮政机关小职员等等的身上榨取血汗！

　　财政大臣维特曾宣称，1900年1月1日以前，国库尚存闲置现款25 000万卢布，但是现在这笔钱已经没有了，都投入了战争，政府正在发行公债，增加捐税，因财政拮据而缩减必要的开支，停止修筑铁路。沙皇政府面临破产的危险，但它仍然拼命实行侵略政策，这不但需要大量资金，而且有卷入更可怕的战争的危险。进攻中国的欧洲列强，已经在分赃问题上争吵起来了，谁也不能断定这次争吵会怎样收场。

　　沙皇政府对中国实行的政策不仅侵犯人民的利益，而且还竭力毒害人民群众的政治意识。凡是只靠刺刀才能维持的政府，凡是不得不经常压制或遏止人民愤怒的政府，都早就懂得一个真理：人民的不满是无法消除的，必须设法把这种对政府的不满转移到别人身上去。例如煽起对犹太人的仇恨，卑鄙的报纸中伤犹太人，说犹太工人似乎不像俄国工人那样受资本和警察政府的压迫。目前报刊上又大肆攻击中国人，叫嚣黄种人野蛮，仇视文明，俄国负有开导的使命，说什么俄国士兵去打仗是如何兴高采烈，如此等等。向政府和大财主摇尾乞怜的记者们，拼命在人民中间煽风点火，挑起对中国的仇恨。但是中国人民从来也没有压迫过俄国人民，因为中国人民也同样遭到俄国人民所遭到的苦难，他们遭受到向饥饿农民横征暴敛和用武力压制一切自由愿望的亚洲式政府的压迫，遭受到侵入中华帝国的资本的压迫。

俄国工人阶级已经开始从人民群众所处的那种政治上的愚昧无知中挣脱出来。因此，一切觉悟的工人就有责任全力起来反对那些煽起民族仇恨和使劳动人民的注意力离开其真正敌人的人们。沙皇政府在中国的政策是一种犯罪的政策，它使人民更加贫困，使人民受到更深的毒害和更大的压迫。沙皇政府不仅把我国人民变成奴隶，而且还派他们去镇压那些不愿做奴隶的别国人民（如 1849 年，俄国军队曾镇压匈牙利革命）。它不仅帮助俄国资本家剥削本国工人，把工人的双手捆起来，使他们不能团结自卫，而且还为了一小撮富人和显贵的利益出兵掠夺别国人民。要想打碎战争强加在劳动人民身上的新的枷锁，唯一的办法就是召开人民代表大会，以结束政府的专制统治，迫使政府不要光照顾宫廷奸党的利益。

载于 1900 年 12 月《火星报》创刊号

译自《列宁全集》俄文第 5 版第 4 卷第 378—383 页

《哈尔科夫的五月》小册子序言

（1900 年 10 月—11 月上旬）

这是一本叙述有名的 1900 年哈尔科夫五一游行示威的小册子，由俄国社会民主工党哈尔科夫委员会根据工人自己的记叙编辑而成。这本小册子是当做通讯寄来的，但是我们认为有必要出版单行本，这不仅因为它的篇幅相当大，而且也为了使它更易于尽可能大量地、广泛地流传。再过半年，俄国工人就要庆祝新世纪第一年的五一节了，因此现在就要注意使下次的庆祝活动能够在尽可能多的城市里展开，能够更加振奋人心，使参加者不仅人数多，而且组织性强，自觉性高，同时还决心展开不屈不挠的斗争，争取俄国人民的政治解放，从而争取无产阶级的阶级发展和为社会主义公开斗争的自由天地。现在就要着手准备下一次的五一游行示威了，而最重要的准备措施之一，应当是介绍俄国社会民主主义运动已经取得的成就，分析我们整个运动，特别是五一游行示威还存在的不足之处，以及我们怎样弥补这些不足之处，以争取更好的成绩。

哈尔科夫的五一游行示威表明，庆祝工人的节日，能够变成声势多么浩大的政治性游行示威，要使这种庆祝活动真正成为觉悟的无产阶级伟大的全国游行示威，我们还有哪些不足之处。是什么使哈尔科夫的五月成为著名的事件呢？就是大批工人参加罢工，

1901 年《哈尔科夫的五月》小册子封面

大街上举行成千上万人的大会,会场上红旗招展,大会宣布传单中提出的各种要求,这些要求都具有革命的内容,例如八小时工作制和政治自由。说俄国工人还没有成熟到进行政治斗争的程度,说他们的主要事情应该是纯经济斗争,顶多只能慢慢地、悄悄地加上一部分政治鼓动,目的也不是反对俄国的整个政治制度,而是争取某些政治改良。这种鬼话已经被哈尔科夫的五一游行示威彻底驳倒了。但是,这里我们打算着重谈一下事情的另一方面。哈尔科夫的五一游行示威一次又一次地表明了俄国工人的政治才能,同时也暴露了我们对于充分发挥这种才能还有哪些不足之处。

哈尔科夫的社会民主党人为了准备五一游行示威,事前散发了小册子和传单;工人们还拟订了总游行示威和在马场演说的计划。可是为什么这个计划没有实现呢?哈尔科夫的同志们这样回答了这个问题:因为觉悟的工人社会党人"总部"的力量分配不平衡,这个工厂多,那个工厂少;其次,因为工人们的计划"被当局知道了",当局自然就采取了一切措施来离间工人。结论很清楚:我们缺少一个**组织**。工人群众已经行动起来了,并且准备跟着社会主义的领袖们走,但是"总部"还没有能够组织成一个坚强的核心,来合理部署觉悟工人的全部力量,保证工作进行得非常秘密,使事前拟订的行动计划不仅不让政府当局知道,而且也不让组织外的人知道。这个组织应当是**革命的**组织,它的成员应当非常明确地了解社会民主主义工人运动的任务,决心同现行政治制度作百折不挠的斗争,它应当把俄国革命知识分子在几十年的教训中积累起来的社会主义知识和革命经验同先进工人所特有的对工人群众的了解以及在群众中进行鼓动和引导群众前进的本领结合起来。我们首先和主要应当关心的就是这种结合,而不是划分知识分子同工人之间的人为的界限，不是建立"纯工人的"组织。这里我们想起了格·普列汉诺夫下面的一段话：

"团结已有的革命力量，是这种活动〈鼓动活动〉的必要条件。小组宣传可以由彼此没有任何联系、甚至彼此不知道对方是否存在的人们来进行。当然，没有组织总是会影响宣传的，但是这还不致使宣传不可能进行。而在社会动荡的时代，政治空气非常紧张，大有一触即发之势，这里或那里常常会由于各种各样未能预料的情况而发生越来越多的爆发，预示革命风暴即将到来，总之，不进行鼓动，就会落后，——在这样的时代**只有组织起来的**革命力量才能对事变进程发生巨大的影响。单枪匹马是无能为力的，只有最高级的组织——**革命组织**，才能肩负起革命事业。"（格·普列汉诺夫《社会党人同饥荒作斗争的任务》第 83 页）

在俄国工人运动史上，正是这样一个由于各种各样情况引起动荡和爆发的时代到来了，如果我们不想"落后"，就应当全力以赴地建立一个善于领导一切个别爆发的全俄组织，从而使即将到来的风暴（哈尔科夫工人在小册子的结尾也谈到这个问题）不致成为自发的风暴，而成为无产阶级领导全国人民反对专制政府的自觉运动。

哈尔科夫的五一游行示威除具体表明我们的革命组织团结不够、准备不够外，还提供了一个相当重要的有实际意义的证明。小册子里写道："在五一节和游行示威之际，令人意想不到地提出了各种没有经过适当酝酿的实际要求，因此，总的说来，当然注定要失败。"例如，在铁路工厂工人的 14 项要求中，有 11 项是在现行政治制度下也完全可以达到的个别的小改善，如增加工资，缩短工时，消除胡作非为的现象。除这些要求以外，还有三项同它们性质完全一样的要求,如(4)实行八小时工作制,(7)保证五月事件后工人人身不受侵犯,(10)由工人和厂部组成联合委员会来调解双方的种种纠纷。其中第一个要求(即第4项)是全世界无产阶级的共同要求。显然,提出这项要求,说明先进的哈尔科夫工人懂得要同全世界的社会主义工人运动团结一致。但是正因为如此,就不应该把这种要求同工头态度要和蔼、工资要提高10%这样一些局部要求混在一起。提高工资和改善待遇的要求,各行各业的工人可以向(而且应当向)他们的业主提出,这种要求是行业性的要求,是个别工种工人的要求。八小时工作制是整个无产阶级的要求,这个要求不应向个别业主提出,而是要向国家政权即整个现行社会政治制度的代表提出,向掌握全部生产资料的整个资本家阶级提出。八小时工作制的要求具有特殊意义,它是一项声援国际社会主义运动的声明。我们应当让工人们了解这种差别,使他们不要把八小时工作制的要求降低到像要求发给免票或开除守卫那样的水平。一年来,这里那里的工人们经常向业主提出各式各样的局部要求并为其实现而斗争,社会党人在支援这种斗争时,应当随时指出这种斗争要同各国无产阶级为争取自身解放的斗争联系起来。因此五一节应当成为庄严地宣布工人们意识到这种联系并坚决参加这种斗争的日子。

拿成立纠纷调解委员会的要求(第10项)来说,由工人和厂部分别选出的代表组成的这个委员会,当然可以带来很多好处,但是要有一个条件,就是选举完全自由和代表完全独立。假若那些反对选举厂方走狗、激烈抨击厂部、揭露厂部的一切迫害行为的工人会被开除,那这个委员会还能带来什么好处呢?这样的工人不仅会被开除,而且还会被逮捕。这就是说,要让这个委员会给工人带来好处，第一，必须使代表不受厂方的左右；要做到这一点，就只有成立工人的自由工会，即包括许多工厂、拥有自己的储金会并且能保卫自己的代表的工会。只有在本行业的许多工厂，最好是全部工厂都联合起来的时候，调解委员会才会有好处。第二，必须使工人的人身不受侵犯，也就是说，警察和宪兵不能任意逮捕工人。这项要求即保证工人人身不受侵犯（第 7 项）已经提出来了。试问，工人能向谁要求到保证人身不受侵犯和结社自由（我们认为这是调解委员会取得成功的必要条件）呢？只有向国家政权要求，因为人身不受侵犯和结社自由有没有保证，取决于俄国国家的根本法律，甚至取决于俄国的国家管理形式。俄国的管理形式是无限君主制。沙皇专制独裁，独自颁布法律，任命全部高级官员，人民和人民代表无权过问。在这种国家制度下，人身不可能不受侵犯，公民结社，特别是工人结社不可能自由。因此向专制政府要求保证人身不受侵犯（和结社自由）是毫无意义的，因为这种要求无异于为人民要求政治权利，而专制政府之所以叫做专制政府，正是由于它不给人民政治权利。只有当**人民的代表**能够参与颁布法律和管理整个国家的时候才有可能保证人身不受侵犯（和结社自由）。现在没有人民代表机关，专制政府一只手给工人一点小小的让步，另一只手又总想把它夺回来。哈尔科夫的五一游行示威再一次生动地说明了这一点：省长接受工人群众的要求，释放了被捕者，几天之后，彼得堡又下令把几十名工人重新抓起来！省和工厂当局"保证"代表不受侵犯，而宪兵队却把他们抓起来投入单人牢房或赶出城市！这种保证对人民能有什么好处？

　　正因为如此，工人应当要求沙皇召开人民代表大会，召开国民代表会议。今年五一节前在哈尔科夫散发的传单中，曾经提出了这种要求,我们看到一部分先进工人完全了解它的意义。我们应当让**所有的**先进工人都清楚地了解这种要求的必要性,让他们不仅在工人群众中广泛宣传这种要求,而且在接近工人和很想知道社会党人和"城市"工人为什么而斗争的各阶层人民中广泛宣传这种要求。今年,在工厂视察员提出工人究竟需要什么的问题时,只有一个人高呼"要宪法",由于这个喊声是孤零零的,一个记者多少带点嘲笑的口吻说:"一个无产者**放了一炮**。"另一个记者干脆说,"在这种场合"这个回答是"半可笑的"(见《工人事业》杂志出版的《哈尔科夫的工人运动》,即"俄国社会民主工党哈尔科夫委员会"总结报告。1900年9月日内瓦版第14页)。老实说,这个回答并没有什么可笑的,可笑的只是这个孤零零地提出的改变整个国家制度的要求同缩短工作日半小时和在工作时间发放工资的要求极不协调。但是这后两项要求同要求宪法之间的联系是一目了然的,如果我们能使(我们一定能使)群众都了解这种联系,那么"要宪法!"的呼声就不会只是从一个人口中喊出来,而是从成千上万人的口中喊出来了,那时这个呼声就不是可笑的,而是可畏的了。据说,有人5月份路过哈尔科夫时问一个马车夫,工人要的是什么,马车夫回答说:"他们要求八小时工作和办自己的报纸。"这个马车夫已经懂得,工人是不会满足于一些小恩小惠的,工人希望自己是一个自由的人,希望自由而公开地提出自己的要求并且为实现这些要求而奋斗。但是从他的回答中还看不出他意识到工人是在为全国人民的自由、为他们取得参加管理国家的权利而斗争。当俄国一切工业城市和工人区的工人群众完全自觉和坚定不移地反复提出沙皇必须召开人民代表大会的要求的时候,当工人使全体城市居民和一切进城的农民都懂得社会党人的要求是什么,工

人是为什么而斗争的时候,人民从警察专制统治下解放出来的伟
大日子就为期不远了!

载于 1901 年 1 月《火星报》出版的
小册子

译自《列宁全集》俄文第 5 版
第 4 卷第 363—370 页

我们运动的迫切任务

(1900 年 11 月初)

　　俄国社会民主党不止一次地声明过，俄国工人政党的当前政治任务应该是推翻专制制度，争取政治自由。这一点在十五六年以前，俄国社会民主党人即"劳动解放社"的成员声明过；两年半以前，1898 年春，俄国各社会民主主义组织的成员建立了俄国社会民主工党，也作过这一声明。虽然有过不止一次的声明，但是俄国社会民主党的政治任务问题，现在又提到日程上来了。我们运动中有许多人，对上述问题的解答的正确性表示怀疑。他们说经济斗争具有头等重要的意义，他们把无产阶级的政治任务推到次要地位，缩小和限制这些任务，他们甚至声称，要在俄国成立独立的工人政党的言论，只是人云亦云，工人只要进行经济斗争就行了，政治可以让知识分子联合自由派去搞。新信条（臭名远扬的《信条》）的这个最近的声明，竟公开认为俄国无产阶级还很幼稚，并且完全否定了社会民主党的纲领。而《工人思想报》（特别是《增刊》）所谈的，实质上也是这个意思。俄国社会民主党现在正处于动摇时期、怀疑时期，甚至到了自我否定的程度。一方面，工人运动正在脱离社会主义：有人在帮助工人进行经济斗争，但是有关整个运动的社会主义目的和政治任务，却根本不向工人解释，或解释得很不够。另一方面，社会主义也在脱离工人运动：俄国社会党人又在纷纷议论,说反对政府的斗争应该由知识分子单独进行,因为工人只能进行经济斗争。

我们认为,这些可悲的现象,是由三种情况造成的。第一,俄国社会民主党人在活动初期,只进行一些小组宣传工作。等到我们转向群众鼓动工作的时候,有时不免陷入另一极端。第二,在活动初期,我们不得不经常同民意党人进行斗争,来保卫我们存在的权利。民意党人把"政治"理解为脱离工人运动的活动,把政治缩小到只进行密谋活动。而社会民主党人在反对这种政治的时候,走上了另一个极端,竟笼统地把政治推到了次要地位。第三,当社会民主党人分散在地方工人小组内进行活动的时候,没有很好地重视,必须组织革命政党来统一各地方小组的一切活动,并正确地安排革命工作。工作分散占优势的情况,自然同经济斗争占优势的情况是有关联的。

上述的一切情况,使大家热衷于运动的一个方面。"经济派"(如果可以说是一个"派"的话)企图把这种狭隘观点,提高为一种专门的理论,为此他们就企图利用那种打起新的旗帜传播旧的资产阶级思想的时髦的伯恩施坦主义,时髦的"对马克思主义的批评"。这种企图的危险性就是削弱了俄国工人运动同俄国社会民主党这个争取政治自由的先进战士之间的联系。而我们运动的最迫切任务,就是要巩固这种联系。

社会民主党是工人运动和社会主义的结合,它的任务不是消极地为每一阶段的工人运动服务,而是要代表整个运动的利益,给这个运动指出最终目的,指出政治任务,维护它在政治上思想上的独立性。工人运动脱离了社会民主党,就会变得无足轻重,并且必然会堕入资产阶级的泥潭,因为只从事经济斗争,工人阶级就会失去自己的政治独立性，成为其他党派的尾巴，背叛"工人的解放应该是工人自己的事情"[102]这一伟大遗训。各国都经历过工人运动和社会主义互不联系、各行其是的时期，这种相互脱节的现象，削弱了各国的社会主义和工人运动；在所有的国家里，只有社会主义和工人运动相结合，才奠定了二者的牢固基础。但是，每个国家社会主义和工人运动的结合，都是历史地形成的，都经过了独特的道路，都是以地点和时间为转移的。在俄国，社会主义和工人运动结合的必要性，在理论上早就讲过了，但是在实际上，这种结合只是到现在才开始形成。这个形成的过程，是一个非常艰难的过程，因此，在这个过程中出现各种动摇和怀疑，不是什么特别奇怪的事情。

从过去的历史中，我们得出的教训是什么呢？

整个俄国社会主义的历史，决定了社会主义的最迫切任务是反对专制政府，争取政治自由。我国的社会主义运动，可以说是集中在反专制制度的斗争上的。另一方面，历史表明，社会主义思想脱离劳动阶级先进人物的现象，在俄国要比其他国家厉害得多，因此俄国革命运动必然软弱无力。由此自然产生出俄国社会民主党所应该实现的任务：把社会主义思想和政治自觉性灌输到无产阶级群众中去，组织一个和自发工人运动有紧密联系的革命政党。俄国社会民主党在这方面已经做了许多工作。但还有更多的工作要做。随着运动的发展，社会民主党的活动场所会越来越广，工作的方面会越来越多，需要越来越多的搞运动的人集中力量去解决宣传和鼓动的日常需要提出的各种各样的局部任务。这种现象完全是合乎规律的和不可避免的，但是这种现象迫使我们特别注意，要使局部的活动任务和个别的斗争手段不致成为某种独立的东西,要使准备工作不致成为主要的和唯一的工作。

　　促进工人阶级的政治发展和政治组织,是我们主要的和基本的任务。谁把这个任务推到次要的地位,不使一切局部任务和个别斗争手段从属于这个任务,谁就会走上错误的道路,并给运动带来严重的危害。把这个任务推到次要地位的有两种人:第一种人,他们号召革命者依靠某些脱离工人运动的密谋小组的力量,去同政府作斗争;第二种人,他们经常缩小政治宣传、政治鼓动和政治组织的内容和范围,他们认为只有在工人生活中的特殊时刻,只有在庄严的场合,用"政治"来款待工人才是可能和适当的,他们过分注意把反对专制制度的政治斗争化为要求专制制度作个别让步,而不太注意把这些要求变成革命工人政党反对专制制度的有计划的坚决的斗争。

　　"组织起来!"《工人思想报》用各种调子一再向工人这样宣传,"经济派"的一切拥护者也一再向工人这样宣传。我们当然完全同意这个呼吁,但是一定要补充一句:不但要组织互助会、罢工储金会和工人小组,而且要组织政党,组织起来同专制政府和整个资本主义社会进行坚决的斗争。不这样组织起来,无产阶级就不能去进行自觉的阶级斗争,不这样组织起来,工人运动就会软弱无力,只靠一些储金会、工人小组和互助会,工人阶级永远不能完成自己所肩负的伟大历史任务:使自己和全体俄国人民摆脱政治上和经济上的奴隶地位。在历史上,任何一个阶级,如果不推举出自己的善于组织运动和领导运动的政治领袖和先进代表,就不可能取得统治地位。俄国工人阶级已经表明它能够推举出这样的人物,最近五六年来俄国工人所广泛开展的斗争,表明工人阶级中蕴藏着无穷的革命力量。它表明,追求社会主义、追求政治觉醒和政治斗争的工人,不仅没有因为政府的疯狂迫害而减少,而且还增加了。我们的同志在1898年召开的代表大会,正确地提出了任务,不是人云亦云,不是只表达了"知识分子"的憧憬……　我们把党的纲领问题、组织问题和策略问题提到日程上来以后,就应该坚决着手完成这些任务。我们对我们纲领的基本原则的看法,已经讲过了,详细阐述这些原则,不是本文的任务。关于组织问题,我们打算在最近几号报纸上写一些文章。这是我们最伤脑筋的问题之一。在这方面,我们大大落后于俄国革命运动的老一辈活动家;我们应该坦白承认这一缺点,应该想尽一切方法使我们的活动更加秘密,有系统地宣传活动准则以及蒙蔽宪兵和躲避警察耳目的方法。我们应该培养一些不仅能把晚上的空闲时间贡献给革命,而且能把整个一生贡献给革命的人。我们应该建立一个大的组织,大到可以使我们在各种各样不同的工作之间进行严密的分工。至于策略问题,我们只能在这里谈这样一点:社会民主党不能用某种事先想好的政治斗争的计划或方法来束缚自己的手脚,缩小自己的活动范围。它承认一切斗争手段,只要这些手段同党的现有力量相适应,并且在现有条件下能够使我们取得最大的成绩。有了坚强的组织严密的党,某一次的罢工也能够变成政治示威,变成对政府的一次政治胜利。有了坚强的组织严密的党,个别地区的起义也能够发展成胜利的革命。我们应当记住,为满足个别要求,为取得个别让步而同政府展开的斗争,不过是和敌人的小小接触,不过是小小的前哨战,决战还在后面。我们面对着一座强大的敌人堡垒,从那里向我们发射出雨点般的炮弹和枪弹,夺去了我们的优秀战士的生命。我们一定要夺取这座堡垒。只要我们能够把日益觉醒的无产阶级的一切力量和俄国革命者的一切力量联合成一个党,并能使俄国一切生气勃勃和正直的人都倾向于这个党，我们就一定能够拿下这座堡垒。只有到那个时候，才能实现俄国工人革命家彼得·阿列克谢耶夫的伟大预言："等到千百万工人群众举起筋肉条条的拳头，士兵刺刀保卫着的专制枷锁就会被粉碎！"[103]

载于 1900 年 12 月《火星报》创刊号

译自《列宁全集》俄文第 5 版
第 4 卷第 371—377 页

国外俄国社会民主党人
联合会的分裂[104]

(1900 年 11 月下旬)

今年春天,在瑞士召开了俄国社会民主党人联合会会员代表大会,在这次大会上联合会分裂了。少数会员,以"劳动解放社"(该社创立了联合会,1898 年秋以前负责编辑联合会的各种出版物)为首,成立了独立的组织,名叫俄国"社会民主党人"革命组织。多数会员,包括机关刊物《工人事业》杂志的编辑部在内,仍旧称为联合会。1898 年春,召开了俄国社会民主党人的代表大会,成立了"俄国社会民主工党",并承认了联合会是我们党的国外代表。现在国外联合会分裂了,我们应该怎样考虑代表资格问题呢?我们不打算详细研究分裂的原因,而只想指出,目前到处都在严厉指责普列汉诺夫,说他霸占了联合会的印刷所,这是不符合事实的。事实是,印刷所的负责人只是拒绝把整个印刷所交给已分裂的联合会的某一方,于是双方很快就把印刷所分掉了。我们认为,最重要的事实是:《工人事业》杂志在争论的实质问题上错了,它错误地否认了"经济派"的存在,采取了错误的策略,不提这一派的极端表现,并且不同这种表现作公开的斗争。

由于上述原因,我们拒绝承认已分裂的组织的某一方为我们党的国外代表,尽管我们丝毫不否定《工人事业》杂志的功绩,它在

出版刊物和组织运送书报方面做了许多工作。在下一次党代表大
会作出决定以前,这个问题应当作为悬案。目前,俄国社会民主党
的正式国外代表,是国际常务委员会(该委员会是在今年秋天召开
的巴黎国际社会党代表大会[105]上成立的)的俄国委员。被选入委
员会的俄国委员有两个:格·瓦·普列汉诺夫和波·克里切夫斯
基(《工人事业》杂志编辑之一)。在俄国社会民主党人两个派别间
还没有和解或达成协议以前,有关俄国代表机关的一切事务,我们
打算同格·瓦·普列汉诺夫接洽。最后,我们应该表示意见,说明
我们愿意让谁代表俄国在国际常务委员会中担任书记一职。现
在,有人在"对马克思主义的批评"的幌子下,竭力用资产阶级思想
和屈从全副武装的敌人(资产阶级政府)的政策来腐蚀社会民主
党。在这样的时候,特别需要一个能够顶住逆流、坚决反对思想动
摇的人担任这个重要职务。根据这一原因和上述理由,我们拥护
格·瓦·普列汉诺夫担任这个职务。

载于 1900 年 12 月《火星报》　　　　译自《列宁全集》俄文第 5 版
创刊号　　　　　　　　　　　　　　第 4 卷第 384—385 页

1900 年 12 月 29 日记事

1900 年 12 月 29 日,星期六,深夜 2 时。

我想把今天同"双生子"①谈话的印象记下来。这是一次重要的也可以说是"历史性"的会议(阿尔先耶夫,维里卡,双生子+妻子②+我),至少在我的一生中是一次历史性会议。这次会议即使没有总结我生活中整整一个时期,也总结了我生活的整整一页,并且决定了我以后长时期的行动和生活道路。

阿尔先耶夫交出工作之初我以为双生子会靠拢我们,会从自己那一方面迈出几步。实际上却恰恰相反。产生这个奇怪的错误,大概是因为阿尔先耶夫非常想得到双生子用来"引诱"他的那些东西,即政治材料、通讯等等,"求之愈切,信之愈坚",所以阿尔先耶夫相信双生子用来引诱他的东西是有可能得到的,他愿意相信双生子的诚意,相信可能很好地同他和睦共处。

正是这次会议彻底而不可挽回地推翻了这种信念。双生子完全暴露了他的另一副面孔,暴露了他是一个不折不扣的"政治家",即从最坏的意义上去理解的政治家,暴露了他是一个政客、滑头、奸商和无耻之徒。他是**确信我们没有力量**才来的,这是阿尔先耶夫本人对这次商谈结果所下的定论,这个定论完全正确。双生子来是因为相信我们没有力量,他来是为了向我们提出**投降**的条件,

---

① 指彼·伯·司徒卢威。——编者注
② 指彼·伯·司徒卢威的妻子尼·亚·司徒卢威。——编者注

他提议的方式非常高明,没有用一个尖锐的字眼,然而却暴露出,最新的"批评派"这种温文尔雅的外衣遮盖着庸俗自由派的粗俗的商人本性。

为什么他双生子不愿意干脆做撰稿人,对于我的这个质问(今晚事务性的谈话就是从这个质问开始的),他十分坚决地回答说,他从心理上就不能够为把他"骂得体无完肤"(他的原话)的杂志工作,我们怎能设想,我们骂他,而他还会给我们"写政论性的文章"(原话!),只有在完全平等(显然是批评派和正统派之间的平等)的条件下才能够谈得上撰稿,在声明①发表以后,他的一个同志和朋友[106]甚至不想去会见阿尔先耶夫,而他双生子的态度并不是由声明、甚至完全不是由声明决定的,决定他态度的是,过去他只想做一个"好心的帮手",现在他不打算以此为限,而想当一个编辑(双生子几乎就是这样说的!!)。双生子的话并不是一下子和盘托出的,关于他撰稿的问题,谈判拖得很久(阿尔先耶夫和维里卡认为拖得太久了),但是从谈判中我得到一个非常清楚的印象,就是同这位绅士在一起是什么也搞不成的。

后来,他开始坚持自己的提议:为什么不按平等权利创办第三种政治机关刊物,这既有利于他也有利于我们(我们可以从提供的资料中为报纸多少"搞到"一些材料)。他建议,在刊物的封面上不必写上什么社会民主党的字样,也用不着标出我们的名称,我们必须(不是形式上必须,而是道义上必须)向这个机关刊物提供自己所有的一般政治材料。

问题已经很清楚,我也就直截了当地说,绝对谈不上创办第三

---

① 见本卷第 311—318 页。——编者注

种机关刊物,这里问题在于,应当由社会民主党来领导政治斗争呢,还是由自由派独立地和单独地来领导(我说得更明白更确切)。双生子听明白以后很生气,他说,在我把话说得清楚到值得感谢的程度(原话如此!)以后,这个问题就没有什么可谈的了,现在只要谈谈出版文集的问题,——文集也就是第三种杂志(我这样说)。于是双生子说,那就只出版一个**现成的**小册子好了。我问:哪个小册子? 他的妻子用要无赖的口吻说:问这个有什么用;如果你们在原则上决定同意,那我们再谈,如果不同意,那就用不着问了。我问了一下印刷的条件,双生子说:某某出版就成了,不一定要提到你们的名称,除了出版社外,不一定要和你们的名称有联系。我对此也表示反对,开始争辩,要求标上我们的名称,这时,阿尔先耶夫也不同意我的意见,争论就此中断了。

最后,——商妥暂时不作决定——阿尔先耶夫和维里卡对双生子还不肯放松,要求**他**作出解释,同他争论,但是我就再没有讲话,只是在笑(这是双生子看得很清楚的),谈话很快就结束了。

载于 1924 年《列宁文集》俄文版　　　　译自《列宁全集》俄文第 5 版
第 1 卷　　　　　　　　　　　　　　　　第 4 卷第 386—388 页

关于同司徒卢威的协议草案¹⁰⁷

(1901 年 1 月中旬)

社会民主党《曙光》—《火星》社和民主反对派自由社的代表之间达成协议如下：

(1)《曙光》社出版属于《曙光》杂志的特刊，名为《时评》，自由社参加该特刊的编辑工作。

(2)编辑工作在如下基础上进行：每一方都有权否决另一方的材料和文章。

(3)出版大纲：(a)有关政府、政府机关、社会团体和等级机关等的活动的材料和文件^①。

(b)关于俄国国内社会生活、政府对内和对外政策问题的文章。

(c)内政评论。

(4)双方均有责任积极为《时评》提供材料。但是，《曙光》编辑部对自己拥有的上述第 3 条所列各类材料，当其性质更适合于自己的专门出版物时，可以在这些出版物上刊载。

(5)《曙光》社负责《时评》的出版、运送和发行等一切事务。

---

① 用小号字印出的部分是亚·尼·波特列索夫写的。——俄文版编者注

X社方面则支付与此有关的全部费用。

（6）如果上述事业停办，《时评》所存的份数由双方平分。

> **附注**：《曙光》编辑部有权在《时评》的
> 封面上刊登自己出版物的广告。

译自《列宁全集》俄文第 5 版
第 4 卷第 389—390 页

183个大学生被送去当兵①

（1901年1月）

1月11日,各报刊载了国民教育部关于送基辅大学183个大学生去当兵的政府公告,说这是因为他们"结伙闹风潮"。1899年7月29日的暂行条例(这是对大学生和社会人士的一种威胁),颁布后不到一年半就付诸实行了,政府急于要证明采取这种空前未有的惩办措施是正确的,就提出了一大篇起诉书,大肆渲染大学生的暴行。

暴行一个比一个厉害。夏天,在敖德萨举行了全国大学生代表大会,通过了一个纲领,要把全国大学生组织起来,用各种方式对学院生活、社会生活和政治生活中的一些现象表示抗议。由于这些有罪的政治目的,全体大学生代表被逮捕,文件被没收。但是,风潮并没有平息,反而有所发展,**许多**高等学校接连不断地闹起了风潮。大学生想要自由地、独立自主地讨论和处理他们的共同问题。学校当局却以俄国官吏历来所特有的冷漠的形式主义态度来对付他们,吹毛求疵,引起他们的极端不满,很自然地促使那些还没有染上苟且偷安这种资产阶级肮脏思想的青年起来反对警察和官僚统治的整个制度。

基辅大学学生要求解聘一个接任离校同事职务的教授。学校

---

① 看到政府公告时,报纸已经拼版。

当局表示拒绝,结果弄到青年们起来"集会和游行示威",于是才……作了让步。大学生举行集会,讨论怎么会发生两个纨绔子弟强奸一个少女这种丑事(传闻如此)。学校当局判处主要"滋事者"坐禁闭室。他们不服,就被开除了。人群示威似地把被开除的人送到车站。后来又举行了一次集会,大学生一直坚持到晚上,校长不露面,他们就不解散。副省长和宪兵局局长带着一队士兵来了,包围了学校,闯进讲堂,于是把校长请了出来。你们以为大学生是要求颁布宪法吗? 不是的,他们要求撤销坐禁闭室的处分,恢复被开除者的学籍。参加集会的人被记下了姓名并打发回家。

　　大学生的要求是温和的、毫无恶意的,政府却惊恐万状,好像斧头已经砍到它维持统治的支柱上了,请想一想这两种情况是多么不相称啊。这种惊恐万状的表现,最明显不过地露出了我国"万能"政府的马脚。这比任何"罪恶的宣言"都更清楚地表明(向一切有眼可看、有耳可听的人[108]表明),政府已经感觉到自己是十分不稳固的,它相信只有用刺刀和皮鞭的力量才能压制人民的愤懑而保护自己。积累了数十年经验的政府,确信它的周围堆满了易燃物品,只须一个小小的火星,哪怕只是对禁闭处分的抗议,就足以引起一场大火。既然如此,那显然需要惩一警百:送它几百个大学生去当兵! "让军曹去代替伏尔泰!"[109]这个原则还丝毫没有过时,相反,这个原则注定要在20世纪真正实现。

　　这个新的惩治办法(新就新在它企图复活老早就过时的旧东西),引起了很多的联想和对比。三代以前,在尼古拉时代,送去当兵是一种很自然的处分,它和俄国整个农奴社会制度是完全适应的。当时把贵族子弟送去当兵,是为了要他们服务并取得军官头衔,以改变贵族的自由放任的习气。把农民送去当兵,是要他们长期服苦役,在那里他们将遭到惨无人道的"绿街式的"拷打**110**以及种种折磨。我国实行"普遍"义务兵役制已经有25年以上了,这个措施当时受到了赞扬,说它是一个伟大的民主改革。真正的而不是纸上空谈的普遍义务兵役制,无疑是一项民主改革,它打破了等级制,使公民一律平等。如果真是这样,那么送去当兵难道可以作为一种惩罚吗? 政府把义务兵役制变成一种惩罚,不正表明我们实行的与其说是**普遍**义务兵役制,还不如说是强制兵役制吗? 1899年的暂行条例,把我国酷似欧洲典章的那些规章制度的假面具撕破了,把它们亚洲式的野蛮实质暴露无遗了。其实,我国从来没有实行过普遍义务兵役制,因为出身显贵、有钱有势的人享有的特权,造成了许多例外。其实,我国在服兵役方面,从来没有过什么类似公民一律平等的东西。相反,兵营中充满着极其使人愤怒的无权现象。工农出身的士兵毫无保障,人格受侮辱,横遭勒索,总是被拳打脚踢。有钱有势的人却有种种优待和豁免。难怪送进这个专横暴虐的学校,就成了一种惩罚,甚至是一种近乎剥夺一切权利的非常严厉的惩罚。政府打算在这个学校中教训"暴徒们"安分守己。这个算盘打错了没有呢? 俄国这所服兵役的学校会不会变成革命的军事学校呢? 当然,不是所有的大学生都能够读完这个学校的全部课程的。一部分人会被繁重的苦役搞垮,在同军事当局发生冲突中遭到牺牲,另一部分软弱无能和意志薄弱的人则会被兵营生活吓倒,但是还有一部分人,会在兵营生活中受到锻炼,扩大眼界,缜密地思考和检验一下他们的解放要求。这时,他们会亲身体验到专横和压迫的全部威力,因为他们的整个人格要听凭那些经常有意嘲弄"有知识的人"的军曹去摆布。他们会看到普通老百姓的真实处境。他们会因每天都亲眼看到凌辱和暴力而感到痛苦,他们会懂得,大学生受到的不公平待遇和无端指摘,同人民所受的压迫比起来只是沧海一粟。谁懂得了这一点,谁就会在退役时立下汉尼拔式的誓言[111]:决心和人民的先进阶级在一起,为把人民从专制制度下解放出来而斗争。

　　但是,新的惩罚手段对人的侮辱,同它的残酷性一样使人感到气愤。政府向所有正派的人进行挑战,说那些反对专横的大学生完全是无理取闹,正像它说被流放的罢工工人是品行不端一样。请看看政府的通告吧,其中堆满了不守秩序、骚乱、为非作歹、肆无忌惮、胡作非为这样一些字眼。一方面认定大学生有犯罪的政治目的和提出政治抗议的企图;另一方面却又污蔑大学生是一群无理取闹的分子,需要绳之以纪律。这是对俄国舆论界的一记耳光,因为政府很清楚,舆论界是同情大学生的。而大学生对此唯一恰当的回答应该是:把基辅大学生的威胁变成现实,即在各高等学校的全体学生中组织顽强持久的罢课,要求取消 1899 年 7 月 29 日的暂行条例。

　　但是,应该反击政府的不只是大学生。政府自己使这次事件超出了纯粹大学生的范围。政府求助于舆论界,大肆吹嘘它惩治办法的果断,对一切解放的要求加以嘲弄。各阶层人民中一切有觉悟的分子,如果不想做忍气吞声、甘愿受辱的奴隶,也应该反击这一挑衅。而领导这些有觉悟的分子的,是先进的工人和同他们有紧密联系的社会民主党组织。工人阶级不断受到现在同大学生发生激烈冲突的警察专制统治的更大压迫和侮辱。工人阶级已经为自己的解放展开了斗争。工人阶级必须懂得,这个伟大的斗争使他们担负起了伟大的任务,如果他们不把全体人民从专制制度下解放出来，他们就不能解放自己，他们必须首先大力响应一切政治性的抗议并且给以一切援助。在我国有教养阶级的优秀人物中，有成千上万的革命者惨遭政府毒手，他们的鲜血证明他们能够踩掉也决心踩掉自己脚上资产阶级社会的灰尘，走到社会党人的行列里来。而一个工人，如果他眼看政府派军队去镇压青年学生而无动于衷，那他就不配称为社会党人。大学生帮助过工人，工人也必须帮助大学生。政府想愚弄人民，说什么提出政治抗议就是无理取闹。工人必须公开声明并且向广大群众说明：这是谎话，暴力的真正来源，胡作非为和横行霸道的真正来源，是俄国专制政府，是警察和官僚的专制统治。

　　如何组织这一抗议活动，要由各地方的社会民主党组织和工人小组来决定。散发和张贴传单，举行各种集会，尽可能邀请社会各阶级的人士参加，——这些都是最切实可行的抗议形式。但是，更理想的是，在那些有巩固的和坚强的组织的地方，能够通过群众性的游行示威来组织更广泛更公开的抗议活动。去年 12 月 1 日在哈尔科夫《南方边疆区报》编辑部门前的游行示威，可以作为一个很好的榜样。这家攻击一切追求光明和自由的意向、颂扬我国政府一切暴行的卑鄙报纸，当时正在开庆祝创刊日大会。编辑部门前聚集了一大群人，他们兴高采烈地撕碎了《南方边疆区报》，把报纸系在马尾巴上，用报纸包着小狗，把石块和盛硫化氢的小瓶抛进窗口，并且高呼："打倒卖身求荣的报纸！"这就是卖身求荣的报纸编辑部和所有国家机关真正应该得到的庆贺。长官赞赏的庆祝大会并不经常召开，但是显示人民制裁力量的庆祝大会倒是应该经常给他们开一开的。政府专横暴虐的任何表现，都是举行这种游行示威的正当理由。现在政府公开宣布惩办大学生，人民也就应该给它来一个公开的回答!

载于 1901 年 2 月《火星报》
第 2 号

译自《列宁全集》俄文第 5 版
第 4 卷第 391—396 页

时　评¹¹²

（1901 年 1 月底—2 月初）

一　打吧，但不要打死

1 月 23 日，莫斯科高等法院组成的**有等级代表参加的**特别法庭在下诺夫哥罗德审理了农民季莫费·瓦西里耶维奇·沃兹杜霍夫被殴致死的案件。沃兹杜霍夫是被送到区警察局去"醒酒"的，但是在那里遭到舍列梅季耶夫、舒利平、希巴耶夫和奥尔霍文等 4 个警察和派出所代理巡官帕诺夫的一顿毒打，第二天就死在医院里了。

这件普通案件的简单情节就是这样，它很清楚地说明了我们警察局平日的所作所为。

根据报上极简单的报道看来，事情的全部经过是这样的。4 月 20 日，沃兹杜霍夫坐马车到省长公署去。省长公署的侍卫走了出来。他后来在法庭作证说，沃兹杜霍夫没有戴帽子，喝了酒，但是没有醉，他来控诉某某轮船码头不卖给他船票（?）。侍卫就命令岗警舍列梅季耶夫把沃兹杜霍夫带到区警察局去。沃兹杜霍夫喝得很少，他还同舍列梅季耶夫心平气和地谈话，到区警察局以后还清清楚楚地对派出所巡官帕诺夫说出他的姓名和身份。尽管如此，

№ 1
Апрѣль
1901-го г.

Die
Morgenrothe
Heft 1
April 1901

ЗАРЯ

Соціаль-демократическій научно-политическій журналъ. Издается при ближайшемъ участіи Г. В. Плеханова, В. И. Засуличъ и П. Б. Аксельрода.

Цѣна 2 руб.

Stuttgart
J. H. W. Dietz Nachf. (G. m. b. H.).
1901

1901 年 4 月《曙光》杂志第 1 期封面

舍列梅季耶夫（显然是得到刚刚审问过沃兹杜霍夫的帕诺夫的允许）不是把沃兹杜霍夫"**推进**"关着几个醉汉的拘留室，而是把他推进拘留室隔壁的"**士兵室**"。在推的时候，他的军刀碰在门钩上把手划破了，他以为是沃兹杜霍夫抓住军刀，扑过去就打，还大声喊叫，说他的手被人砍伤了。他使出了全身力气，打沃兹杜霍夫的脸，打他的胸部和肋部，直打得他仰面朝天，头碰到地上，连声求饶。据当时押在拘留室里的一位见证人（谢马欣）说，沃兹杜霍夫曾经说："为什么打我？""我又没有错。看在上帝的份上，饶了我吧！"据这位见证人说，沃兹杜霍夫并没有醉，醉的倒是舍列梅季耶夫。关于舍列梅季耶夫"教训"（这是起诉书上的话！）沃兹杜霍夫一事，他的同事舒利平和希巴耶夫都知道，这两个人从复活节的第一天起（4月20日是星期二，即复活节的第三天）就在警察局里喝酒。他们两个同从另一个区警察局来的奥尔霍文一起走进士兵室，对沃兹杜霍夫拳打脚踢。派出所巡官帕诺夫也进来了，用书打他的头，用拳头打他。一个被拘留的妇女说："他们打得太狠了，太狠了，直吓得我的肚子发痛。"这顿"教训"结束后，派出所巡官很坦然地命令希巴耶夫把被打者脸上的血迹洗掉（这样毕竟体面些；千万别让上司看到！），把他拖进拘留室去。沃兹杜霍夫对其他被拘留的人说："哥儿们！你们看到警察局是怎么打人的吗？请你们作证，我要去告！"但是他没有告成，第二天清早发现他完全失去了知觉，送到医院后8小时昏迷不醒就死了。解剖尸体时发现他的肋骨断了10根，浑身青紫，脑内淤血。

　　法院判处舍列梅季耶夫、舒利平和希巴耶夫4年苦役，而奥尔霍文和帕诺夫只判了**1个月的拘留**，认为他们犯的只是"欺压"罪……

　　我们就从这个判决开始把事情分析一下。苦役是按刑法典第346条和第1490条第2款判处的。第346条写道:官员在执行职务时造成伤残事故者,应"按所犯之罪"予以最重的刑罚。第1490条第2款规定:将人严刑拷打致死者,应判处8年到10年苦役。等级代表和皇室法官组成的法庭没有予以**最重的刑罚**,而是把它**降低了两等**(第6等:8—10年苦役;第7等:4—6年苦役),也就是说,法庭作出的是在情节可以从轻处理的情况下法律所允许的最低刑罚,而且还是最低一等中的**最低的**年限。总而言之,法庭竭力为被告减刑,甚至超过了它力所能及的范围,因为它规避了关于"最重的刑罚"的法律。当然,我们决不是想说,"最公正的裁判"应该是10年苦役而不是4年苦役;重要的是凶手被认为是凶手,而且被判了苦役。但是不能不指出皇室法官和等级代表组成的法庭的极其明显的倾向:他们在审判警察局的官员时,是蓄意尽量从宽处理的;而当他们在审判那些有触犯警察的行为的人时,那大家都知道是一贯从严的。①

　　这是派出所巡官先生啊……那怎么能不从宽处理呢? 他看到了这个被带来的沃兹杜霍夫以后,显然是吩咐不要带到拘留室,而

---

　　① 顺便再举一件事实,来说明我国法庭是根据什么尺度来惩罚不同罪行的。审判打死沃兹杜霍夫的凶手们以后没有几天,莫斯科军区法庭审判了一个在当地炮兵旅服役的士兵,他在军需库值勤的时候,从那里偷出50条裤子和一些靴用皮。结果被判4年**苦役**。一个被送交警察局的人,他的生命只值一个哨兵偷的50条裤子和一些靴用皮。在这个奇特的"等式"中,就像一滴水珠反映出整个太阳一样,反映出我们警察国家的整个制度。个人同政权比起来——太微不足道了。政权的纪律就是一切……但是,对不起,"一切"只是针对小人物而言的。小贼要处苦役,而大贼,那些侵吞大量公款的大亨、大臣、银行经理、铁路建筑师、工程师、承包人等等,顶多不过是被流放到边远的省份,在那里他们可以靠搜刮来的钱过舒舒服服的生活(如西伯利亚西部的银行盗贼),还可以很容易地从那里逃到国外去(如宪兵上校梅兰维尔·德·圣克莱尔)。

是先带到士兵室去教训一顿;他也同他们一起用拳头和书(大概是用法典)来打他;他命令毁灭罪迹(洗掉血迹);他在 4 月 20 日夜间向外出回来的区警察局局长穆哈诺夫报告,"在托付给他的区警察局里平安无事"(原话!),——但是他跟那些凶手根本不同,他的过错不过是有凌辱行为,不过是有应判拘留的普通欺压行为。所以这位没有犯杀人罪的绅士帕诺夫先生,现在仍在警察局里供职而且担任警察局巡官的职务,也就不足为奇了。帕诺夫先生不过是把他"教训"平民的那套有效办法从城市搬到了乡村。读者们,请你们凭良心说,巡官帕诺夫是不是可以把法院的判决理解为这样一种劝告:今后要把罪迹掩盖得好一些;要"教训"得不留一丝痕迹。你吩咐洗掉垂死者脸上的血迹,这很好,但是你让沃兹杜霍夫死掉了,老弟,这可太粗心了;以后应该多加小心,并且要牢牢记住俄国的杰尔席莫尔达[113]的最最重要的戒律:"打吧,但不要打死!"

在一般人看来,法院对帕诺夫的判决简直是对司法的嘲笑;判决表明一种极其卑鄙的意图,那就是把全部罪名都推在下级警察的身上,庇护他们的顶头上司,而这种野蛮的拷打正是在他的授意和参与下进行的。从法律的观点来看,这个判决是法官们惯用的诡辩的典型,而他们本身也跟派出所巡官差不了多少。外交家说,人有舌头是为了隐瞒自己的思想。我们的法学家也可以说,定出法律就是为了曲解罪行和责任的概念。真的,为了把参与拷打改成有普通的欺压行为,法官需要多么微妙的艺术啊! 也许,一个工匠在 4 月 20 日早晨把沃兹杜霍夫的帽子打掉了,那他犯的是过失,竟同帕诺夫一样,甚至更轻,不算过失,而是"违反规定的行为"。连参与普通的斗殴(而不是参与拷打无援的人)而造成某人死亡者,所受的惩罚都要比派出所巡官所受的重得多。善于舞文弄法的法官首先利用的一点，就是法律对于在执行职务时进行拷打的人规定了好几种惩罚，让法官可以在两个月监禁和流放西伯利亚之间酌情处理。法官不受正式规定的过分约束，而有一定的伸缩余地，——这当然是一种很合理的原则，所以我国刑法学教授们才不止一次地称颂俄国的法律制度，强调它的自由主义。只是他们忘记了一件小事情：要运用合理的法规，就需要有其地位不同于一般官吏的法官，就需要社会代表参加审判和舆论界参加案件的讨论。其次，副检察长也帮助了法庭，他**拒绝**对帕诺夫（和奥尔霍文）的拷打和残暴行为起诉，只请求法庭惩罚他们的欺压行为。副检察长引用了鉴定人的结论，鉴定人否认帕诺夫特别凶狠和连续不断地打人。可见，法律上的诡辩主义并不怎么奥妙难解：既然帕诺夫打得比别人少，那么就**可以**说，他打得并不**特别**凶狠；既然他打得并不特别凶狠，那么就**可以**下结论说他的殴打不算"拷打和残暴行为"；既然不算拷打和残暴行为，那就是说这是普通的凌辱行为。这样处理，皆大欢喜，而帕诺夫先生则仍然是秩序和制度的维护者①……

我们刚才提到了社会代表参加审判和舆论界的作用问题。本案件已经大体上很好地说明了这个问题。首先，为什么不是由陪审法庭，而是由皇室法官和等级代表组成的法庭来审理这个案件

---

① 我们这里有些人不是在法庭和社会面前全盘揭露那些丑恶现象，而是在庭审时掩饰案件真相，或者用充满了漂亮空洞辞藻的通告和命令来敷衍塞责。例如，奥廖尔的警察局长为了重申以前的决定，最近又下了一道命令要各警察局长本人以及他们的副手不懈地教育下级警官，绝对不许在街上拘捕醉汉和把他们扣留在区警察局醒酒时采取粗暴态度和任何暴力行为，要向下级警官说明，保护那些显然会发生危险而自己无法防止的醉汉，也是警察的职责，因此法律规定作为居民最亲近的保卫者和保护者的下级警官，在拘捕和押送醉汉到区警察局的时候，对他们不仅不应该有任何粗暴的和不人道的态度，而

呢？因为亚历山大三世的政府无情地反对社会上一切要求自由独立的倾向，很快就认为陪审法庭是危险的。反动报刊宣布陪审法庭是"市井小民的法庭"，并且公开对它攻击，顺便说一句，这种攻击直到现在还在进行。政府通过了一个反动的纲领：战胜70年代的革命运动以后，就肆无忌惮地向社会代表宣布，政府认为他们是"市井小民"，是贱民，他们既不能干预法律也不能管理国家，应该把他们从审讯和判决（按照帕诺夫先生们的办法）俄国平民的圣坛上赶走。1887年颁布过一个法律，规定凡是案件中犯法者或受害者为公职人员的时候，一律不由陪审法庭审理，而交由皇室法官和等级代表组成的法庭审理。大家知道，这些和法官同流合污的等级代表都是些没有话的配角，扮演一些可怜的角色，不过是给审讯部门的官老爷们任意决定的事情作作证、画画押而已。这只是贯穿在俄国历史整个近代反动时期中的一系列法律中的一个，把这些法律串起来的是一个共同的意图，那就是恢复"牢固的统治"。19世纪下半叶，当局慑于局势，不得不同"市井小民"接触，但是市井小民的成分发生了急遽的变化，那些无知的平民变成了开始意识到自己权利的公民，他们中间甚至还出现了能够为权利而斗争的战士。当局感到了这种情况，于是就惊恐万状地撤退，手忙脚乱地赶紧筑起一道万里长城来保护自己，躲进一个堡垒，任何舆论界

且应当想方设法来保护他们，直到酒醒为止。命令告诫下级警官说，只有这样自觉地和正当地对待自己的职责，才能得到居民的信任和尊敬，反之，警官如果对醉汉残酷虐待，或采取与警官的职责不相容的暴力行为（警官应该成为行为端正和作风良好的楷模），则应受到法律的严厉制裁，因此，犯有这种罪行的下级警官，要送交法庭严惩。——讽刺杂志可以画这样一幅画：被宣告无杀人之罪的派出所巡官正在读这道告诫他应该成为行为端正和作风良好的楷模的命令！

的自由意志也传不进去……　我有些离题了。

　　总之,由于颁布了这个反动的法律,市井小民不能再审判当权者了。官吏审判官吏。这不仅影响了判决,而且影响了预审和庭审的整个性质。市井小民的法庭可贵之处就在于它给我国那些浸透了文牍主义的政府机关带来了一股生气。市井小民所关心的不仅是某种行为应该被认为是欺压、是斗殴、还是拷打,应该受到哪一种哪一类的惩罚,而且更关心彻底揭示、公开说明罪行的一切社会政治原因及其意义,从审判当中得到社会道德和实际政策的教育。市井小民希望法庭不是"衙门",在这里官老爷们根据刑法典的某条某款来处理案件,他们希望法庭是公开的机关,在这里可以揭露现行制度的脓疮,提供批判这个制度因而也是改造这个制度的材料。市井小民由于社会生活实践和政治觉悟提高的推动,亲身体验到一个真理,而我国官方教授们所研究的法学要达到这个真理,则要经历重重困难、怀着战战兢兢的心情穿过烦琐哲学的各种障碍。这个真理就是:对防止犯罪来说,改变社会制度和政治制度比采取某种刑罚,意义要大得多。正因为这个缘故,反动政论家和反动政府才仇恨、而且也不能不仇恨市井小民的法庭。正因为这个缘故,缩小陪审法庭的权限和限制公开审判,贯穿着俄国改革后的全部历史,"改革后"时期的反动性质在改革我国"审讯部门"的 1864 年法律生效后的**第二天**就暴露无遗。① 缺少"市井小民的法庭",就特别明显地影响了这个案件的审理。在法庭上,谁会对

---

　　① 赞成陪审法庭的自由派虽然在合法的报刊上反驳反动派,但是他们往往坚决否认陪审法庭的政治意义,竭力证明他们决不是从政治上考虑才赞成社会代表参与法庭的审判工作。这自然多多少少也是由于法学家们虽然专门研究"国家"科学,他们在政治上却往往考虑欠周。但是这主要是由于必须用伊索式的语言来讲话,不可能公开表示自己赞成宪法。

这个案件的社会意义感兴趣,把这种意义尽量突出呢? 是检察长吗? 是跟警察局的关系最密切、对于拘留被捕者和如何对待他们也要负一部分责任的官吏(有时甚至就是警察局长)吗? 我们知道,副检察长甚至拒绝对帕诺夫的拷打行为起诉。是原告人(如果被害者沃兹杜霍夫的妻子出庭为他作证,对凶手们提起民事诉讼)吗? 但是,她这样一个普通农村妇女哪里会知道在刑事法庭中还能提起民事诉讼呢? 即使知道这一点,但是请不请得起律师呢? 即使请得起,那么能不能请到一位能够并且愿意使人们的注意力集中在这件杀害案所揭露的制度上的律师呢? 即使找到了这样一位律师,但是像等级代表这样的社会"代表"能不能支持这位律师的"正义感"呢? 这是一个乡长,——我想象的是一个地方法庭——他穿着一身乡下人的服装而感到局促不安,不知道把脚上穿的涂了臭焦油的靴子和一双庄稼汉的手放在哪儿好,时而胆怯地向同座的庭长大人瞟一两眼。这是一个市长,他是个大腹便便的商人,穿着一身没穿惯的制服,气喘吁吁,脖子上还佩戴一条链子,拼命模仿坐在他旁边的那位穿着贵族礼服、油光满面、派头十足的贵族代表大人的气派。旁边还有一些久经官场、训练有素的法官,像衙门里白发苍苍的书记官[114],他们深感自己责任重大:审判市井小民的法庭不配审判当权者。这个环境难道还不会使最雄辩的律师打消说话的念头吗? 难道还不会使他想起"不可对……弹琴"这句古老的格言吗?

原来他们快马加鞭是希望尽速使案件脱手[①],害怕把全部丑

---

① 以前谁也不想赶紧开庭审理本案。尽管案情非常简单明了,1899 年 4 月 20 日发生的事情直拖到 1901 年 1 月 23 日才开庭。审理真是又迅速,又公正,又宽大!

事揭露出来：紧靠着茅厕居住，久而不闻其臭，一旦要清洗茅厕，不仅本宅住户，而且左邻右舍都会闻到臭气。

请注意，有多少自然而然会产生的问题，却没有任何人想去弄清楚。为什么沃兹杜霍夫要去见省长呢？起诉书这个体现起诉机关揭发全部罪行的意图的文件，不但没有回答这个问题，甚至公开抹杀这个问题，说什么沃兹杜霍夫"是在酩酊大醉之中在省长公署院里被巡警舍列梅季耶夫拘捕的"。这甚至给人一种印象，似乎沃兹杜霍夫曾经无理取闹。在什么地方呢？在省长公署的院里！事实上，沃兹杜霍夫**是坐马车来向省长控诉的**，——这已经调查属实了。他要控诉什么呢？省长公署的侍卫普季岑说，沃兹杜霍夫控诉某某轮船码头不卖给他船票（？）。证人穆哈诺夫（曾任打过沃兹杜霍夫的那个区警察局的局长，现在弗拉基米尔市任省监狱的狱长）说，他听沃兹杜霍夫的妻子说，她和她丈夫在一块喝了酒，**他们在下诺夫哥罗德的水上警察局和罗日杰斯特沃区警察局都挨过打，沃兹杜霍夫就是要向省长申诉这种情况的。**虽然这些证人的证词里有明显的矛盾，但是法庭竟没有采取任何办法来加以澄清。不这样做，任何人都有充分权利下结论说法庭**不想**弄清这个问题。沃兹杜霍夫的妻子曾出庭作证，但是谁也没想到去问她，她和她丈夫是不是真的在下诺夫哥罗德的好几个区警察局里都挨过打？是在什么情况下把他们拘留的？在什么地方打的？谁打的？她丈夫是不是真的要向省长控诉？她丈夫是否还跟别的什么人讲过他的打算？证人普季岑是省长办公室的一个官员，他很可能不愿意听这个并没有喝醉的——但是仍需要去醒酒的！——沃兹杜霍夫对警察局的控诉，就叫**喝醉了的**巡警舍列梅季耶夫把这个控诉人带到区警察局里去醒酒。对这样一个关系重大的证人却没有对质。

送沃兹杜霍夫去见省长、然后又送他到区警察局的马车夫克赖诺夫，也没有受到讯问，沃兹杜霍夫是否同他讲过为什么要去见省长？他跟普季岑究竟讲了些什么？有没有别人听到他们的谈话？法庭只是宣读了没有出庭的克赖诺夫的简短证词（证明沃兹杜霍夫喝了酒，但是没有喝醉），而副检察长根本没有想到应该让这个重要的证人出庭。如果注意到沃兹杜霍夫是个预备役军士，也就是说是个久经世故、多少知道一点法律和规章的人，在挨了最后一顿致命的毒打之后甚至还向同伴们说："我要去告"，那么可想而知，他来见省长正是要控诉警察局，证人普季岑则是撒谎，替警察局开脱，而法官和检察长这些奴仆又不想揭穿这一棘手的事件。

其次，到底为什么要打沃兹杜霍夫呢？起诉书又是怎么说对被告更有利……就**怎么**说。居然把"拷打的起因"说成是舍列梅季耶夫往士兵室里推沃兹杜霍夫的时候划破了手。问题在于，为什么要把平心静气地同舍列梅季耶夫和帕诺夫谈话的沃兹杜霍夫先推进（就算必须把他**推进去！**）士兵室，而不是推进拘留室呢？把他带去是为了醒酒，——拘留室里已经有好几个醉汉——沃兹杜霍夫后来也来了，那么舍列梅季耶夫为什么在把他"交给"帕诺夫以后又把他推进**士兵室**里呢？显然正是为了要揍他。拘留室里人多，士兵室里就只有沃兹杜霍夫一个，而舍列梅季耶夫还有其他同事和那位现在"明令调管"第一区警察局的帕诺夫先生前来助威。可见，拷打并不是偶然的，而是早有预谋的。可以推测有两种可能：或者是被带到区警察局来醒酒的人（即使是举止有礼、心平气和的人），都要先进士兵室去受一顿"教训"，或者是沃兹杜霍夫被弄去挨打**正是因为他要向省长控告警察局**。报纸上关于这件事的报道太简略了，所以很难断定后一种推测是正确的（这种推测决不是不能成立的），但是预审和庭审当然能够彻底弄清这个问题。自然，法庭根本不会注意这个问题。我之所以说"自然"，是因为法官们对这个问题的冷漠态度不仅反映了官场上的形式主义，而且反映了俄国人的苟且偷安的观点。"这有什么奇怪！区警察局里打死个把喝醉酒的农夫有什么了不起！在我们这里还有更严重的哩！"苟安的人还会对你说出几十桩令人更为气愤而罪犯却逍遥法外的事情。他们说的虽然完全是事实，但是看法全错了，只能暴露出他们苟且偷安、目光极其短浅。警察使用暴力这种令人极为气愤的事情之所以会发生，难道不正是因为这是每个区警察局的家常便饭吗？我们对特殊案件的愤懑之所以软弱无力，难道不正是因为我们一贯以冷漠态度来对待"正常"案件吗？在区警察局里殴打一个喝醉酒（说是喝醉酒）的"农夫"，这种司空见惯的现象竟激起这个（本应对此习以为常）农夫的抗议，拼着一条命斗胆去向省长大人提出小民的控诉，——甚至在这种时候还不能使我们的冷漠态度为之激动，这难道不正是一个原因吗？

还有另一个原因不能使我们忽视这件最平常的事情。有人早就说过，刑罚的防范作用，决不在于刑罚的残酷，而在于有罪必究。重要的不是对犯罪行为处以重刑，而是要把**每一桩**罪行都揭发出来。从这方面来说，这个案件也是值得注意的。可以毫不夸大地说，在俄罗斯帝国，警察局里野蛮地违法打人的事情每时每刻都在发生。① 而能够提到法庭上审判的却寥寥无几。这毫不奇怪，因

---

①　写到这里，报纸上又登出一件事实，证明这种说法是对的。在俄国的另一端——与地方首府同级的敖德萨，治安法官宣告一个叫 M·克林科夫的人无罪。根据派出所巡官萨杜科夫的指控，这个人在区警察局扣押期间骚扰生事。被告和他的 4 个证人在法庭上提供的情况如下：萨杜科夫把喝醉酒的M·克林科夫押解到区警察局。克林科夫酒醒后请求放他出去。为此，一个

为犯罪的正是负责任在俄国揭露各种罪行的警察局本身。所以每当法庭不得不揭开掩盖着平常案件的帷幕的时候，我们就不能像平常那样，而是要格外多加注意。

譬如说，可以注意一下警察是怎样打人的。他们五六个人，干起来凶得像野兽，很多人都喝得醉醺醺的，每个人都有一把军刀。但是他们从来没有一个人用军刀打过遭难者。他们都是一些老手，都很知道打人应该怎样打法。用军刀打，就有了物证，而用拳头打，那你就休想证明是在警察局里打的。"他是斗殴时被打的，抓来时就打伤了"，——真是天衣无缝。甚至在这个案件上，也是由于偶然打死了人（"鬼知道他是怎么死的；这个农夫身强力壮，谁能料到会死呢？"），起诉书才不得不根据证人的证词确认："沃兹杜霍夫来到区警察局以前身体完全健康。"显然，凶手们一口咬定他们并没有打人，说他们把沃兹杜霍夫带到区警察局的时候他已经被打伤了。在这种情况下要找到证人是非常困难的。幸而从拘留室通士兵室的那扇小窗户并没有完全挡死：虽然窗玻璃换上了一块有钻孔的洋铁片，并且钻孔也从士兵室里用皮子挡上了，但是用手指一捅，皮子会翘起来，从拘留室里就可以看到士兵室里在干什

巡警竟抓住他的领子打他；接着又来了3个巡警，4个人一起动手，打他的脸、头、胸和肋部。克林科夫在拳打脚踢之下，鲜血淋漓，倒在地上，但是他们打得反而更凶了。克林科夫和他的证人们供称，巡警们是在萨杜科夫的指使下大打出手的。克林科夫被打得不省人事，苏醒后被赶出区警察局。克林科夫马上去找大夫验伤。治安法官建议克林科夫向检察长控告萨杜科夫和巡警们，克林科夫回答说他已经向检察长提出控告了，同时为他的遭毒打作证的有20个人。

不是预言家也能预见到，M·克林科夫要让法庭审判毒打他的巡警是不会成功的。打了，没有打死，——即使法庭出乎意料地要追究责任，那也不过是大事化小而已。

么。幸亏这点，在庭审时才弄清楚当时"教训"的情况。但是像窗户没有挡死这类糟糕的事情，当然只在上一世纪才能发生；到 20世纪，下诺夫哥罗德内城第一区警察局中从拘留室通士兵室的那扇小窗户，恐怕早已挡死了……　既然没有证人，那么只要把人弄进士兵室就天下太平了！

　　任何一国的法律也没有俄国的多。在我们这里，一切都有法律。关于监禁的内容也有专门条例，其中详细写道，只有受特殊监护的特殊处所的拘留才是合法的。看吧，他们是遵守法律规定的：警察局里设有特殊的"拘留室"。但是在送到拘留室**以前**"通常"都是先"推进""士兵室"。虽然从整个审讯中可以看出，士兵室就是真正的刑讯室，这已经很明显，但是司法当局根本不想注意这种现象。其实，根本就不要指望检察长会揭露和反对我国警察专制制度的胡作非为！

　　上面我们已经涉及这类案件的证人问题。证人顶多只能是警察局手里的人；外人只能在极个别的场合才能看到区警察局里"教训"人的情况。而警察局手里的证人，警察是可以施加压力的。在这个案件上就是这样。证人弗罗洛夫在他们行凶时被押在拘留室里，在预审时他最初供称，警察和派出所巡官都打了沃兹杜霍夫；后来他撤销了对派出所巡官帕诺夫的指控；在庭审时竟又声明说，警察局里任何人也没有打沃兹杜霍夫，他指控警察局是受谢马欣和巴里诺夫（也是两个被拘留者，是原告方面的主要证人）的怂恿，警察局并没有怂恿他和教他怎么说。证人法捷耶夫和安东诺娃则称，士兵室里谁也没有对沃兹杜霍夫动过一根指头：大家都安静地坐在那里，没有发生任何争吵。

　　大家看到，这又是一种极其平常的现象。司法当局对这种现象还是漠然处之。有一条法律规定,在法庭上捏造证词要受相当严厉的制裁;追查这两个伪证人,就会更加揭露警察的暴戾。那些不幸落入警察魔掌的人(千千万万的"普通"人经常不断地遭到这种不幸),对这种行径几乎是完全无力自卫的,但是法庭所考虑的仅仅是使用哪一条法律,根本不去考虑这种无力自卫的情况。审讯过程中的这一个细节也和所有其他细节一样,清楚地说明这是一个无所不包的牢固的罗网,这是一个多年的脓疮,要想除掉它就必须根除整个警察专制制度和人民毫无权利的现象。

大约 35 年以前,俄国名作家费·米·列舍特尼科夫曾遇到一件不愉快的事情。在圣彼得堡时他有一次到贵族会议厅去,误以为那里开音乐会。巡警不让他进去,向他大喝道:"瞎闯什么? 你是干什么的?"费·米·列舍特尼科夫很生气,愤然答道:"工匠!"这样回答的结果——格·乌斯宾斯基叙述说——是列舍特尼科夫在区警察局里过了一夜,挨了一顿打才出来,钱和戒指也都不见了。列舍特尼科夫在他给圣彼得堡警察总监的申诉书中写道:"谨将此事通知阁下,但绝不为所失之物。仅只不胜冒昧地麻烦您一件事,即饬令警察局长、派出所所长、他们的卫兵和巡警**不要打人**…… 人民已经不胜骚扰之苦矣。"①

俄国作家老早就向京都警察局长大胆表白过的这个小小的心愿,直到今天还没有实现,而且在我国政治制度下永远也**不会实现**。但是现在,新的强大的人民运动已经引起一切看够了兽行和暴力的正直人们的注意,这个运动正集中力量,要把一切兽行从俄国土地上消灭干净,实现人类美好的理想。近几十年来,人民群众

① 　见格列勃·乌斯宾斯基的《费多尔·米哈伊洛维奇·列舍特尼科夫(生平传记)》一文(《乌斯宾斯基全集》(十卷本)1957 年第 9 卷第 59 页)。——编者注

对警察的憎恨增多和增强了无数倍。城市生活的发展,工业的高涨,文化的普及,——这一切也引起闭塞的群众对美好生活的向往,使他们意识到人的尊严,然而警察仍是那样作威作福,蛮不讲理。不仅如此,他们还更加无孔不入地搜寻和迫害他们的新的最可怕的敌人,即一切让人民群众意识到自己的权利和相信自己的力量的东西。为这种意识和信念所鼓舞的人民要消除自己的仇恨,决不应用野蛮的报复,而要靠争取自由的斗争。

二　何必要加速时代的变迁?

奥廖尔省贵族会议通过了一项有趣的议案,讨论这项议案时展开的争论则更加有趣。

事实主要是这样的。省贵族代表米·亚·斯塔霍维奇提出一个报告,建议同财政部门就委任奥廖尔贵族做征税官一事订立契约。在实行酒类专卖的同时,省内拟委任40名征税官,负责征收官营酒店的款子。征税官的报酬每年2 180卢布(计薪俸900卢布,车马费600卢布,警卫的工资680卢布)。贵族们要是能弄到这个职位该多好,为此就必须组织协会,必须同国库订立契约。为了代替应缴的保证金(3 000—5 000卢布),建议每个征税官每年先扣300卢布,用以建立贵族基金,作为对酒类专卖局的保证金。

大家可以看到,这个议案无疑是很讲实际的,它证明我国最高等级的人对于哪里能揩到公家的油是非常敏感的。但是这样讲实际在许多高贵的地主看来是过分了,太不像话了,是和贵族身份不相称的。于是,展开了热烈的争论,争论非常明显地暴露了对问题的三种不同看法。

第一种是实际主义的观点。饭是要吃的,贵族等级入不敷出……这毕竟是一笔收入……难道不要帮助一下穷贵族吗? 何况征税官还能有助于人们戒酒! 第二种是浪漫主义者的观点。在酒类专卖部门服务,受那些"往往是出身低贱的"仓库管理员的管辖,这比酒店老板能高贵多少呢!? 接着就是一连串关于贵族的崇高使命的演说。我们想谈一谈这些演说,但是先不妨指出第三种观点,即国务活动家的观点。一方面不能不承认这样做有些可耻,另一方面也必须承认这是有利可图的。但是有一个办法既可以得到金钱,又可以保持清白。这个办法就是:管理消费税的官员可以任命征税官而不要保证金,那 40 个贵族则可以由省贵族代表从中活动而获得职位,——不必组织什么协会,订立任何契约,否则也许"内务大臣会把决议搁下以维护整个国家制度的正常状态"。倘若不是贵族代表作了两点非常重要的声明,这个聪明的意见就很可能占上风。这两点声明就是:第一,契约已经提交财政大臣办公会议,办公会议认为这个契约可行,而且原则上表示同意。第二,"单凭省贵族代表的申请不能获得这种职位"。结果报告被通过了。

可怜的浪漫主义者! 他们吃了败仗。可是他们的发言却是多么动听。

"迄今为止,贵族总是领导者。报告却建议成立什么协会。这同贵族的过去、现在和将来相称吗? 在发现酒店掌柜盗用公款的时候,贵族应该按照征税官的法律去代他站柜台。死也不做这种事!"

哟,天哪,人间竟有那么高尚的感情! 死也不做酒买卖! 可是做粮食买卖好啦，——这倒是高尚的职业，特别是碰上歉收的年头，可以在饥民身上大捞一把。还有一种更高尚的职业，那就是放粮食高利贷，冬天把粮食贷给挨饿的农民，到夏天农民用劳力来偿还，而这种劳力的报酬要比自由价格便宜三分之二。正是在包括奥廖尔省在内的中部黑土地带，我国地主过去和现在一直非常热衷于这种高尚的高利贷。但是，为了把高尚的高利贷同不高尚的高利贷很好地区别开来，当然应该放声大叫，贵族去做酒店老板是有失身份的。

"我们的使命就是大公无私地为人民服务，这已经在有名的沙皇宣言中明文规定，我们必须严格遵守。自私自利的服务是跟这一点不相容的……""一个等级的祖先曾经立过战功，曾经用自己的双肩担负起亚历山大二世皇帝的伟大改革的重任，这个等级今后也肯定能够完成它对国家肩负的责任。"

是啊，真是大公无私的服务！分封领地，赐予有人居住的庄园，即赏赐大量的土地和农奴，形成大土地占有者阶级，他们拥有数百、数千以至数万俄亩土地，而把千百万农民剥削得一无所有，——这就是所谓大公无私的表现。但是特别动听的是关于亚历山大二世的"伟大"改革。就拿农民解放来说吧，——我国高尚的贵族们是怎样大公无私地把农民掠夺得精光的呢：强迫他们赎买自己的土地，强迫他们以高于实价两倍的价格赎买土地，用各种割地的形式把农民的土地攫为己有，用自己的沙地、谷地、荒地来换农民的好地，而现在竟恬不知耻地夸耀这些功绩！

"卖酒这一行根本同爱国无关……""我们的传统不是以卢布作基础，而是以为国效劳为基础。贵族不应该变成交易所的商人。"

葡萄是酸的!¹¹⁵贵族"不应该"变成交易所的商人,因为在交易所里需要雄厚的资本,但是昨天的奴隶主诸公已经挥霍净尽了。他们大多数虽然没有变成交易所的商人,但是却受交易所的支配,受卢布的支配,这早就是既成事实了。在追逐卢布时,这个"最高等级"早就在搞这样一些高度爱国的事业,如酿造下等烧酒;建立糖厂及其他工厂;参加各种空头工商业企业;同高等的宫廷近臣、大公、大臣等类人物频繁交往,以便获得企业的特许权益和政府保障,以便为自己求得一些施舍,例如,对贵族银行的优惠、砂糖输出奖励金、巴什基尔的小块荒地(竟达数千俄亩!)、有利和舒适的"肥缺"等等。

"贵族的伦理带有历史和社会地位的痕迹……"——而且还带有贵族在那里习以为常地欺压和愚弄农民的马厩的痕迹。长期的统治习惯,毕竟把贵族们培养得非常机灵了。他们善于用花言巧语掩饰自己剥削者的利益,愚弄无知的"庶民"。请听下去:

"何必要加速时代的变迁? 就算这是一种偏见,但是旧传统不会允许我们促进这种变迁……"

纳雷什金先生(坚持国家观点的国务活动家之一)的这段话,显然流露出一种真正的阶级情感。当然,害怕做征税官(或者甚至是酒店老板),这在目前来说是一种偏见,但是,难道不正是由于无知的农民群众的种种偏见,地主在我国农村才得以维持对农民的旷古未闻的无耻剥削吗? 本来偏见是会自动消除的;何必要公开缩短贵族同酒店老板的距离而加速消除这种偏见呢? 这样就会使农民通过这种对比更快地理解(本来他们也已经开始理解了)一个简单的真理——高尚的地主,同任何农村寄生虫一样,也是些高利贷者、掠夺者和强盗,只不过势力要大得多,因为他们握有土地,享有世代相传的特权,同沙皇政权关系密切,又精于统治之道,善于用浪漫主义和宽大为怀的成套说教来掩饰自己犹杜什卡[116]的心肠。

是的,纳雷什金先生无疑是位国务活动家,他的话体现了治国的才智。我毫不奇怪奥廖尔的贵族"统帅"会用文雅得足以与英国勋爵媲美的措辞来回答他:

"我反对的只是在这里听到的一些权威人士的意见,而不是他们的信念,如果我不是确信这一点,那么,反对他们对我来说就是胆大妄为了。"

这是真话,而且从更广泛的意义上来讲,比那位确实是无意中说了实话的斯塔霍维奇先生所设想的还要真实。贵族老爷们——从实际主义者到浪漫主义者——的信念都是一样的。他们都确信他们有"神圣的权利"来占有祖先们所掠夺来的或者掠夺者所赐予的几百几千俄亩土地,确信他们有权利剥削农民并且在国家中做统治者,确信他们有权利大量(不得已时,小量也行)揩公家的油,即搂老百姓的钱。他们仅仅在某种办法是否合适这个问题上有意见分歧,他们在讨论这些意见时发生的争执,也像剥削者营垒中的一切内部争吵一样,对无产阶级是有教益的。从这些争吵中,可以很清楚地看出整个资本家阶级或土地占有者阶级的共同利益同个别人或个别集团利益间的区别;从这些争吵中,往往会泄露出一些一般讲来属于不可告人的秘密。

此外,奥廖尔的事件还多少暴露了臭名昭著的酒类专卖的性质。我国官方和半官方报纸,曾希望它带来说不完的好处,既能增加国库收入,又能提高产品质量,还能减少酗酒现象!实际上,到现在为止,收入没有增加,酒价反而涨了,预算也混乱了,整套做法

的财政结果也不能精确地算出来了;产品质量没有提高,反而下降
了,而且政府也未必能使公众特别赞赏不久前各报都刊登的关于
新"官酒""品评"成功的报道。酗酒现象没有减少,偷卖烧酒的地
方反而增加了,警察从这些地方得来的收入增加了,居民反对开设
的小酒店开设起来了①,街上酗酒的现象更加厉害了②。而主要的
是,建立拥有数百万资本的新的官营事业,建立新的官僚大军,给
官吏们为非作歹、巧取豪夺大开了新的方便之门!那些逢迎拍马、
勾心斗角、掠夺成性、浪费的墨水如汪洋大海、浪费的纸张如重重
高山的官吏,像一大群蝗虫似的袭来了。奥廖尔省的议案是一种
尝试,想把多少揩些公家的油这个意图合法化。这种意图已经遍
及全省,并且在官吏专权和公众不敢说话的情况下,必然会使全国
进一步遭受专横和掠夺之苦。现在举一个小小的例子:去年秋天,
报上透露了一则"酒类专卖方面的建筑奇闻"。政府决定在莫斯科
建造 3 座供应全省的酒库,并为此拨款 1 637 000 卢布。但结果
"确定需要补充拨款 **250 万**之巨"③。显然,负责经管这项工程的
官员们从中捞到的油水总要比 50 条裤子和几块靴用皮多一些吧!

---

① 例如,不久以前报纸报道说,阿尔汉格尔斯克省的某些村镇早在 1899 年就作
出决定,反对在他们那里开设酒店。现在政府在那些地方实行了酒类专卖,
当然,拒绝他们的要求显然还是为了使人民戒酒!

② 农民村社因公家垄断而损失大量金钱,就更不在话下了。以前它们从酒店老
板那里收费。现在国库剥夺了它们的这种收入来源,却不抵偿一文钱!帕尔
乌斯在《饥饿的俄国》(卡·列曼和帕尔乌斯合著《饥饿的俄国。旅途印象、观
感和调查》1900 年斯图加特狄茨出版社版)这本颇有价值的书中,公正地称这
种现象是**对村社金库的掠夺**。他说,根据萨马拉省地方自治机关的统计,该
省所有农民村社因实行酒类专卖而受到的损失 3 年(1895—1897 年)共达
315 万卢布!

③ 黑体是原作者用的。见 1900 年 9 月 1 日《圣彼得堡新闻》第 239 号。

三　客观的统计

我国政府老爱指责它的反对者（不仅革命者，还有自由派）有倾向性。你们大概看到过官方报刊对自由派刊物（当然是合法刊物）的评论吧？财政部的机关刊物《财政通报》杂志[117]，有时登一些报刊评论，每当作这种评论的官吏谈到我国某一个自由派杂志（厚厚的）对预算、饥荒或政府的某项措施的评价时，总是愤愤不平地指摘这些杂志具有"倾向性"，并说与此相反，应该不仅"客观地"指出"黑暗的方面"，而且也要指出"可喜的现象"。当然，这不过是一个小小的例子，却也勾画出政府的通常态度，政府通常以"客观"自诩的做法。

让我们试着满足一下这些严格的和不偏不倚的评判者的要求。让我们试着作一次统计。我们所要统计的当然不是社会生活中的这些或那些事实，因为，大家知道，事实总是由一些有偏见的人记录的，而且综合这些事实的又是地方自治机关之类有时具有明显"倾向性的"机关。不，还是让我们来统计一下……法律吧。可以设想：任何一个最热心拥护政府的人也不敢断言，有什么统计能比法律的统计更客观、更公正，——因为这只是统计一下政府自己作出的决定，根本不涉及它言行是否一致，决定和执行是否脱节等等。

好吧，言归正传。

大家知道，执政参议院出版一种《政府法令汇编》，定期公告政府的每项措施。我们就用这些材料来看一看政府**在哪些方面**制定了法律，发出了指令。就看在哪些方面。我们不去批评当局的那些命令，——我们只来统计一下关于这方面或那方面的"命令"的数目。1月份的报纸，都转载了《政府法令汇编》去年第2905期到第2929期及今年第1期到第66期的内容。从1900年12月29日到1901年1月12日——正好是在两个世纪的交接点上，这期间总共颁布了91条法令和命令。就其性质来说，这91条法令对"统计"倒是非常方便的，因为其中没有任何特别突出的法律，没有任何足以把其他一切推到次要地位并且给现阶段内政打下特殊烙印的东西。所有这些法令都是不太紧要的，是为经常不断产生的当前需要而制定的。这样我们也可以看到政府的常态，而这一点能再一次地保证我们"统计"的客观性。

91条法令中有34条，即⅓以上，涉及的是同样一个问题，即延长各种工商业股份公司偿还或缴纳股金的期限问题。读一读这些法令可以使报纸的读者把我国工业生产部门的名称和各种商店的字号记得清楚一些。第二类法令的内容大同小异，即关于工商业公司章程修改问题。这一类有15条，涉及波波夫兄弟茶叶贸易公司，瑙曼厚纸-油毡生产公司，奥西波夫皮革制造及皮革、厚粗布、亚麻布制品贸易公司等等的章程修改问题。最后，还有11条法令也应该归入这一类，其中有6条是为了满足商业和工业的某些需要（建立社会银行和互贷会，规定作为官方承包工程保证金的有息证券的价格，公布私有车皮运转规章，公布博里索格列布斯克粮食交易所经纪人条例）而颁布的，其余5条是为了在4个工厂和1个矿山增设6个巡警和2个骑警而颁布的。

总的来说，91条法令中有60条即⅔是直接满足我国资本家的各种实际需要和（部分是）保护他们不受工人风潮的影响。无情的数字证明：就日常颁布的法令和命令的主要性质来看，我国政府是资本家的忠实奴仆，它对整个资本家阶级所起的作用，正像一个炼铁厂厂主会议常设办事处或者砂糖工厂主辛迪加事务所对各个生产部门的资本家所起的作用。无关紧要地修改一下某公司的章程或者延长一下某公司股份偿还期限，这类事情成了特别法令的对象，当然完全是由于我国国家机构的臃肿所致；只要稍微"改善一下机构"就行了，所有这类事情就会转归地方机关处理。但是，从另一方面来说，机构的臃肿、权力过分集中、政府什么事情都要亲自过问，——所有这些都是我国整个社会生活中的普遍现象，决不仅仅是工商业方面的现象。因此，比较一下这类或那类法令的数目，很可以大致说明我国政府想的是什么，关心的是什么，感兴趣的是什么。

譬如，私人协会如果不是追求在道义上十分高尚、在政治上十分可靠的赚钱目的，我国政府的关怀就要差得远（如果不把阻挠、禁止、封闭等等意图看做是关怀的表现的话）。在"本统计所涉及的"期间内（本文作者是公务人员，因此希望读者原谅他的官腔），已经有 2 个协会（弗拉基高加索男子中学清寒学生援助协会和弗拉基高加索教育远足旅行协会）的章程被批准，有 3 个协会（柳季诺沃工厂员工、苏克列姆利工厂员工及马尔采夫铁路员工互助储金会、忽布种植业第一协会、妇女劳动奖励慈善协会）的章程需要修改也得到了恩准，另颁布有关工商业协会的法令 55 条，有关其他方面的法令 5 条。在有关工商业利益方面，"我们"总想不负众望，尽可能促使工商业者结合（是想，但不是做，因为机构的臃肿和无止境的拖拉，把警察国家中"可能办到的事"限制在一个很小的范围内）。在非商业团体方面，我们原则上是赞成以毒攻毒的。忽布种植业协会或妇女劳动奖励协会，——这还没有什么。可是，教育远足…… 天晓得他们在远足时要谈些什么？是不是会给监察院毫不松懈的监督造成困难？这可不行，要知道火是不能闹着玩的。

谈到学校，学校是整整办了 3 所。是些什么学校啊！坐落在幸福村彼得·尼古拉耶维奇大公殿下领地内的家畜饲养初等学校。所有大公的村庄都应该是幸福的，这一点我早就不怀疑了。现在我也不怀疑，甚至最大的大人物也能真心诚意地关怀和热衷于下层群众的教育事业。其次，杰尔加切沃村手工业实习所和阿萨诺沃初等农业学校的章程也被批准了。可惜我们手头没有任何材料可以查考一下，这些大力发展国民教育和……地主经济的幸福村是否也都属于某些大人物。但是，我想到这种调查并不包括在统计者的职责之内，于是也就心安理得了。

以上就是表现"政府对人民的关怀"的全部法令。我显然是根据最有利的原则进行分类的。譬如说，为什么忽布种植业协会不算商业协会呢？难道仅仅是因为那里有时可能谈的不完全是商业问题吗？再拿家畜饲养学校来说，其实谁能够弄清这真是一所学校呢，或者仅仅是个设备较好的畜舍？

最后一类是表明政府对其本身管理的法令。这类法令比以上两部分要多两倍（22 条）。这里涉及的许多行政改革一个比一个激进，如：普拉通诺夫村改称尼古拉耶夫村；修改章程、编制、规则、名单、开会（某些县代表大会）日期等等；增加高加索军区部队属下的产婆的薪俸；确定哥萨克军马的打掌和医疗费用；修改莫斯科一所私立商业学校的章程，修改科兹洛夫商业中学七等文官达尼伊尔·萨穆伊洛维奇·波利亚科夫奖学金规则。我不知道我把最后这些法令分在一类对不对：它们是不是的的确确表明政府对其本身的管理，而不是对工商业的利益的关怀。这就要请读者原谅了，因为统计法令这还是初次；到现在为止，还没有人试图把这方面的知识提高到严格的科学水平，——还没有人做过，就连俄国国家法教授也不例外。

最后，有一条法令，无论是从内容来说，还是从这条法令是政府在新的世纪所采取的第一项措施来说，都应该列为独特的一类。这条法令就是："关于扩充供发展及改善皇帝狩猎之用的林区。"这才是无愧于堂堂大国的伟大创举！

现在应该作一个总结。统计没有这一步是不行的。

为个别的工商业公司和企业颁布的法令和命令达半百之数；行政机关改名和改革的有 20 条；新成立的私人协会有 2 个，改组的有 3 个；为地主培养服务人员的学校有 3 个；附属于工厂的巡警有 6 个，骑警有 2 个。这样丰富多彩的立法行政活动将保证我们祖国在 20 世纪得到迅速的、不断的进步，这难道还用怀疑吗？

载于 1901 年 4 月《曙光》杂志　　　　译自《列宁全集》俄文第 5 版
第 1 期　　　　　　　　　　　　　　　第 4 卷第 397—428 页

工人政党和农民

（1901年2月下半月）

农民解放已经40年了。我国的社会人士以异常兴奋的心情来庆祝2月19日这一天，是十分自然的，因为这一天是旧的农奴制俄国崩溃的日子，是预示人民获得自由和幸福的时代的开端。但是不要忘记，在庆祝者的颂词中，除了对农奴制及其一切表现表示真正的仇恨外，还夹杂着许多谎话。在我国流行一种对"伟大的"改革的评价，说什么"国家的赎买办法**帮助**农民带着土地解放出来"，这简直是一派胡言。其实这是一种农民**失去**土地的解放，因为数百年来农民占有的份地被割去了很大一部分，数十万农民完全失去了土地——被困在四分之一或极小的一块份地[118]上。农民实际上遭到了双重的掠夺，他们除了被割去土地，还被迫为留下的那块一向就属于他们的土地缴纳"赎金"，而且赎价规定得要比土地的实价高得多。在农民解放10年以后，地主自己也向调查农业情况的政府官吏承认，农民不但被迫出钱赎买自己的土地，而且还被迫赎买自己的自由。农民虽然为人身解放缴纳了赎金，但是他们仍然不是自由的人，他们还得当20年的暂时义务农[119]，他们仍然是（而且至今还是）下贱的等级，他们遭受鞭笞，缴纳特别捐税，不能自由退出半农奴式的村社，不能自由支配自己的土地，也不能自由迁到国内其他地方去。我们的农民改革并不能证明政府的宽宏大量,恰恰相反,它是一个极大的历史例证,证明专制政府的所作所为是多么肮脏。由于军事失败,财政困难不堪,农民怒火填膺,政府才**不得不**解放农民。沙皇自己也承认说,趁现在还没有形成自下而上的解放的时候,应当来个自上而下的解放。可是,政府在进行解放的时候,为了满足"受委屈的"农奴主的贪欲,一切可能做到和不可能做到的事情它都做了;政府甚至不惜采取卑鄙手段,如暗中撤换负责改革的人,——虽然这些人也都是贵族出身的! 第一批委派的调停人被解职了,换上了另一批不会阻碍农奴主在划分地界时去欺骗农民的人。如果不调动军队来镇压和枪杀拒绝接受规约[120]的农民,伟大的改革是不可能实行的。无怪乎当时的一些优秀人物虽然被书报检查封住了口,但是内心里还在诅咒这次伟大的改革……

　　从徭役制下"解放出来的"农民,被改革者变成了被折磨、被掠夺、受卑视、被束缚在自己的份地上的人,他们除了"自愿"去服徭役以外,别无他路。农民又回去耕种老东家的土地,向他"租种"原先是自己的被割去的土地,为了借点粮食维持挨饿的家庭,冬天就定好了夏天的活。工役和盘剥,——这就是伪善的神父所拟就的宣言中叫农民去"祈祷"的那种"自由劳动"的实质。

　　由于倡导和实现改革的官吏宽宏大量,保存了地主的压迫,又额外加上了资本的压迫。我们知道,法国农民从地主的权力下解放出来,不是通过可怜的不彻底的改良实现的,而是通过声势浩大的人民革命实现的,可是就连他们也受到金钱权力的压迫。这种金钱权力现在重重地压在我国半农奴式的农民身上。缴纳恩赐的改革所加重的赋税需要钱,租佃土地需要钱,购买一点已经在排挤农民家庭手工业品的工业品需要钱,购买粮食需要钱,无处不需要钱,因此,无论如何要弄到钱。金钱的权力不仅压得农民透不过气来,而且使农民发生分化:绝大部分农民陆续破产而变成无产者,小部分农民中又分出少数贪得无厌的富农和善于经营的农夫,他们把农民的家业和土地攫为己有而构成新兴的农村资产阶级分子的核心。改革后的整整 40 年,就是这种农民分化的过程,就是农民缓慢地痛苦地死亡的过程。农民过着一贫如洗的生活,他们和牲畜住在一起,穿的是破衣,吃的是野菜;他们只要找到栖身之所,就会离开自己的份地,甚至**倒赎**份地,付钱给愿意收下这块份地的人,因为经营份地是蚀本的。农民经常挨饿,由于连年歉收,成千上万的人不断死于饥饿和瘟疫。

现在我们农村的情形也是这样。试问,出路究竟何在? 用什么方法才能改善农民的景况呢? 小农只有参加工人运动,帮助工人为争取社会主义制度、为把土地和其他生产资料(工厂、机器等)变为公有财产而斗争,才能摆脱资本的压迫。想用保护小经济和小私有制不受资本主义侵犯的办法来拯救农民,就是徒劳无益地阻碍社会的发展,就是用人们在资本主义制度下也能够安居乐业的幻想欺骗农民,就是分散劳动阶级的力量,牺牲多数人的利益来建立少数人的特权地位。正因为如此,社会民主党人将永远反对荒谬而有害的措施,例如:规定农民份地不得转让,实行连环保,禁止自由退出农民村社和自由接收任何等级的人入社。但是我们看到,我国农民不仅受资本的压迫,而且还受地主和农奴制残余的压迫,受后一种压迫甚至更深。这些桎梏使农民的生活状况极端恶化,束缚着农民的手脚,同这些桎梏作无情的斗争,不仅是可能的,而且为了我国整个社会发展的利益也是必要的,因为农民极端贫困、愚昧、无权和受鄙视,使我国的一切制度都打上了亚洲式野蛮的标记。如果社会民主党不全力支援这一斗争，那它就没有尽到自己的职责。简单地说，这种支援应当是**把阶级斗争引进农村**。

我们看到，目前俄国农村并存着两种阶级对立：第一种是农村工人和农村企业主之间的阶级对立；第二种是全体农民和整个地主阶级之间的阶级对立。第一种对立在日益增长和发展，第二种对立在逐渐减弱。第一种对立将愈来愈严重，第二种对立则在很大程度上已成过去。虽然如此，对现在的俄国社会民主党人来说，第二种对立才具有最本质和最重要的实际意义。至于说我们应当利用一切机会来启发农业雇佣工人的阶级觉悟，因而应当注意城市工人（例如操纵蒸汽脱谷机的机械工人和其他工人）移居农村的问题和农业工人的雇佣市场问题，那是不言而喻的，任何一个社会民主党人都认为这是天经地义的。

但是，我国的农村工人同农民的联系还非常密切，他们还遭受着一般农民所遭受的苦难，所以农村工人运动，无论现在或最近将来，决不会有全国性的意义。恰恰相反，扫除农奴制残余，消除俄国一切国家制度中等级不平等和成千万"平民"受鄙视的精神这个问题，现在已经具有全国性的意义，而一个想做争取自由的先进战士的政党，就不能回避这个问题。

现在几乎大家都承认（在某种程度上笼统地承认）农民遭受着苦难；1861年的改革"有缺点"，国家必须给予帮助，已经成了流行的说法。我们的职责，就是指出这种苦难的根源正是农民所受的阶级压迫，政府是压迫者阶级的忠实卫士，真正希望根本改善农民生活状况的人所应当争取的，不是政府的帮助，而是摆脱政府的压迫，获得政治自由。有人说赎金过高，政府应该采取减少赎金和延期付款的仁慈办法。我们说，一切赎金无非是地主和政府在合法

形式和官方空洞许诺的掩盖下对农民的掠夺,无非是为解放奴隶
而给农奴主的贡税。我们将要求立刻完全取消赎金和代役租,要
求把多年来沙皇政府搜刮去满足农奴主的贪欲的数亿金钱归还给
人民。有人说农民土地太少,国家必须帮助农民得到更多的土地。
我们说,正是**由于**国家的帮助(自然是对地主的帮助),农民才在很
多场合下失去了他们所必不可少的土地。我们将要求把割地归还
农民,因为这种土地仍然被利用来保持强迫的、奴役性的、徭役制
的劳动,实际上还是农奴制的劳动。我们将要求成立农民委员会
来纠正沙皇政权的贵族委员会对解放的奴隶所采取的那种令人不
能容忍的不公平做法。我们将要求成立一种法庭,它有权降低地
主在农民走投无路的情况下所榨取的过高地租,而农民也有权向
它控告那些乘人之危而订立盘剥性契约的人的高利贷行为。我们
将经常设法利用各种机会向农民指出:谁要向他们说什么可以得
到现在这个国家的保护或帮助,这种人不是傻子,就是骗子或者是
农民的死敌;农民首先需要的是摆脱官吏的虐待和压迫,首先需要
的是承认他们在各方面同其他各等级完全绝对平等,承认他们有
迁移和迁徙的完全自由,有支配土地的自由,有处理一切村社事务
和村社收入的自由。俄国任何一个村庄生活中最寻常的事情,往
往可以为我们提供成千上万的论据来为上述要求进行鼓动。这种
鼓动应当从当地农民具体的、最迫切的需要出发,但是不应该仅仅
停留在这些需要上,而应该不断扩大农民的眼界,不断提高他们的
政治觉悟,指出地主和农民在国家中所处的不同的特殊地位,指出
农村要想摆脱所遭受的虐待和压迫,唯一的办法就是召开人民代
表大会,推翻官吏的专横统治。有人断言,要求政治自由是工人意
识不到的,这是胡说八道。不仅那些同厂主及警察进行过多年面

对面的斗争,经常看到任意逮捕和迫害他们队伍中优秀分子的情形的工人,不仅这些受过社会主义思想熏陶的工人,就是一切稍有见识的农民,只要稍微考虑一下他所见到的周围的情况,也会了解和领会工人的斗争是为了什么,也会领会使全国摆脱可恨的官吏的专横统治的国民代表会议的意义是什么。以农民最迫切的直接需求为中心的鼓动工作,只有当它能够结合一定的政治要求来揭露某种"经济"弊端时,才能完成自己的任务——把阶级斗争引进农村。

但是试问,社会民主工党能不能在自己的纲领中提出上述种种要求呢? 能不能担负农民中的鼓动工作呢? 这不是会分散我们的力量而使本来就很单薄的革命力量离开主要的唯一可靠的运动轨道吗?

这种反对意见是出于误解。是的,我们一定要在自己的纲领中提出使我国农村摆脱一切奴隶制残余的要求,提出足以使农民中的优秀分子即使不作独立的政治斗争,也会自觉地支持工人阶级的解放斗争的要求。如果我们坚持足以阻碍社会发展的办法,足以人为地阻止小农向资本主义即向大生产发展的办法,我们就会犯错误;假如我们不善于利用工人运动,向农民宣传那些在1861年2月19日的改革中因地主和官吏的歪曲而没有得到实现的民主要求,我们就会犯更加不可挽回的错误。如果我们党想领导全国人民同专制制度作斗争,它就必须把这些要求列入自己的纲领。① 但是,列入这些要求,决不是要我们把城市的积极革命力量调到农村。根本不是这样的。毫无疑义,党的一切战斗力量应

---

① 我们已经拟就包括上述种种要求的社会民主党的纲领草案,希望在"劳动解放社"的协助下讨论和修改这个草案以后,于近期在本报予以公布。

当集中在城市和工业中心,只有工业无产阶级才能进行勇往直前的反对专制制度的群众性斗争,只有这个无产阶级才能采取这样的斗争手段:组织公开的游行示威或创办正常出版和广泛发行的**人民**政治报纸。我们之所以要在自己的纲领中提出农民的要求,并不是为了把信仰坚定的社会民主党人从城市调到农村,把他们困在乡下,——不是的,我们这样做,是为了对那些**只能**在农村活动的力量给以行动上的指导,是为了利用同农村的联系来从事民主事业和进行争取自由的政治斗争,而这种联系由于种种情况还由许多忠于社会民主党的知识分子和工人保持着,这种联系随着运动的增长必然会不断扩大和发展。过去我们是一支很小的志愿队,那时社会民主党的全部力量只是一些普遍"到工人中去的"青年的小组,这个阶段早已过去了。现在我们的运动已经拥有一支大军,为社会主义和自由而斗争的工人大军,一直参加运动而现在分布在俄国各地的知识分子大军,以及对工人运动抱有信心和希望并且准备给它大力帮助的同情者大军。因此我们面临着一个伟大的任务:把所有这些队伍组织起来,要组织得使我们不仅能够实行闪电式的爆发,不仅能够给敌人以偶然的、分散的(因而是没有危险的)打击,而且能够全线出击,同敌人展开不屈不挠的顽强的斗争,凡是在专制政府播下了压迫种子和收获了仇恨果实的地方,都能够向它实行攻击。然而,不把阶级斗争和政治觉悟的种子散播到千百万农民群众中去,难道能够达到这个目的吗? 请不要说散播这些种子是不可能的。这不仅是可能的,而且正在进行着,正在沿着尚未引起我们注意和不受我们影响的千万条渠道进行着。如果我们善于加强我们的影响,提出口号,并打出使俄国农民摆脱一切可耻的农奴制残余的旗帜,这种播种工作就会进行得非常深广而快速。进城的乡下人，现在已经好奇和关心地注视着他所不了解的工人斗争，并且把斗争的消息带到一切穷乡僻壤去。我们能够而且应当使这些旁观者不是好奇，而是了解（即使不是完全了解，至少也要模糊地意识到）工人是为全体人民的利益而斗争的，使他们变得日益同情工人的斗争。到那时候，革命的工人政党战胜警察政府的日子就将到来，而且会快得出乎我们的意料之外。

载于 1901 年 4 月《火星报》
第 3 号

译自《列宁全集》俄文第 5 版
第 4 卷第 429—437 页

注　释

1　历史学派是资产阶级庸俗经济学的一个流派,产生于19世纪40年代的德国,代表人物是威·格·弗·罗雪尔、布·希尔德布兰德和卡·克尼斯。这一学派是资本主义发展较晚的德国的产物,代表德国资产阶级的利益。历史学派反对用抽象方法研究社会经济,否认有普遍适用的一般的经济规律,而提出所谓历史方法,即搜集大量的经济历史资料,特别是各民族古代的历史材料,进行表面的描述,企图建立有民族和历史特点的国民经济学。它也反对自由放任主义,主张由国家干涉经济生活,实行保护贸易,使国家机器进一步服从于资产阶级利益。历史学派发展到19世纪70年代演变为新历史学派,其代表人物是阿·瓦格纳、古·施穆勒、路·约·布伦坦诺和韦·桑巴特。新历史学派除了像旧历史学派一样主张所谓历史方法外,还特别强调心理因素、伦理道德在经济生活中的作用,因此又称历史伦理学派。新历史学派鼓吹可以通过社会改良政策消除劳资矛盾,认为资产阶级国家是超阶级的组织,能够调和敌对的阶级,逐步实行"社会主义"而不触动资本家的利益。这种改良主义思想的宣扬者多为大学教授,故被称为讲坛社会主义者。——3。

2　指以尼·康·米海洛夫斯基为首的自由主义民粹派。列宁在《什么是"人民之友"以及他们如何攻击社会民主党人?(答《俄国财富》杂志反对马克思主义者的几篇文章)》(见本版全集第1卷)一书中批判了这个"学派"的观点。——4。

3　《俄国思想》杂志(《Русская Мысль》)是俄国科学、文学和政治刊物(月刊),1880—1918年在莫斯科出版。起初是同情民粹主义的温和自由派的刊物。90年代有时也刊登马克思主义者的文章。1905年革命后成为立宪民主党右翼的刊物,由彼·伯·司徒卢威和亚·亚·基泽韦捷尔编辑。十月革命后于1918年被查封。后由司徒卢威在国外复刊,成为白俄杂志,1921—1924年、1927年先后在索非亚、布拉格和巴黎出版。——4。

4 隶农(拉丁文 colonus)指罗马奴隶制社会后期向大土地所有者租种小块土地的佃耕者。隶农最初出现于约公元前1世纪共和国末期,以后逐渐增多。公元3—4世纪,以奴隶劳动为基础的大庄园经济已无利可图,大庄园主遂把土地分成小块,租给佃农,包括原来的奴隶。早期隶农是自由佃农。从公元2世纪起,隶农地位发生了深刻变化。他们事实上已附着于土地,大土地所有者可以把他们连同土地一起出售或转让。他们要以收获物的四分之一到三分之一交纳地租,并且服若干天的工役。到4—5世纪,罗马帝国进一步用法律形式把隶农固定在土地上,隶农在婚姻、继承、迁徙等方面的权利均受限制,并在行政上归土地所有者管辖。这种隶农已经不是奴隶,但也不是自由人,他们是中世纪农奴的先辈。——7。

5 《论我国工厂统计问题(卡雷舍夫教授在统计学方面的新功绩)》一文写于1898年8月下旬,载于1898年10月出版的列宁的《经济评论集》。列宁在《俄国资本主义的发展》一书中充分使用了这篇文章的材料和结论(见本版全集第3卷第297—412、417—428页)。——9。

6 《俄罗斯新闻》(《Русские Ведомости》)是俄国报纸,1863—1918年在莫斯科出版。它反映自由派地主和资产阶级的观点,主张在俄国实行君主立宪,撰稿人是一些自由派教授。至70年代中期成为俄国影响最大的报纸之一。80—90年代刊登民主主义作家和民粹主义者的文章。1898年和1901年曾经停刊。从1905年起成为右翼立宪民主党人的机关报。1917年二月革命后支持资产阶级临时政府。十月革命后被查封。——12。

7 《法学通报》杂志(《Юридический Вестник》)是俄国莫斯科法学会的机

关刊物(月刊),1867—1892 年在莫斯科出版。先后参加编辑工作的有马·马·柯瓦列夫斯基和谢·安·穆罗姆采夫等。为杂志撰稿的主要是莫斯科大学的自由派教授,在政治上主张进行温和的改革。——19。

8　《世间》杂志(《Мир Божий》)是俄国文学和科学普及刊物(月刊),1892—1906 年在彼得堡出版。先后担任编辑的是维·彼·奥斯特罗戈尔斯基和费·德·巴秋什科夫,实际领导人是安·伊·波格丹诺维奇,撰稿人有米·伊·杜冈-巴拉诺夫斯基、彼·伯·司徒卢威、帕·尼·米留可夫、马·高尔基等。90 年代中期,曾站在合法马克思主义立场上同民粹主义作斗争,在民主主义知识分子中颇受欢迎。1898 年刊载过列宁对亚·波格丹诺夫的《经济学简明教程》一书的评论。1906—1918 年以《现代世界》为刊名继续出版。——22。

9　列宁对该书的详细评述,见《1894—1895 年度彼尔姆省手工业调查以及"手工"工业中的一般问题》一文(本版全集第 2 卷)。——24。

10　1897 年 1 月 28 日(2 月 9 日)俄罗斯帝国第一次人口普查的材料于 1897—1905 年分编出版。列宁在《俄国资本主义的发展》一书的第 2 版中利用了这些材料。——35。

11　《市场理论问题述评(评杜冈-巴拉诺夫斯基先生和布尔加柯夫先生的论战)》一文载于 1899 年《科学评论》杂志第 1 期,署名弗拉基米尔·伊林。该杂志同一期还刊载了彼·伯·司徒卢威的《论资本主义生产条件下的市场问题(评布尔加柯夫的书和伊林的文章)》。——40。

12　额外价值即剩余价值。列宁在 19 世纪 90 年代的著作中,常把"额外价值"与"剩余价值"并用,后来就只用"剩余价值"一词。——40。

13　《新言论》杂志(《Новое Слово》)是俄国科学、文学和政治刊物(月刊),1894—1897 年在彼得堡出版。最初是自由主义民粹派刊物。1897 年春起,在亚·米·卡尔梅柯娃的参加下,由合法马克思主义者彼·伯·司徒卢威等出版。撰稿人有格·瓦·普列汉诺夫、维·伊·查苏利奇、

尔·马尔托夫和马·高尔基等。杂志刊载过恩格斯的《资本论》第3卷
增补和列宁的《评经济浪漫主义》、《论报纸上的一篇短文》等著作。
1897年12月被查封。——45。

14 本篇和列宁对《世界市场和农业危机》与《俄国工商业》两书的评论(见
本卷第55—56、57—59页)均载于1899年《开端》杂志第3期,署名
弗·伊林。

　　　《开端》杂志(《Начало》)是俄国合法马克思主义者于1899年1—6
月在彼得堡出版的科学、文学和政治刊物(月刊),由彼·伯·司徒卢
威、米·伊·杜冈-巴拉诺夫斯基编辑,撰稿人有格·瓦·普列汉诺夫、
维·伊·查苏利奇等。——51。

15 重农学派是资产阶级古典政治经济学的一个派别,产生于18世纪50
年代的法国,创始人是弗·魁奈。该学派主张自由放任的经济政策,反
对国家对经济的干预。它把对财富和剩余劳动源泉的研究从流通领域
转到生产领域,在经济思想史上第一次探讨社会总产品再生产和分配
的规律。魁奈的《经济表》就是表现整个资本主义再生产过程的尝试。
但是重农学派不理解价值的实体是人类一般劳动,而提出所谓"纯产
品"的学说,认为工业只能改变原有物质财富的形式,只有农业才能创
造"纯产品",即总产量超过生产费用的多余产品(实际上就是剩余价
值),并且认为"纯产品"乃是自然的恩赐。——61。

16 列宁按照恩格斯的提法把马克思的《剩余价值理论》称为《资本论》第4
卷。恩格斯在《资本论》第2卷序言中写道:"这个手稿的批判部分,除
了许多在第二册和第三册已经包括的部分之外,我打算保留下来,作为
《资本论》第四册出版。"(见《马克思恩格斯文集》第6卷第4页)《剩余
价值理论》见《马克思恩格斯全集》第1版第26卷。——64。

17 新康德主义是在复活康德哲学的口号下宣扬主观唯心主义的资产阶级
哲学流派,19世纪中叶产生于德国。创始人是奥·李普曼和弗·阿·
朗格等人。1865年李普曼出版了《康德及其追随者》一书。该书每一
章都以"回到康德那里去!"的口号结束。他还提出要纠正康德承认"自

在之物"这一"根本错误"。朗格则企图用生理学来论证不可知论。新
康德主义后来形成两大学派:马堡学派(赫·柯亨、保·格·纳托尔普
等)和弗赖堡学派(威·文德尔班、亨·李凯尔特等)。前者企图利用自
然科学的成就,特别是利用数学方法向物理学的渗透,来论证唯心主
义;后者则把社会科学与自然科学对立起来,宣称历史现象有严格的独
特性,不受任何规律性的支配。两个学派都用科学的逻辑根据问题来
取代哲学的基本问题。新康德主义者从右边批判康德,宣布"自在之
物"是认识所趋向的"极限概念"。他们否认物质世界的客观存在,认为
认识的对象并不是自然界和社会的规律性,而仅仅是意识的现象。新
康德主义的不可知论不是"羞羞答答的唯物主义",而是唯心主义的变
种,断言科学没有力量认识和改变现实。新康德主义者公开反对马克
思主义,用"伦理社会主义"对抗马克思主义。他们依据自己的认识论,
宣布社会主义是人类竭力追求但不可能达到的"道德理想"。新康德主
义曾被爱·伯恩施坦、康·施米特等人利用来修正马克思主义。俄国
的合法马克思主义者企图把新康德主义同马克思主义结合起来。格·
瓦·普列汉诺夫、保·拉法格和弗·梅林都批判对马克思主义所作的
新康德主义的修正。列宁揭露了新康德主义的实质并指出了它同其他
资产阶级哲学流派(内在论者、马赫主义、实用主义等等)的联
系。——67。

18　别尔托夫是格·瓦·普列汉诺夫的笔名。这里说的著名著作是指他的
　　《论一元论历史观之发展》一书(1895年在彼得堡公开出版)。这里提
　　到的《唯物主义史论丛》也是普列汉诺夫的著作。——67。

19　列宁指的是他的《民粹主义的经济内容及其在司徒卢威先生的书中受
　　到的批评(马克思主义在资产阶级著作中的反映)》一文(见本版全集第
　　1卷)。——76。

20　长子继承制是某些资本主义国家中保留的一种封建时代的继承制度,
　　根据这种制度,大地产由一个家族或一个家庭排行最长者继承而不得
　　分割。——82。

21　《农业中的资本主义(论考茨基的著作和布尔加柯夫先生的文章)》一文
　　原定在《开端》杂志上发表,后因该杂志被查封,改在《生活》杂志发表。
　　《第一篇文章》署名弗·伊林,《第二篇文章》署名弗拉·伊林。

　　　　《生活》杂志(《Жизнь》)是俄国文学、科学和政治刊物(月刊),
　　1897—1901年在彼得堡出版。列宁的《答普·涅日丹诺夫先生》一文
　　也是在该杂志发表的。——85。

22　《俄国财富》杂志(《Русское Богатство》)是俄国科学、文学和政治刊物。
　　1876年创办于莫斯科,同年年中迁至彼得堡。1879年以前为旬刊,以
　　后为月刊。1879年起成为自由主义民粹派的刊物。1892年以后由
　　尼·康·米海洛夫斯基和弗·加·柯罗连科领导,成为自由主义民粹
　　派的中心,在其周围聚集了一批政论家,他们后来成为社会革命党、人
　　民社会党和历届国家杜马中的劳动派的著名成员。在1893年以后的
　　几年中,曾同马克思主义者展开理论上的争论。为该杂志撰稿的也有
　　一些现实主义作家。1906年成为人民社会党的机关刊物。1914年至
　　1917年3月以《俄国纪事》为刊名出版。1918年被查封。——99。

23　富源农场(原文为bonanza farms)是指把粗放经营和采用最新机器技
　　术结合起来的、主要生产小麦的北美资本主义大农场。——110。

24　指马克思批评埃·德·日拉丹《社会主义和捐税》一书的文章(见《马克
　　思恩格斯全集》第1版第7卷第330—342页)。该文发表在1850年5
　　月出版的《新莱茵报。政治经济评论》杂志第4期上。——113。

25　指由亚·伊·丘普罗夫和亚·谢·波斯尼科夫教授主编的两卷本文集
　　《收成和粮价对俄国国民经济某些方面的影响》(1897年)。文集的作
　　者是一些资产阶级自由派分子和民粹主义者。列宁在流放中看了这部
　　书,并在《俄国资本主义的发展》一书中加以批判。——115。

26　限定继承制是一种大地产继承制。在这种制度下,地产由被继承人的
　　长子使用,但他无权全部或部分地抵押、分割和转让(出卖)。

　　　　特定继承制是通行于农民中间的一种限定继承制。这种制度允许

土地占有者有稍多的自由来支配所继承的土地,但同样禁止分遗产。——122。

27　指列宁的《市场理论问题述评(评杜冈-巴拉诺夫斯基先生和布尔加柯夫先生的论战)》一文(见本卷第40—50页)。——138。

28　《俄国社会民主党人抗议书》是列宁在流放地接到姐姐安·伊·乌里扬诺娃-叶利扎罗娃从彼得堡寄来的一个经济派文件之后于1899年8月写的。列宁的姐姐称这个文件为"青年派的信条",它的作者叶·德·库斯柯娃当时是国外俄国社会民主党人联合会的成员。为了捍卫马克思主义,列宁在米努辛斯克专区叶尔马科夫斯克村召集被流放的马克思主义者开会讨论了这个经济派文件和列宁起草的《抗议书》。与会的17人一致通过并签署了这个《抗议书》,他们是:列宁、娜·康·克鲁普斯卡娅、瓦·瓦·斯塔尔科夫、A.M.斯塔尔科娃、格·马·克尔日扎诺夫斯基、季·巴·克尔日扎诺夫斯卡娅-涅夫佐罗娃、弗·威·林格尼克、叶·瓦·巴拉姆津、阿·亚·瓦涅耶夫、Д.В.瓦涅耶娃、米·亚·西尔文、维·康·库尔纳托夫斯基、潘·尼·勒柏辛斯基、奥·波·勒柏辛斯卡娅以及彼得堡工人奥·亚·恩格贝格、亚·西·沙波瓦洛夫、Н.Н.帕宁。赞同《抗议书》的还有未出席会议的伊·卢·普罗明斯基、М.Д.叶菲莫夫、切卡利斯基、柯瓦列夫斯基以及图鲁汉斯克的流放者(尔·马尔托夫等人)和维亚特卡省奥尔洛夫市社会民主党人流放者。

列宁把《抗议书》寄到了国外。格·瓦·普列汉诺夫收到后立即将它发排,供《工人事业》杂志最近一期刊用。然而,参加该杂志编辑部的国外联合会青年派成员,没有通知普列汉诺夫,就于1899年12月将《抗议书》单另印出,并附一篇编后记,说《信条》只反映某些人的看法,这些人的立场对俄国工人运动并无危险,国外俄国社会民主党人联合会内部不存在经济派,等等。

1900年初,普列汉诺夫把《抗议书》收入他所编辑的批评经济派的文集《〈工人事业〉杂志编辑部指南》。《列宁全集》俄文第5版收载的本文献,前一部分按手稿刊印,后一部分按《工人事业》杂志抽印本刊印,并和《〈工人事业〉杂志编辑部指南》一书核对过。——144。

29　劳动解放社是俄国第一个马克思主义团体,由格·瓦·普列汉诺夫和维·伊·查苏利奇、帕·波·阿克雪里罗得、列·格·捷依奇、瓦·尼·伊格纳托夫于1883年9月在日内瓦建立。劳动解放社把马克思主义创始人的许多重要著作译成俄文,在国外出版后秘密运到俄国,对马克思主义在俄国的传播起了巨大作用。普列汉诺夫当时写的《社会主义与政治斗争》、《我们的意见分歧》、《论一元论历史观之发展》等著作有力地批判了民粹主义,用马克思主义的观点分析了俄国社会的现实和俄国革命的一些基本问题。普列汉诺夫起草的劳动解放社的两个纲领草案——1883年的《社会民主主义的劳动解放社纲领》和1885年的《俄国社会民主党人纲领草案》,对于俄国社会民主党的建立具有重要意义,后一个纲领草案的理论部分包含了马克思主义政党纲领的基本成分。劳动解放社在团结俄国社会民主党的力量方面也做了许多工作。它还积极参加社会民主党人的国际活动,和德、法、英等国的社会民主党都有接触。劳动解放社以普列汉诺夫为代表对伯恩施坦主义进行了积极的斗争,在反对俄国的经济派方面也起了重要作用。恩格斯曾给予劳动解放社的活动以高度评价(参看《马克思恩格斯文集》第10卷第532页)。列宁认为劳动解放社的历史意义在于它从理论上为俄国社会民主党奠定了基础,向着工人运动迈出了第一步。劳动解放社的主要缺点是:它没有和工人运动结合起来,它的成员对俄国资本主义发展的特点缺乏具体分析,对建立不同于第二国际各党的新型政党的特殊任务缺乏认识等。劳动解放社于1903年8月在俄国社会民主工党第二次代表大会上宣布解散。——144。

30　宪章运动是19世纪30—50年代英国无产阶级争取实行《人民宪章》的革命运动,是世界上第一次广泛的、真正群众性的、政治性的无产阶级革命运动。19世纪30年代,英国工人运动迅速高涨。伦敦工人协会于1836年成立,1837年起草了一份名为《人民宪章》的法案,1838年5月在伦敦公布。宪章提出六点政治要求:(一)凡年满21岁的男子皆有选举权;(二)实行无记名投票;(三)废除议员候选人的财产资格限制;(四)给当选议员支付薪俸;(五)议会每年改选一次;(六)平均分配选举区域,按选民人数产生代表。1840年7月成立了全国宪章派协会,这是工人运动史上第一个群众性的工人政党。宪章运动在 1839、1842、1848 年出现过三次高潮。三次请愿均被议会否决,运动也遭镇压。宪章运动终究迫使英国统治阶级作了某些让步,并对欧洲工人运动的发展产生了重大影响。马克思和恩格斯同宪章运动的左翼领袖乔·朱·哈尼、厄·琼斯保持联系,并积极支持宪章运动。——150。

31 "真正的社会主义"亦称"德国的社会主义",是从 1844 年起在德国知识分子中间传播的一种小资产阶级社会主义学说,代表人物有卡·格律恩、莫·赫斯、海·克利盖等人。"真正的社会主义者"宣扬超阶级的爱、抽象的人性和改良主义思想,拒绝进行政治活动和争取民主的斗争,否认进行资产阶级民主革命的必要性。在 19 世纪 40 年代的德国,这种学说成了不断发展的工人运动的障碍,不利于团结民主力量进行反对专制制度和封建秩序的斗争,不利于在革命斗争的基础上形成独立的无产阶级运动。马克思和恩格斯在 1845—1848 年的许多著作中对"真正的社会主义"进行了不懈的批判。——150。

32 国际工人协会(第一国际)是无产阶级第一个国际性的革命联合组织,1864 年 9 月 28 日在伦敦成立。马克思参与了国际工人协会的创建,是它的实际领袖,恩格斯参加了它后期的领导工作。在马克思和恩格斯的指导下,国际工人协会领导各国工人的经济斗争和政治斗争,积极支持被压迫民族的解放运动,坚决揭露和批判蒲鲁东主义、巴枯宁主义、拉萨尔主义、工联主义等错误思潮,促进了各国工人的国际团结。国际工人协会在 1872 年海牙代表大会以后实际上已停止活动,1876 年 7 月 15 日正式宣布解散。国际工人协会的历史意义在于它"奠定了工人国际组织的基础,使工人作好向资本进行革命进攻的准备"(见本版全集第 36 卷第 290 页)。——150。

33 伯恩施坦主义是德国社会民主党人爱·伯恩施坦的修正主义思想体系,产生于 19 世纪末 20 世纪初。伯恩施坦的《社会主义的前提和社会民主党的任务》(1899 年)一书是对伯恩施坦主义的全面阐述。伯恩施坦主义在哲学上否定辩证唯物主义和历史唯物主义,用庸俗进化论和诡辩论代替革命的辩证法;在政治经济学上修改马克思主义的剩余价值学说,竭力掩盖帝国主义的矛盾,否认资本主义制度的经济危机和政治危机;在政治上鼓吹阶级合作和资本主义和平长入社会主义,传播改良主义和机会主义思想,反对马克思主义的阶级斗争学说,特别是无产阶级革命和无产阶级专政的学说。伯恩施坦主义得到德国社会民主党右翼和第二国际其他一些政党的支持。在俄国,追随伯恩施坦主义的有合法马克思主义者、经济派等。——150。

34 国家社会主义是一种企图利用国家权力进行社会改革的资产阶级改良主义思想,主要代表为约·卡·洛贝尔图斯-亚格措夫和斐·拉萨尔。洛贝尔图斯主张由普鲁士王朝制定工资标准,实施社会改革,以逐步实现土地和资本的国有化。拉萨尔主张工人依靠国家帮助建立生产合作社,和平地过渡到社会主义。他们抹杀国家的阶级性,企图加强资产阶级国家的统治,麻痹工人阶级的革命意志。国家社会主义的思想对讲坛社会主义有相当大的影响。——152。

35 指拉萨尔派的一个论点:对工人阶级说来,其他一切阶级只是反动的一帮。这个论点写入了1875年德国社会主义工人党纲领(哥达纲领)。马克思在《哥达纲领批判》中批判了这个论点(见《马克思恩格斯文集》第3卷第437—438页)。——152。

36 俄国北方工人协会是俄国工人阶级最早的革命政治组织之一,1878年底在彼得堡成立。创建人是钳工维克多·奥布诺尔斯基和木工斯捷潘·哈尔图林。会员和同情者各约200人。协会只吸收工人参加,其活动是秘密的。协会的纲领认为,工人阶级是社会的先进阶级,工人争得政治权利和自由是从剥削制度下解放出来的必要条件。纲领号召俄国工人同其他国家的无产阶级一道进行阶级斗争,并提出协会的最终目的是"推翻国家现行政治制度和经济制度"。这个纲领也还带有民粹主义影响的某些痕迹。协会在彼得堡各工厂进行革命宣传,领导并积极参加无产阶级的罢工斗争。1880年2月15日,它出版了俄国最早的秘密工人报纸《工人曙光报》创刊号。此后不久,报纸的印刷厂被破坏,协会也由于主要成员被捕而停止活动。——153。

37　南俄工人协会是俄国第一个工人革命政治组织,1875 年 7 月间由革命
知识分子叶·奥·扎斯拉夫斯基在敖德萨创立。协会有会员 60 人,同
情者 150—200 人。协会章程在俄国工人运动史上第一次提到工人反
对资本压迫的斗争,指出"只有通过暴力革命"工人的权利才能得到承
认,并且和 70 年代前半期一些民粹主义纲领截然不同,提出了必须进
行政治斗争的问题。但是这个章程总的说来还未摆脱民粹主义的世界
观。协会成员阅读和传播革命书刊,积极参加组织罢工,并试图在南俄
其他工业城市开展协会的活动。协会于 1875 年底—1876 年初被沙皇
政府破坏。——153。

38　《工人思想报》(《Рабочая Мысль》)是俄国经济派的报纸,1897 年 10
月—1902 年 12 月先后在彼得堡、柏林、华沙和日内瓦等地出版,共出
了 16 号。头几号由"独立工人小组"发行,从第 5 号起成为彼得堡工人
阶级解放斗争协会的机关报。参加该报编辑部的有尼·尼·洛霍夫
(奥尔欣)、康·米·塔赫塔廖夫、弗·巴·伊万申、阿·亚·雅库波娃
等人。该报号召工人阶级为争取狭隘经济利益而斗争。它把经济斗争
同政治斗争对立起来,认为政治斗争不在无产阶级任务之内,反对建立
马克思主义的无产阶级政党,主张成立工联主义的合法组织。它贬低
革命理论的意义,认为社会主义意识可以从自发运动中产生。列宁在
《俄国社会民主党中的倒退倾向》(见本卷)和《怎么办?》(见本版全集第
6 卷)等著作中批判了《工人思想报》的观点。——154。

39　《圣彼得堡工人小报》(《С.-Петербургский Рабочий Листок》)是俄国彼
得堡工人阶级解放斗争协会的秘密报纸。共出过两号:第 1 号于 1897
年 2 月(报纸上印的日期是 1 月)在俄国油印出版,共印 300—400 份;
第 2 号于同年 9 月在日内瓦铅印出版。该报提出要把工人阶级的经济
斗争同广泛的政治要求结合起来,并强调必须建立工人政
党。——154。

40　《工人报》(《Рабочая Газета》)是基辅社会民主党人小组的秘密报纸,
波·李·埃杰尔曼、巴·卢·图恰普斯基、尼·阿·维格多尔契克等任
编辑,在基辅出版。共出过两号;第 1 号于 1897 年 8 月出版;第 2 号于

同年12月(报纸上印的日期是11月)出版。图恰普斯基曾受编辑部委派出国同劳动解放社建立联系,得到了格·瓦·普列汉诺夫等给报纸撰稿的许诺。《工人报》和彼得堡工人阶级解放斗争协会也有联系。《工人报》参加了1898年3月召开的俄国社会民主工党第一次代表大会的筹备工作,并被这次代表大会承认为党的正式机关报。代表大会以后不久,《工人报》的印刷所被警察破获和捣毁,已编好待发排的第3号没能出版。1899年该报试图复刊,没有成功。——154。

41 指俄国社会民主工党第一次代表大会。

俄国社会民主工党第一次代表大会于1898年3月1—3日(13—15日)在明斯克秘密举行。倡议召开这次代表大会的是列宁领导的彼得堡工人阶级解放斗争协会;早在1895年12月列宁就在狱中草拟了党纲草案,并提出了召开代表大会的主张。由于彼得堡等地的组织遭到警察破坏,这次代表大会的筹备工作主要由基辅的社会民主党组织担任。出席代表大会的有6个组织的9名代表:彼得堡、莫斯科、基辅和叶卡捷琳诺斯拉夫的工人阶级解放斗争协会的代表各1名,基辅《工人报》小组的代表2名,崩得的代表3名。大会通过了把各地斗争协会和崩得合并为统一的俄国社会民主工党的决议。在民族问题上,大会承认每个民族有自决权。大会选出了由彼得堡工人阶级解放斗争协会代表斯·伊·拉德琴柯、基辅《工人报》代表波·李·埃杰尔曼和崩得代表亚·约·克列梅尔三人组成的中央委员会。《工人报》被承认为党的正式机关报。国外俄国社会民主党人联合会被宣布为党的国外代表机关。

中央委员会在会后以大会名义发表了《俄国社会民主工党宣言》。《宣言》宣布了俄国社会民主工党的成立,把争取政治自由和推翻专制制度作为社会民主工党当前的主要任务,把政治斗争和工人运动的总任务结合了起来。宣言指出:俄国工人阶级应当而且一定能够担负起争取政治自由的事业。这是为了实现无产阶级的伟大使命即建立没有人剥削人的社会制度所必须走的第一步。俄国无产阶级将摆脱专制制度的桎梏,用更大的毅力去继续同资本主义和资产阶级作斗争,一直斗争到社会主义全胜为止(参看《苏联共产党代表大会、代表会议和中央全会决议汇编》1964 年人民出版社版第 1 分册第 4—6 页)。

　　这次大会没有制定出党纲和党章,也没有形成中央的统一领导,而且大会闭幕后不久大多数代表和中央委员遭逮捕,所以统一的党实际上没有建立起来。——154。

42　民意党是俄国土地和自由社分裂后产生的革命民粹派组织,于 1879 年 8 月建立。主要领导人是安·伊·热里雅鲍夫、亚·德·米哈伊洛夫、米·费·弗罗连柯、尼·亚·莫罗佐夫、维·尼·菲格涅尔、亚·亚·克维亚特科夫斯基、索·李·佩罗夫斯卡娅等。该党主张推翻专制制度,在其纲领中提出了广泛的民主改革的要求,如召开立宪会议,实现普选权,设置常设人民代表机关,实行言论、信仰、出版、集会等自由和广泛的村社自治,给人民以土地,给被压迫民族以自决权,用人民武装代替常备军等。但是民意党人把民主革命的任务和社会主义革命的任务混为一谈,认为在俄国可以超越资本主义,经过农民革命走向社会主义,并且认为俄国主要革命力量不是工人阶级而是农民。民意党人从积极的"英雄"和消极的"群氓"的错误理论出发,采取个人恐怖的活动方式,把暗杀沙皇政府的个别代表人物作为推翻沙皇专制制度的主要手段。他们在 1881 年 3 月 1 日(13 日)刺杀了沙皇亚历山大二世。由于理论上、策略上和斗争方法上的错误,在沙皇政府的严重摧残下,民意党在 1881 年以后就瓦解了。——156。

43　国外俄国社会民主党人联合会是根据劳动解放社的倡议,在全体会员承认劳动解放社纲领的条件下,于 1894 年在日内瓦成立的。联合会为俄国国内出版书刊,它的出版物全部由劳动解放社负责编辑。1896—1899 年联合会出版了不定期刊物《工作者》文集和《〈工作者〉小报》。1898 年 3 月,俄国社会民主工党第一次代表大会承认联合会是党的国外代表机关。1898 年底,经济派在联合会里占了优势。1898 年 11 月,在苏黎世召开的联合会第一次代表大会上,劳动解放社声明,除《工作者》文集以及列宁的《俄国社会民主党人的任务》和《新工厂法》两个小册子外,拒绝为联合会编辑出版物。联合会从 1899 年 4 月起出版《工人事业》杂志,由经济派分子担任编辑。1900 年 4 月,在日内瓦举行的联合会第二次代表大会上,劳动解放社的成员以及与其观点一致的人正式退出联合会,成立了独立的"社会民主党人"革命组织。此后,联合会和《工人事业》杂志就成了经济主义在俄国社会民主党内的代表。1903年,根据俄国社会民主工党第二次代表大会的决议,联合会宣布解散。——156。

44　《我们的纲领》、《我们的当前任务》和《迫切的问题》这三篇文章是列宁在流放中为《工人报》写的。1899年崩得中央委员会试图恢复《工人报》时,编辑部曾先后建议列宁参加编辑和撰稿。由于《工人报》复刊未成,这些文章当时也就没有发表。——157。

45　爱·伯恩施坦是在他的《社会主义的前提和社会民主党的任务》一书的附注中(第1版第169—170页)声称俄国社会民主党人大多数同意他的观点的。格·瓦·普列汉诺夫曾于1898年7月在《新时代》杂志第44期上发表了《伯恩施坦与唯物主义》一文,同年10月底—11月初又在《萨克森工人报》第253—255号上发表了《我们为什么要感激他呢?》一文,批判伯恩施坦从1896年起以《社会主义问题》为题在《新时代》杂志发表的那一组修正主义文章。上述伯恩施坦的话意在反驳普列汉诺夫对他的批判,为自己辩解。——158。

46　指1898年11月在瑞士苏黎世举行的国外俄国社会民主党人联合会第一次代表大会上发生的分裂。——158。

47　《无产阶级斗争》文集第1辑是俄国乌拉尔社会民主党小组在1899年出版的。文集的撰稿者站在经济主义的立场上否认成立工人阶级独立政党的必要性,认为用总罢工的方法就能完成政治革命。列宁在《怎么办?》第4章第2节中,对文集的观点作了评述(见本版全集第6卷)。——158。

48　指《我们党的纲领草案》一文(见本卷第186—208页)。——158。

49　这里说的是俄国社会民主工党第二次代表大会。1900年初,叶卡捷琳诺斯拉夫委员会倡议于当年春在斯摩棱斯克召开这次代表大会,得到

崩得和国外俄国社会民主党人联合会的支持。1900年2月，参加代表
大会筹备工作的叶卡捷琳诺斯拉夫委员会代表伊·克·拉拉扬茨曾到
莫斯科同列宁商谈由代表大会恢复《工人报》和由列宁、亚·尼·波特
列索夫和尔·马尔托夫组成该报编辑部的问题。列宁和劳动解放社的
成员都认为召开第二次代表大会为时尚早(见本卷第284—285、315—
316页)，但是劳动解放社没有拒绝参加，委托列宁代表它出席，并从国
外给他寄去了委托书。代表大会由于1900年4—5月间各社会民主党
组织有许多人被捕而没有开成。1903年，俄国社会民主工党第二次代
表大会在布鲁塞尔和伦敦举行。——158。

50　指格·瓦·普列汉诺夫在《伯恩施坦与唯物主义》和《我们为什么要感
激他呢?》两篇文章中对爱·伯恩施坦的批判。——161。

51　指德国社会民主党汉诺威代表大会。

德国社会民主党汉诺威代表大会于1899年10月9—14日在汉诺
威举行。奥·倍倍尔就大会议程上的主要问题——"对党的基本观点
和策略的攻击"作了报告。代表大会议程之所以列入这个问题，是因为
以爱·伯恩施坦为首的修正主义者要修改马克思主义理论，并要求重
新审查社会民主党的革命政策和策略。代表大会通过的专门决议否决
了修正主义者的要求，但没有对伯恩施坦主义及其代表人物进行有力
的批判。列宁高度评价了倍倍尔的报告(见本版全集第23卷《奥古斯
特·倍倍尔》一文)。——161。

52　指1895年特别是1896年以纺织工人为主的彼得堡工人罢工。1896
年的罢工开始于5月底，起因是工厂主拒绝给工人支付尼古拉二世加
冕礼那几天假日的全额工资。罢工从俄罗斯纺纱厂(即卡林金工厂)开
始，很快就席卷了所有纺织工厂，并波及机器、橡胶、造纸、制糖等工厂，
参加者达3万多人。这次罢工是在彼得堡工人阶级解放斗争协会领导
下进行的。该协会散发了传单和宣言，号召工人起来捍卫自己的权利。
罢工的基本要求是:把工作日缩短为10½小时，提高计件单价，按时发
放工资等。列宁称这次罢工为著名的彼得堡工业战争。它第一次推动
了彼得堡无产阶级结成广泛阵线向剥削者进行斗争，并促进了全俄国

工人运动的发展。在这次罢工的压力下,沙皇政府加速了工厂法的修订,于1897年6月2日(14日)颁布了将工业企业和铁路工厂的工作日缩短为11½小时的法令。——163。

53　指帕·波·阿克雪里罗得为列宁的《俄国社会民主党人的任务》这本小册子所写序言中的一段话:"任何一个天真的读者也决不会认为,作者是建议人们去号召工人修筑街垒或者唆使工人搞密谋。…… 作者是要工人政党发展和壮大到自己感到足以同专制制度进行决战时再来解决'给专制制度以决定性打击'的手段问题……"。——168。

54　反社会党人非常法(反社会党人法)即《反社会民主党企图危害治安法》,是德国俾斯麦政府从1878年10月21日起实行的镇压工人运动的反动法令。这个法令规定取缔德国社会民主党和一切进步工人组织,查封工人刊物,没收社会主义书报,并可不经法律手续把革命者逮捕和驱逐出境。在反社会党人非常法实施期间,有1000多种书刊被查禁,300多个工人组织被解散,2000多人被监禁和驱逐。在工人运动的压力下,反社会党人非常法于1890年10月1日被废除。——172。

55　《前进报》(《Vorwärts》)是德国社会民主党的中央机关报(日报),1876年10月在莱比锡创刊,编辑是威·李卜克内西和威·哈森克莱维尔。1878年10月反社会党人非常法颁布后被查禁。1890年10月反社会党人非常法废除后,德国社会民主党哈雷代表大会决定把1884年在柏林创办的《柏林人民报》改名为《前进报》(全称是《前进。柏林人民报》),从1891年1月起作为中央机关报在柏林出版,由李卜克内西任主编。恩格斯曾为《前进报》撰稿,同机会主义的各种表现进行斗争。1895年恩格斯逝世以后,《前进报》逐渐转入党的右翼手中。它支持过俄国的经济派和孟什维克。第一次世界大战期间持社会沙文主义立场。俄国十月革命以后,进行反对苏维埃的宣传。1933年停刊。——173。

56　《莱茵报》即《莱茵政治、商业和工业日报》(《Rheinische Zeitung für

Politik, Handel und Gewerbe»），是德国的一家日报，青年黑格尔派的喉舌，1842 年 1 月 1 日—1843 年 3 月 31 日在莱茵地区资产阶级自由派的支持下在科隆出版；创办人是伯·腊韦，编辑是腊韦和阿·鲁滕堡，发行负责人是路·舒尔茨和格·荣克。1842 年 4 月马克思开始为该报撰稿，同年 10 月成为报纸编辑。《莱茵报》也发表过许多恩格斯的文章。在马克思担任编辑期间，该报日益具有明显的革命民主主义性质并成为德国最重要的反对派报纸之一。普鲁士政府对该报进行了特别严格的检查，1843 年 4 月 1 日将其查封。——177。

57　指马克思和恩格斯合写的《共产党宣言》（见《马克思恩格斯文集》第 2卷）。——177。

58　匹克威克是英国作家查·狄更斯的小说《匹克威克外传》的主人公。匹克威克同他的三位朋友组成了一个"匹克威克俱乐部"，其言论和主张不为外人所知。后来在英语中就出现了一些以匹克威克为词根的词，如"匹克威克意义上的"、"匹克威克式的"等，用以形容某一个词或某一观念具有不同于字面的意义或只为少数人所理解。——183。

59　卡·考茨基《伯恩施坦与社会民主党的纲领。反批评》一书是列宁在娜·康·克鲁普斯卡娅的协助下翻译成俄文的，当时没有出版。1905年，李沃维奇出版社用《考茨基论文集》的书名出版了它的部分章节，没有署译者的名字。1906 年该书再版时标明为列宁译。——185。

60　《我们党的纲领草案》一文是列宁在流放中写的。文中所以提到 1900年，看来是因为准备发表该文的《工人报》拟于 1900 年复刊。这篇文章是列宁 1895—1896 年在狱中写的《社会民主党纲领草案及其说明》（见本版全集第 2 卷）的续篇。——186。

61　爱尔福特纲领是指 1891 年 10 月举行的德国社会民主党爱尔福特代表大会通过的党纲。它取代了 1875 年的哥达纲领。爱尔福特纲领以马克思主义关于资本主义生产方式必然灭亡和被社会主义生产方式所代替的学说为基础，强调工人阶级必须进行政治斗争，指出了党作为这一斗争的领导者的作用。它从根本上说是一个马克思主义的纲领。但是,爱尔福特纲领也有严重缺点,其中最主要的是没有提到无产阶级专政是对社会实行社会主义改造的手段这一原理。纲领也没有提出推翻君主制、建立民主共和国、改造德国国家制度等要求。对此,恩格斯在《1891年社会民主党纲领草案批判》(见《马克思恩格斯文集》第4卷)中提出了批评意见。代表大会通过的纲领是以《新时代》杂志编辑部的草案为基础的。——190。

62 列宁指的是俄国政府在1896—1897年罢工期间散发的传单。如财政大臣谢·尤·维特在1896年6月15日的传单上就曾号召工人不要听信"煽动分子"(社会主义者)的话,而要等待政府改善生活和减轻工作,还说什么政府对于"工厂主的事情和工人的事情是同样重视的"。维特威胁说,要把擅自停工作为不法行为加以惩罚。——192。

63 指1899年7月29日(8月10日)俄国沙皇政府批准的《因聚众滋事而被开除的高等学校学生服兵役的暂行条例》。这个条例规定,凡参加集体行动反对高等学校的警察制度的学生,一律开除学籍并罚当兵1—3年。俄国所有高等学校的学生一致要求废除这个《暂行条例》(参看列宁《183个大学生被送去当兵》一文,见本卷第346—351页)。——192。

64 俄国的毫无意义的残暴骚动一语出自俄国诗人亚·谢·普希金的小说《上尉的女儿》,是小说主人公彼得·格利尼尧夫少尉站在贵族立场上对叶·伊·普加乔夫领导的农民起义的污蔑。——198。

65 地役权是使用他人土地的有限物权,如步行或乘车马通过邻近地段的权利等,起源于罗马法。西方封建社会和资本主义社会都保留和发展了这种权利。这里说的是俄国1861年改革后农村中公共道路、割草场、牧场、池塘等等的使用权。由于这些地方被地主霸占,农民要为地主服额外劳役,才能取得这种使用权。——200。

66 指彼得堡工人阶级解放斗争协会。

彼得堡工人阶级解放斗争协会是列宁于 1895 年 11 月创立的,由彼得堡的约 20 个马克思主义工人小组联合而成,1895 年 12 月定名为"工人阶级解放斗争协会"。协会是俄国无产阶级革命政党的萌芽,实行集中制,有严格的纪律。它的领导机构是中心小组,成员有 10 多人,其中 5 人(列宁、格·马·克尔日扎诺夫斯基、瓦·瓦·斯塔尔科夫、阿·亚·瓦涅耶夫和尔·马尔托夫)组成领导核心。协会分设 3 个区小组。中心小组和区小组通过组织员同 70 多个工厂保持联系。各工厂有收集情况和传播书刊的组织员,大的工厂则建立工人小组。协会在俄国第一次实现了社会主义和工人运动的结合,完成了从小组内的马克思主义宣传到群众性政治鼓动的转变。协会领导了 1895 年和 1896 年彼得堡工人的罢工,印发了供工人阅读的传单和小册子,并曾筹备出版工人政治报纸《工人事业报》。协会对俄国社会民主主义运动的发展产生了巨大影响,有好几个城市的社会民主党组织以它为榜样,把马克思主义小组统一成为全市性的"工人阶级解放斗争协会"。

协会一成立就遭到沙皇政府的迫害。1895 年 12 月 8 日(20 日)夜间,沙皇政府逮捕了包括列宁在内的协会领导人和工作人员共 57 人。但是,协会并没有因此而停止活动,它组成了新的领导核心(米·亚·西尔文、斯·伊·拉德琴柯、雅·马·利亚霍夫斯基和马尔托夫)。列宁在狱中继续指导协会的工作。1896 年 1 月沙皇政府再次逮捕协会会员后,协会仍领导了 1896 年 5—6 月的彼得堡纺织工人大罢工。1896 年 8 月协会会员又有 30 人被捕。接二连三的打击使协会的领导成分发生了变化。从 1898 年下半年起,协会为经济派(由原来协会中的"青年派"演变而成)所掌握。协会的一些没有被捕的老会员继承协会的传统,参加了 1898 年俄国社会民主工党第一次代表大会的筹备工作。——210。

67　指基辅工人阶级解放斗争协会。

基辅工人阶级解放斗争协会是 1897 年 3 月根据基辅代表会议的决议成立的,这个代表会议认为俄国所有社会民主党的组织都应以彼得堡组织为榜样称做"工人阶级解放斗争协会"。基辅斗争协会联合了若干社会民主党小组,共有会员 30 多人。它同彼得堡斗争协会建立了

联系。彼得堡斗争协会曾把列宁的《俄国社会民主党人的任务》一文的
手稿寄给基辅社会民主党组织的领导人阅读。基辅斗争协会在工人中
间进行了大量的宣传鼓动工作。它的一个特别小组在1897年出版了
两号全俄社会民主党报纸《工人报》。它的秘密书刊在南俄各城市广为
流传。基辅斗争协会为俄国社会民主工党第一次代表大会的筹备做了
大量工作。1898年,在代表大会开过以后不久,协会被警察所破坏。
未被逮捕的社会民主党小组成员很快恢复了称为"俄国社会民主工党
基辅委员会"的地下组织。——210。

68 犹太工人联盟即立陶宛、波兰和俄罗斯犹太工人总联盟,简称崩得,
1897年9月在维尔诺成立。参加这个组织的主要是俄国西部各省的
犹太手工业者。崩得在成立初期曾进行社会主义宣传,后来在争取废
除反犹太特别法律的斗争过程中滑到了民族主义立场上。在1898年
俄国社会民主工党第一次代表大会上,崩得作为只在专门涉及犹太无
产阶级问题上独立的"自治组织",加入了俄国社会民主工党。在1903
年俄国社会民主工党第二次代表大会上,崩得分子要求承认崩得是犹
太无产阶级的唯一代表。在代表大会否决了这个要求之后,崩得退出
了党。根据1906年俄国社会民主工党第四次(统一)代表大会决议,崩
得重新加入了党。从1901年起,崩得是俄国工人运动中民族主义和
分离主义的代表。它在党内一贯支持机会主义派别(经济派、孟什维
克和取消派),反对布尔什维克。第一次世界大战期间,崩得分子采
取社会沙文主义立场。1917年二月革命后,崩得支持资产阶级临时
政府。1918—1920年外国武装干涉和国内战争时期,崩得的领导人
同反革命势力勾结在一起,而一般的崩得分子则开始转变,主张同苏
维埃政权合作。1921年3月崩得自行解散,部分成员加入俄国共产党
(布)。——210。

69 小册子的作者是尔·马尔托夫。列宁所说从历史上研究了俄国社会主
义和工人运动结合的过程,见这本小册子的结尾部分,标题为《工人运
动和社会主义的结合。社会民主工党的当前任务》。小册子于1900年
10月在国外出版。——214。

70　《社会民主党人》(《Социал-Демократ»)是俄国文学政治评论集,由劳动解放社于1890—1892年在伦敦和日内瓦用俄文出版,总共出了4集。第1、2、3集于1890年出版,第4集于1892年出版。参加《社会民主党人》评论集工作的有格·瓦·普列汉诺夫、帕·波·阿克雪里罗得和维·伊·查苏利奇等。这个评论集对于马克思主义在俄国的传播起了很大作用。

　　列宁提到的普列汉诺夫的几篇文章(总标题为《尼·加·车尔尼雪夫斯基》),刊载在评论集第1—4集上。——226。

71　巴拉莱金是俄国作家米·叶·萨尔蒂科夫-谢德林的讽刺作品《温和谨慎的人们》和《现代牧歌》中的人物,一个包揽词讼、颠倒黑白的律师,自由主义空谈家、冒险家和撒谎家。巴拉莱金这个名字后来成为空谈、撒谎、投机取巧、出卖原则的代名词。——233。

72　《谈谈罢工》一文是列宁在流放中为《工人报》写的。原计划写三部分:(一)罢工的意义;(二)反罢工法;(三)近年来几次罢工的概况。(见本卷第158—159页)这里刊载的是该文的第一部分。其余两部分是否写成未能确定。——251。

73　一切轮子都要停止转动,只要你那强壮的手要它停止出自德国诗人格·海尔维格的诗歌《祈祷! 工作!》。这首诗是诗人应全德工人联合会主席斐·拉萨尔之约而写的该会会歌歌词。——255。

74　雅罗斯拉夫尔纺织厂工人的罢工发生于1895年4—5月。罢工的起因是厂方采用新的计件单价,降低了工人的工资收入。参加罢工的有4 000多工人。罢工遭到特地调来的沙皇军队法纳戈里团的镇压,结果工人死1人,伤14人,11人被交付法庭审判。沙皇尼古拉二世在呈交给他的关于雅罗斯拉夫尔纺织厂事件的报告上批道:"感谢法纳戈里团的好汉们在工厂闹风潮期间采取坚定果敢的行动。"——257。

75　列宁引用的是普鲁士内务大臣冯·普特卡默的话。他提到的九头蛇是希腊神话中的一条非常凶猛而且生命力极强的怪蛇。——258。

76 对谢·尼·普罗柯波维奇《西欧工人运动。批判性研究的尝试。第1
卷。德国和比利时》(1899年圣彼得堡版)一书的评论写于1899年
底。手稿开头3页和结尾部分没有保存下来。由于普罗柯波维奇的
书被彼得堡书报检查委员会扣留,列宁的书评当时没有发表。
——261。

77 我们把这一切都改了是法国作家让·巴·莫里哀的喜剧《不得已的医
生》中的一句台词。剧中,一个樵夫冒充医生给财主女儿治病,竟把心
脏和肝脏的位置说颠倒了。在事情败露之后,他又说什么"以前确是心
在左面,肝在右面,不过我们把这一切都改了"。这句话后来就被用来
讽刺对问题一窍不通而硬充内行的人那种强词夺理、护短遮丑的行
为。——266。

78 《新时报》(《Новое Время》)是俄国报纸,1868—1917年在彼得堡出版。
出版人多次更换,政治方向也随之改变。1872—1873年采取进步自由
主义的方针。1876—1912年由反动出版家阿·谢·苏沃林掌握,成为
俄国最没有原则的报纸。1905年起是黑帮报纸。1917年二月革命后,
完全支持资产阶级临时政府的反革命政策,攻击布尔什维克。1917年
10月26日(11月8日)被查封。——269。

79 《论〈宣言书〉》一文提到了《工人事业》杂志编辑部给《俄国社会民主党
人抗议书》写的编后记(参见本卷第279页),所以可以确定写于1899
年底或1900年初。鉴于《俄国社会民主党人抗议书》中公布经济派的
《信条》和格·瓦·普列汉诺夫在《〈工人事业〉杂志编辑部指南》中公布
经济派的一系列文件,都因未经这些文件的作者同意而招致了一些责
难,列宁曾打算在征得基辅委员会的同意后把《宣言书》连同他的批驳
文章一起发表,但终因基辅委员会不赞成而未果。从弗·阿基莫夫(马
赫诺韦茨)的《俄国社会民主党发展概略》一书(1906年圣彼得堡版)可
以看出,这篇文章曾经和《宣言书》一起散发过,因为该书摘引了列宁这
篇文章,并且说:《宣言书》是在其出现后一年半,即1900年底由经济派
的反对者公布出来的,目的不是为了传播,而是为了批判。文章于
1928年正式发表于《列宁文集》俄文版第7卷。——272。

80　《莫斯科新闻》(《Московские Ведомости》)是俄国最老的报纸之一,1756
年开始由莫斯科大学出版。1842年以前每周出版两次,以后每周出版
三次,从1859年起改为日报。1863—1887年,由米·尼·卡特柯夫等
担任编辑,宣扬地主和宗教界人士中最反动阶层的观点。1897—1907
年由弗·安·格林格穆特任编辑,成为黑帮报纸,鼓吹镇压工人和革命
知识分子。1917年10月27日(11月9日)被查封。——275。

81　《公民》(《Гражданин»)是俄国文学政治刊物,1872—1914年在彼得堡
出版,创办人是弗·彼·美舍尔斯基公爵。作家费·米·陀思妥耶夫
斯基于1873—1874年担任过它的编辑。原为每周出版一次或两次,
1887年后改为每日出版。19世纪80年代起是靠沙皇政府供给经费的
极端君主派刊物,发行份数不多,但对政府官员有影响。——275。

82　《工人事业》杂志(《Рабочее Дело»)是俄国经济派的不定期杂志,国外俄
国社会民主党人联合会的机关刊物,1899年4月—1902年2月在日内
瓦出版,共出了12期(9册)。该杂志的编辑部设在巴黎,担任编辑的
有波·尼·克里切夫斯基、帕·费·捷普洛夫、弗·巴·伊万申和亚·
萨·马尔丁诺夫。该杂志支持所谓"批评自由"这一伯恩施坦主义口
号,在俄国社会民主党的策略和组织问题上持机会主义立场。聚集在
《工人事业》杂志周围的经济主义的拥护者形成工人事业派。工人事业
派宣扬无产阶级政治斗争应服从经济斗争的机会主义思想,崇拜工人
运动的自发性,否认党的领导作用。他们还反对列宁关于建立严格集
中和秘密的组织的思想,维护所谓"广泛民主"的原则。《工人事业》杂
志支持露骨的经济派报纸《工人思想报》,该杂志的编辑之一伊万申参
加了这个报纸的编辑工作。在俄国社会民主工党第二次代表大会上,
工人事业派是党内机会主义极右派的代表。列宁在《怎么办?》中批判
了《工人事业》杂志和工人事业派的观点(见本版全集第6
卷)。——279。

83　《火星报》(《Искра»)是第一个全俄马克思主义的秘密报纸,由列宁创
办。创刊号于1900年12月在莱比锡出版,以后各号的出版地点是慕
尼黑、伦敦(1902年7月起)和日内瓦(1903年春起)。参加《火星报》编

辑部的有:列宁、格·瓦·普列汉诺夫、尔·马尔托夫、亚·尼·波特列索夫、帕·波·阿克雪里罗得和维·伊·查苏利奇。编辑部的秘书起初是因·格·斯米多维奇,1901年4月起由娜·康·克鲁普斯卡娅担任。列宁实际上是《火星报》的主编和领导者。他在《火星报》上发表了许多文章,阐述有关党的建设和俄国无产阶级的阶级斗争的基本问题,并评论国际生活中的重大事件。

《火星报》在国外出版后,秘密运往俄国翻印和传播。《火星报》成了团结党的力量、聚集和培养党的干部的中心。在俄国许多城市成立了俄国社会民主工党列宁火星派的小组和委员会。1902年1月在萨马拉举行了火星派代表大会,建立了《火星报》俄国组织常设局。

《火星报》在建立俄国马克思主义政党方面起了重大的作用。在列宁的倡议和亲自参加下,《火星报》编辑部制定了党纲草案,筹备了俄国社会民主工党第二次代表大会。这次代表大会宣布《火星报》为党的中央机关报。

根据俄国社会民主工党第二次代表大会的决议,《火星报》编辑部改由列宁、普列汉诺夫、马尔托夫三人组成。但是马尔托夫坚持保留原来的六人编辑部,拒绝参加新的编辑部,因此《火星报》第46—51号是由列宁和普列汉诺夫二人编辑的。后来普列汉诺夫转到了孟什维主义的立场上,要求把原来的编辑都吸收进编辑部,列宁不同意这样做,于1903年10月19日(11月1日)退出了编辑部。《火星报》第52号是由普列汉诺夫一人编辑的。1903年11月13日(26日),普列汉诺夫把原来的编辑全部增补进编辑部以后,《火星报》由普列汉诺夫、马尔托夫、阿克雪里罗得、查苏利奇和波特列索夫编辑。因此,从第52号起,《火星报》变成了孟什维克的机关报。人们将第52号以前的《火星报》称为旧《火星报》,而把孟什维克的《火星报》称为新《火星报》。

1905年5月第100号以后,普列汉诺夫退出了编辑部。《火星报》于1905年10月停刊,最后一号是第112号。——282。

84　《曙光》杂志(《Заря》)是俄国马克思主义的科学政治刊物,由《火星报》编辑部编辑,1901—1902年在斯图加特出版,共出了4期(第2、3期为合刊)。第5期已准备印刷,但没有出版。杂志宣传马克思主义,批判民粹主义和合法马克思主义、经济主义、伯恩施坦主义等机会主义思潮。——282。

85　指1900年初发表于《〈工人事业〉杂志编辑部指南》的《关于恢复"劳动解放社"出版物的声明》。这个声明是劳动解放社在1899年10月下旬收到列宁写的《俄国社会民主党人抗议书》之后，于12月由帕·波·阿克雪里罗得起草、格·瓦·普列汉诺夫定稿的。在这个声明中，劳动解放社表示完全赞同《抗议书》提出的对俄国和国际社会民主党队伍中的机会主义进行坚决斗争的号召。——284。

86　指聚集在《南方工人报》周围的社会民主党人、崩得和国外俄国社会民主党人联合会。这些组织曾打算1900年春在斯摩棱斯克召开党的第二次代表大会，选举中央委员会和成立党的正式机关报《工人报》编辑部。列宁在《怎么办？》第5章第1节中叙述了代表大会的筹备情况（见本版全集第6卷）。——285。

87　列宁于1899年底为准备复刊的《工人报》写了《我们党的纲领草案》一文（见本卷第186—208页）。在俄国社会民主工党第二次代表大会召开前，根据列宁的倡议，《火星报》编辑部制定了党纲草案，发表于1902年6月1日《火星报》第21号。1903年8月，俄国社会民主工党第二次代表大会通过了党纲。——286。

88　列宁引用的是马克思起草的《国际工人协会共同章程》的基本原理（参看《马克思恩格斯文集》第3卷第226页）。——288。

89　下面的文件可能就是这里谈到的专门协议：

"1.《曙光》文集和《火星报》由俄国社会民主党人小组出版和编辑，劳动解放社参加编辑工作。

2.在编辑技术条件允许的情况下，编辑部应把一切原则性的和具有特别重要意义的文章通报劳动解放社所有成员。

3.劳动解放社成员参加一切编辑问题的表决。当他们在编辑部所在地时，就亲自表决；当把文章通报他们时，采用书面方式表决。

4.编辑部同劳动解放社发生意见分歧时,必须全部刊登劳动解放社的或其每个成员的不同意见。

5.本协议只应公布第1项。

1900 年 10 月 6 日"

这个文件是打字稿,没有标题和签字。封套上有娜·康·克鲁普斯卡娅写的字:"早期文件。关于出版《曙光》杂志和《火星报》的合同。"文件存于苏共中央马克思列宁主义研究院档案馆。——292。

90　指1900年4月在日内瓦举行的国外俄国社会民主党人联合会第二次代表大会上劳动解放社(联合会的核心)同拥护经济主义的青年派之间发生的分裂。——293。

91　格·瓦·普列汉诺夫声称他1895年似乎是"奉命"不向彼·伯·司徒卢威"开火",这是企图为他对合法马克思主义者的修正主义言论采取调和态度辩护。实际上正是当1895年列宁在日内瓦和苏黎世期间,他同列宁在如何对待自由派的问题上发生了意见分歧。当时普列汉诺夫和帕·波·阿克雪里罗得坚持社会民主党人应当支持俄国自由派的立场,而指责列宁对自由派的批评太严厉。普列汉诺夫对列宁说:"您背向自由派,而我们面向自由派。"列宁认为,普列汉诺夫不仅不批评司徒卢威的资产阶级自由派观点,反而加以袒护,是不对的。——294。

92　看来是指彼·伯·司徒卢威在1897年《新言论》杂志第8期发表的《再论自由和必然性》一文中,公开反对马克思主义关于无产阶级革命的学说这件事。参看列宁1899年6月27日(7月9日)给亚·尼·波特列索夫的信(见本版全集第44卷第12号文献)。——294。

93　指格·瓦·普列汉诺夫在《〈工人事业〉杂志编辑部指南》(1900年)中发表崩得分子采·莫·科佩尔宗和经济派分子叶·德·库斯柯娃的三封私人信件同其他文件一事。但列宁对《指南》的政治意义评价极高,认为它的全部实质是向"信条主义"和"库斯柯娃主义"的可耻原则宣战。——294。

94　指尔·马尔托夫(尤·奥·策杰尔包姆)。列宁和亚·尼·波特列索夫
　　同劳动解放社谈判时,他在俄国南方。1901 年 3 月他才出
　　国。——297。

95　看来是指柳·伊·阿克雪里罗得(笔名正统派)。《曙光》杂志刊登了她
　　反对修正主义者尼·亚·别尔嘉耶夫和彼·伯·司徒卢威的两篇文
　　章。——299。

96　《新时代》杂志(《Die Neue Zeit》)是德国社会民主党的理论刊物,
　　1883—1923 年在斯图加特出版。1890 年 10 月前为月刊,后改为周刊。
　　1917 年 10 月以前编辑为卡·考茨基,以后为亨·库诺。1885—1895
　　年间,杂志发表过马克思和恩格斯的一些文章。恩格斯经常关心编辑
　　部的工作,帮助它端正办刊方向。为杂志撰过稿的还有威·李卜克内
　　西、保·拉法格、格·瓦·普列汉诺夫、罗·卢森堡、弗·梅林等国际工
　　人运动活动家。《新时代》杂志在介绍马克思主义基本理论、宣传俄国
　　1905—1907 年革命等方面做了有益的工作。随着考茨基转到机会主
　　义立场,1910 年以后,《新时代》杂志成了中派分子的刊物。第一次世
　　界大战期间,杂志持中派立场,实际上支持社会沙文主义者。——299。

97　指参加过国外俄国社会民主党人联合会的一些人,他们在 1900 年 4 月
　　联合会第二次代表大会以后和联合会的机会主义多数断绝关系,同劳
　　动解放社一起建立了"社会民主党人"革命组织。——301。

98　即纽伦堡。列宁参加《火星报》小组和劳动解放社举行的会议后,在从
　　日内瓦赴慕尼黑的途中,曾经过这个城市。——310。

99　工人阶级自我解放社是俄国经济派的一个小组织,1898 年秋在彼得堡
　　成立,只存在了几个月。说明该社宗旨的宣言所署日期是 1899 年 3
　　月,载于同年 7 月在伦敦出版的民粹派刊物《前夕》杂志。该社还公布
　　过它的章程,印发过几份给工人的传单。——312。

100　指 1857—1859 年印度人民反抗英国殖民者的起义。1857 年 5 月 10
　　日,德里东北密拉特城的西帕依部队首先举行起义,随即攻占了德里。

不久,印度中部、北部大部分地区的农民、手工业者、城市贫民以及一部分封建主也参加了起义。由于缺乏统一的领导和封建主的背叛,这次起义于1859年在英军镇压下遭到失败。但它仍迫使英国在统治印度的政策方面作了若干让步。——320。

101 英布战争亦称布尔战争,是指1899年10月—1902年5月英国对布尔人的战争。布尔人是南非荷兰移民的后裔,19世纪建立了德兰士瓦共和国和奥兰治自由邦。为了并吞这两个黄金和钻石矿藏丰富的国家,英国发动了这场战争。由于布尔人战败,这两个国家丧失了独立,1910年被并入英国自治领南非联邦。——320。

102 见注88。——335。

103 工人革命家彼·阿·阿列克谢耶夫的这句话出自他1877年3月10日(22日)在彼得堡沙皇法庭上发表的演说。这篇演说于1877年第一次刊登在伦敦的《前进》杂志上,后来经许多秘密报刊转载,在俄国工人中广为流传,对俄国革命运动产生了巨大影响。——338。

104 格·瓦·普列汉诺夫看了列宁的《国外俄国社会民主党人联合会的分裂》一文之后,写信给《火星报》慕尼黑编辑部,要求对文章作某些修改,尤其是不要提《工人事业》杂志的功绩问题。列宁于1900年12月11日复信《火星报》日内瓦编辑部(帕·波·阿克雪里罗得)说,文章已按来信意见修改,只是不能把有关《工人事业》杂志的功绩的话完全删去。他认为这样做对他们的反对者是不公平的,这些人对于社会民主党并非只有过失可言(见本版全集第44卷第36号文献)。——339。

105 指第二国际第五次代表大会。
　　第二国际第五次代表大会于1900年9月23—27日在巴黎举行。出席大会的有参加第二国际的各国社会党的代表791名。俄国代表团由24名代表组成,在大会上分裂为以波·尼·克里切夫斯基为首的多数派和以格·瓦·普列汉诺夫为首的少数派。代表大会注意的中心问题,是与1899年法国社会党人亚·埃·米勒兰加入资产阶级的瓦尔德克-卢梭政府这一事件有关的"夺取公共权力和同资产阶级政党联盟"的问题。大会就这一问题通过了卡·考茨基提出的决议案，其中说："个别社会党人参加资产阶级政府，不能认为是夺取政权的正常的开端，而只能认为是迫不得已采取的暂时性的特殊手段。"俄国代表团多数派投票赞成考茨基的这个含糊其词的"橡皮性"决议案，少数派支持茹·盖得提出的谴责米勒兰主义的决议案。代表大会还通过了建立由各国社会党代表组成的社会党国际局和在布鲁塞尔设立国际局书记处的决议。——340。

106 指米·伊·杜冈-巴拉诺夫斯基。——342。

107 同司徒卢威的协议草案是在列宁、维·伊·查苏利奇和亚·尼·波特列索夫同彼·伯·司徒卢威谈判时制定的。这次谈判于 1900 年 12 月 16 日（29 日）——1901 年 1 月底在慕尼黑举行，起因是：合法马克思主义者（即草案中提到的民主反对派自由社）的代表司徒卢威等人想在国外创办机关刊物《时评》，同《火星报》和《曙光》杂志并行出版，但与社会民主党不发生公开的关系；《火星报》编辑部也希望通过司徒卢威获得政治材料和通讯稿。在谈判中，《火星报》编辑部要求新刊物《时评》作为《曙光》杂志的附刊出版，期数不得多于《曙光》杂志，《时评》编辑部在平等基础上由《火星报》编辑部与司徒卢威和米·伊·杜冈-巴拉诺夫斯基组成。在谈判过程中发现，司徒卢威打算利用《火星报》编辑部为《时评》服务，企图把《时评》变成同《火星报》竞争的刊物。在拟定协议草案时，司徒卢威拒绝了《火星报》编辑部提出的第 7 条，即《火星报》编辑部有充分自由利用《时评》获得的一切政治材料。这次谈判以破裂告终。列宁对这次谈判的看法，参看他 1901 年 1 月 30 日给格·瓦·普列汉诺夫的信（本版全集第 44 卷第 41 号文献）。——344。

108 有眼可看、有耳可听的人一语出自圣经《新约全书》。耶稣在传道时多次对众人说，有眼可看的人都应当看，有耳可听的人都应当听。意思是说，对于善于观察，用心领会的人，无论什么隐蔽的事物，一听也就明白，一看也就清楚。这里是指明辨是非的人民大众。——347。

109 让军曹去代替伏尔泰！是俄国作家亚·谢·格里鲍耶陀夫的喜剧《智慧的痛苦》中斯卡洛祖勃上校所说的一句话，意即用横暴的军事专制手段去压制和扼杀自由思想和进步文化。——347。

110 "绿街式的"拷打是农奴制俄国军队中对士兵采取的一种残酷的体罚。所谓"绿街"就是让士兵相向而立，排成长长的两行，每人手执绿树枝或棍棒。被罚人上体裸露，双手捆绑在步枪枪托上，被人抱着从两行士兵中间通过，两旁的士兵挨个地抽打他，直到把"绿街"走完为止。这种刑罚在尼古拉一世时代(1825—1855年)特别盛行。——348。

111 汉尼拔式的誓言意为下定决心、始终不渝。汉尼拔(公元前247—前183年)是古代迦太基的统帅。他自幼在神殿祭坛前立下誓言，要为击败罗马而献身。在迦太基和罗马争夺地中海霸权的第二次布匿战争中，他英勇善战，重创罗马，后战局逆转，自杀殉国。——349。

112 这几篇时评都是根据报纸上的材料写成的。《打吧，但不要打死》一文取材于1901年1月24日和26日《俄罗斯新闻》第24号和第26号，这两号报纸刊登了警察在警察局打死农民一案的报道。列宁在本卷第356、364—365页脚注中提到的两个案子，分别见1901年1月31日《莫斯科新闻》第31号和1901年2月1日《俄罗斯新闻》第32号刊登的消息。在《何必要加速时代的变迁？》一文中，列宁利用了1900年10月17日《圣彼得堡新闻》第285号和1900年10月11日《奥廖尔通报》第273号的材料。列宁在《客观的统计》一文中提到的政府法令，引自1901年1月20—28日《莫斯科新闻》第20—28号。——352。

113 杰尔席莫尔达是俄国作家尼·瓦·果戈理的喜剧《钦差大臣》中的一个愚蠢粗野、动辄用拳头打人的警察，这里用做警察专制制度的代名词。——357。

114 衙门里白发苍苍的书记官一语出自俄国诗人亚·谢·普希金的历史悲剧《鲍里斯·戈都诺夫》。剧中青年修道士格里戈里说，编年史家皮敏神父"像衙门里白发苍苍的书记官，安静地注视着义人和罪人，漠不关心地倾听着善与恶,不知道什么叫怜悯,也不知道什么叫愤怒"。——361。

115　葡萄是酸的! 一语出自俄国作家伊·安·克雷洛夫的寓言《狐狸和葡萄》。狐狸想吃葡萄够不着,就宽慰自己说:"这葡萄看上去挺好,其实都没熟,全是酸的!"——371。

116　犹杜什卡是对犹大的蔑称,是俄国作家米·叶·萨尔蒂科夫-谢德林的长篇小说《戈洛夫廖夫老爷们》中的主要人物波尔菲里·弗拉基米罗维奇·戈洛夫廖夫的绰号。谢德林笔下的犹杜什卡是贪婪、无耻、伪善、阴险、残暴等各种丑恶品质的象征。——372。

117　即《财政与工商业通报》杂志。
　　《财政与工商业通报》杂志(《Вестник Финансов, Промышленности и Торговли》)是沙皇俄国财政部的刊物(周刊),1883 年 11 月—1917 年在彼得堡出版,1885 年 1 月前称《财政部政府命令一览》。该杂志刊登政府命令、经济方面的文章和评论、官方统计资料等。——374。

118　四分之一或极小的一块份地即所谓"赐地"。俄国 1861 年改革中,按照改革法令的规定,地主可以同农民达成协议,以最高标准四分之一的份地赐给农民,不取赎金,而其余四分之三归地主所有。得到这种赐地的农民是土地最少的一类农民。——379。

119　暂时义务农指俄国农奴制度废除后,为使用份地而对地主暂时负有一定义务(交纳代役租或服徭役)的前地主农民。农民同地主订立了赎买份地的契约后,即不再是暂时义务农,而归入私有农民一类。1881 年 12 月沙皇政府法令规定,从 1883 年 1 月 1 日起,暂时义务农必须赎得份地。——379。

120　规约是俄国废除农奴制的改革中规定农民与地主关系的一种文书。按照改革的法令,农民与地主订立赎地契约以前,对地主负有暂时义务。这种暂时义务农的份地面积以及他们为使用份地而对地主负担的义务,都规定在规约中。规约上还记载其他用地的分配、宅地的迁移等情况。规约由地主草拟,通过解决地主和农民之间纠纷的调停官订立。规约如被农民拒绝,也可以在未经农民同意的情况下得到批准。规约的订立,引起了农民的广泛抵抗。政府往往动用军队进行镇压。——380。

人 名 索 引

A

阿尔先耶夫——见波特列索夫,亚历山大·尼古拉耶维奇。

阿克雪里罗得,帕维尔·波里索维奇(Аксельрод, Павел Борисович 1850 — 1928)——俄国孟什维克领袖之一。19 世纪 70 年代是民粹派分子。1883 年参与创建劳动解放社。1900 年起是《火星报》和《曙光》杂志编辑部成员。这一时期在宣传马克思主义的同时,也在一系列著作中把资产阶级民主制和西欧社会民主党议会活动理想化。1903 年在俄国社会民主工党第二次代表大会上是《火星报》编辑部有发言权的代表,属火星派少数派,会后是孟什维主义的思想家。1905 年提出召开广泛的工人代表大会的取消主义观点。1906 年在党的第四次(统一)代表大会上代表孟什维克作了关于国家杜马问题的报告,宣扬无产阶级同资产阶级实行政治合作的机会主义思想。斯托雷平反动时期和新的革命高涨年代是取消派的思想领袖,参加孟什维克取消派《社会民主党人呼声报》编辑部。1912 年加入"八月联盟"。第一次世界大战期间表面上是中派,实际持社会沙文主义立场;曾参加齐美尔瓦尔德代表会议和昆塔尔代表会议,属于右翼。1917 年二月革命后任彼得格勒苏维埃执行委员会委员,支持资产阶级临时政府。十月革命后侨居国外,反对苏维埃政权,鼓吹武装干涉苏维埃俄国。——153、154、168、188、197、205、206、214、222、224、225、226、288、293、297、298、299、300、304、305、306、307、308、309、317、318。

阿列克谢耶夫,彼得·阿列克谢耶维奇(Алексеев, Петр Алексеевич 1849 — 1891)——俄国早期工人革命家,织工。19 世纪 70 年代初接近革命民粹派,1873 年加入彼得堡涅瓦关卡外的革命工人小组,1874 年 11 月起在莫斯科工人中进行革命宣传,是全俄社会革命组织的积极成员。1875 年 4

月被捕。1877年3月在法庭上发表预言沙皇专制制度必然覆灭的著名演说。同年被判处十年苦役,1884年起在雅库特州的一个偏僻的乡服苦役,1891年8月在该地被盗匪杀害。——338。

安东诺娃(Антонова)——366。

奥尔霍文(Ольховин)——沙俄警察。——352、355、358。

奥尔洛夫,彼得·安德列耶维奇(Орлов,Петр Андреевич)——《工厂一览表》的编者。该书的第1版、第2版和第3版(与С.Г.布达戈夫合编)分别于1881年、1887年和1894年出版。列宁认为这本书是19世纪70年代最珍贵的资料。——10、11、12、15、19。

B

巴里诺夫(Баринов)——366。

倍倍尔,奥古斯特(Bebel,August 1840—1913)——德国工人运动和国际工人运动活动家,德国社会民主党和第二国际的创建人和领袖之一,马克思和恩格斯的朋友和战友;旋工出身。19世纪60年代前半期开始参加政治活动,1867年当选为德国工人协会联合会主席,1868年该联合会加入第一国际。1869年与威·李卜克内西共同创建了德国社会民主工党(爱森纳赫派),该党于1875年与拉萨尔派合并为德国社会主义工人党,后又改名为德国社会民主党。多次当选国会议员,利用国会讲坛揭露帝国政府反动的内外政策。1870—1871年普法战争期间持国际主义立场,在国会中投票反对军事拨款,支持巴黎公社,为此曾被捕和被控叛国,断断续续在狱中度过近六年时间。在反社会党人非常法施行时期,领导了党的地下活动和议会活动。19世纪90年代和20世纪初同党内的改良主义和修正主义进行斗争,反对伯恩施坦及其拥护者对马克思主义理论的歪曲和庸俗化。是出色的政论家和演说家,对德国和欧洲工人运动的发展有很大影响。马克思和恩格斯高度评价了他的活动。——231、234。

彼得·尼古拉耶维奇——见罗曼诺夫,彼得·尼古拉耶维奇。

别尔托夫,恩·——见普列汉诺夫,格奥尔吉·瓦连廷诺维奇。

波别多诺斯采夫,康斯坦丁·彼得罗维奇(Победоносцев,Константин Петрович 1827—1907)——俄国国务活动家。1860—1865年任莫斯科大学法学教授。1868年起为参议员,1872年起为国务会议成员,1880—1905年任俄国正教会最高管理机构——正教院总监。给亚历山大三世和尼古拉二世讲授过法律知识。一贯敌视革命运动,反对资产阶级改革,维护极权专制制度,排斥西欧文化,是1881年4月29日巩固专制制度宣言的起草人。80年代末势力减弱,沙皇1905年10月17日宣言颁布后引退。——199。

波格丹诺夫,亚·(马林诺夫斯基,亚历山大·亚历山德罗维奇)(Богданов, А.(Малиновский, Александр Александрович)1873—1928)——俄国社会民主党人,哲学家,社会学家,经济学家;职业是医生。19世纪90年代参加社会民主主义小组。1903年成为布尔什维克。在党的第三、第四和第五次代表大会上被选入中央委员会。曾参加布尔什维克机关报《前进报》和《无产者报》编辑部,是布尔什维克《新生活报》的编辑。在对待布尔什维克参加第三届国家杜马的问题上持抵制派立场。1908年是反对布尔什维克在合法组织里工作的最高纲领派的领袖。斯托雷平反动时期和新的革命高涨年代背离布尔什维主义,领导召回派,是前进集团的领袖。在哲学上宣扬经验一元论。1909年6月因进行派别活动被开除出党。第一次世界大战期间持国际主义立场。十月革命后是共产主义科学院院士,在莫斯科大学讲授经济学。1918年是无产阶级文化派的思想家。1921年起从事老年医学和血液学的研究。1926年起任由他创建的输血研究所所长。主要著作有《经济学简明教程》(1897)、《经验一元论》(第1—3卷,1904—1906)、《生动经验的哲学》(1913)、《关于社会意识的科学》(1914)、《普遍的组织起来的科学(组织形态学)》(1913—1922)。——1—8。

波拿巴,路易——见拿破仑第三。

波斯特尼柯夫,弗拉基米尔·叶菲莫维奇(Постников, Владимир Ефимович 1844—1908)——俄国经济学家和统计学家,自由经济学会会员。在农业和国家产业部任职,从事官地规划工作。主要著作有《南俄农民经济》(1891)、《萨马拉边疆区的经济生活》(1894)等。——104。

波特列索夫,亚历山大·尼古拉耶维奇(阿尔先耶夫)(Потресов, Александр Николаевич(Арсеньев)1869—1934)——俄国孟什维克领袖之一。19世纪90年代初参加马克思主义小组。1896年加入彼得堡工人阶级解放斗争协会,后被捕,1898年流放维亚特卡省。1900年出国,参与创办《火星报》和《曙光》杂志。在俄国社会民主工党第二次代表大会上是《火星报》编辑部有发言权的代表,属火星派少数派,会后是孟什维克刊物的主要撰稿人和领导人。斯托雷平反动时期和新的革命高涨年代是取消派思想家,在《复兴》杂志和《我们的曙光》杂志中起领导作用。第一次世界大战期间是社会沙文主义者。1917年在反布尔什维克的资产阶级《日报》中起领导作用。十月革命后侨居国外,为克伦斯基的《白日》周刊撰稿,攻击苏维埃政权。——293、297、298—304、305—309、341、342、343。

伯恩施坦,爱德华(Bernstein,Eduard 1850—1932)——德国社会民主党和第二国际右翼领袖之一,修正主义的代表人物。1872年加入社会民主党,曾是欧·杜林的信徒。1879年和卡·赫希柏格、卡·施拉姆在苏黎世发表《德国社会主义运动的回顾》一文,指责党的革命策略,主张放弃革命斗争,适应俾斯麦制度,受到马克思和恩格斯的严厉批评。1881—1890年任党的中央机关报《社会民主党人报》编辑。从90年代中期起完全同马克思主义决裂。1896—1898年以《社会主义问题》为题在《新时代》杂志上发表一组文章,1899年发表《社会主义的前提和社会民主党的任务》一书,从经济、政治和哲学方面对马克思主义的理论和策略作了全面的修正。1902年起为国会议员。第一次世界大战期间持中派立场。1917年参加德国独立社会民主党,1919年公开转到右派方面。1918年十一月革命失败后出任艾伯特—谢德曼政府的财政部长助理。——158、160、161、175—180、181—185、190、229、231、236、265、266、267、269、284、288、315、316。

柏姆-巴维克,欧根·冯(Böhm-Bawerk,Eugen von 1851—1914)——奥地利经济学家,奥地利学派的代表人物。1881年起在因斯布鲁克大学和维也纳大学任教授。曾三次出任奥地利财政大臣,还担任过奥地利科学院院长。在《经济财物价值理论纲要》(1886)、《资本与利润》(1884—1889)、《卡尔·马克思的理论及对它的批判》(1896)等著作中,与弗·维泽尔共同发展了边际效用价值论,试图推翻马克思的劳动价值论和剩余价值论。——178、179。

博博——见司徒卢威,彼得·伯恩哈多维奇。

博克,伊万·伊万诺维奇(Бок,Иван Иванович 1848—1916)——俄国统计学

家。19 世纪 70 年代为内务部中央统计委员会编辑。《1868 年欧俄工厂工业统计资料》(即《俄罗斯帝国统计年鉴》第 2 辑第 6 编)的编者。——13。

布达戈夫,C. Г.(Будагов С. Г.)——《工厂一览表》第 3 版编者之一。——10、12。

布尔加柯夫,谢尔盖·尼古拉耶维奇(Булгаков, Сергей Николаевич 1871—1944)——俄国经济学家、哲学家和神学家。19 世纪 90 年代是合法马克思主义者,后来成了"马克思的批评家"。修正马克思关于土地问题的学说,企图证明小农经济稳固并优于资本主义大经济,用土地肥力递减规律来解释人民群众的贫困化;还试图把马克思主义同康德的批判认识论结合起来。后来转向宗教哲学和基督教。1901—1906 年和 1906—1918 年先后在基辅大学和莫斯科大学任政治经济学教授。1905—1907 年革命失败后追随立宪民主党,为《路标》文集撰稿。1918 年起是正教司祭。1923 年侨居国外。1925 年起在巴黎的俄国神学院任教授。主要著作有《论资本主义生产条件下的市场》(1897)、《资本主义和农业》(1900)、《经济哲学》(1912)等。——40—50、60、62、63、71—72、75、77、85—134、180。

布赫,列夫·康斯坦丁诺维奇(Бух, Лев Константинович 1847—1917)——俄国小资产阶级经济学家。19 世纪 70 年代末参加过民粹主义运动。写有一些政治经济学和财政金融方面的著作。《政治经济学基本要素》(1896)一书对劳动价值论作了独特的解释。——179。

布劳,安德列·安德列耶维奇(Блау, Андрей Андреевич 生于 1849 年)——俄国统计学家,经济学家。曾任财政部工商业司统计处处长、国家营业税检查员。担任过一些统计著作的主编。——57。

布申,阿尔图尔·波格丹诺维奇(Бушен, Артур Богданович 1831—1876)——俄国统计学家。1857 年起在中央统计委员会任初级编辑,后在财政部任职。1869 年起主持出版了《财政部年鉴》第 1—7 编。曾作为俄国地理学会的代表参加俄国手工工业调查委员会。——13。

C

查苏利奇,维拉·伊万诺夫娜(维里卡)(Засулич, Вера Ивановна (Велика) 1849—1919)——俄国民粹主义运动和社会民主主义运动活动家。1868

年在彼得堡参加革命小组。1878年1月24日开枪打伤下令鞭打在押革命学生的彼得堡市长费·费·特列波夫。1879年加入土地平分社。1880年侨居国外,逐步同民粹主义决裂,转到马克思主义立场。1883年参与创建劳动解放社。80—90年代翻译了马克思的《哲学的贫困》和恩格斯的《社会主义从空想到科学的发展》,写了《国际工人协会史纲要》等著作;为劳动解放社的出版物以及《新言论》和《科学评论》等杂志撰稿,发表过一系列文艺批评文章。1900年起是《火星报》和《曙光》杂志编辑部成员。在俄国社会民主工党第二次代表大会上是《火星报》编辑部有发言权的代表,属火星派少数派,会后成为孟什维克领袖之一,参加孟什维克的《火星报》编辑部。1905年回国。斯托雷平反动时期和新的革命高涨年代是取消派分子。第一次世界大战期间是社会沙文主义者。1917年是孟什维克统一派分子。对十月革命持否定态度。——297、298—299、300、304、305、306、307、308、318、341、342、343。

车尔尼雪夫斯基,尼古拉·加甫里洛维奇(Чернышевский,Николай Гаврилович 1828—1889)——俄国革命民主主义者和空想社会主义者,作家,文学评论家,经济学家,哲学家;俄国社会民主主义先驱之一,俄国19世纪60年代革命运动的领袖。1853年开始为《祖国纪事》和《同时代人》等杂志撰稿,1856—1862年是《同时代人》杂志的领导人之一,发扬别林斯基的民主主义批判传统,宣传农民革命思想,是土地和自由社的思想鼓舞者。因揭露1861年农民改革的骗局,号召人民起义,于1862年被沙皇政府逮捕,入狱两年,后被送到西伯利亚服苦役。1883年解除流放,1889年被允许回家乡居住。著述很多,涉及哲学、经济学、教育学、美学、伦理学等领域。在哲学上批判了贝克莱、康德、黑格尔等人的唯心主义观点,力图以唯物主义精神改造黑格尔的辩证法。对资本主义作了深刻的批判,认为社会主义是由整个人类发展进程所决定的,但作为空想社会主义者,又认为俄国有可能通过农民村社过渡到社会主义。所著长篇小说《怎么办?》(1863)和《序幕》(约1867—1869)表达了社会主义理想,产生了巨大的革命影响。——221、225、226、231。

D

丹尼尔逊,尼古拉·弗兰策维奇(尼·—逊)(Даниельсон,Николай

Францевич (Н.—он) 1844—1918)——俄国经济学家,政论家,自由主义民粹派理论家。他的政治活动反映了民粹派从对沙皇制度进行革命斗争转向与之妥协的演变。19世纪60—70年代与革命的青年平民知识分子小组有联系。接替格·亚·洛帕廷译完了马克思的《资本论》第1卷(1872年初版),以后又译出第2卷(1885)和第3卷(1896)。在翻译该书期间同马克思和恩格斯有过书信往来。但不了解马克思主义的实质,认为马克思主义理论不适用于俄国,资本主义在俄国没有发展前途;主张保存村社土地所有制,维护小农经济和手工业经济。1893年出版了《我国改革后的社会经济概况》一书,论证了自由主义民粹派的经济观点。列宁尖锐地批判了他的经济思想。——22、40、41、45、74—75。

杜冈-巴拉诺夫斯基,米哈伊尔·伊万诺维奇 (Туган-Барановский, Михаил Иванович 1865—1919)——俄国经济学家和历史学家。1895—1899年任彼得堡大学政治经济学讲师,1913年起任彼得堡工学院教授。19世纪90年代是合法马克思主义的代表人物。曾为《新言论》杂志和《开端》杂志等撰稿,积极参加同自由主义民粹派的论战。20世纪初起公开维护资本主义,修正马克思主义的基本原理,成了"马克思的批评家"。1905—1907年革命期间加入立宪民主党。十月革命后成为乌克兰反革命势力的骨干分子,1917—1918年任乌克兰中央拉达财政部长。主要著作有《现代英国的工业危机及其原因和对人民生活的影响》(1894)、《俄国工厂今昔》(第1卷,1898)等。——22、28、40—50、60、75、115—116、141、298、342。

杜林,欧根·卡尔 (Dühring, Eugen Karl 1833—1921)——德国哲学家和经济学家。毕业于柏林大学,当过见习法官,1863—1877年为柏林大学非公聘讲师。70年代起以"社会主义改革家"自居,反对马克思主义,企图创立新的理论体系。在哲学上把唯心主义、庸俗唯物主义和实证论混合在一起;在政治经济学方面反对马克思的劳动价值学说和剩余价值学说;在社会主义理论方面以资产阶级改良主义精神阐述自己的社会主义体系,反对科学社会主义。他的思想得到部分德国社会民主党人的支持。恩格斯在《反杜林论》一书中系统地批判了他的观点。主要著作有《国民经济学和社会主义批判史》(1871)、《国民经济学和社会经济学教程》(1873)、《哲学教程》(1875)等。——126、177。

E

恩格尔哈特，亚历山大·尼古拉耶维奇（Энгельгардт，Александр Николаевич
　　1832—1893）——俄国政论家，农业化学家，民粹主义者。1859—1860 年
　　编辑《化学杂志》。1866—1870 年任彼得堡农学院教授，因宣传民主思想
　　被捕。1871 年被解送回斯摩棱斯克省的巴季舍沃田庄，在那里建立了合
　　理经营的实验农场。列宁在《俄国资本主义的发展》一书（第 3 章第 6 节）
　　中评论了他的农场，并以此为例说明民粹派的理论纯系空想。所写《农村
　　来信》先发表于《祖国纪事》杂志，1882 年出了单行本。还写过其他一些有
　　关农业问题的著作。——99。

恩格斯，弗里德里希（Engels，Friedrich 1820—1895）——科学共产主义创始
　　人之一，世界无产阶级的领袖和导师，马克思的亲密战友。——7、49—
　　50、56、61、67、125、151、160、161、176、177、179、183、184、213、216、226、
　　256、288、316。

尔·姆·（P.M.）——《我国的实际情况》一文的作者。该文毫不掩饰地宣扬
　　经济派的机会主义观点。——209—210、214—216、217、218—219、221、
　　222、223—224、225、226、227—230。

尔·亚·（Л.Я.）——帕尔乌斯《世界市场和农业危机》一书的俄译
　　者。——55。

F

法捷耶夫（Фадеев）——366。

弗·普·；弗·伊林；弗拉·伊林；弗拉基·伊林；弗拉基米尔·伊林——见
　　列宁，弗拉基米尔·伊里奇。

弗罗洛夫（Фролов）——366。

G

戈森，赫尔曼（Gossen，Hermann 1810—1858）——德国经济学家，边际效用
　　学派的先驱。在《人类交换规律及由此产生的人类行为规范的发展》
　　（1854）一书中，提出了"欲望满足定律"（或"享乐定律"，亦称"戈森定律"），

该定律是边际效用论的最初内容。他从边沁的功利主义出发,认为"人类一切活动的目的就是要得到最大享乐"。——178。

格·瓦·——见普列汉诺夫,格奥尔吉·瓦连廷诺维奇。

格莱斯顿,威廉·尤尔特(Gladstone,William Ewart 1809—1898)——英国国务活动家,自由党领袖。1843—1845 年任商业大臣,1845—1847 年任殖民大臣,1852—1855 年和 1859—1866 年任财政大臣,1868—1874 年、1880—1885 年、1886 年和 1892—1894 年任内阁首相。用政治上的蛊惑宣传和表面上的改革来笼络居民中的小资产阶级阶层和工人阶级上层分子。推行殖民扩张政策。对爱尔兰的民族解放运动采取暴力镇压政策,同时也作一些细微的让步。——205。

格沃兹杰夫,罗曼(齐默尔曼,罗曼·埃米利耶维奇)(Гвоздев,Роман (Циммерман,Роман Эмилиевич)1866—1900)——俄国作家,在《俄国财富》、《生活》和《科学评论》等杂志上发表过一些短篇小说和经济论文。1896 年是《萨马拉新闻》的领导人之一。《富农经济的高利贷及其社会经济意义》(1898)是其最出名的著作。——51—52。

H

赫尔岑施坦,米哈伊尔·雅柯夫列维奇(Герценштейн,Михаил Яковлевич 1859—1906)——俄国经济学家,莫斯科农学院教授,第一届国家杜马代表,立宪民主党领袖之一,该党土地问题理论家。第一届国家杜马解散后,在芬兰被黑帮分子杀害。——49。

赫克纳,亨利希(Herkner,Heinrich 1863—1932)——德国经济学家,柏林大学教授,讲坛社会主义代表人物之一,社会政治协会的积极参加者和副会长;协会创始人古·施穆勒逝世后为其实际领导人。——268。

黑格尔,乔治·威廉·弗里德里希(Hegel,Georg Wilhelm Friedrich 1770—1831)——德国哲学家,客观唯心主义者,德国古典哲学的主要代表。1801—1807 年任耶拿大学哲学讲师和教授。1808—1816 年任纽伦堡中学校长。1816—1817 年任海德堡大学哲学教授。1818 年起任柏林大学哲学教授。黑格尔哲学是 18 世纪末至 19 世纪初德国唯心主义哲学的最高发展。他根据唯心主义的思维与存在同一的基本原则,建立了客观唯心主义的哲学体系，并创立了唯心主义辩证法的理论。认为在自然界和人类出现以前存在着绝对精神，客观世界是绝对精神、绝对观念的产物；绝对精神在其发展中经历了逻辑阶段、自然阶段和精神阶段，最终回复到了它自身；整个自然的、历史的和精神的世界都处于不断的运动、变化和发展中，矛盾是运动、变化的核心。黑格尔哲学的特点是辩证方法同形而上学体系之间的深刻矛盾。他的唯心主义辩证法是马克思主义哲学的理论来源之一。在社会政治观点上是保守的，是立宪君主制的维护者。主要著作有《精神现象学》(1807)、《逻辑学》(1812—1816)、《哲学全书》(1817)、《法哲学原理》(1821)、《哲学史讲演录》(1833—1836)、《历史哲学讲演录》(1837)、《美学讲演录》(1836—1838)等。——176。

霍布森，约翰·阿特金森(Hobson, John Atkinson 1858—1940)——英国经济学家，资产阶级改良主义者和和平主义者。著有《贫困问题》(1891)、《现代资本主义的演进》(1894)、《帝国主义》(1902)等书。用大量材料说明了帝国主义的经济和政治特征，但没有揭示出帝国主义的本质，认为帝国主义仅仅是一种政策的产物，只要改进收入的分配、提高居民的消费能力，经济危机就可以消除，争夺海外投资市场也就没有必要，帝国主义就可以避免。还幻想只要帝国主义采取联合原则，形成所谓国际帝国主义，就能消除帝国主义之间的矛盾，达到永久和平。晚年支持反法西斯主义的民主力量。——135—137。

J

基尔希曼，尤利乌斯·海尔曼(Kirchmann, Julius Hermann 1802—1884)——德国法学家、哲学家和政论家，国家社会主义理论家洛贝尔图斯的志同道合者。曾任柏林刑事法庭副庭长。1848—1849年任普鲁士议会议员。1871—1876年为帝国国会中资产阶级进步党议员。写有法学和哲学方面的著作。——46。

季奥涅奥(什克洛夫斯基，伊萨克·弗拉基米罗维奇)(Дионео(Шкловский, Исаак Владимирович)1865—1935)——俄国政论家和记者，温和自由派分子。早年参加民粹主义运动，1886年被捕，流放西伯利亚雅库特州。1896年侨居伦敦，成为《俄国财富》杂志和《俄罗斯新闻》国外撰稿人。第一次世界大战期间支持协约国。十月革命后反对苏维埃政权。——99。

季别尔,尼古拉·伊万诺维奇(Зибер,Николай Иванович 1844—1888)——俄国经济学家,政论家。1873 年任基辅大学政治经济学和统计学教授,1875 年辞职,不久去国外。1876—1878 年为《知识》杂志和《言论》杂志撰稿,发表了题为《马克思的经济理论》的一组文章(阐述《资本论》第 1 卷的内容)。1881 年在伦敦结识马克思和恩格斯。1885 年出版了主要著作《大卫·李嘉图和卡尔·马克思的社会经济研究》。是马克思经济学说在俄国最早的传播者。——47、64。

季米里亚捷夫,德米特里·阿尔卡季耶维奇(Тимирязев,Дмитрий Аркадьевич 1837—1903)——俄国统计学家。1886—1894 年主持财政部的统计工作,任《财政部年鉴》和《财政与工商业通报》杂志编辑。1894 年起任农业和国家产业部农业经济和统计局局长。作为自由经济学会的代表参加俄国手工工业调查委员会,是 1897 年人口普查总调查委员会委员、国际统计研究所成员。主编过两卷《俄国工业历史统计概述》(1883—1886)。晚年在《祖国之子报》编辑部工作。对工业统计原始资料收集的制度提出过批评,并在 70—90 年代试图改进俄国工业统计的组织,但未能成功。——13。

杰文斯,威廉·斯坦利(Jevons,William Stanley 1835—1882)——英国经济学家、哲学家和逻辑学家。曾在曼彻斯特(1866—1876)和伦敦(1876—1881)任逻辑学、哲学和政治经济学教授。庸俗政治经济学中边际效用学派的创始人之一,数理经济学派的代表人物。运用数学方法解释政治经济学诸范畴,把经济关系归结为纯粹的数量比例。主要经济著作是《政治经济学理论》(1871)。——178。

捷林,麦克斯(Sering,Max 1857—1939)——德国经济学家,教授。1883 年在北美考察农业,写有《北美合众国的粮食贸易》一文,载于百科全书性质的《政治学辞典》。在关于土地问题和经济危机理论的著作中宣扬土地肥力递减规律,维护大地主和富农的利益。——110、113。

K

喀琅施塔得的约翰——见谢尔盖耶夫,约翰·伊里奇。

卡布鲁柯夫，尼古拉·阿列克谢耶维奇（Каблуков，Николай Алексеевич 1849—1919）——俄国经济学家和统计学家，民粹主义者。1874—1879 年在莫斯科省地方自治局统计处工作，1885 — 1907 年任统计处处长。1894—1919 年在莫斯科大学教书，1903 年起为教授。在著述中宣扬小农经济稳固，把村社理想化，认为它是防止农民分化的一种形式，反对马克思主义的阶级斗争学说。1917 年在临时政府最高土地委员会工作。十月革命后在中央统计局工作。主要著作有《农业工人问题》（1884）、《农业经济学讲义》（1897）、《论俄国农民经济发展的条件》（1899）、《政治经济学》（1918）等。——92、98、113—114。

卡雷舍夫，尼古拉·亚历山德罗维奇（Карышев，Николай Александрович 1855—1905）——俄国经济学家和统计学家，地方自治运动活动家。1891 年起先后在尤里耶夫（塔尔图）大学和莫斯科农学院任教授。写有许多经济学和统计学方面的著作，其中收集了大量统计资料。1892 年发表的博士论文《农民的非份地租地》编为《根据地方自治局的统计资料所作的俄国经济调查总结》第 2 卷。曾为《俄罗斯新闻》、《俄国财富》杂志等撰稿。主要研究俄国农民经济问题，赞同自由主义民粹派的观点，维护村社土地占有制、手工业劳动组合以及其他合作社。——9—39。

康德，伊曼努尔（Kant，Immanuel 1724—1804）——德国哲学家，德国古典唯心主义哲学奠基人。1755—1770 年任柯尼斯堡大学讲师，1770—1796 年任该校教授。1770 年以前致力于研究自然科学，发表了《自然通史和天体论》（1755）一书，提出了关于太阳系起源的星云说。1770 年以后致力于"批判地"研究人的认识以及这种认识的方式和界限，发表了《纯粹理性批判》（1781）、《实践理性批判》（1788）、《判断力批判》（1790），分别阐述他的认识论、伦理学、美学等观点。康德哲学的基本特点是调和唯物主义和唯心主义。它承认在意识之外独立存在的物，即"自在之物"，认为"自在之物"是感觉的源泉，但又认为"自在之物"是不可知的，是超乎经验之外的，是人的认识能力所不可能达到的"彼岸的"东西，人只能认识自己头脑里固有的先验的东西。——67。

考茨基，卡尔（Kautsky，Karl 1854—1938）——德国社会民主党和第二国际的领袖和主要理论家之一。1875 年加入奥地利社会民主党，1877 年加入德国社会民主党。1881 年与马克思和恩格斯相识后,在他们的影响下逐渐转向马克思主义。从 19 世纪 80 年代到 20 世纪初写过一些宣传和解释马克思主义的著作:《卡尔·马克思的经济学说》(1887)、《土地问题》(1899)等。但在这个时期已表现出向机会主义方面摇摆,在批判伯恩施坦时作了很多让步。1883—1917 年任德国社会民主党理论刊物《新时代》杂志主编。曾参与起草 1891 年德国社会民主党纲领(爱尔福特纲领)。1910年以后逐渐转到机会主义立场,成为中派领袖。第一次世界大战前夕提出超帝国主义论,大战期间打着中派旗号支持帝国主义战争。1917 年参与建立德国独立社会民主党,1922 年拥护该党右翼与德国社会民主党合并。1918 年后发表《无产阶级专政》等书,攻击俄国十月革命,反对无产阶级专政。——5、66—67、79—84、85—134、167、175—185、190、194、203、205、236、261—262、265—266、267、268、299。

科别利亚茨基,А.И.(Кобеляцкий,А.И.1862—1907)——俄国一些工厂立法手册的编纂者,俄国副交通大臣。——14、20。

科尔布,格奥尔格·弗里德里希(Kolb,Georg Friedrich 1808—1884)——德国统计学家,政论家。1848 年为德国议会议员,1863 年起为巴伐利亚邦议会议员。著有《各国人民的状况及国家状况比较统计手册》(1875)一书。——182。

科尔萨克,亚历山大·卡济米罗维奇(Корсак,Александр Казимирович 1832—1874)——俄国经济学家、历史学家和政论家。所著《论一般工业形式并论西欧和俄国家庭生产(手工工业和家庭工业)的意义》(1861)一书得到列宁的肯定。他确定了工厂和手工工场之间的区别,并认为它们都是大生产的形式。——6。

克格尔,卡尔(Kärger,Karl)——德国经济学家,《萨克森的外来短工。根据亲自调查和统计》(1890)一书的作者。——120。

克赖诺夫(Крайнов)——363。

克里切夫斯基,波里斯·尼古拉耶维奇(Кричевский,Борис Николаевич 1866—1919)——俄国社会民主党人,政论家,经济派领袖之一。19 世纪80 年代末参加社会民主主义小组的工作。90 年代初侨居国外,加入劳动解放社,参加该社的出版工作。90 年代末是国外俄国社会民主党人联合会的领导人之一。1899 年任该会机关刊物《工人事业》杂志的编辑,在杂志上宣扬伯恩施坦主义观点。1903 年俄国社会民主工党第二次代表大会后不久脱离政治活动。——340。

克林科夫,M.(Клинков,M.)——364—365。

克尼希,弗兰茨(Koenig,Franz)——德国经济学家,《在当前国际竞争压力下的英国农业状况及其改善的方法和途径》(1896)一书的作者。——129。

魁奈,弗朗索瓦(Quesnay,François 1694—1774)——法国经济学家,重农学派的创始人。早年是医生,曾担任法国国王路易十五的御医,写有医学和生物学著作。约在 1753 年开始研究经济问题。推翻了重商学派关于利润发生于流通的基本论点,试图从生产过程解释财富的增加。其第一批讨论粮价问题和赋税的论文载于狄德罗的百科全书。主要著作《经济表》(1758),在资产阶级政治经济学的历史上第一次试图分析社会再生产过程及其各个组成部分的意义。马克思在《剩余价值理论》和为恩格斯《反杜林论》所写的《〈批判史〉论述》一章中,对《经济表》作了详细分析。——61。

L

拉布里奥拉,安东尼奥(Labriola,Antonio 1843—1904)——意大利哲学家,马克思主义理论家和宣传家,意大利工人运动和国际工人运动活动家。1874 年起任罗马大学哲学和教育学教授。在接触马克思著作之后,80 年代末从左派黑格尔主义和赫尔巴特主义的立场转到马克思主义的立场上,通过大学讲台和公开演讲宣传马克思主义。1895 年和 1896 年先后发表《纪念〈共产党宣言〉》和《关于历史唯物主义》,后来编为《论唯物主义历史观》一书的前两篇。他的著作阐述了唯物史观的原理,批判了哈特曼、克罗齐等人的哲学,驳斥了资产阶级和修正主义者对马克思主义的攻击。1892 年协助建立意大利社会党,但他本人未参加其活动。——175。

拉姆赛,乔治(Ramsay,George 1800—1871)——英国经济学家和哲学家,资产阶级古典政治经济学的后期代表人物之一。在事实上对不变资本和可变资本作了区分,并接近于正确理解剩余价值和利润率,批判了斯密的教条。但是把不变资本和可变资本的区别同固定资本和流动资本的划分混淆起来,把剩余价值和利润等同起来,并错误地认为劳动和"固定资本"都是价值的源泉。认为资本主义生产不是绝对的生产形式,但没有由此得出资本主义生产方式必然灭亡的结论。写有哲学和经济学等方面的著作,其中最著名的是《论财富的分配》(1836)。——64。

拉萨尔,斐迪南(Lassalle,Ferdinand 1825—1864)——德国工人运动活动家,小资产阶级社会主义者,德国工人运动中的机会主义——拉萨尔主义的代表人物。积极参加德国 1848 年革命。曾与马克思和恩格斯有过通信联系。1863 年 5 月参与创建全德工人联合会,并当选为联合会主席。在联合会中推行拉萨尔主义,把德国工人运动引上了机会主义道路。宣传超阶级的国家观点,主张通过争取普选权和建立由国家资助的工人生产合作社来解放工人。曾同俾斯麦勾结并支持在普鲁士领导下"自上而下"统一德国的政策。在哲学上是唯心主义者和折中主义者。——150、183。

李卜克内西,威廉(Liebknecht,Wilhelm 1826—1900)——德国工人运动和国际工人运动活动家,德国社会民主党的创建人和领袖之一,马克思和恩格斯的朋友和战友。积极参加德国 1848 年革命,革命失败后流亡国外,在国外结识马克思和恩格斯,接受了科学共产主义思想。1850 年加入共产主义者同盟。1862 年回国。第一国际成立后,成为国际的革命思想的热心宣传者和国际的德国支部的组织者之一。1868 年起任《民主周报》编辑。1869 年与倍倍尔共同创建了德国社会民主工党(爱森纳赫派),任党的中央机关报《人民国家报》编辑。1875 年积极促成爱森纳赫派和拉萨尔派的合并。在反社会党人非常法施行期间与倍倍尔一起领导党的地下工作和斗争。1890 年起任党的中央机关报《前进报》主编,直至逝世。1867—1870 年为北德意志联邦国会议员,1874 年起多次被选为德意志帝国国会议员,利用议会讲坛揭露普鲁士容克反动的内外政策。因革命活动屡遭监禁。是第二国际的组织者之一。——169、268。

李嘉图,大卫(Ricardo,David 1772—1823)——英国经济学家,资产阶级古典政治经济学最著名的代表人物。早年从事证券交易所活动,后致力于学术研究。1819 年被选为下院议员。在资产阶级反对封建残余的斗争中维护资产阶级的利益,坚持自由竞争原则,要求消除妨碍资本主义生产发展的一切限制。在经济理论上发展了亚当·斯密的价值论,对商品价值决定于生产商品所耗费的劳动时间的原理作了比较透彻的阐述与发展,奠定了劳动价值学说的基础,并在这一基础上着重论证了资本主义的分配问题,发现了工人、资本家、土地所有者之间经济利益上的对立,从而初步揭示了阶级矛盾和阶级斗争的经济根源。但是由于资产阶级立场、观点、方法的限制,把资本主义生产方式看做是永恒的唯一合理的生产方式,在理论上留下了不少破绽和错误,为后来的庸俗政治经济学所利用。主要著作有《政治经济学和赋税原理》(1817)、《论对农业的保护》(1822)等。——7、47、48、63—65、69。

里德,克莱尔·修厄尔(Read,Clare Sewell 1826—1905)——英国经济学家,农业专家,农场主。1865—1880 年、1884—1885 年为下院议员。——106—107。

列曼,卡尔(Lehmann,Carl)——德国社会民主党慕尼黑组织的成员,医学博士。《火星报》编辑部设在慕尼黑期间曾得到他的协助,并利用过他的通信地址。——373。

列宁,弗拉基米尔·伊里奇(**乌里扬诺夫,弗拉基米尔·伊里奇;弗·普·; 弗·伊林;弗拉·伊林;弗拉基·伊林;弗拉基米尔·伊林;特·赫·**) (Ленин,Владимир Ильич(Ульянов,Владимир Ильич,Ф.П.,В.Ильин,Вл. Ильин,Влад. Ильин,Владимир Ильин,Т.Х.) 1870—1924)——23、45、60—61、62、63—64、69—70、72、73、74、75、76、77、78、84、104、107、116、121、125、127、138、139、141、142、143、157—159、197、206、224、262、265、293—297、298—299、300—308、309—310、341—343。

列舍特尼科夫,费多尔·米哈伊洛维奇(Решетников,Федор Михайлович 1841—1871)——俄国民主主义作家。1864 年在《同时代人》杂志上发表中篇小说《波德里普村的人们》,反映了乌拉尔农民和卡马河船夫的悲惨生活。他的《矿工》、《格卢莫夫一家》及其他作品,在俄国文学中最早反映了乌拉尔工人的生活和他们的繁重劳动,描写了他们崇高的道德品质和反抗剥削者的初步的自发行动。——367。

卢森堡,罗莎(Luxemburg,Rosa 1871—1919)——德国、波兰和国际工人运动活动家,德国社会民主党和第二国际左翼领袖和理论家之一,德国共产党创建人之一。生于波兰。19 世纪 80 年代后半期开始革命活动,1893 年参与创建和领导波兰王国社会民主党,为党的领袖之一。1898 年移居德国,积极参加德国社会民主党的活动,反对伯恩施坦主义和米勒兰主义。
曾参加俄国第一次革命(在华沙)。1907 年参加俄国社会民主工党第五次
(伦敦)代表大会,在会上支持布尔什维克。斯托雷平反动时期和新的革命
高涨年代对取消派采取调和主义态度。1912 年波兰王国和立陶宛社会民
主党分裂后,曾谴责最接近布尔什维克的所谓分裂派。第一次世界大战期
间持国际主义立场,是建立国际派(后改称斯巴达克派和斯巴达克联盟)的
发起人之一。参加领导了德国 1918 年十一月革命,同年底参与领导德国
共产党成立大会,作了党纲报告。1919 年 1 月柏林工人斗争被镇压后,于
15 日被捕,当天惨遭杀害。主要著作有《社会改良还是革命》(1899)、《俄
国社会民主党的组织问题》(1904)、《资本积累》(1913)等。——203。

罗曼诺夫,彼得·尼古拉耶维奇(Романов, Петр Николаевич 生于 1864 年)——
大公,俄国最后一个皇帝尼古拉二世的叔父。——377。

洛贝尔图斯-亚格措夫,约翰·卡尔(Rodbertus-Jagetzow, Johann Karl
1805—1875)——德国经济学家,国家社会主义理论家,资产阶级化的普
鲁士贵族利益的表达者,大地主。认为劳动和资本的矛盾可以通过普鲁士
容克王朝实行的一系列改革得到解决。由于不了解剩余价值产生的根源
和资本主义基本矛盾的实质,认为经济危机的原因在于人民群众的消费不
足;地租是由于农业中不存在原料的耗费而形成的超额收入。主要著作有
《关于我国国家经济状况的认识》(1842)、《给冯·基尔希曼的社会问题书
简》(1850—1851、1884)等。——48、49—50、183、265。

M

马尔托夫,尔·(策杰尔包姆,尤利·奥西波维奇;叶戈尔)(Мартов, Л.
(Цедербаум, Юлий Осипович, Егор) 1873 — 1923)——俄国孟什维克领袖
之一。1895 年参与组织彼得堡工人阶级解放斗争协会。1896 年被捕并流
放图鲁汉斯克三年。1900 年参与创办《火星报》,为该报编辑部成员。在
俄国社会民主工党第二次代表大会上是《火星报》组织的代表,领导机会主
义少数派,反对列宁的建党原则;从那时起成为孟什维克中央机关的领导
成员和孟什维克报刊的编辑。曾参加党的第五次(伦敦)代表大会的工作。
斯托雷平反动时期和新的革命高涨年代是取消派分子,编辑《社会民主党

人呼声报》,参与组织"八月联盟"。第一次世界大战期间是中派分子,参加
过齐美尔瓦尔德代表会议和昆塔尔代表会议。曾参加孟什维克组织委员
会国外书记处,为书记处编辑机关刊物。1917年二月革命后领导孟什维
克国际主义派。十月革命后反对镇压反革命和解散立宪会议。1919年当
选为全俄中央执行委员会委员,1919—1920年为莫斯科苏维埃代表。
1920年9月侨居德国。参与组织第二半国际,在柏林创办和编辑孟什维
克杂志《社会主义通报》。——214、297、310。

马克思,卡尔(Marx,Karl 1818—1883)——科学共产主义的创始人,世界无
产阶级的领袖和导师。——7、40、41—44、45—46、47、48、49、55、60—62、
63—65、66、67、68—69、70、71、72—73、74、80、82、86、89、93、94、106、111、
112、113、116、125、129、131、132、136、137、138、139、140、141、142、151、
160、161、165、176、177—178、179、180、182、183、184、186、190、201、213、
214、216、226、261、262、265、266、288、316。

梅兰维尔·德·圣克莱尔(Меранвиль де Сен-Клэр)——宪兵上校。——356。

米海洛夫斯基,尼古拉·康斯坦丁诺维奇(Михайловский,Николай Констан-
тинович 1842—1904)——俄国自由主义民粹派理论家,政论家,文艺批评
家,实证论哲学家,社会学主观学派代表人物。1860年开始写作活动。
1868年起为《祖国纪事》杂志撰稿,后任编辑。1879年与民意党接近。
1882年以后写了一系列谈"英雄"与"群氓"问题的文章,建立了完整的"英
雄"与"群氓"的理论体系。1884年《祖国纪事》杂志被查封后,给《北方通
报》、《俄国思想》、《俄罗斯新闻》等报刊撰稿。1892年起任《俄国财富》杂
志编辑,在该杂志上与俄国马克思主义者进行激烈论战。——177。

米库林,亚历山大·亚历山德罗维奇(Микулин,Александр Александ-
рович)——俄国机械工程师,历任弗拉基米尔专区的工厂视察员、赫尔松
省的工厂视察长。写有《1886年6月3日法律的实施情况概述》(1893)、
《赫尔松省敖德萨直辖市和尼古拉耶夫总督管辖区的工厂工业和手工工
业》(1897)等著作。——11—12、15、26、38。

穆哈诺夫(Муханов)——俄国弗拉基米尔市的省监狱长,曾任区警察局
长。——357、362。

穆勒,约翰·斯图亚特(Mill,John Stuart 1806—1873)——英国哲学家,经济

学家,逻辑学家,实证论代表人物。哲学观点接近休谟的经验论和孔德的
实证论,否认物质世界的客观存在,认为感觉是唯一的实在,物质是感觉的
恒久可能性。对逻辑学中的归纳法的研究有一定贡献。在经济学上追随
古典学派,用生产费用论代替劳动价值论,比李嘉图倒退一步。企图用节
欲论来解释资本家的利润。主张通过分配关系的改革实现社会改良。主
要著作有《推论和归纳的逻辑体系》(1843)、《政治经济学原理》(1848)、《汉
密尔顿爵士哲学探讨》(1865)等。——46、136。

N

拿破仑第三(**波拿巴,路易**)(Napoléon Ⅲ(Bonaparte, Louis)1808 —
1873)——法国皇帝(1852—1870),拿破仑第一的侄子。法国1848年革命
失败后被选为法兰西共和国总统。1851年12月2日发动政变,1852年12
月称帝。在位期间,对外屡次发动侵略战争,包括同英国一起发动侵略中
国的第二次鸦片战争。对内实行警察恐怖统治,强化官僚制度,同时以虚
假的承诺、小恩小惠和微小的改革愚弄工人。1870年9月2日在普法战
争色当战役中被俘,9月4日巴黎革命时被废黜。——173。

纳雷什金,亚历山大・阿列克谢耶维奇(Нарышкин, Александр Алексеевич
1839—1916)——俄国奥廖尔省大地主,贵族联合会会员。1892年被任命
为波多利斯克省省长,1894年被任命为国家产业部副大臣。1898年起为
参议员,1906年起为国务会议成员。曾任贵族联合会副主席。——
371、372。

尼・—逊——见丹尼尔逊,尼古拉・弗兰策维奇。

涅日丹诺夫,普・(**利普金,费多尔・安德列耶维奇**)(Нежданов, П.(Липкин, Федор Андреевич)1868—1938)——俄国政论家,"马克思的批评家",
后为孟什维克领袖之一,取消派分子。俄国社会民主工党第四次(统一)代
表大会和第五次(伦敦)代表大会的参加者,取消派报刊撰稿人,16个孟什
维克关于取消党的"公开信"的起草人之一。1912年反布尔什维克的八月
代表会议后是孟什维克领导中心——组委会成员。第一次世界大战期间
是社会沙文主义者。1917年是孟什维克中央机关报《工人报》编辑之一和
孟什维克中央委员会委员。敌视十月革命。——138—143。

O

欧文,罗伯特(Owen,Robert 1771—1858)——英国空想社会主义者。当过学徒和店员。1800—1829年在苏格兰新拉纳克管理一所大纺织厂,关心工人的工作和福利条件,使工厂变成模范新村。1820年在所著《关于减轻社会疾苦的计划致拉纳克郡的报告》中,论述了他的空想社会主义思想体系,提出组织劳动公社的计划。1824年到美国创办"新和谐村",结果失败。1829年回国后,在工人中组织生产合作社和工会。1832年试办"全国劳动产品公平交换市场",又告失败。1834年任全国总工会联合会主席。尖锐抨击资本主义私有制,首先提出工人有权享有自己的全部劳动产品,但认为社会不平等的主要原因在于教育不够普及,以为通过普及知识就能消除社会矛盾。同情无产阶级,但不主张工人进行政治斗争。主要著作还有《论人性的形成》(1813)、《新道德世界书》(1836—1844)等。——99。

P

帕尔乌斯(格尔方德,亚历山大·李沃维奇)(Парвус(Гельфанд,Александр Львович)1869—1924)——生于俄国,19世纪80年代移居国外。90年代末起在德国社会民主党内工作,属该党左翼;曾任《萨克森工人报》编辑。写有一些世界经济问题的著作。20世纪初参加俄国社会民主工党的工作,为《火星报》撰稿。俄国社会民主工党第二次代表大会后支持孟什维克的组织路线。1905年回到俄国,曾担任彼得堡工人代表苏维埃执行委员会委员,为孟什维克的《开端报》撰稿;同托洛茨基一起提出"不断革命论",主张参加布里根杜马,坚持同立宪民主党人搞交易。斯托雷平反动时期脱离俄国社会民主党,后移居德国。第一次世界大战期间是社会沙文主义者和德国帝国主义的代理人。1915年起在柏林出版《钟声》杂志。1918年脱离政治活动。——52、55—56、133、373。

帕诺夫(Панов)——俄国下诺夫哥罗德一个派出所的代理巡官。——352、355、357、358、359、361、363、366。

蒲鲁东,皮埃尔·约瑟夫(Proudhon,Pierre-Joseph 1809—1865)——法国政论家,经济学家,社会学家,小资产阶级思想家,无政府主义理论的创始人之一。1840 年出版《什么是财产?》一书,从小资产阶级立场出发批判大资本主义所有制,幻想使小私有制永世长存。主张由专门的人民银行发放无息贷款,帮助工人购置生产资料,使他们成为手工业者,再由专门的交换银行保证劳动者"公平地"销售自己的劳动产品,而同时又不触动生产工具和生产资料的资本主义所有制。认为国家是阶级矛盾的主要根源,提出和平"消灭国家"的空想主义方案,对政治斗争持否定态度。1846 年出版《经济矛盾的体系,或贫困的哲学》,阐述其小资产阶级的哲学和经济学观点。马克思在《哲学的贫困》一书中对该书作了彻底的批判。1848 年革命时期被选入制宪议会后,攻击工人阶级的革命发动,赞成 1851 年 12 月 2 日的波拿巴政变。——4、48、140、234。

普季岑(Птицын)——俄国下诺夫哥罗德省省长办公室官员,省长公馆的侍卫。——362、363。

普列汉诺夫,格奥尔吉·瓦连廷诺维奇(别尔托夫,恩·;格·瓦·)(Плеханов,Георгий Валентинович(Бельтов,Н.,Г.В.)1856 — 1918)——俄国早期的马克思主义理论家,后来成为孟什维克和第二国际机会主义领袖之一。19 世纪 70 年代参加民粹主义运动,是土地和自由社成员及土地平分社领导人之一。1880 年侨居瑞士,逐步同民粹主义决裂。1883 年在日内瓦创建俄国第一个马克思主义团体——劳动解放社。翻译和介绍了马克思和恩格斯的许多著作,对马克思主义在俄国的传播起了重要作用;写过不少优秀的马克思主义著作,批判民粹主义、合法马克思主义、经济主义、伯恩施坦主义、马赫主义。20 世纪初是《火星报》和《曙光》杂志编辑部成员。曾参与制定俄国社会民主工党纲领草案和参加党的第二次代表大会的筹备工作。在代表大会上是劳动解放社的代表,属火星派多数派,参加了大会常务委员会,会后逐渐转向孟什维克。1905 — 1907 年革命时期反对列宁的民主革命的策略,后来在孟什维克和布尔什维克之间摇摆。在俄国社会民主工党第四次(统一)代表大会上作了关于土地问题的报告,维护马斯洛夫的孟什维克方案;在国家杜马问题上坚持极右立场,呼吁支持立宪民主党人的杜马。斯托雷平反动时期和新的革命高涨年代反对取消主义,领导孟什维克护党派。第一次世界大战期间持社会沙文主义立场。1917 年二月革命后支持资产阶级临时政府。对十月革命持否定态度,但拒绝支持反革命。最重要的理论著作有《社会主义与政治斗争》(1883)、《我们的意见分歧》(1885)、《论一元论历史观之发展》(1895)、《唯物主义史论丛》(1896)、《论个人在历史上的作用》(1898)、《没有地址的信》(1899—1900),等等。——67、161、214、219、221、226、273、293、294—299、300—303、304—305、306—307、308—309、310、318、328、339、340。

普罗柯波维奇,谢尔盖·尼古拉耶维奇(Прокопович,Сергей Николаевич 1871—1955)——俄国经济学家和政论家。曾参加国外俄国社会民主党人联合会,是经济派的著名代表人物,伯恩施坦主义在俄国最早的传播者之一。1904 年加入资产阶级自由派解放社,为该社骨干分子。1905 年为立宪民主党中央委员。1906 年参与出版半立宪民主党、半孟什维克的《无题》周刊,为左派立宪民主党人的《同志报》积极撰稿。1917 年 8 月任临时政府工商业部长,9—10 月任粮食部长。1921 年在全俄赈济饥民委员会工作,同反革命地下活动有联系。1922 年被驱逐出境。——180、184、261—271。

R

茹柯夫斯基,尤利·加拉克季昂诺维奇(Жуковский,Юлий Галактионович 1833—1907)——俄国经济学家和政论家,社会思想史学家。曾任俄国国家银行行长、参议员。1860 年起先后为《同时代人》杂志和《欧洲通报》杂志撰稿人,并且是 1869 年创刊的《宇宙》杂志编辑之一。1877 年在《欧洲通报》杂志第 9 期上发表《卡尔·马克思和他的〈资本论〉一书》一文,攻击马克思主义,在俄国引起了一场激烈论战。他的经济学著作是各家经济理论的折中杂凑。——177。

S

萨杜科夫(Садуков)——俄国敖德萨市巡官。——364—365。

萨伊,让·巴蒂斯特(Say,Jean-Baptiste 1767—1832)——法国经济学家,庸俗政治经济学早期代表人物之一。1819 年起任经济学教授。为适应资产阶级维护资本主义制度的需要,发展了亚当·斯密经济理论中的庸俗成分。认为政治经济学是研究财富的科学,把政治经济学研究内容划分为生产、分配、消费三部分,割裂三者之间的内在联系。认为生产过程中创造的效用使物品具有价值,把使用价值和价值混为一谈。宣称"生产三要素"(劳动、资本和土地)是价值的源泉,工资、利息和地租是三者各自创造的收入,否认资本对劳动者的剥削和劳动与资本之间的对抗。首倡所谓供给自行创造需求的萨伊定律,否认有发生生产过剩的经济危机的可能性。主要著作是《论政治经济学》(1803)。——47、64、69。

桑巴特,韦尔纳(Sombart,Werner 1863—1941)——德国经济学家和社会学家。1890年起任布雷斯劳大学教授,1906年起任柏林大学教授。早期著作受到马克思主义的影响,后来反对历史唯物主义和马克思的经济学说,否认社会发展的一般规律,强调精神的决定性作用,把资本主义描绘成一种协调的经济体系。晚年吹捧希特勒法西斯独裁制度,拥护反动的民族社会主义。主要著作有《19世纪的社会主义和社会运动》(1896)、《现代资本主义》(1902)、《德国社会主义》(1934)。——137。

舍列梅季耶夫(Шелеметьев)——沙俄警察。——352、355、362、363。

舒利平(Шульпин)——沙俄警察。——352、355。

双生子——见司徒卢威,彼得·伯恩哈多维奇。

司徒卢威,彼得·伯恩哈多维奇(博博;双生子)(Струве,Петр Бернгардович(Бобо,Близнец)1870—1944)——俄国经济学家,哲学家,政论家,合法马克思主义主要代表人物,立宪民主党领袖之一。19世纪90年代编辑合法马克思主义者的《新言论》杂志和《开端》杂志。1896年参加第二国际第四次代表大会。1898年参加起草《俄国社会民主工党宣言》。在1894年发表的第一部著作《俄国经济发展问题的评述》中,在批判民粹主义的同时,对马克思的经济学说和哲学学说提出"补充"和"批评"。20世纪初同马克思主义和社会民主主义彻底决裂,转到自由派营垒。1902年起编辑自由派资产阶级刊物《解放》杂志,1903年起是解放社的领袖之一。1905年起是立宪民主党中央委员,领导该党右翼。1907年当选为第二届国家杜马代表。第一次世界大战爆发后鼓吹俄国的帝国主义侵略扩张政策。十月革命后敌视苏维埃政权,是邓尼金和弗兰格尔反革命政府成员,后逃往国外。——60—61、62、63—65、66—67、68—69、70、71—72、73—74、75—76、77、78、115—116、138、294、299、309、316、341—343、344—345。

司徒卢威，尼娜·亚历山德罗夫娜（Струве，Нина Александровна 1874—
　　1943）——彼·伯·司徒卢威的妻子。——341、343。

斯克沃尔佐夫，亚历山大·伊万诺维奇（Скворцов，Александр Иванович
　　1848—1914）——俄国经济学家，农学家，新亚历山大农业和林业学院教
　　授。主要著作有《蒸汽机运输对农业的影响》（1890）、《经济评述》（1894）、
　　《政治经济学原理》（1898）等。——71、92。

斯密，亚当（Smith，Adam 1723—1790）——英国经济学家和哲学家，资产阶
　　级古典政治经济学最著名的代表人物。曾任格拉斯哥大学教授和校长。
　　第一个系统地论述了劳动价值论的基本范畴，分析了价值规律的作用。研
　　究了雇佣工人、资本家和地主这三大阶级的收入，认为利润和地租都是对
　　劳动创造的价值的扣除，从而接触到剩余价值的来源问题，并在一定程度
　　上揭露了资本主义社会阶级对立的经济根源。但由于历史的和阶级的局
　　限性以及方法论上的矛盾，他的经济理论既有科学成分，又有庸俗成分。
　　代表作《国民财富的性质和原因的研究》（1776）。——46、47、48、61—62、
　　63—65、69。

斯塔霍维奇，米哈伊尔·亚历山德罗维奇（Стахович，Михаил Александрович
　　1861—1923）——俄国地主，温和自由派分子。1895—1907年是奥廖尔省
　　贵族代表，在地方自治运动中起过显著作用。曾加入立宪民主党，后来是
　　十月党的组织者之一。第一届和第二届国家杜马代表，国务会议成员。
　　1917年二月革命后被任命为芬兰总督，后任临时政府驻国外代表。——
　　368、372。

T

特·赫·——见列宁，弗拉基米尔·伊里奇。

W

瓦·沃·——见沃龙佐夫，瓦西里·巴甫洛维奇。

瓦格纳，阿道夫（Wagner，Adolph 1835—1917）——德国经济学家和政治活
　　动家，政治经济学和财政学教授，新历史学派和讲坛社会主义的代表人物。
　　在其导师洛贝尔图斯和历史学派的影响下，强调经济生活受法律条件（如

私有权制度)支配,要求加强国家在经济方面的作用。1872 年参与创建社会政治协会。曾与俾斯麦积极合作,是基督教社会党领袖之一。主要著作有《一般的或理论的国民经济学》(1879)、《政治经济学原理》(1892—1894)等。——5。

瓦扬,爱德华·玛丽(Vaillant,Édouard-Marie 1840—1915)——法国工人运动活动家,布朗基主义者。1866—1867 年加入第一国际。1871 年为巴黎公社执行委员会委员,领导教育委员会。公社失败后流亡伦敦,被选为第一国际总委员会委员。曾被缺席判处死刑,1880 年大赦后返回法国,1881年领导布朗基派革命中央委员会。参与创建第二国际,是第二国际 1889年巴黎和 1891 年布鲁塞尔代表大会代表。1893 年和 1897 年两度当选为议员。在反对米勒兰主义斗争中与盖得派接近,是 1901 年盖得派与布朗基派合并为法兰西社会党的发起人之一。1905—1915 年是法国社会党(1905 年建立)的领导人之一。第一次世界大战期间持社会沙文主义立场。——234。

韦伯,比阿特里萨(Webb,Beatrice 1858—1943)——英国经济学家和社会活动家,悉尼·韦伯的妻子。曾在伦敦一些企业中研究工人劳动条件,担任与失业和妇女地位问题相关的一些政府委员会的委员。——135。

韦伯,悉尼·詹姆斯(Webb,Sidney James 1859—1947)——英国经济学家和社会活动家,工联主义和所谓费边社会主义的理论家,费边社的创建人和领导人之一。1915—1925 年代表费边社参加工党全国执行委员会。第一次世界大战期间持社会沙文主义立场。1922 年起为议员,1924 年任商业大臣,1929—1930 年任自治领大臣,1929—1931 年任殖民地大臣。与其妻比阿特里萨·韦伯合写的关于英国工人运动的历史和理论的许多著作,宣扬在资本主义条件下和平解决工人问题的改良主义思想,但包含有英国工人运动历史的极丰富的材料。主要著作有《英国社会主义》(1890)、《产业民主》(1897)(列宁翻译了此书的第 1 卷,并校订了第 2 卷的俄译文;俄译本书名为《英国工联主义的理论和实践》)等。——135。

维多利亚(Victoria 1819—1901)——英国女王(1837—1901)。——182。

维里卡——见查苏利奇,维拉·伊万诺夫娜。

维特,谢尔盖·尤利耶维奇(Витте,Сергей Юльевич 1849—1915)——俄国国

务活动家。1892年2—8月任交通大臣,1892—1903年任财政大臣,1903
年8月起任大臣委员会主席,1905年10月—1906年4月任大臣会议主
席。在财政、关税政策、铁路建设、工厂立法和鼓励外国投资等方面采取了
一系列措施,促进了俄国资本主义的发展。同时力图通过对自由派资产阶
级稍作让步和对人民群众进行镇压的手段来维护沙皇专制制度。1905—
1907年革命期间派军队对西伯利亚、波罗的海沿岸地区、波兰以及莫斯科
的武装起义进行了镇压。——192、199、322。

魏特林,威廉(Weitling,Wilhelm 1808—1871)——德国工人运动早期活动
家,空想平均共产主义理论家;职业是裁缝。1836年在巴黎加入正义者同
盟,1838年为同盟写了纲领性著作《人类,它是什么样子和应当成为什么
样子》。1841—1843年在瑞士手工业者联合会宣传平均共产主义思想。
1842年出版主要著作《和谐与自由的保证》。1846年加入布鲁塞尔共产主
义通讯委员会,但同马克思和恩格斯在观点上有尖锐分歧。1846年流亡
美国,在纽约德国侨民中进行宣传活动。德国1848—1849年革命期间曾
一度回国。1850—1855年在美国出版《工人共和国》杂志。后来脱离工人
运动。马克思和恩格斯曾高度评价其著述和宣传活动,认为它是德国无产
阶级第一次独立的理论运动,但在魏特林主义成了工人运动发展的障碍
时,也给予严厉的批评。——234。

沃尔弗,尤利乌斯(Wolf,Julius 1862—1937)——德国经济学家,先后任苏黎
世大学、布雷斯劳大学和柏林高等技术学校教授。《社会主义和资本主义
社会制度》(1892)一书的作者。——177。

沃龙佐夫,瓦西里·巴甫洛维奇(瓦·沃·)(Воронцов,Василий Павлович
(В.В.)1847—1918)——俄国经济学家,社会学家,政论家,自由主义民粹
派思想家。曾为《俄国财富》、《欧洲通报》等杂志撰稿。认为俄国没有发展
资本主义的条件,俄国工业的形成是政府保护政策的结果;把农民村社理
想化,力图找到一种维护小资产者不受资本主义发展之害的手段。19世
纪90年代发表文章反对俄国马克思主义者,鼓吹同沙皇政府和解。主要
著作有《俄国资本主义的命运》(1882)、《俄国手工业概述》(1886)、《农民
经济中的进步潮流》(1892)、《我们的方针》(1893)、《理论经济学概论》
(1895)。——40、41、74—75、76、265、267、270。

X

Y

代奴隶社会统治阶级的思想家。师事柏拉图,但批判了老师的唯心主义理论。在哲学观点上摇摆于唯心主义和唯物主义之间。在古希腊哲学家中学识最为渊博,不仅是形式逻辑的奠基人,而且研究了辩证思维最基本的形式,被恩格斯称为"古代世界的黑格尔"。此外,还研究了心理学、物理学、政治学、历史学、伦理学、经济学等等。马克思阐述关于商品、价值、货币以及资本的最初形式(高利贷资本和商业资本)的学说的历史,就是从亚里士多德讲起的。——5。

亚历山大二世(**罗曼诺夫**)(Александр II(Романов))1818—1881)——俄国皇帝(1855—1881)。——370。

亚历山大三世(**罗曼诺夫**)(Александр III(Романов))1845—1894)——俄国皇帝(1881—1894)。——359。

叶戈尔——见马尔托夫,尔·。

文 献 索 引

阿克雪里罗得,帕·波·《[弗·伊·列宁的小册子〈俄国社会民主党人的任务〉]序言》(Аксельрод, П. Б. Предисловие [к брошюре В. И. Ленина «Задачи русских социал-демократов».—В кн.: [Ленин, В. И.] Задачи русских социал-демократов. С предисл. П. Аксельрода. Женева, изд. РСДРП, 1898, стр. 1 — 5. Перед загл. кн. авт. не указан)—— 168、224、289。

——《关于恢复"劳动解放社"出版物的声明》(Объявление о возобновлении изданий группы «Освобождение труда». Конец 1899 г.—начало 1900 г.)——284、315。

——《论俄国社会民主党人的当前任务和策略问题》(К вопросу о современных задачах и тактике русских социал-демократов. Женева, изд. Союза русских социал-демократов, 1898. 34 стр.)—— 153、188、197、205、206、222、224、225、288、317。

阿列克谢耶夫,彼·阿·《[1877 年 3 月 10 日在彼得堡沙皇法庭上发表的]演说》(Алексеев, П. А. Речь, [произнесенная 10 марта 1877 г. перед царским судом в Петербурге].—«Вперед!» Т. V. Лондон, 1877, стр. 30 — 35, в отд.: Что делается на родине?)——338。

奥尔洛夫,彼·安·《欧俄(包括波兰王国和芬兰大公国)工厂一览表》(Орлов, П. А. Указатель фабрик и заводов Европейской России с Царством Польским и вел. кн. Финляндским. Материалы для фабрично-заводской статистики. Сост. по офиц. сведениям деп. торговли и мануфактур. [По сведениям за 1879 г.]. Спб., 1881. IX, 754 стр.)——10、11、12、15、19、20、23。

——《欧俄和波兰王国工厂一览表》(Указатель фабрик и заводов Европейской

Pоссии и Царства Польского. Материалы для фабрично-заводской статистики. Сост. по офиц. сведениям деп. торговли и мануфактур. Изд. 2-е, испр. и значит. доп. [По сведениям за 1884 г.]. Спб., 1887. XVIII, 824 стр.)——10、11、12、15、19、32。

奥尔洛夫,彼·安·和布达戈夫,С. Г.《欧俄工厂一览表》(Орлов, П. А. и Будагов, С. Г. Указатель фабрик и заводов Европейской России. Материалы для фабрично-заводской статистики. Сост. по офиц. сведениям деп. торговли и мануфактур. Изд. 3-е, испр. и значит. доп. [По сведениям за 1890 г., доп. сведениями за 1893 и 1894 гг.]. Спб., 1894. II, XVI, 827 стр.)——10、11、12、15、19、20、23、25、28、31、32、34、38。

奥斯特罗夫斯基,亚·尼·《肥缺》(Островский, А. Н. Доходное место) ——371。

别尔托夫,恩·——见普列汉诺夫,格·瓦·。

波格丹诺夫,亚·《经济学简明教程》(Богданов, А. Краткий курс экономической науки. М., Муринова, 1897. VIII, 290 стр.)——1—8。

波斯特尼柯夫,弗·叶·《南俄农民经济》(Постников, В. Е. Южнорусское крестьянское хозяйство. М., 1891. XXXII, 392 стр.)——104。

伯恩施坦,爱·《社会主义的前提和社会民主党的任务》(Bernstein, E. Die Voraussetzungen des Sozialismus und die Aufgaben der Sozialdemokratie. Stuttgart, Dietz, 1899. X, 188 S.)——158、175、229、265、284。

布尔加柯夫,谢·尼·《论农业资本主义演进的问题》(Булгаков, С. Н. К вопросу о капиталистической эволюции земледелия. —«Начало», Спб., 1899, №1—2, стр. 1—21; №3, стр. 25—36)——85—89、90、91—97、98、99—104、105—107、109、110、111、113、115—116、117、118—121、122、123—127、128、130、131—132、180。

——《论资本主义生产条件下的市场(理论述评)》(О рынках при капиталистическом производстве. Теоретический этюд. М., Водовозова, 1897. 260 стр.)——40—41、45—46、47—49、60、62、63、71、75。

布赫,列·《政治经济学基本要素》(Buch, L. Über die Elemente der politischen Ökonomie. T. 1. Intensität der Arbeit, Wert und preis der

Waren. Leipzig, Duncker u. Humblot, 1896. 240 S.）——179。

[丹尼尔逊,尼·弗·]尼古拉·——逊《我国改革后的社会经济概况》([Даниельсон, Н. Ф.] Николай—он. Очерки нашего пореформенного общественного хозяйства. Спб., тип. Бенке, 1893. XVI, 353 стр.; XVI л. табл.）——45、75。

狄更斯,查·《匹克威克外传》(Диккенс Ч. Посмертные записки Пиквикского клуба)——183。

笛福,丹·《鲁滨逊飘流记》(Дефо, Д. Робинзон Крузо)——136。

杜冈-巴拉诺夫斯基,米·《俄国工厂今昔》(Туган-Барановский, М. Русская фабрика в прошлом и настоящем. Историко-экономическое исследование. Т. I. Историческое развитие русской фабрики в XIX веке. Спб., Пантелеев, 1898, XI, 497 стр.）——22、28。

——《给编辑部的信》(Письмо в редакцию. (Ответ проф. Н. А. Карышеву).— «Мир Божий», Спб., 1898, №4, стр. 77—82)——22、28。

——《现代英国的工业危机及其原因和对人民生活的影响》(Промышленные кризисы в современной Англии, их причины и влияние на народную жизнь. С прил. 12 диагр. Спб., тип. Скороходова, 1894. IV, 513 стр.）——40—41、42、45—48、60、75、141。

——《资本主义与市场》(Капитализм и рынок. (По поводу книги С. Булгакова «О рынках при капиталистическом производстве». Москва. 1897 г.).— «Мир Божий», Спб., 1898, №6, стр. 118—127)——41—46、47—48、60。

杜林,欧·《国民经济学和社会经济学教程,兼论财政政策的基本问题》(Dühring, E. Kursus der National-und Sozialökonomie einschließlich der Hauptpunkte der Finanzpolitik. 2-te, teilweise umgearb. Aufl. Leipzig, Fues(R. Reisland), 1876. XII, 557 S.）——126。

——《国民经济学和社会主义批判史》(Kritische Geschichte der Nationalökonomie und des Sozialismus. 3-te Aufl. Leipzig, Fues (R. Reisland), 1879. XIV, 574 S.）——177。

恩格斯,弗·《反杜林论(欧根·杜林先生在科学中实行的变革)》(Engels, F. Herrn Eugen Dühring's Umwälzung der Wissenschaft. 3-te durchges. und verm. Aufl. Stuttgart, Dietz, 1894. XX, 354 S.)——61。

—[《共产党宣言》]《1890 年德文版序言》(Энгельс, Ф. Предисловие к немецкому изданию 1890 года [« Манифеста Коммунистической партии»]. 1 мая 1890 г.)——288、335。

—《级差地租 II》(Die Differentialrente II.—Dritter Fall: Steigender Produktionspreis.—In: Marx, K. Das Kapital. Kritik der politischen Ökonomie. Bd. III, T. 2, Buch III: Der Gesamtprozeß der kapitalistischen Produktion. Kapitel XXIX bis LII. Hamburg, Meißner, 1894, S. 246—271)——56。

—[卡·马克思《资本论》第 2 卷]《序言》(Vorwort [zum 2-ten Band des «Kapitals» von K. Marx].—In: Marx, K. Das Kapital. Kritik der politischen Ökonomie. Bd. II. Buch II: Der Zirkulationsprozeß des Kapitals. Hrsg. von F. Engels. Hamburg, Meißner, 1885, S. III—XXIII)——49—50。

—《路德维希·费尔巴哈和德国古典哲学的终结》(Людвиг Фейербах и конец классической немецкой философии. Начало 1886 г.)——67。

—《英国工人阶级状况》(Положение рабочего класса в Англии. По собственным наблюдениям и достоверным источникам. Сентябрь 1844 г.—март 1845 г.)——256。

尔·姆·《我国的实际情况》(Р. М. Наша действительность. (Рабочее движение, самодержавие, общество с его слоями [дворянство, крупная и мелкая буржуазия, крестьяне и рабочие] и общественная борьба).-В кн.: Отдельное приложение к «Рабочей Мысли». Пб., изд. Петербургского «Союза», сентябрь 1899, стр. 3—16)——209—231。

格里鲍耶陀夫, 亚·谢·《智慧的痛苦》(Грибоедов, А. С. Горе от ума)——347。

格沃兹杰夫, 罗·《富农经济的高利贷及其社会经济意义》(Гвоздев, Р. Кулачество-ростовщичество, его общественно-экономическое значение. Спб., Гарин, 1898. 161 стр. На обл. год изд.: 1899)——51—52。

果戈理, 尼·瓦·《钦差大臣》(Гоголь, Н. В. Ревизор)——221、357。

海尔维格, 格·《祈祷! 工作!》(Гервег, Г. Жилья и работы)——255。

赫尔岑施坦, 米·雅·《工资基金学说》(Герценштейн, М. Я. Учение о фонде рабочей платы.—«Русская Мысль», М., 1890, №7, стр. 1—27)——49。

赫克纳,亨 •《西欧的工人劳动》(Геркнер, Г. Рабочий труд в Западной Европе.
　Спб., журн. «Образование», 1899. 512, XXXIX стр.)——268。

霍布森,约 •《现代资本主义的演进》(Гобсон, Д. Эволюция современного
　капитализма. С предисл. авт., написанным для этого издания. Пер. с англ.
　Спб., Попова, 1898. XIII, 424 стр. (Экономическая б-ка))——135—137。

季奥涅奥——见什克洛夫斯基,伊 • 弗 • 。

季米里亚捷夫,德 • 阿 •《欧俄工厂工业主要部门统计图表(附厂名清册)》
　(Тимирязев, Д. А. Статистический атлас главнейших отраслей фабрично-
　заводской промышленности Европейской России с поименным списком
　фабрик и заводов. Сост. по офиц. сведениям деп. торговли и мануфактур за
　1867 год. Труд, удост. медали на Парижской всемирной выставке 1867 г. и
　на Всероссийской мануфактурной выставке 1870 г. Вып. 1 — 3. Спб.,
　1869—1873. VI, VI, 132 стр.; 14 карт.)——13。

捷林,麦 •《德国东部的开拓》(Sering, M. Die innere Kolonisation im östlichen
　Deutschland. Leipzig, Duncker u. Humblot, 1893. IX, 330 S. (Schriften des
　Vereins für Sozialpolitik. LVI))——110、113。

卡布鲁柯夫,尼 • 阿 •《论俄国农民经济发展的条件》(Каблуков, Н. А. Об
　условиях развития крестьянского хозяйства в России. (Очерки по
　экономии сельского хозяйства). М., 1899. VIII, 309 стр.)——92、98、113。

——《1895—1896 年度在莫斯科大学授课用的农业经济学讲义》(Лекции по
　экономии сельского хозяйства, читанные в Московском университете в
　1895/6 г. М., 1897. 228 стр. (Изд. для студентов))——92。

卡雷舍夫,尼 • 亚 •《俄国国民经济资料。(一)90 年代中期的我国工厂工
　业》(Карышев, Н. А. Материалы по русскому народному хозяйству. I.
　Наша фабрично-заводская промышленность в половине 90-х годов. —
　«Известия Московского Сельскохозяйственного Института», М., 1898,
　кн. 1, стр. 1—52)——9。

——《俄国国民经济资料。(一)90 年代中期的我国工厂工业》(附有 5 个插
　图)(Материалы по русскому народному хозяйству. I. Наша фабрично-
　заводская промышленность в половине 90-х годов. С 5 картогр. (Оттиск

из«Известий Московского Сельскохозяйственного Института», год IV, кн. 1). М., 1898. 52 стр.）——9—39。

——《俄国主要加工工业部门发展状况的统计概述》（Статистический обзор распространения главнейших отраслей обрабатывающей промышленности в России.—«Юридический Вестник», М., 1889, №9, стр. 38—67）——18—19、22。

考茨基，卡·《爱尔福特纲领解说》（Каутский, К. Эрфуртская программа. Пер. с нем. Штутгарт, Дитц, 1903. IV, 120 стр.）——261—262。

——《波兰完了吗?》（Kautsky, K. Finis Poloniae? —In: «Die Neue Zeit», Stuttgart, 1895—1896, Jg. XIV, Bd. II, N 42, S. 484—491; N 43, S. 513—525）——202、203。

——《伯恩施坦与社会民主党的纲领。反批评》（Bernstein und das sozialdemokratische Programm. Eine Antikritik. Stuttgart, Dietz, 1899. VIII, 195 S.）——175—185、236、265—266、267。

——《卡尔·马克思的经济学说》（Karl Marx's Ökonomische Lehren. Stuttgart, Dietz, 1887. X, 259 S.）——5。

——《土地问题。现代农业趋势和社会民主党的土地政策概述》（Die Agrarfrage. Eine Übersicht über die Tendenzen der modernen Landwirtschaft und die Agrarpolitik der Sozialdemokratie. Stuttgart, Dietz, 1899. VIII, 451 S.）——66—67、79—84、85—86、89、90—134、205。

——《议会政治、人民立法和社会民主党》（Der Parlamentarismus, die Volksgesetzgebung und die Sozialdemokratie. Stuttgart, Dietz, 1893. VIII, 139 S.）——194。

科别利亚茨基，А. И. 《工厂视察机关官员和工厂主手册》（Кобеляцкий, А. И. Справочная книга для чинов фабричной инспекции, для фабрикантов и заводчиков. Полный сборник узаконений о найме рабочих на фабрики, заводы и мануфактуры; о взаимных отношениях фабрикантов и рабочих; о фабричной инспекции; о надзоре за заведениями фабрично-заводской промышленности. Изд. 4-е. Спб., 1897. 311 стр.）——14—16、18、20、24。

科尔布，格·《各国人民的状况及国家状况比较统计手册》（Kolb, G.

Handbuch der vergleichenden Statistik der Völkerzustands- und Staaten-
kunde. 7-te Aufl. Leipzig, Felix, 1875. XXIV, 886 S.）——182。

科尔萨克，亚·卡·《论一般工业形式并论西欧和俄国家庭生产（手工工业和
家庭工业）的意义》（Корсак, А. К. О формах промышленности вообще и о
значении домашнего производства（кустарной и домашней промышле-
нности）в Западной Европе и России. М., тип. Грачева, 1861. 311
стр.）——6。

克格尔，卡·《萨克森的外来短工》（Kärger, K. Die Sachsengängerei. Auf
Grund persönlicher Ermittelungen und statistischer Erhebungen. Berlin,
Parey, 1890. VIII, 284 S.）——120。

克雷洛夫，伊·安·《狐狸和葡萄》（Крылов, И. А. Лисица и
Виноград）——371。

克尼希，弗·《在当前国际竞争压力下的英国农业状况及其改善的方法和途
径》（Koenig, F. Die Lage der englischen Landwirtschaft unter dem Drucke
der internationalen Konkurrenz der Gegenwart und Mittel und Wege zur
Besserung derselben. Jena, Fischer, 1896. XI, 445 S.）——129—130。

魁奈，弗·《经济表》（Quesnay, F. Tableau économique. First print. in 1758 and
now reprod. in facs. for the Britich economic association. London, 1894.
VIII, XII, 6 p.）——61。

拉布里奥拉，安·《谈谈伯恩施坦的书》〔1899 年 4 月 15 日给拉葛德尔的信〕
（Labriola, A. A propos du livre de Bernstein. 〔Une lettre à Lagardelle 15
avril 1899〕.—«Le Mouvement Socialiste», Paris, 1899, N 8, 1 mai, p.
453—458）——175。

拉姆赛，乔·《论财富的分配》（Ramsay, G. An essay on the distribution of
wealth. Edinburgh—London, Black, 1836. XIII, 506 p.）——64。

拉特涅尔，马·波·《市场理论同国内经济发展问题的关系》（Ратнер, М. Б.
Теория рынков в ее отношении к вопросу об экономическом развитии
страны. （По поводу книги С. Булгакова: «О рынках при
капиталистическом производстве. Теоретический этюд». Москва, 1897).—
«Русское Богатство», Спб., 1898, №12, стр. 78—102）——138。

李嘉图，大・《李嘉图全集》（Рикардо, Д. Сочинения. Пер. Н. Зибера. С прил.
　　переводчика. Спб. , Пантелеев, 1882. XXVI, 659 стр.）——47、64。

列曼，卡・和帕尔乌斯《饥饿的俄国。旅途印象、观感和调查》（Lehmann, C.
　　u. Parvus. Das hungernde Rußland. Reiseeindrücke, Beobachtungen und
　　Untersuchungen. Stuttgart, Dietz, 1900. V, 536 S.）——373。

［列宁，弗・伊・］《编辑部的话》［《〈火星报〉编辑部声明》］（［Ленин, В. И.］От
　　редакции. ［Заявление редакции «Искры»］. Отдельный листок. Б. м. , тип.
　　«Искры», 1900. 2 стр.）——342。

——《俄国社会民主党人的任务》（Задачи русских социал-демократов. С
　　предисл. П. Аксельрода. Женева, изд. РСДРП, 1898. 32 стр. Перед загл. кн.
　　авт. не указан）——206、224、289。

——《俄国社会民主党人抗议书》（Протест российских социал-демократов. С
　　послесл. от ред. « Рабочего Дела». Женева, изд. Союза русских социал-
　　демократов, 1899. 15 стр. (Оттиск из №4—5 «Рабочего Дела»)）——312。

——《俄国资本主义的发展》（Развитие капитализма в России. Процесс
　　образования внутреннего рынка для крупной промышленности. Спб. ,
　　Водовозова, 1899. XIII, 480 стр. ; 2 л. диагр. ; VIII стр. табл. Перед загл.
　　авт. : Владимир Ильин）——23、75、76、77、104、107、113、115、127、141、
　　142、262—265。

——《〈火星报〉和〈曙光〉杂志编辑部声明草案》（Проект заявления редакции
　　«Искры» и «Зари». Конец марта—начало апреля 1900 г.）——294、298。

——《经济评论集》（Экономические этюды и статьи. Спб. , тип. Лейферта, 1899.
　　290 стр. Перед загл. авт. : Владимир Ильин）——60—61、63、64、69—70、
　　72、125、139、142、265。

——《民粹主义的经济内容及其在司徒卢威先生的书中受到的批评》
　　（Экономическое содержание народничества и критика его в книге г.
　　Струве.（По поводу книги П. Струве: Критические заметки к вопросу об
　　экономическом развитии России. Спб. , 1894 г.）.—В кн. : Материалы к
　　характеристике нашего хозяйственного развития. Сб. статей. Спб. , тип.
　　Сойкина, 1895, стр. 1—144, в ч. II. Подпись: К. Тулин）——75。

—《评经济浪漫主义》（载于 1897 年《新言论》杂志）（К характеристике экономического романтизма. Сисмонди и наши отечественные сисмондисты.—«Новое Слово», Спб., 1897, №7, апрель, стр. 25 — 50; №8, май, стр. 25 — 60; №9, июнь, стр. 26 — 53; №10, июль, стр. 18 — 32. Подпись: К. Т—н.) —— 45。

—《评经济浪漫主义》（编入 1899 年出版的［弗·伊·列宁］弗拉基米尔·伊林《经济评论集》）（К характеристике экономического романтизма. Сисмонди и наши отечественные сисмондисты.—В кн.: ［Ленин, В. И.］ Ильин, Владимир. Экономические этюды и статьи. Спб., тип. Лейферта, 1899, стр. 1 — 112) —— 60 — 61、63、64、69 — 70、72、125、139、142、265。

—《迫切的问题》［为《工人报》写的文章］（Насущный вопрос. ［Статья для «Рабочей Газеты»］. Не ранее октября 1899 г.) —— 157、158。

—《市场理论问题述评（评杜冈-巴拉诺夫斯基先生和布尔加柯夫先生的论战）》（Заметка к вопросу о теории рынков. (По поводу полемики гг. Туган-Барановского и Булгакова).—«Научное Обозрение», ［Спб.］, 1899, №1, стр. 37 — 45. Подпись: Владимир Ильин) —— 60 — 61、62、63、64、66、69、72、75、138 — 139、141、142。

—《书评。帕尔乌斯〈世界市场和农业危机〉》（Рецензия. Парвус. Мировой рынок и сельскохозяйственный кризис. Экономические очерки. Перевод с немецкого Л. Я. Спб., 1898. Изд. О. Н. Поповой (Образовательная библиотека, серия 2-я, №2). Стр. 142. Цена 40 коп.—«Начало», Спб., 1899, №3, стр. 117 — 118) —— 133。

—《谈谈罢工》（О стачках. Конец 1899 г.) —— 158。

—《我们党的纲领草案》（Проект программы нашей партии. Конец 1899 г.) —— 158、174、286。

—《我们的当前任务》［为《工人报》写的文章］（Наша ближайшая задача. ［Статья для «Рабочей Газеты»］. Не ранее октября 1899 г.) —— 157、158、170。

—《我们的纲领》［为《工人报》写的文章］（Наша программа. ［Статья для «Рабочей Газеты»］. Не ранее октября 1899 г.) —— 157、158、168。

—《协议草案》(Проект соглашения. Начало сентября (н. ст.) 1900 г.)——310。

—《再论实现论问题》(Еще к вопросу о теории реализации.—«Научное Обозрение», [Спб.], 1899, №8, стр. 1564 — 1579. Подпись: В. Ильин)——138、262。

卢森堡,罗•《德国和奥地利的波兰社会主义运动的新潮流》(Luxemburg, R. Neue Strömungen in der polnischen sozialistischen Bewegung in Deutschland und Österreich.—In: «Die Neue Zeit», Stuttgart, 1895 — 1896, Jg. XIV, Bd. II, N 32, S. 176 — 181; N 33, S. 206 — 216)——202—203。

—《社会爱国主义在波兰》(Der Sozialpatriotismus in Polen.—In: «Die Neue Zeit», Stuttgart, 1895 — 1896, Jg. XIV, Bd. II, N 41, S. 459 — 470)——202—203。

马尔托夫,尔•《俄国的工人事业》(Мартов, Л. Рабочее дело в России. Женева, изд. Союза русских социал-демократов, 1899. 90 стр.)——289。

—《红旗在俄国。俄国工人运动史纲》(Красное знамя в России. Очерк истории русского рабочего движения. С предисл. П. Аксельрода. Женева, изд. революц. организации « Социал-Демократ », 1900. XII, 64 стр.)——214。

马克思,卡•《哥达纲领批判》(Маркс, К. Критика Готской программы. Замечания к программе германской рабочей партии. 5 мая 1875 г.)——186。

—《国际工人协会共同章程》(Общий устав Международного Товарищества Рабочих. Около 24 октября 1871 г.)——288、335。

—《路易•波拿巴的雾月十八日》(Marx, K. Der achtzehnte Brumaire des Louis Bonaparte. 3-te Aufl. Hamburg, Meißner, 1885. VI, 108 S.)——201。

—《〈批判史〉论述》[弗•恩格斯《反杜林论(欧根•杜林先生在科学中实行的变革)》第 10 章](Aus der «kritischen Geschichte». [Kapitel X aus der Arbeit F. Engels': Herrn Eugen Dühring's Umwälzung der Wissenschaft].—In: Engels, F. Herrn Eugen Dühring's Umwälzung der Wissenschaft. 3-te durchges. und verm. Aufl. Stuttgart, Dietz, 1894, S. 243 —

273)——61。

—《剩余价值理论》(《资本论》第 4 卷)(Теории прибавочной стоимости(IV том «Капитала»). Январь 1862 г.—июль 1863 г.)——64。

—《书评：埃米尔·德·日拉丹〈社会主义和捐税〉》(Die Rezension des Buches：Le Socialisme et l'impôt. Par Emile de Girardin. Paris, 1850.—In：«Neue Rheinische Zeitung»，London，1850，Hft. 4，April，S. 48 — 61)——113。

—《协会临时章程》(Временный устав Товарищества. 21 — 27 октября 1864 г.)——288、335。

—《哲学的贫困》(Нищета философии. Ответ на «Философию нищеты» г-на Прудона. Первая половина 1847 г.)——151。

—《政治经济学批判》(德文版)(Zur Kritik der politischen Ökonomie. Hft. 1. Berlin, Duncker, 1859. VIII, 170 S.)——177、178。

—《政治经济学批判》(俄文版)——见《政治经济学若干原理的批判》。

—[《政治经济学批判》]《序言》(Vorwort[zur Arbeit：«Zur Kritik der politischen Ökonomie»]. —In：Marx, K. Zur Kritik der politischen Ökonomie. Hft. 1. Berlin, Duncker, 1859, S. III—VIII)——177、178。

—《政治经济学若干原理的批判》(Критика некоторых положений политической экономии. Пер. с нем. П. П. Румянцева под ред. А. А. Мануилова. М.，Бонч-Бруевич，1896. XII，163 стр.)——177、178。

—[《政治经济学若干原理的批判》]《序言》(Предисловие[к книге«Критика некоторых положений политической экономии»]. —В кн.：Маркс, К. Критика некоторых положений политической экономии. Пер. с нем. П. П. Румянцева под ред. А. А. Мануилова. М.，Бонч-Бруевич，1896, стр. IX—XII)——177、178。

—《给白拉克的信》(1875 年 5 月 5 日)([Письмо]В. Бракке. 5 мая 1875 г.)——186。

—《资本论》(德文版第 1 卷)(Das Kapital. Kritik der politischen Ökonomie. Bd. I. Buch I：Der Produktionsprozeß des Kapitals, Hamburg, Meißner, 1867. XII, 784 S.)——177、178。

—《资本论》(德文第 2 版第 1 卷)(Das Kapital. Kritik der politischen Ökonomie. Bd. I. Buch I: Der Produktionsprozeß des Kapitals. 2-te Aufl. Hamburg, Meißner, 1872. 830 S.)——61、64。

—《资本论》(德文版第 2 卷)(Das Kapital. Kritik der politischen Ökonomie. Bd. II. Buch II: Der Zirkulationsprozeß des Kapitals. Hrsg. von F. Engels. Hamburg, Meißner, 1885. XXVII, 526 S.)—— 42 — 43、44、45、46、47、49—50、61—62、64、71—72。

—《资本论》(德文版第 3 卷上册)(Das Kapital. Kritik der politischen Ökonomie. Bd. III. T. 1. Buch III: Der Gesamtprozeß der kapitalistischen Produktion. Kapitel I bis XXVIII. Hrsg. von F. Engels. Hamburg, Meißner, 1894. XXVIII, 448 S.)——42—43、44、45、49、141。

—《资本论》(德文版第 3 卷下册)(Das Kapital. Kritik der politischen Ökonomie. Bd. III. T. 2. Buch III: Der Gesamtprozeß der kapitalistischen Produktion. Kapitel XXIX bis LII. Hrsg. von F. Engels. Hamburg, Meißner, 1894. IV, 422 S.)——7—8、45、49、56、64、72、94、127。

—《资本论》(俄文版第 1 — 3 卷)(Капитал. Критика политической экономии. Т. I—III. 1867 — 1894 гг.)—— 70 — 71、86、89、142、150、176、180、262、266。

—《资本论》(俄文版第 1 卷)(Капитал. Критика политической экономии. Т. I. 1867 г.)——6、66、190、192。

—《资本论》(俄文版第 2 卷)(Капитал. Критика политической экономии. Т. II. 1885 г.)——40、41、48、49、68、69、73、80、140—141。

—《资本论》(1894 年俄文版第 3 卷)(Капитал. Критика политической экономии. Т. III. Ч. 1 — 2. 1894 г.)——48、56、65、66、69、79、116、140、176。

—《资本论》(1896 年俄文版第 3 卷)(Капитал. Критика политической экономии. Под ред. Ф. Энгельса. Пер. с нем. Т. III. Кн. III. Процесс капиталистического производства, взятый в целом. Спб., тип. Демакова, 1896. XLVI, 734 стр.)——43、44、45、64、65、72、94、127。

马克思,卡·和恩格斯,弗·《共产党宣言》(Маркс, К. и Энгельс, Ф. Манифест Коммунистической партии. Декабрь 1847 г.—январь 1848 г.)—— 150、

165、167、177、273、288。

米海洛夫斯基,尼·康·《卡尔·马克思在尤·茹柯夫斯基先生的法庭上》(Михайловский, Н. К. Карл Маркс перед судом г. Ю. Жуковского.—«Отечественные Записки», Спб., 1877, №10, стр. 321—356)——177。

——《文学和生活》(载于1893年《俄国财富》杂志第10期)(Литература и жизнь.—«Русское Богатство», Спб., 1893, №10, стр. 108—141)——177。

——《文学和生活》(载于1899年《俄国财富》杂志第1、2、7期)(Литература и жизнь.—«Русское Богатство», Спб., 1899, №1, стр. 76—99; №2, стр. 83—100; №7(10), стр. 194—218)——177。

米库林,亚·亚·《赫尔松省敖德萨直辖市和尼古拉耶夫总督管辖区的工厂工业和手工工业(附工厂和农业磨坊清册)》(Микулин, А. А. Фабрично-заводская и ремесленная промышленность Одесского градоначальства Херсонской губернии и Николаевского военного губернаторства с приложением списка фабрик, заводов и сельскохозяйственных мельниц. Одесса, 1897. XIII, 76, 276 стр.)——11—12、15、26、38。

莫里哀,让·巴·《不得已的医生》(Мольер, Ж. Б. Лекарь поневоле)——266。

尼古拉·—逊——见丹尼尔逊,尼·弗·。

涅日丹诺夫,普·《论资本主义生产条件下的市场问题》(Нежданов, П. К вопросу о рынках при капиталистическом производстве. По поводу статей И. Ратнера, Ильина и Струве.—«Жизнь», Спб., 1899, №4, стр. 297—317)——138—143。

帕尔乌斯《世界市场和农业危机》(Парвус. Мировой рынок и сельскохозяйственный кризис. Экономические очерки. Пер. с нем. Л. Я. Спб., Попова, 1898. 143, II стр. (Образовательная б-ка. Серия 2-ая (1898). №2))——52、55—56、133。

普列汉诺夫,格·《伯恩施坦与唯物主义》(Plechanow, G. Bernstein und der Materialismus.—In: «Die Neue Zeit», Stuttgart, 1897—1898, Jg. XVI, Bd. II, N 44, S. 545—555)——161。

——《俄国社会党人同饥荒作斗争的任务》(Плеханов, Г. В. О задачах социалистов в борьбе с голодом в России. (Письма к молодым товарищам). Женева, тип. «Социал-Демократа», 1892. 89 стр. (Б-ка современного социализма. Вып.10))——328。

—《论一元论历史观之发展》(К вопросу о развитии монистического взгляда на историю.Ответ гг.Михайловскому,Карееву и комп.Спб.,1895.288 стр. Перед загл.авт.:Н.Бельтов)——67。

—《尼·加·车尔尼雪夫斯基》(德文版)(N.G.Tschernis chewsky. Eine literar-historische Studie.Stuttgart,Dietz,1894.388 S.)——221、226。

—《尼·加·车尔尼雪夫斯基》(俄文版)(Н.Г.Чернышевский.—«Социал-Демократ»,Лондон,1890,кн.1,февраль,стр.88—175;Женева,1890,кн. 2,август,стр. 62 — 142;Женева,1890,кн. 3,декабрь,стр. 71 — 110; Женева,1892,кн.4,стр.144—194)——226。

—《唯物主义史论丛》(Beiträge zur Geschichte des Materialismus. I. Holbach. II. Helvetius. III. Marx. Stuttgart, Dietz, 1896. VIII, 264 S.)——67。

—《我们的意见分歧》(Наши разногласия. Женева, тип. группы «Освобождение труда», 1884. XXIV, 322 стр. (Б-ка современного социализма. Вып.III).На обл.год изд.:1885)——219。

[普列汉诺夫,格·瓦·]《俄国社会民主党人纲领草案》(1885 — 1887 年) ([Плеханов, Г. В.] Проект программы русских социал-демократов. 1885—1887 гг.)——188—191、193、195、196—197、199、200、201、204、 206、220、221—222、238、333。

—《俄国社会民主党人纲领草案》(Проект программы русских социал-демократов.—В кн.:Аксельрод,П.Б.К вопросу о современных задачах и тактике русских социал-демократов. Женева, изд.Союза русских социал-демократов,1898,стр.29—34)——188、222。

—《〈工人事业〉杂志编辑部指南》(Vademecum для редакции «Рабочего Дела». Сборник материалов, изданный группой «Освобождение труда». Женева,1900.LII,67 стр.)——294。

—《社会主义与政治斗争》(Социализм и политическая борьба. Женева, 1883.IV,78 стр.(Б-ка современного социализма.Вып.I))——219、273。

普罗柯波维奇,谢·尼·《西欧工人运动》(Прокопович, С. Н. Рабочее движение на Западе. Опыт критического исследования. Т. I. Германия. Бельгия. Спб., Пантелеев, 1899. II, 212, 120 стр.)——180、184、261—271。

普希金,亚·谢·《鲍里斯·戈都诺夫》(Пушкин, А. С. Борис Годунов)——361。

——《上尉的女儿》(Капитанская дочка)——198。

茹柯夫斯基,尤·加·《卡尔·马克思和他的〈资本论〉一书》(Жуковский, Ю. Г. Карл Маркс и его книга о капитале.—«Вестник Европы», Спб., 1877, №9, стр. 64—105)——177。

萨尔蒂科夫-谢德林,米·叶·《戈洛夫廖夫老爷们》(Салтыков-Щедрин, М. Е. Господа Головлевы)——372。

——《蒙列波避难所》(Убежище Монрепо)——369。

——《时代特征》(Признаки времени)——368、372、373。

——《外省人旅京日记》(Дневник провинциала в Петербурге)——369。

——《温和谨慎的人们》(В среде умеренности и аккуратности)——233。

——《文集》)(《葬礼》)(«Сборник» (Похороны))——360、369。

——《现代牧歌》(Современная идиллия)——233。

——《一年四季》(Круглый год)——360。

——《在国外》(За рубежом)——75。

桑巴特,韦·《19世纪的社会主义和社会运动》(Sombart, W. Sozialismus und soziale Bewegung im 19. Jahrhundert. Bern, Steiger, 1897. 86 S. (Ethisch-sozialwissenschaftliche Vortragskurse, veranstaltet von den ethischen Gesellschaften in Deutschland, Österreich und der Schweiz, hrsg. von der Schweizerischen Gesellschaft für ethische Kultur. (Züricher Reden). Bd. IV))——137。

施泰因贝格,C.《论述历史唯物主义的一本新书》(Штейнберг, С. Новая книга об историческом материализме.—«Жизнь», Спб., 1899, №3, стр. 358—371)——181。

[什克洛夫斯基,伊·弗·]季奥涅奥《英国见闻》([Шкловский, И. В.]

Дионео. Из Англии. — «Русское Богатство», Спб., 1899, №2, стр. 118 — 140)——99。

司徒卢威，彼·伯·《俄国经济发展问题的评述》(Струве, П. Б. Критические заметки к вопросу об экономическом развитии России, Вып. I. Спб., 1894. X, 293 стр.)——75—76。

[司徒卢威，彼·伯·]《国内评论》([Струве, П. Б.] Внутреннее обозрение. — «Начало», Спб., 1899, №1—2, стр. 292—316)——116。

—《论资本主义生产条件下的市场问题(评布尔加柯夫的书和伊林的文章)》(К вопросу о рынках при капиталистическом производстве. (По поводу книги Булгакова и статьи Ильина). — «Научное Обозрение», Спб., 1899, №1, стр. 46—64)——60—78、138。

—《再论自由和必然性》(Еще о свободе и необходимости. (Ответ на предыдущую статью С. Н. Булгакова). — «Новое Слово», Спб., 1897, №8, май, стр. 200—208)——294。

斯克沃尔佐夫，亚·伊·《蒸汽机运输对农业的影响》(Скворцов, А. И. Влияние парового транспорта на сельское хозяйство. Исследование в области экономики земледелия. Варшава, 1890. VIII, VI, 703 стр.)——92。

斯密，亚·《国民财富的性质和原因的研究》(Смит, А. Исследования о природе и причинах богатства народов. С примеч. Бентама и др. Пер. П. А. Бибиков. Т. 1—3. Спб., 1866. 3 т.)——46、47、61—62、63—64。

苏沃林，阿·《几封短信》(Суворин, А. Маленькие письма. — «Новое Время», Спб., 1899, №8506, 1(13) ноября, стр. 3)——269。

土林，克·——见列宁，弗·伊·。

瓦·沃·——见沃龙佐夫，瓦·巴·。

维特，谢·尤·《[向圣彼得堡纺织工厂工人发布的]公告》(Витте, С. Ю. Циркуляр[к рабочим С.-Петербургских бумагопрядильных и ткацких фабрик]. 15 июня 1896 г.)——192。

沃尔弗·尤·《社会主义与资本主义社会制度》(Wolf, J. Sozialismus und kapitalistische Gesellschaftsordnung. Kritische Würdigung beider als

Rendu des Séances du congrès national ouvrier tenu à Bruxelles les 5 et 6 avril 1885.Bruxelles,Maheu,1885.[2],59 p.)——268。

《财政部年鉴》(Ежегодник министерства финансов. Вып. I. На 1869 год. Сост. под ред. А. Б. Бушена.Спб.,1869.VIII,618 стр.)——10、13。

《财政与工商业通报》杂志(圣彼得堡)(«Вестник Финансов, Промышленности и Торговли»,Спб.)——374。

《代表大会的决议》[俄国社会民主工党第一次代表大会。1898 年 3 月 1—3 日(13—15 日)于明斯克]——见《俄国社会民主工党宣言》。

《德国工人党纲领》(Programm der deutschen Arbeiterpartei.—In: Protokoll des Vereinigungs—Kongresses der Sozialdemokraten Deutschlands abgehalten zu Gotha, vom 22. bis 27. Mai 1875. Leipzig, verl. der Genossenschaftsbuchdruckerei,1875,S.3—4)——152。

《德国社会民主党爱尔福特代表大会会议记录》(1891 年 10 月 14—20 日)(Protokoll über die Verhandlungen des Parteitages der Sozialdemokratischen Partei Deutschlands. Abgehalten zu Erfurt vom 14. bis 20. Oktober 1891.Berlin, verl. der Exped. des «Vorwärts»...,1891. 368 S.)——190、191、194、195、203。

《德国社会民主党纲领(1891 年爱尔福特代表大会通过)》(Programm der Sozialdemokratischen Partei Deutschlands beschlossen auf dem Parteitag zu Erfurt 1891.—In: Protokoll über die Verhandlungen des Parteitages der Sozialdemokratischen Partei Deutschlands.Abgehalten zu Erfurt vom 14. bis 20.Oktober 1891. Berlin, verl. der Exped. des «Vorwärts»...,1891, S. 3—6)——190、191、194、195、203。

《德国社会民主党哥达合并代表大会会议记录(1875 年 5 月 22—27 日)》(Protokoll des Vereinigungs—Kongresses der Sozialdemokraten Deutschlands abgehalten zu Gotha,vom 22. bis 27.Mai 1875.Leipzig,verl. der Genossenschaftsbuchdruckerei,1875.88 S.)——152。

《德国社会民主党汉诺威代表大会会议记录》(1899 年 10 月 9—14 日)(Protokoll über die Verhandlungen des Parteitages der Sozialdemokratischen Partei Deutschlands. Abgehalten zu Hannover vom 9. bis 14. Oktober

1899. Berlin，verl.：Expedition der Buchhandlung Vorwärts，1899. 304
S.）——161、231。

《俄国财富》杂志（圣彼得堡）（«Русское Богатство»，Спб.，1893，№10，стр.
108—141）——177。

—1898，№12，стр.78—102. ——138。

—1899，№1，стр.76—99. ——177。

—1899，№2，стр.83—100，118—140. ——99、177。

—1899，№7(10)，стр.194—218. ——177。

《俄国工人运动的当前任务》[社论]（Ближайшие задачи русского рабочего
движения.[Передовая].—«Рабочая Газета»，Киев，1897，№2，ноябрь，стр.
1—4）——154。

《俄国工商业》（Торгово-промышленная Россия. Справочная книга для купцов
и фабрикантов. Под ред. А. А. Блау. Спб.，тип. Суворина，1899. 1318 стр.，
2702 стб.（М-во финансов. Департамент торговли и мануфактур））——
57—59。

《俄国社会民主党人代表团向1896年伦敦国际社会主义工人代表大会的报
告》（Доклад，представленный делегацией русских социал-демократов
Международному рабочему социалистическому конгрессу в Лондоне в
1896 г. Женева，изд. Союза русских социал-демократов，1896. 32
стр.）——205。

《俄国社会民主工党宣言》（Манифест Российской социал-демократической
рабочей партии. Б. м.，тип. партии，[1898]. 2 стр.）—— 154、155—156、
164、224、231、238、272、284、286、289、315、333、339。

《俄国手工工业调查委员会的报告》（Труды комиссии по исследованию
кустарной промышленности в России. Вып. V，VI，IX. Спб.，1880，1883. 3
т.）——30。

《俄国思想》杂志（莫斯科）（«Русская Мысль»，М.，1890，№7，стр. 1—
27）——49。

—1897，№11，стр.506—521.——4。

《俄罗斯帝国法律汇编》（Свод законов Российской Империи. Т. 11. Ч. II. Спб.，

1887.825 стр.）——10、248。

《俄罗斯帝国统计年鉴》（Статистический временник Российской империи. Серия II. Вып. VI. Материалы для статистики заводско-фабричной промышленности в Европейской России за 1868 год. Обр. И. Боком. Спб., изд. Центр. стат. ком. м-ва внутренних дел, 1872. LXXVIII, 427 стр.）——13、17。

《俄罗斯帝国统计资料。（一）1884 — 1885 年俄国资料汇集》（Статистика Российской империи. I. Сборник сведений по России за 1884 — 1885 гг. Спб., изд. Центр. стат. ком. м-ва внутр. дел, 1887. XVIII, 313 стр.; 2 л. картогр.）——22。

《俄罗斯新闻》（莫斯科）（«Русские Ведомости», М., 1898, №144, 27 июля, стр. 3）——12。

《法学通报》杂志（莫斯科）（«Юридический Вестник», М., 1889, №9, стр. 38 — 67）——19、22。

《工厂禁用童工法》——见《工业法》。

《工厂视察员委派法》——见《工业法》。

《工厂索引。俄国工厂工业》（Перечень фабрик и заводов. Фабрично-заводская промышленность России. Спб., 1897. 63, VI, 1047 стр.（М-во финансов. Деп. торговли и мануфактур））—— 9、10 — 13、14、15 — 18、19 — 20、22、23 — 27、28、29 — 30、31 — 32、33 — 35、38、39。

《工厂主向财政部呈报总结材料法》——见《工业法》。

《工人报》（基辅）（«Рабочая Газета», Киев）——154 — 155、215、231、284。
—1897, ноябрь, №2, стр. 1 — 4. ——154。

《工人报》（1899 年未能出版）（«Рабочая Газета»（неосуществленное издание 1899 г.））——154 — 155、157 — 159、161、164、174、214、231、284。

《工人事业》杂志（日内瓦）（«Рабочее Дело», Женева）—— 279、312、331、339 — 340。

《工人思想报》（圣彼得堡）（«Рабочая Мысль», Спб.）——162、209 — 232、237、275、276、284、312、333、336。
—1897, №1, октябрь, стр. 1. ——154、158。

—1897, №2, декабрь.——158。

—1899, №6, апрель.——158。

—1899, №7, июль, стр. 6.——158、221。

《〈工人思想报〉增刊》（彼得堡）（Отдельное приложение к «Рабочей Мысли». Пб., изд. Петербургского «Союза», сентябрь 1899. 38 стр.）——209—231、272、283—284、312、333。

《工人自我解放社宣言》（Воззвание Группы самоосвобождения рабочих. С.-Петербург, март, 1899 г.—«Накануне», Лондон, 1899, №7, стр. 79—80）——312。

《工业法》（Устав о промышленности.—В кн.: Свод законов Российской империи. Т. 11. Ч. II. Спб., 1887, стр. 1—125）——10、248。

《公民》（圣彼得堡）（«Гражданин», Спб.）——275。

《关于工厂工业企业中工作时间的长短及其分配》（О продолжительности и распределении рабочего времени в заведениях фабрично-заводской промышленности. 2 июня 1897 г.—«Собрание Узаконений и Распоряжений Правительства, изд. при Правительствующем Сенате», Спб., 1897, №62, 13 июня, ст. 778, стр. 2135—2139）——163、192、216、248。

《关于恢复"劳动解放社"出版物的声明》——见阿克雪里罗得，帕·波·。

《关于缩短工作日的法令》——见《关于工厂工业企业中工作时间的长短及其分配》。

《国际工人协会》（1866年日内瓦代表大会和1868年布鲁塞尔代表大会的决议）（The International working men's association. Resolutions of the Congress of Geneva, 1866, and the Congress of Brussels, 1868. London, 1869. 15 p.）——151。

《国民教育部公告》（От Министерства народного просвещения.—«С.-Петербургские Ведомости», 1901, №10, 11 (24) января, стр. 1）——346。

《哈尔科夫的工人运动》[俄国社会民主工党哈尔科夫委员会总结报告]（Рабочее движение в Харькове. [Отчет Харьковского комитета РСДРП]. Женева, изд. Союза русских социал-демократов, 1900. 16 стр.）——331。

《哈尔科夫的五月》——见叶尔曼斯基，奥·阿·。

《火星报》［莱比锡—慕尼黑—伦敦—日内瓦］(《Искра》，［Лейпциг—Мюнхен—Лондон—Женева］)——282—291、292、293—310、311—318、337、341—343。

《基辅委员会宣言书》(Profession de foi Киевского комитета. 1899. Рукопись)——272—281。

几个定期刊物(Периодические издания.《Русское Богатство》, сентябрь.《Новое Слово》, сентябрь.《Мир Божий》, октябрь.—《Русская Мысль》, М., 1897, №11, стр.506—521)——4。

《纪念车尔尼雪夫斯基逝世十周年(10月17日)》(К десятилетию смерти Чернышевского—17-го октября.—В кн.: Отдельное приложение к 《Рабочей Мысли》. Пб., изд. Петербургского《Союза》, сентябрь 1899, стр. 17—29)——225、231。

《禁止某些生产部门女工上夜班法》——见《工业法》。

《军事统计汇编》(Военно-статистический сборник. Вып. IV. Россия. Под общ. ред. Н.Н.Обручева.Спб., 1871. XXX, 922, 235 стр.)——18、22、28。

《开端》杂志(圣彼得堡)(《Начало》, Спб., 1899, №1—2, стр.1—21, 292—316)——85—89、90、91、92—97、98、99—103、104—107、108、109、110、111、113、115—116、117、118—121、180。
　　—1899, №3, стр.25—36, 117—118.——121、122、123、124—127、128、129—130、131—132、180。

《科学评论》杂志［圣彼得堡］(《Научное Обозрение》, ［Спб.］, 1899, №1, стр. 37—45, 46—64)——60—78、138—139、141、142。
　　—1899, №8, стр.1564—1579.——138、262。

《莱茵政治、商业和工业日报》(科隆)(《Rheinische Zeitung für Politik, Handel und Gewerbe», Köln)——177。

《莫斯科(本报通讯员报道)》(Москва. (От нашего корреспондента).—《С.-Петербургские Ведомости》, 1900, №239, 1 (14) сентября, стр. 3)——373。

《莫斯科农学院通报》(莫斯科)(《Известия Московского Сельскохозяйственного Института», М., 1898, кн.1, стр.1—52)——9。

《莫斯科新闻》(《Московские Ведомости》)——275。

　　—1901,№20,20 января(2 февраля),стр.1.——374—378。

　　—1901,№22,22 января(4 февраля),стр.1.——374—378。

　　—1901,№23,23 января(5 февраля),стр.1.——374—378。

　　—1901,№24,24 января(6 февраля),стр.1.——374—378。

　　—1901,№25,25 января(7 февраля),стр.2.——374—378。

　　—1901,№27,27 января(9 февраля),стр.1.——374—378。

　　—1901,№28,28 января(10 февраля),стр.1.——374—378。

《南方边疆区报》(哈尔科夫)(《Южный Край》,Харьков)——350。

《欧俄工厂一览表》——见奥尔洛夫,彼·安·和布达戈夫,С.Г.。

《欧俄和波兰王国工厂一览表》;《欧俄(包括波兰王国和芬兰大公国)工厂一览表》——见奥尔洛夫,彼·安·。

《欧洲通报》杂志(圣彼得堡)(《Вестник Европы》,Спб.,1877,№9,стр.64—105)——177。

《前进》杂志(伦敦)(《Вперед!》Т.V.Лондон,1877,стр.30—35,в отд.:Что делается на родине?)——338。

《前进报》(莱比锡—柏林)(《Vorwärts》,Leipzig—Berlin)——173。

《前夕》杂志(伦敦)(《Накануне》,Лондон,1899,№7,стр.79—80)——312。

《全世界工人的五一节(俄历 4 月 19 日)》(《Всемирный рабочий праздник 1-го Мая(по нашему счету 19 апреля).[Спб.],изд. с.-петербургского Союза борьбы за освобождение рабочего класса,[1898].1 стр.)——214。

《日内瓦第一次代表大会决议》(1866 年 9 月)(Resolutions of First Congress assembled at Geneva. September, 1866.—In: The International working men's association.Resolutions of the Congress of Geneva, 1866, and the Congress of Brussels, 1868.London, 1869, p.3—9)——151。

《三个意义重大的日子》[1897 年 2 月 19 日、3 月 1 日和 4 月 19 日(5 月 1 日)](Три знаменательных дня.[19 февраля,1 марта и 19 апреля(1 мая) 1897 г.].—《С.-Петербургский Рабочий Листок》,1897,№2,сентябрь, стр.1—3)——154。

《社会民主党人》(伦敦)(《Социал-Демократ》,Лондон,1890,кн. 1,февраль,

стр. 88—175)——226。

——Женева, 1890, кн. 2, август, стр. 62—142.——226。

——Женева, 1890, кн. 3, декабрь, стр. 71—110.——226。

——Женева, 1892, кн. 4, стр. 144—194.——226。

《社会主义运动》杂志（巴黎）(«Le Mouvement Socialiste», Paris, 1899, N 8, 1 mai, p. 453—458)——175。

[社论]([Передовая].—«Рабочая Мысль», Спб., 1897, №1, октябрь, стр. 1)——154。

《审查工厂和手工业章程委员会的报告》(Труды комиссии, учрежденной для пересмотра уставов фабричного и ремесленного. Ч. 1—5. Спб., 1863—1865. 5 т.)——247—250。

《生活》杂志（圣彼得堡）(«Жизнь», Спб., 1899, №3, стр. 358—371)——181。

——1899, №4, стр. 297—317.——138—143。

《圣彼得堡工人小报》(«С.-Петербургский Рабочий Листок»)——214。

——1897, №2, сентябрь, стр. 1—3.——154。

《圣彼得堡新闻》(«С.-Петербургские Ведомости», 1900, №239, 1 (14) сентября, стр. 3)——373。

——1901, №10, 11(24) января, стр. 1.——346。

《世间》杂志（圣彼得堡）(«Мир Божий», Спб., 1898, №4, стр. 77—82)——22、28。

——1898, №6, стр. 118—127.——41—46、47—48、60。

《收成和粮价对俄国国民经济某些方面的影响》(Влияние урожаев и хлебных цен на некоторые стороны русского народного хозяйства. Сборник статей под ред. проф. А. И. Чупрова и А. С. Посникова. Т. I—II. Спб., 1897. 2 т.)——115。

《曙光》杂志（斯图加特）(«Заря», Штутгарт)—— 282—291、292、293、294、299、300、303、304、306、310、341—343、344—345。

《说明我国经济发展状况的资料》(Материалы к характеристике нашего хозяйственного развития. Сб. статей. Спб., тип. Сойкина, 1895. 232, 259, III стр.)——75。

《随 笔》(Мимоходом.—« Рабочая Мысль », Спб., 1899, №7, июль, стр. 6)——158。

《土地问题和俄国社会民主党》(Аграрный вопрос и социальная демократия в России.—В кн.: Доклад, представленный делегацией русских социал-демократов Международному рабочему социалистическому конгрессу в Лондоне в 1896 г. Женева, изд. Союза русских социал-демократов, 1896, стр. 22—32)——205。

《外交部负责人的电报通知[致俄国驻外代表,以照会有关国家的政府](1900 年 8 月 12 日)》(Циркулярная телеграмма управляющего Министерством иностранных дел 12 августа 1900 г. [российским представителям за границей для информации правительств соответствующих стран].— « Правительственный Вестник », Спб., 1900, №188, 19 августа (1 сентября), стр. 3)——321。

《我国工厂统计的新材料》[评尼·亚·卡雷舍夫《俄国国民经济资料》一书] (Новые данные о нашей фабрично-заводской статистике. [Рецензия на книгу: Карышев, Н. А. Материалы по русскому народному хозяйству].— « Русские Ведомости », М., 1898, №144, 27 июля, стр. 3)——12。

《无产阶级斗争》文集(« Пролетарская борьба ». №1. Б. м., изд. « Уральской с.-д. группы », 1899. 119 стр.)——158。

《五一节》(Первое мая. 18 апреля. Рабочим и работницам всей России ко дню рабочего праздника Первого мая Российская социал-демократическая рабочая партия шлет братский привет. Б. м., тип. « Южного Рабочего », [1901]. 2 стр.)——330。

《新莱茵报》(伦敦)(« Neue Rheinische Zeitung », London, 1850, Hft. 4, April, S. 48—61)——113。

《新时报》(圣彼得堡)(« Новое Время », Спб., 1899, №8506, 1 (13) ноября, стр. 3)——269。

《新时代》杂志(斯图加特)(« Die Neue Zeit », Stuttgart)——299。
　　—1895—1896, Jg. XIV, Bd. II, N 32, S. 176—181; N 33, S. 206—216; N 41, S. 459—470; N 42, S. 484—491; N 43, S. 513—525.——203。

—1897—1898,Jg.XVI,Bd.II,N 44,S.545—555.——161。

《新言论》杂志(圣彼得堡)(«Новое Слово»,Спб.,1897,№7,апрель,стр.25—
　　50)——45。

　　—1897,№8,май,стр.25—60,200—208.——45、294。

　　—1897,№9,июнь,стр.26—53.——45。

　　—1897,№10,июль,стр.18—32.——45。

[《信条》]([Credo].—В кн.:[Ленин,В.И.]Протест российских социал-
　　демократов.С послесл. от ред. «Рабочего Дела».Женева,изд. Союза
　　русских социал-демократов,1899,стр.1—6.(Оттиск из №4—5«Рабочего
　　Дела»))——144—156、272、274、275、276、278、279、280、283、312、333。

《1844—1885年俄国资料汇集》(Сборник сведений по России за 1884—1885
　　гг.Спб.,изд. Центр. стат. ком. м-ва внутр. дел,1887.XVIII,313 стр.;2 л.
　　картогр.(Статистика Российской империи.I))——22。

《1885—1892年俄国工厂工业材料汇编》(Свод данных о фабрично-заводской
　　промышленности в России за 1885—1892 гг.Спб.,изд. деп. торговли и
　　мануфактур,1889—1896.6 т.(Материалы для торгово-пром. статис-
　　тики))——13、21。

　　—за 1885—1887 гг.1889.IV,XVIII,114 стр.——13、18、26—27、31、32。

　　—за 1888 год.1891.385 стр.——21、26—27、32。

　　—за 1889 год.1891.181,CCCI,69 стр.——21、26—27、32。

　　—за 1890 год.1893.419 стр.——21、26—27、32—33。

　　—за 1891 год.1894.VII,237 стр.——21、26—27、32。

　　—за 1892 год.1895.X,267 стр.——21、26—27。

《1885年刑罚和感化法典》(Уложения о наказаниях уголовных и испра-
　　вительных 1885 года.8-е изд.,пересмотр. и доп.Спб.,Таганцев,1895.892
　　стр.)——356、360。

《因聚众滋事而被开除的高等学校学生服兵役的暂行条例》(Временные
　　правила об отбывании воинской повинности воспитанниками высших
　　учебных заведений,удаляемых из сих заведений за учинение скопом
　　беспорядков. 29 июля 1899 г.—«Правительственный Вестник»,Спб.,

1899，№165，31 июля(12 августа)，стр.1)——192、346、347—350。

[《政府法令》]([Узаконения и распоряжения правительства].—«Московские Ведомости»，1901，№20，20 января(2 февраля)，стр.1；№22，22 января(4 февраля)，стр.1；№23，23 января(5 февраля)，стр.1；№24，24 января(6 февраля)，стр.1；№25，25 января(7 февраля)，стр.2；№27，27 января(9 февраля)，стр.1；№28，28 января(10 февраля)，стр.1)——374—378。

《政府法令汇编(执政参议院出版)》(«Собрание Узаконений и Распоряжений Правительства，издаваемое при Правительствующем Сенате»，Спб.)——374。

—1897，№62，13 июня，ст.778，стр.2135—2139.——163、192、216、248。

—1900，№140，29 декабря，ст.2905—2926，стр.6943—6946.——374—378。

—1900，№141，31 декабря，ст.2927—2929，стр.6947—6960.——374—378。

—1901，№1，2 января，ст.1—5，стр.3—8.——374—378。

—1901，№2，5 января，ст.6—13，стр.5—36.——374—378。

—1901，№3，9 января，ст.14—60，стр.37—44.——374—378。

—1901，№4，12 января，ст.61—66，стр.45—46.——374—378。

《政府通报》(圣彼得堡)(«Правительственный Вестник»，Спб.，1899，№165，31 июля(12 августа)，стр.1)——192、346、347—350。

—1900，№188，19 августа(1 сентября)，стр.3.——321。

《致各省、州、边疆区的长官、直辖市市长和警察总监先生们的通告(1895 年 6 月 7 日，第 11451 号)及致工厂视察机关官员和各省(州)机械师的通告(1895 年 6 月 7 日，第 11 号)》(Циркуляр гг. начальникам губерний，областей и округов，градоначальникам и обер-полицмейстерам от 7 июня 1895 г.№11451 и чинам фабричной инспекции и губернским(областным) механикам от 7 июня 1895 г. №11.—В кн.：Кобеляцкий，А. Справочная книга для чинов фабричной инспекции，для фабрикантов и заводчиков. Полный сборник узаконений о найме рабочих на фабрики，заводы и мануфактуры；о взаимных отношениях фабрикантов и рабочих；о

фабричной инспекции; о надзоре за заведениями фабрично-заводской
промышленности. Изд. 4-е. Спб. , 1897, стр. 34 — 36) —— 14 — 16、18、24。
《祖国纪事》杂志(圣彼得堡)(《Отечественные Записки», Спб. , 1877, №10, стр.
321 — 356) —— 177。

年　表

（1898 年—1901 年 4 月）

1898 年

1 月 4 日（16 日）

列宁从西伯利亚流放地舒申斯克村写信给母亲，询问姐姐安娜为弟弟德米特里被捕事奔走的结果，并告诉她娜·康·克鲁普斯卡娅打算到舒申斯克村来。

写信询问马·季·叶利扎罗夫，是否已托人通知德国《社会立法和统计学文库》杂志编辑和发行人亨·布劳恩，他允许翻译自己的一篇著作。信中还请叶利扎罗夫寄一份 1896 年自由经济学会关于币制改革讨论的速记记录。

1 月 8 日（20 日）

致电内务部警察司司长，请求将娜·康·克鲁普斯卡娅的流放地改为舒申斯克村（克鲁普斯卡娅因彼得堡工人阶级解放斗争协会案被判处流放乌法 3 年）。

1 月 24 日（2 月 5 日）

写信问姐姐安娜，有无可能出版他的文集。列宁的计划后来实现了，文集定名为《经济评论集》。

2 月 7 日和 14 日（19 日和 26 日）之间

撰写《书评。亚·波格丹诺夫〈经济学简明教程〉》。

2 月 18 日（3 月 2 日）

把《评经济浪漫主义》一文修订稿寄给马·季·叶利扎罗夫送去排印，收入文集。同时还请叶利扎罗夫把《民粹主义空想计划的典型》和《我们拒绝什么遗产？》也收入文集。

不早于3月8日—8月16日（3月20日—8月28日）

翻译韦伯夫妇合著的《英国工联主义的理论和实践》第1卷，并加了许多脚注。

4月

《书评。亚·波格丹诺夫〈经济学简明教程〉》在《世间》杂志第4期上发表。

5月7日（19日）

娜·康·克鲁普斯卡娅和她的母亲伊丽莎白·瓦西里耶夫娜一起到达舒申斯克村。

5月10日（22日）

列宁呈请米努辛斯克专区警察局长发给他同娜·康·克鲁普斯卡娅结婚所需要的证件。

5月20日（6月1日）以后

和娜·康·克鲁普斯卡娅到米努辛斯克参加民粹派和社会民主党人流放者的集会，会上双方关系破裂。

6月30日（7月12日）

呈请叶尼塞斯克省总督尽速发给他同娜·康·克鲁普斯卡娅结婚所需要的证件。

7月10日（22日）

列宁同克鲁普斯卡娅举行婚礼。从农民济里亚诺夫家搬迁到农妇彼得罗娃家。

7月14日（26日）

收到雅·马·利亚霍夫斯基来信，获悉喀山马克思主义小组创建人尼·叶·费多谢耶夫逝世噩耗。

8月9日（21日）

完成《俄国资本主义的发展》一书初稿。

8月10日—13日（22日—25日）

获准去米努辛斯克治牙。根据医生的诊断意见，呈请叶尼塞斯克省省长准许他去克拉斯诺亚尔斯克一个星期，作进一步治疗。

8月16日（28日）

将《英国工联主义的理论和实践》第1卷译稿按挂号印刷品寄彼得堡

亚·米·卡尔梅柯娃书店转彼·伯·司徒卢威。

8月26日（9月7日）以前

撰写《论我国工厂统计问题（卡雷舍夫教授在统计学方面的新功绩）》一文。

9月2日（14日）

写信给在奥尔洛夫的亚·尼·波特列索夫，请他帮忙弄到载有普列汉诺夫的《伯恩施坦与唯物主义》、《康拉德·施米特反对卡尔·马克思和弗里德里希·恩格斯》和《纪念黑格尔逝世六十周年》的几期《新时代》杂志，并认为非常需要普列汉诺夫在俄国报刊上著文批评新康德主义。

9月8日—20日（9月20日—10月2日）

在得到叶尼塞斯克省省长的准许后，离舒申斯克村经米努辛斯克去克拉斯诺亚尔斯克。

　　在克拉斯诺亚尔斯克期间，会见社会民主党人 Л.Н.斯科尔尼亚科夫等政治流放者，赞同斯科尔尼亚科夫提出的组织铁路工厂工人小组的建议。曾去当地市立图书馆和尤金的私人图书馆查阅图书资料。

9月20日—25日（10月2日—7日）

离开克拉斯诺亚尔斯克经米努辛斯克返回舒申斯克村。

10月9日和15日（21日和27日）之间

列宁的第一本文集《经济评论集》出版，署名：弗拉基米尔·伊林。文集收有《评经济浪漫主义》、《1894—1895年度彼尔姆省手工业调查以及"手工"工业中的一般问题》、《民粹主义空想计划的典型》、《我们拒绝什么遗产?》和《论我国工厂统计问题》。

11月11日（23日）

列宁把编制好的《经济评论集》勘误表寄给彼·伯·司徒卢威，请他印好附在书里。

秋天

小册子《俄国社会民主党人的任务》在日内瓦出版。

1898年12月24日—1899年1月2日（1899年1月5日—14日）

列宁和娜·康·克鲁普斯卡娅一起去米努辛斯克，同来自本专区各地的被流放的马克思主义者聚会，迎接新年。在这期间，参加讨论成立同志互助基金会问题。

1898 年下半年—1899 年

同流放中的社会民主党人弗·威·林格尼克通信,讨论哲学问题,坚决反对主观唯心主义,捍卫马克思和恩格斯的哲学观点。

年底

撰写《市场理论问题述评(评杜冈-巴拉诺夫斯基先生和布尔加柯夫先生的论战)》一文。

1898 年冬或 1899 年冬

写信告诉尔·马尔托夫,彼得堡《工人思想报》避而不谈政治斗争任务,国外俄国社会民主党人联合会的青年派成员即经济派系统攻击劳动解放社。

1898—1899 年

向舒申斯克村和邻近专区的农民解答法律询问。

1899 年

1 月 26 日(2 月 7 日)

列宁写信给亚·尼·波特列索夫,指出《我们拒绝什么遗产?》一文把资产阶级自由派的代表人物斯卡尔金当做 19 世纪 60 年代思想"遗产"的代表,是出于书报检查的考虑,其实这一"遗产"的真正代表是车尔尼雪夫斯基。

1 月 26 日和 3 月 21 日(2 月 7 日和 4 月 2 日)之间

研读卡·考茨基《土地问题。现代农业趋势和社会民主党的土地政策概述》一书。

1 月 30 日(2 月 11 日)

完成《俄国资本主义的发展》一书的付排工作。

1 月 30 日和 2 月 3 日(2 月 11 日和 15 日)之间

撰写《书评。罗·格沃兹杰夫〈富农经济的高利贷及其社会经济意义〉》。

1 月

《市场理论问题述评(评杜冈-巴拉诺夫斯基先生和布尔加柯夫先生的论战)》一文在《科学评论》杂志第 1 期上发表。

2月3日和7日(15日和19日)之间

列宁撰写《书评。帕尔乌斯〈世界市场和农业危机〉》。

2月17日(3月1日)

写信告诉流放中的社会民主党人瓦·瓦·斯塔尔科夫等,打算写一篇书评,评罗莎·卢森堡的书(看来是指《波兰的工业发展》一书)。

2月21日(3月5日)以前

撰写《书评。〈俄国工商业〉》。

3月上半月

撰写《再论实现论问题》一文。

3月21日(4月2日)以前

撰写《书评。卡尔·考茨基〈土地问题。现代农业趋势和社会民主党的土地政策概述〉》。

3月24日和31日(4月5日和12日)之间

《俄国资本主义的发展》一书第1版在圣彼得堡出版,署名:弗拉基米尔·伊林。

3月

《开端》杂志第3期以《现代俄国农业中资本主义经济对徭役经济的排挤》为题,发表《俄国资本主义的发展》第3章头6节,同时还发表了列宁的三篇书评:《书评。罗·格沃兹杰夫〈富农经济的高利贷及其社会经济意义〉》、《书评。帕尔乌斯〈世界市场和农业危机〉》和《书评。〈俄国工商业〉》。

4月以前

列宁的小册子《新工厂法》在日内瓦出版。

4月4日和5月9日(4月16日和5月21日)之间

列宁以《农业中的资本主义(论考茨基的著作和布尔加柯夫先生的文章)》为总题目,撰写两篇文章。

4月

写信给在布鲁塞尔的妹妹玛丽亚,请她设法找一本伯恩施坦的《社会主义的前提和社会民主党的任务》寄来。

撰写《书评。霍布森〈现代资本主义的演进〉》。

5月1日（13日）

和娜·康·克鲁普斯卡娅同被流放的工人奥·亚·恩格贝格等一起庆祝五一节。

5月2日（14日）

列宁同被流放的社会民主党人通信（特别是同雅·马·利亚霍夫斯基商量为尼·叶·费多谢耶夫立墓碑）为警察当局察觉，警察到舒申斯克村进行搜查和审问列宁。

5月29日（6月10日）以前

列宁撰写《答普·涅日丹诺夫先生》一文。

6月18日（30日）

从亚·尼·波特列索夫的来信中得知彼得堡的社会民主党人中间有人发表修正主义的言论。

6月20日（7月2日）

写信给弟弟德米特里，赞扬格·瓦·普列汉诺夫反对爱·伯恩施坦的行动，表示对亚·亚·波格丹诺夫《自然史观的基本要素》一书很感兴趣。

6月27日（7月9日）

写信给亚·尼·波特列索夫，表示坚决站在一元论者（指普列汉诺夫）一边，支持他批判新康德主义，认为必须在国外创办马克思主义的刊物来同经济主义和修正主义作斗争。

6月27日（7月9日）以后

研究波格丹诺夫的《自然史观的基本要素》一书。

7月11日（23日）以后

收到姐姐安娜密写抄寄的叶·德·库斯柯娃起草的经济派宣言——《信条》。

8月20日（9月1日）以前

撰写《俄国社会民主党人抗议书》。

8月20日—22日（9月1日—3日）

在叶尔马科夫斯克村召集在米努辛斯克专区流放的马克思主义者开会，讨论经济派的《信条》。与会者17人一致通过列宁起草的《俄国社会民主党人抗议书》。

8 月 22 日（9 月 3 日）

写信给妹妹玛丽亚，请她及时寄来报道 10 月即将举行的德国社会民主党汉诺威代表大会的报纸。鉴于爱·伯恩施坦的修正主义言论，代表大会已将"对党的基本观点和策略的攻击"这一问题列入议程。

8 月 22 日（9 月 3 日）以后

写信给在图鲁汉斯克的尔·马尔托夫，并寄去经济派的《信条》和《俄国社会民主党人抗议书》的副本。马尔托夫后来回信说，图鲁汉斯克的流放者赞成《抗议书》。

给在奥尔洛夫的亚·尼·波特列索夫寄去《俄国社会民主党人抗议书》的副本，流放该地的社会民主党人对经济派的《信条》也表示抗议。

夏天

加紧研究哲学问题：重读普列汉诺夫的著作，研究法国唯物主义哲学家以及唯心主义哲学家新康德主义者的著作。

9 月 1 日（13 日）

在给母亲的信中对爱·伯恩施坦的《社会主义的前提和社会民主党的任务》一书作了尖锐的批评；要妹妹把载有普列汉诺夫批评伯恩施坦和批评考茨基对伯恩施坦的调和态度的文章《我们为什么要感激他呢？致卡·考茨基的公开信》的《萨克森工人报》寄来。

1899 年 9 月初—1900 年 1 月 19 日（31 日）

和克鲁普斯卡娅合校从彼得堡寄来的韦伯夫妇的《英国工联主义的理论和实践》第 2 卷俄译稿，重译了相当大一部分，并加了许多脚注。

9 月 9 日—15 日（21 日—27 日）

列宁译的《英国工联主义的理论和实践》第 1 卷出版。

9 月 10 日（22 日）

列宁在叶尔马科夫斯克村参加彼得堡工人阶级解放斗争协会会员阿·亚·瓦涅耶夫的葬礼，并讲了话。

10 月 13 日（25 日）

《俄国社会民主党人抗议书》寄到日内瓦，格·瓦·普列汉诺夫收到后即付排，供《工人事业》杂志第 4—5 期刊用。

10 月 31 日（11 月 12 日）

列宁写信给谢·米·阿尔卡诺夫医生，请他给流放伙伴奥·亚·恩格贝格看病。

不早于 10 月

接受崩得中央委员会请他参加编辑《工人报》——后改为撰稿——的建议,给《工人报》撰写《我们的纲领》、《我们的当前任务》和《迫切的问题》等三篇文章,还就为该报撰稿条件和文章选题写了《给编辑部的信》。

11 月下半月

撰写《书评。卡尔·考茨基〈伯恩施坦与社会民主党的纲领。反批评〉》。

11 月下半月——12 月初

和娜·康·克鲁普斯卡娅合译卡·考茨基的《伯恩施坦与社会民主党的纲领。反批评》一书。

12 月初

《俄国社会民主党人抗议书》在日内瓦印成《工人事业》杂志第 4——5 期合刊抽印本。《工人事业》杂志编辑部未征得格·瓦·普列汉诺夫的同意,便改变发表形式,还加了一个编后记。

年底

列宁撰写《我们党的纲领草案》、《俄国社会民主党中的倒退倾向》、《论工业法庭》、《谈谈罢工》和《书评。谢·尼·普罗柯波维奇〈西欧工人运动〉》。

1899 年底或 1900 年初

撰写《论〈宣言书〉》一文。

1899 年

详细制定在国外创办全俄马克思主义的秘密报纸的计划,并写信告诉马尔托夫和波特列索夫。

1900 年

1 月中

列宁开始撰写《非批判的批判(评 1899 年《科学评论》杂志第 12 期帕·斯克沃尔佐夫先生的论文《商品拜物教》)》一文,于 3 月完稿。同年,文章在《科学评论》杂志第 5——6 期上发表。

1 月 19 日(31 日)

把校好的《英国工联主义的理论和实践》第 2 卷俄译稿寄回彼得堡。

1月29日（2月10日）

流放期满。列宁同克鲁普斯卡娅和岳母一起离开舒申斯克村赴欧俄。因沙俄当局不准列宁在三年内在两个首都、有高等学校的城市和大工业中心居住，列宁选择最便于同彼得堡联系的普斯科夫为定居地点。

2月6日—不早于9日（18日—不早于21日）

在乌法停留（娜·康·克鲁普斯卡娅将在这里服满流放期），多次会见流放当地的社会民主党人亚·德·瞿鲁巴、阿·伊·斯维杰尔斯基、维·尼·克罗赫马尔等，交谈革命工作问题，向他们介绍在国外出版全俄秘密政治报纸的计划。

不早于2月9日（21日）

离开乌法秘密前往莫斯科。

不晚于2月16日（28日）

秘密来到莫斯科，住在姐姐安娜家里。

2月16日和20日（2月28日和3月4日）之间

会见莫斯科当地的和外地来看望他的社会民主党人，商谈同他们建立联系的问题。

2月17日（3月1日）

会见社会民主党人格·波·克拉辛工程师。

2月18日和19日（3月2日和3日）

会见俄国社会民主党叶卡捷琳诺斯拉夫委员会和《南方工人报》的代表伊·克·拉拉扬茨，交谈党的第二次代表大会的筹备问题和出版《火星报》的计划等问题。收到请他参加党的二大和参加编辑《工人报》的建议。

2月20日和24日（3月4日和8日）之间

到下诺夫哥罗德，了解当地的社会民主党人的工作情况，交谈革命工作任务。

不晚于2月25日（3月9日）

秘密抵达彼得堡，会见当地的社会民主党人，向他们介绍出版全俄政治报纸的计划。

会见秘密回国的维·伊·查苏利奇，向她介绍在国外出版全俄政治报纸和科学政治杂志的计划,商谈劳动解放社参加这两个报刊问题。

2 月 26 日(3 月 10 日)

抵达普斯科夫,并在这里居住,受警察秘密监视。

2 月

《俄国社会民主党人抗议书》被收入劳动解放社在日内瓦出版的文集
《〈工人事业〉杂志编辑部指南》。

3 月 10 日(23 日)

列宁呈请内务部警察司司长准许娜·康·克鲁普斯卡娅从乌法迁到普
斯科夫服满流放期,未获准。

3 月底—4 月 4 日(17 日)以前

会见尔·马尔托夫,介绍在国外出版《火星报》和《曙光》杂志的计划,交
谈社会民主党的工作任务。

写《〈火星报〉和〈曙光〉杂志编辑部声明草案》。

会见尔·马尔托夫和亚·尼·波特列索夫,并同他们讨论这个声明
草案。

召集和主持革命的马克思主义者与合法马克思主义者(彼·伯·司
徒卢威和米·伊·杜冈-巴拉诺夫斯基)的会议(史称"普斯科夫会议")。
会上,列宁宣读了《〈火星报〉和〈曙光〉杂志编辑部声明草案》,并就国外
编辑部工作的组织问题以及合法马克思主义者参加报纸和杂志工作问
题发言。会议赞同这个声明草案。

3 月—5 月上半月

多次会见从彼得堡来访的亚·米·卡尔梅柯娃,交谈有关筹办《火星报》
的事宜。

接受普斯科夫省统计处的工作,积极参加制定普斯科夫省农民经
济、副业、手工业的发展的估价和统计调查大纲。曾为普斯科夫省统计
处的任务,出差去伊兹博尔斯克。

常去市立图书馆研读经济、统计和社会问题方面的书刊,并在那里
会见当地的社会民主党人。

会见社会民主党人亚·米·斯托帕尼和斯·伊·拉德琴柯、尼·
尼·洛霍夫等人,同他们商谈在普斯科夫建立《火星报》协助小组事宜。

4 月 2 日（15 日）

从伊兹博尔斯克秘密来到里加,会见里加社会民主党组织领导人扬·奥佐尔和 K.祖季斯,详细了解他们的工作,就他们参加在国外出版报纸和杂志的工作以及建立联系等问题进行磋商。

4 月 6 日（19 日）

写信告诉母亲,正在编制《英国工联主义的理论和实践》一书的索引。

4 月 20 日（5 月 3 日）

由于娜·康·克鲁普斯卡娅生病,呈请内务部警察司司长准许他去乌法住一个半月,被拒绝。后来,由母亲玛·亚·乌里扬诺娃代为申请,获准。

4 月下旬

同亚·尼·波特列索夫商谈他出国筹办《火星报》和《曙光》杂志出版的技术准备问题,请他把《〈火星报〉和〈曙光〉杂志编辑部声明草案》带去交给劳动解放社。

4 月下半月—5 月 19 日（6 月 1 日）

起草《火星报》小组给俄国社会民主工党第二次代表大会的报告。收到劳动解放社寄来的出席党的第二次代表大会的委托书。

4 月—5 月

撰写卡·罗·卡乔罗夫斯基《俄国村社》（1900 年圣彼得堡版第 1 卷第 1 分册）一书的书评。

5 月 5 日（18 日）

领到去德国的护照。

5 月中

会见到普斯科夫来访的国外俄国社会民主党人联合会的代表,商谈召开党的第二次代表大会问题。

5 月 19 日（6 月 1 日）

会见前来普斯科夫的尔·马尔托夫,讨论在国内开展工作支持《火星报》的问题,还商定了如何联系的问题。

5 月 20 日（6 月 2 日）

秘密抵达彼得堡,会见当地的社会民主党人,研究出国后如何联系等问题,访问《北方信使报》编辑部。

5月21日(6月3日)

因非法进入首都被捕。

5月23日(6月5日)

在彼得堡保安处受审讯。

5月31日(6月13日)

获释,由警官解送到莫斯科附近波多利斯克列宁母亲的住所。

6月1日和6日(14日和19日)之间

在母亲家里,同应邀前来的社会民主党人潘·尼·勒柏辛斯基、舍斯捷尔宁夫妇等人商谈如何协助《火星报》的问题。

6月7日(20日)

与母亲和姐姐一起去乌法看望娜·康·克鲁普斯卡娅。

6月8日或9日(21日或22日)

在下诺夫哥罗德稍事停留,会见当地的社会民主党人,商谈支持《火星报》和今后联系的方法问题。

6月15日(28日)

抵达乌法克鲁普斯卡娅的住所。

6月15日和7月2日(6月28日和7月15日)之间

在乌法先后会见当地的和外地的社会民主党人亚·德·瞿鲁巴、弗·亚·诺斯科夫、彼·彼·鲁勉采夫等人,商谈支持《火星报》和建立联系的方法等问题。

7月2日(15日)以后

离开乌法回波多利斯克。

7月2日和10日(15日和23日)之间

途经萨马拉和塞兹兰时作短暂停留,分别同两地的社会民主党人取得联系,商谈支持《火星报》问题。

7月10日(23日)

回到波多利斯克。

不晚于7月13日(26日)

从波多利斯克启程出国。

7 月 13 日—15 日（26 日—28 日）

出国途中在斯摩棱斯克停留，会见伊·瓦·巴布什金和弗·尼·罗扎诺夫，商谈关于出版《火星报》和《曙光》杂志和他们在国内如何进行工作支持《火星报》的问题。

7 月 16 日（29 日）

通过国境。

7 月 19 日（8 月 1 日）以后

在苏黎世停留两天，会见劳动解放社成员帕·波·阿克雪里罗得，讨论《〈火星报〉和〈曙光〉杂志编辑部声明草案》和有关出版这两种报刊的问题。

由苏黎世到日内瓦，住在附近的韦采纳村。

在日内瓦会见亚·尼·波特列索夫，了解劳动解放社成员对《〈火星报〉和〈曙光〉杂志编辑部声明草案》的态度。

在日内瓦同格·瓦·普列汉诺夫商谈出版《火星报》和《曙光》杂志以及劳动解放社参加这两个报刊的问题，双方发生分歧。

8 月初

会见"社会民主党人"革命组织成员，交谈出版《火星报》和《曙光》杂志问题。

8 月 11 日（24 日）以前

研究有关国外俄国社会民主党人联合会分裂的材料。

会见尼·埃·鲍曼和由巴黎来瑞士的尤·米·斯切克洛夫，讨论出版《火星报》和《曙光》杂志的任务和计划。

在伯尔里夫，同格·瓦·普列汉诺夫、维·伊·查苏利奇、亚·尼·波特列索夫、尼·埃·鲍曼和尤·米·斯切克洛夫开会，讨论出版《火星报》和《曙光》杂志的任务和计划。

8 月 11 日—13 日（24 日—26 日）

在科尔西埃（日内瓦近郊），同劳动解放社成员开会，讨论《编辑部声明草案》，以及出版和共同编辑《火星报》和《曙光》杂志等问题。

8 月 15 日（28 日）

在日内瓦参加同劳动解放社举行的最后一次会议，达成关于组成编委会、共同出版文集、制定新的协议草案等方面的协议。

在韦采纳村同"社会民主党人"革命组织的一个成员交谈同劳动解放社谈判的结果和组织出版报纸杂志的具体工作问题。

离开日内瓦前往慕尼黑。

8 月 15 日—23 日（8 月 28 日—9 月 5 日）

起草关于《火星报》和《曙光》杂志出版小组同"社会民主党人"国外组织之间相互关系的协议。

8 月 16 日和 24 日（8 月 29 日和 9 月 6 日）之间

在纽伦堡停留。

8 月 17 日（30 日）

看望姐姐安娜，向她介绍同劳动解放社谈判的情况。

8 月 20 日（9 月 2 日）

开始撰写《"火星"怎么会差一点熄灭了?》一文，记述同格·瓦·普列汉诺夫商谈出版《火星报》的情况。

不晚于 8 月 22 日（9 月 4 日）

写回信给尤·米·斯切克洛夫，同意将达·波·梁赞诺夫批评经济派的文章《评〈工人事业〉杂志的纲领》刊载在《曙光》杂志上，同时对这篇文章提出自己的意见。

8 月 22 日—24 日（9 月 4 日—6 日）

会见德国社会民主党领导人阿·布劳恩，讨论在组织上和技术上协助出版《火星报》问题。

8 月 23 日（9 月 5 日）以后

撰写准备在《火星报》创刊号发表的《〈火星报〉编辑部声明》。

8 月 24 日（9 月 6 日）

离开纽伦堡前往慕尼黑。途中在布拉格稍事停留，同印刷厂工人弗·莫德拉切克商谈转寄信件问题。

8 月 25 日（9 月 7 日）

到达已选定为《火星报》和《曙光》杂志编辑部所在地的慕尼黑。

8 月—12 月

结识住在慕尼黑的波兰革命者尤利安·马尔赫列夫斯基，时常同他见面，在组织《火星报》的出版方面得到他的帮助。

9月初

收到维·伊·查苏利奇的信,信中说格·瓦·普列汉诺夫已承认自己在策略问题上不正确,保证同《火星报》和《曙光》杂志编辑部其他成员协调行动。

9月5日(18日)以前

寄给劳动解放社四份出席巴黎国际社会党代表大会的代表委托书:三份来自乌拉尔社会民主党组织,一份来自乌法社会民主党组织。

9月23日(10月6日)

参加起草《火星报》和《曙光》杂志编辑部内部相互关系的特别协议,这个协议保障了劳动解放社在决定编辑问题方面的权利。

9月27日(10月10日)

复信帕·波·阿克雪里罗得,感谢寄来奥尔洛夫市23名被流放的社会民主党人通过的关于赞同《俄国社会民主党人抗议书》的决议,告诉他,德国社会民主党人约·亨·狄茨承担出版《曙光》杂志的工作,根据德国的出版法,必须物色一个杂志负责人。

9月27日和10月5日(10月10日和18日)之间

列宁写的《〈火星报〉编辑部声明》印成专页,运回国内,在俄国社会民主工党组织和工人中间散发。

9月底

列宁在慕尼黑进英语补习班学习。

9月

会见前来慕尼黑的康·米·塔赫塔廖夫,断然拒绝他提出的为经济派报纸《工人思想报》撰稿的建议。

9月—10月

撰写《对华战争》一文。

1900年9月—1901年2月

同社会民主党斗争社(达·波·梁赞诺夫、尤·米·斯切克洛夫和B.达涅维奇)通信,讨论该社成员同《火星报》和《曙光》杂志进行写作合作的形式问题。

10月5日和11月3日(10月18日和11月16日)之间

编辑小册子《哈尔科夫的五月》,并写序言。

10 月 13 日（26 日）

写回信告知在伦敦的阿·亚·雅库波娃，鉴于《工人思想报》方针转变并无确实消息，他再次断然拒绝为该报撰稿。

10 月 20 日（11 月 2 日）

写信告诉在伦敦的维·巴·诺根，可能安排他秘密回国，组织《火星报》的发行工作，并同各地的委员会和小组建立联系。

10 月 24 日（11 月 6 日）

写信告诉妹妹玛丽亚，正在学习德语，常去图书馆。

10 月 27 日（11 月 9 日）

给格·瓦·普列汉诺夫寄去准备在《曙光》杂志第 1 期发表的材料。

11 月 3 日（16 日）以前

撰写《我们运动的迫切任务》（《火星报》创刊号社论）。

通过社会民主党人威·阿·布赫霍尔茨同社会民主运动活动家叶·萨·厄廷格尔谈判，请她出面担任出版《曙光》杂志头两期的正式负责人。

11 月 25 日（12 月 8 日）以前

撰写《国外俄国社会民主党人联合会的分裂》一文。

11 月底

筹备出版《曙光》杂志第 1 期。

12 月 2 日和 10 日（15 日和 23 日）之间

由慕尼黑去莱比锡，到印刷厂解决有关《火星报》创刊号出版的一系列问题。

12 月 10 日（23 日）

离开莱比锡回慕尼黑。

12 月 11 日（24 日）

全俄马克思主义的秘密报纸《火星报》创刊号出版，载有列宁的三篇文章:《我们运动的迫切任务》（社论）、《对华战争》和《国外俄国社会民主党人联合会的分裂》。

12 月上半月

写信告诉在乌法的娜·康·克鲁普斯卡娅，打算出版他们在西伯利亚流放中翻译的卡·考茨基《伯恩施坦与社会民主党的纲领。反批评》一书，请她把译稿寄来。

1900 年 12 月 16 日（29 日）—1901 年 2 月中

参加《火星报》和《曙光》杂志编辑部前来慕尼黑的彼·伯·司徒卢威就国外共同出版书刊的方式问题举行谈判，起草《火星报》和《曙光》杂志小组同合法马克思主义的代表关于共同出版《曙光》杂志附刊《时评》的协议草案。鉴于司徒卢威企图利用社会民主党出版物为自由派资产阶级服务，主张使谈判破裂。

12 月 16 日（29 日）夜

参加同彼·伯·司徒卢威的会谈后，记下谈判过程。

12 月 21 日（1901 年 1 月 3 日）以前

阅读亨·迈·海德门为《火星报》写的《社会主义、工联主义和政治斗争》一文英文稿，译成俄文并写注释。

1900 年底—1901 年初

审阅和发排寄给《火星报》的各种关于国内各地工人生活状况和工人运动、学生运动的通讯稿件以及许多揭发性的材料（包括正教院在列·尼·托尔斯泰逝世时禁止举行追悼仪式的机密文件）。

1901 年

1 月 11 日（24 日）

列宁寄给维·巴·诺根一份《火星报》创刊号，征求他的意见，同时询问他是否同意担任往俄国运送书刊的固定职务。

1 月 17 日（30 日）以前

写对于《关于同司徒卢威的协议草案》的补充。

1 月 17 日（30 日）

出席《火星报》和《曙光》杂志编辑部同彼·伯·司徒卢威举行的最后一次会议，讨论共同出版《曙光》杂志附刊《时评》的协议草案。司徒卢威要求取消草案第 7 点，即《火星报》可以使用寄给《时评》的材料。列宁发言反对，而其他编委向司徒卢威让步，同意他的要求。

写信给格·瓦·普列汉诺夫，对当天会议结果表示不满，告诉他打算把这封信作为抗议或"保留意见"附在会议记录中,要求普列汉诺夫也对会议决议提出抗议。

1月23日(2月5日)

写回信给维·巴·诺根,表示同意他提的报纸"国内评论栏"不能令人满意的意见。

1月

撰写《183个大学生被送去当兵》一文。

1月底—2月初

撰写《打吧,但不要打死》、《何必要加速时代的变迁?》和《客观的统计》三篇文章,总标题为《时评》。

1月—3月

在列宁领导下,《火星报》协助小组和《火星报》代办员在彼得堡、莫斯科、普斯科夫、波尔塔瓦、萨马拉、南俄各地展开工作。

2月8日(21日)以前

《火星报》第2号出版,载有列宁的《183个大学生被送去当兵》一文。

2月11日(24日)以前

列宁会见前来慕尼黑的帕·波·阿克雪里罗得,商谈《火星报》和《曙光》杂志出版事宜。

2月15日(28日)

离开慕尼黑前往布拉格,安排娜·康·克鲁普斯卡娅出国事宜。

2月17日(3月2日)

离开布拉格前往维也纳俄国领事馆,为他在请求发给娜·康·克鲁普斯卡娅出国护照的申请书上面的签字取得证明。

2月19日(3月4日)以后

离开维也纳返回慕尼黑。撰写《工人政党和农民》一文。

2月

会见从波尔塔瓦应召而来的社会民主党人列·伊·戈尔德曼,商谈在基什尼奥夫设立《火星报》秘密印刷所问题。

3月7日(20日)

写信告诉帕·波·阿克雪里罗得,为《曙光》杂志第1期写的编辑部声明因提到非法出版的《火星报》而被约·狄茨拒绝刊印，只好换成寥寥数语的《告读者》。

3 月 10 日（23 日）

《曙光》杂志第 1 期出版，刊登了列宁所写的总标题为《时评》的三篇文章：《打吧，但不要打死》、《何必要加速时代的变迁？》和《客观的统计》。

不晚于 4 月 1 日（14 日）

娜·康·克鲁普斯卡娅从乌法来到慕尼黑。

不晚于 4 月 2 日（15 日）

列宁写信给格·瓦·普列汉诺夫，认为《曙光》杂志必须对《在光荣的岗位上》文集（民粹派祝贺尼·康·米海洛夫斯基从事写作和社会活动四十年专集）展开批判，并提出写批判文章的分工建议。

4 月 6 日（19 日）

写信告诉瑞典社会民主党机关报编辑卡·亚·布兰亭，《火星报》编辑部打算同瑞典和芬兰的社会民主党人建立密切联系，请求为《火星报》和《曙光》杂志找一位固定的芬兰撰稿人，以便介绍芬兰政局和芬兰人反对沙皇专制制度的斗争。

4 月 12 日（25 日）

向劳动解放社提出把国外的俄国社会民主党人组织联合为俄国革命社会民主党人国外同盟的计划。

不晚于 4 月 14 日（27 日）

起草给《火星报》代办员柳·尼·拉德琴柯信的提纲，强调俄国《火星报》组织要争取到尽可能多的人和地方，认为当前召开俄国社会民主工党第二次代表大会是不适宜的。

4 月 18 日（5 月 1 日）

和娜·康·克鲁普斯卡娅一起参加德国工人举行的庆祝"五一"国际劳动节的游行。

4 月 19 日（5 月 2 日）

《火星报》第 3 号出版，载有列宁的文章《工人政党和农民》。

4 月 24 日（5 月 7 日）以前

列宁起草党纲初稿（这个文件没有找到）。

4 月 24 日和 5 月 1 日(5 月 7 日和 14 日)之间

参加《火星报》和《曙光》杂志编辑部会议,讨论《曙光》杂志第 2—3 期内容、列宁提出的关于成立俄国革命社会民主党人国外同盟的计划和国外同盟章程,以及斗争社提出的为商讨所有的俄国社会民主党国外组织实行联合的问题而召开预备会议的建议。

对《俄国革命社会民主党国外组织章程草案》作批注和修改。

4 月 29 日(5 月 12 日)

以《火星报》编辑部名义致函在巴黎的斗争社,表示同意恢复关于俄国社会民主党国外组织实行联合的谈判,接受斗争社提出的召开预备会议的建议,同时声明它打算继续进行同《工人事业》杂志的论战。

《列宁全集》第二版第 4 卷编译人员

译文校订：张近智　许易森　赵国顺
资料编写：张瑞亭　盛　同　刘方清　毕世良
编　　辑：李洙泗　钱文干　李遵玉　林海京
译文审订：徐立群　孙　岷

《列宁全集》第二版增订版编辑人员

翟民刚　李京洲　高晓惠　张海滨　赵国顺　任建华　刘燕明
孙凌齐　李桂兰　门三姗　韩　英　侯静娜　彭晓宇　李宏梅
武锡申　戢炳惠　曲延明

审　　定：韦建桦　顾锦屏　王学东

本卷增订工作负责人：赵国顺　彭晓宇

责任编辑：郇中建
装帧设计：石笑梦
版式设计：周方亚
责任校对：王 惠 张 彦

图书在版编目(CIP)数据

列宁全集.第4卷/(苏)列宁著;中共中央马克思恩格斯列宁斯大林著作编译局编译.
　—2版(增订版)-北京:人民出版社,2013.12(2024.7重印)
ISBN 978 - 7 - 01 - 010852 - 0

Ⅰ.①列… Ⅱ.①列… ②中… Ⅲ.①列宁著作-全集 Ⅳ.①A2

中国版本图书馆 CIP 数据核字(2013)第 308884 号

书　　名	列宁全集
	LIENING QUANJI
	第四卷
编 译 者	中共中央马克思恩格斯列宁斯大林著作编译局
出版发行	人民出版社
	(北京市东城区隆福寺街 99 号　邮编 100706)
邮购电话	(010)65250042　65289539
经　　销	新华书店
印　　刷	北京新华印刷有限公司
版　　次	2013 年 12 月第 2 版增订版　2024 年 7 月北京第 3 次印刷
开　　本	880 毫米×1230 毫米 1/32
印　　张	16.125
插　　页	4
字　　数	395 千字
印　　数	6,001—9,000 册
书　　号	ISBN 978 - 7 - 01 - 010852 - 0
定　　价	42.00 元

ISBN 978-7-01-010852-0

9 787010 108520 >

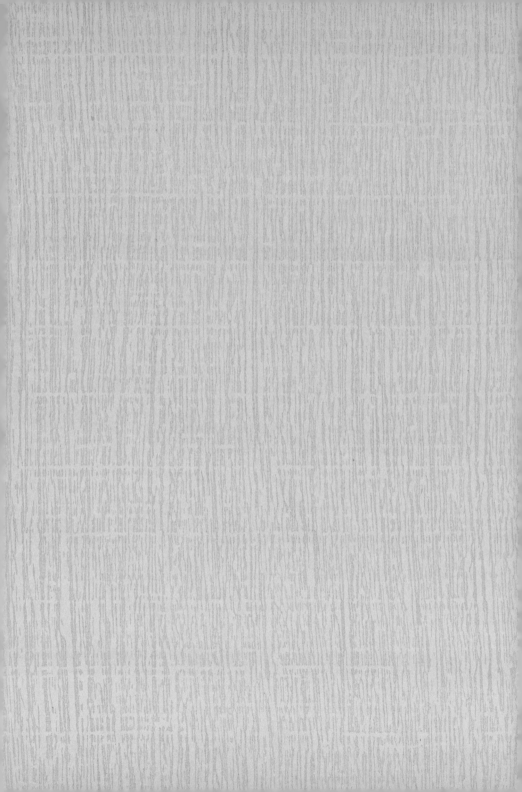